主　编：荆学民

副主编：白文刚

编　委（按姓氏笔画为序）：

马　婧　苏　颖　李丹林

李彦冰　何　勇　张毓强

祖　昊

中国传媒大学"双一流学科建设"资助项目

Media Regulation in UK

英国传媒监管研究

李丹林　周丽娜　韩新华 等 ⊙ 著

中国传媒大学出版社
·北京·

总　序

近些年,伴随着全球政治风云的跌宕起伏与中国政治的稳健发展,政治传播研究在中国风生水起。但是,必须清楚的是,政治传播虽然无法逃脱传播、传媒技术迅猛发展的诱惑与裹挟,但是必须建于坚实的政治文明需要的基础之上。若无政治文明进步的迫切渴求和有力支撑,华丽喧嚣的政治传播最后也只能成为海市蜃楼或者过眼烟云。这便是政治传播亘古不变的特质。

以我的观察,中国的政治传播研究经过近几年学界和业界的初始耕耘,必然朝着两个方向进发。

第一,持续深入中国社会和中国政治的腹地。这里又有两个维度,一是继续聚焦于中国社会和中国政治的高远宏大的层面,对党中央政治路线、国家传播战略和中国政治体制等顶层蓝图进行研究;二是随着中国的国家与社会关系的重置与解构,调转方向深入到中国社会中与政治息息相关的"微社会"和"微政治"的神经末梢,进行"微政治传播"研究。就"微政治传播"研究而言,因为"门槛"低得几乎没有,几乎是"全民政治传播"或曰"百姓政治传播"。田间地头、街头巷尾、茶余饭后、慷慨其词、低头耳语等,都是一种"政治传播"。甚至明星乞丐、娱乐八卦都充满着政治传播的"气味"。

第二,向政治传播的延伸地带和未垦领域拓展。这里也有两个维度:一是政治传播绝不仅仅是传统的"政治"和"传播"的事,要研究好政治传播,必然涉及诸多的学科领域,这就必然形成诸多新的"交叉地带";二是在全球化浪潮的冲击下,政治传播绝不仅仅是一个国家或一种政治体制的事,就算是聚焦于一个国家或一种政治体制的政治传播,也需要超越这个国家或这种体制才能更好地研究这个国家或这种体制的政治传播。拿中国来说,就是所谓的"中国立场、世界视野"。这样一来,比如研究方法论的选择、历史考论的视角、政策梳理的层面、比较研究的视野等,这些在过去看起来似乎只是政治传播领域"边缘"的领域,也必然地成了政治传播不可或缺的研究路向和目标。

正因如此,继国家的"211工程""985工程"之后,搭乘"双一流建设"的这股高校发展的强劲东风,我们在"当代中国政治传播研究丛书"(丛书共含9本著作,从2015年起已经由中国社会科学出版社陆续推出)之后,继续推出这一套"政治传播研究前沿书系"。

书系第一批计划推出7本著作,这7本著作印证着以上我对中国政治传播研究景观的分析。

《中国政治传播策论》正是由抽象虚浮的学理研判和高大宏远的人类政治,向具体的中国政治传播现实转型的桥梁之作。之所以如此言说,是因为书中所选的20篇"策论"皆从基本理论"落地"到中国现实,颇有在政治传播上"出谋划策"的自我幻象(也可能连"幻象"都不是,而只是一种自我"幻想")。作为这本书的作者,我曾久久反思:这么多年的政治传播研究,自己研究的特色究竟是什么?看来还是坚持了"聚焦中国"这一特色。

《政治传播研究方法论》当是这套书系中难度系数最高的一本。众所周知,研究方法的得当与否,很大程度上决定着研究的成败。对于政治传播来说,究竟该使用哪种方法论?该如何使用哪种方法论?所谓的哲学的、政治学的、传播学的、历史学的、统计学的、比较学的,所谓的定性的、定量的、质化的、量化的、可视化的云云,着实需要一个清楚的梳理与简介,并要在一定的价值选择上做出最优推荐,这本书试图解决这些问题。不过,我需要在这个总序中事先声明一下,最好不要对这本书期望太高,因为太难了。

《政治传播经典著作导读》基于这样一种理念:任何关于政治传播的研究,都不能是空中楼阁;任何关于政治传播的知识积累和观念创新,都不能离开政治传播经典这个基础。这本书也不仅仅为所谓政治传播的初学者或刚刚接触政治传播的研究者提供资料,其目的还在于有效矫正越来越深的政治传播研究对经典的有意无意的不正当的背离。在"经典"的选择上,本书秉持经典性、多样性和开放性原则。经典性强调所选著作在政治传播研究相关重要主题上的开创性意义或者研究方法上的典范性价值；多样性强调从多学科视角选择政治传播经典著作，诸如传播学、政治学、历史学等多个学科领域可以置于政治传播视域之下的经典著作；开放性强调对"古典的经典"的超越，选择还没有被称为"经典"但有可能成为"经典"的著作。还要申明，这里所指的政治传播视域，是基于中国立场的学术判断，因此，本书所选著作既包含西方政治传播研究的代表性著作，也体现了中国学者基于中国立场对政治传播范畴和研究旨趣的理解。

《政治的微传播研究》率先开辟政治传播研究"新战场"。选题正是基于我的"随着中国的国家与社会关系的重置与解构，调转方向深入到中国社会中与政治息息相关的'微社会'和'微政治'的神经末梢"这样的思想理念。虽然，这本书现在的思考和样貌与我的想象和要求尚有不小的距离，但仍不失为具有一定创新性的拓展之作。本书在辨析"微传播"概念的基础上，将"政治"这一独特的社会现象与"微传播"这一崭新的传播形态勾连起来进行研究，深入分析了"微传播"与国家政治的关系，以及由此产生的诸多"传播新形态"。

《比较政治传播研究》谋求更为广阔的研究视野，试图主动迎合当前政治传播"全球趋同"这一潮流和态势。其基本理念是：政治传播首先是本土化的，是某一个区域范围内的活动，会受到这个区域范围内政治制度、政治文化的影响，因而政治传播是有国别特性的；但同时，政治传播的"全球趋同"又给各国政治传播甚至政治运作带来"普遍性"的诉求。比如，政党制度的衰落导致人们对政治的怀疑倾向加强，政治分裂加剧了议会制与总统制的差异等。此种情况下，比较政治传播研究意义凸显。本书研究不同政治制度、政治文化基础之上的政治传播活动，尤其关注"后发现代化国家"政治传播的复杂性，探索政治传播现代化模式的基本框架，以及"模式"之外的种种可能性。

《英国传媒监管研究》打破人们总是以美国为"标本"的习惯，选择了英国作为研究样本。这是因为，英国是传媒业历史最悠久的国家。英国的报纸、广播、电视自产生以来，不仅成为英国社会的政治、文化、经济的构成部分，同时读报纸、听广播、看电视也成为英国国民的日常生活方式。从世界范围来看，英国的公共广播制度也为其他国家提供了样板。伴随着互联网的发展,英国的传媒格局、媒体传播方式也都发生了新的变化。互联网、移动终端的普及率和网络广告的投放数额现在也都居于世界前列。从传媒业发展早期到现在,英国对传媒领域的规范,涵盖了人类社会所有的监管制度类型和模式;近代以来,英国对于传媒的宽容性(或媒体在与政府等各方博弈中,各方所呈现出的妥协性)和严格的规范性也构成了其不同于很多国家和地区传媒监管的特征。因此,英国传媒监管的历史演变、制度设计、法律依据、具体运行、经典案例等,都非常值得研究。

《中国古代传播政策史》更是在喧嚣的时代中把研究触角一下子深入到人类文明的前端——中国古代。理论上讲,传播政策的形成是一个社会的、历史的过程,来自政策制定者与特定传播环境的长期互动。中国古代虽无"传播政策"的概念,但对信息和舆论的管制实践却无时不在,或者说,"朝廷"对于信息"堵与疏"的争论和实验从未停止过。总的看来,中国古代传播政策反映的是走向思想专制的管制经验,不过在特定的历史阶段,同样体现出我国文化内在的基于民本和人本的理性、宽容和开放,以及随着社会经济、文化发展进程而产生的足以影响政策制定的各种物质和精神力量。这本书描述和概括了中国古代官方在不同历史条件下所使用的各类政策工具以及它们的理论来源、结构、功能和效果,既是从政策角度来解说传播史,也是从传播角度来解读政教史。本书以编年史的形式,尽最大可能反映中国古代官方传播政策在特定时代的源流、内容、定位和影响。

说实话,中国的政治传播和政治传播研究正在艰难中前行。我们这些负重前行的"同行们"的辛勤劳动,也许只是未来政治传播华彩乐章中的一个个乐符,或者说只是未来政治传播的广阔大道上的一块块铺路石,然而,对于我们这些做学术研究的苦行僧们来说,除此之外,复有何求?

荆学民

2017年3月25日

一个美丽的周末于东湖湾寓所

序 言

李丹林教授领衔撰写的《英国传媒监管研究》，是一部有特色的传媒法领域的新作。

英国是言论自由理念的发祥地。17世纪40年代弥尔顿提出出版自由概念，此概念历经洛克、边沁、密尔父子等思想家论证发扬，与法国、北美等地思想家遥相呼应，发展出新闻自由、表达自由等概念，成为世界性的理念和传媒法的一个核心规范。但同时，英国也以传媒监管严格而著称于世，诽谤法、叛国罪、渎神法等在19世纪曾被经典作家指为出版事业的沉重负担；在20世纪，其广播业一台垄断、商界不得染指的制度延续了二三十年。

本书从监管的角度来研究讨论英国的传媒法。

此书列数英国报刊、广播电视、互联网、广告等各类媒体行业的监管制度的变迁及现状，如果说，报刊是以自律为主的，那么在广播电视行业则对公共广播和商业广播实行不同的共律（共同规制）制度。对于互联网时代，书中通过叙述视频点播行业从自律规制到共同规制，又回归政府规制的变迁，说明互联网并非不需要监管，而是处于探索调整之中。而报刊自律以2011年《世界新闻报》案件为转折点，其形态也发生了很大变化。

此书无论对不同传媒还是对需要规管的不同内容如诽谤、侵犯隐私、淫秽色情等，都采取了在历史回顾的基础上阐明当前制度的方法。如英国诽谤法历史悠久，举世闻名，书中在回顾了从中世纪使用诋毁权贵法到近代诽谤法制形成的过程,以及当代民事诽谤诉辩规则的完善和刑事诽谤的撤销这样的发展历程之后,着重介绍了当前以2013年通过的《诽谤法》为代表的诽谤法改革并列举了数个典型判例,使读者对这个问题有一个全面的把握。

对英国传媒法的相关常用理念,如新闻自由、公共服务、共同规制、公共利益等,此书着眼于通过社会背景来阐述其实际内涵,表明这些理念并不是一成不变的,而是随着社会发展和制度变迁而变化的。好比书中指出,公共利益概念的出现在历史上比言论自由观念要早得多,其功能就是维护某项法规、政策、判决等的正义性、合法性、必要性。在中世纪,维护王室尊严、教会权威被视为公共利益的核心,到了19世纪中叶以后,在尊重个人利益基础上形成的公共利益则成为限制和防范政府权力滥用的理据。而在不同领域和场合,公共利益仍然具有不同的内容。书中在报刊监管、广播电视监管以及诽谤法、隐私法的侵权抗辩事由方面,都有对公共利益的阐述,其中显示的差异值得我们细细品味。

综上,自由和监管本来就是辩证的对立统一。自由不能没有监管,监管正是为了保障社会多数人的各种必要的自由和权利。"横看成岭侧成峰",我们可以看到,自由和监管的界线并不是一成不变的或者单向发展的,而是随着社会发展根据不同取向不断进行调整的。如果说,在诽谤规制领域内,发展趋势通过完善和改革抗辩事由、提升构成侵权的门槛来拓展媒体的自由空间,那么在保护隐私领域内,则要强化对隐私和个人数据的保护,加强对侵权行为的制裁和媒体自律,这样当然会较多地限制媒体的自由。通过阅读此书我们可以发现,这两种貌似相反其实相成的趋向在当下的英国社会都有合理性。

我们国家正在构建和发展中国特色社会主义传媒法治,并且卓有成效。在此前提下,当然需要了解世界各国的相关情况。不是搬用,而是重在开阔视野、促进思考。由于历史的因素,有关美国传媒法的论著在我国出版较多,受到业界较多关注,以至于有人误以为美国的有关规则、政策、判决等都具有"普世"意义,动辄提议"引进",这种"唯美"倾向是不足取的。通过阅读此书我们可以了解到,英美两国不仅同属一个法系,而且英国法正是美国法的历史来源,但是在传媒领域内,两国奉行的规则却有着相当大的差别。英国拥有比美国更为悠久的文明史,经历了从中世纪到现代的完整转型,从这个角度说,其传媒史和传媒法制史可能比一步跨入现代的美国更具有典型意义。当然我们同样需要了解欧洲大陆各国,以及亚洲、非洲、大洋洲各国的传媒制度,使我们的见闻建立在更加宽广的基础上。这将是一个很大的工程。

数年前丹林在牛津大学访学期间,每天从电视上观看《世界新闻报》案件在英国国会引起的剧烈震荡,对英国传媒监管的变革有着亲临其境的感受。现在她率领团队完成的这部专著,虽然只是撷取英国传媒监管的主要问题,但是体系合理、论述完整,资料丰富而新鲜,并且附有若干经典案例,阅读流畅而易领会。爱弁赘述,用资推介。

魏永征

2018 年 4 月 18 日于上海

1		导　言
1	第一节	有关本书的若干基本问题
7	第二节	英国传媒监管形塑因素

19	**第一章**	**英国传媒业与监管概要**
19	第一节	英国传媒业概况
31	第二节	英国近现代传媒监管回顾
44	第三节	当代英国传媒监管审视

56	**第二章**	**英国报刊监管研究**
56	第一节	英国报刊业的监管历史
68	第二节	英国报刊业的监管现状
78	第三节	英国报刊业的最新监管实践

94	**第三章**	**英国传媒法定监管机构研究**
95	第一节	通信办公室组建的法律基础
103	第二节	通信办公室的结构和功能
111	第三节	通信办公室对传媒的监管

124	**第四章**	**英国广播电视监管研究**
124	第一节	英国广播电视监管的历史及概况
130	第二节	公共广播电视监管
144	第三节	商业性公共广播电视和商业广播电视监管

167	**第五章**	**英国视频点播监管研究**
167	第一节	英国视频点播监管概况
171	第二节	英国视频点播监管的立法演变

175	第三节 英国视频点播服务的监管主体
185	第四节 英国视频点播监管对象研究
195	第五节 英国视频点播服务的色情内容监管

200	**第六章 英国广告监管研究**
200	第一节 英国广告监管的理念及其与编辑性内容的差异
201	第二节 英国广告监管体制
213	第三节 英国广告监管的实践

222	**第七章 英国诽谤法与传媒监管**
222	第一节 英国诽谤法的历史与改革
232	第二节 媒体诽谤的司法认定与监管实践
242	第三节 经典案例分析

253	**第八章 英国隐私法、数据法与传媒监管**
253	第一节 英国隐私法与相关媒体规范
268	第二节 英国数据法与媒体适用
275	第三节 经典案例分析

289	**第九章 英国亵渎法、淫秽法、仇恨言论法与传媒监管**
289	第一节 英国亵渎法、淫秽法与仇恨言论法的历史与现状
315	第二节 英国对媒体有关淫秽、色情与仇恨言论的监管
324	第三节 经典案例分析

| 335 | **参考文献** |

| 346 | **后　记** |

导　言

《英国传媒监管研究》(Media Regulation in UK)一书终于和大家见面了。有些思考、认识和信息在此和诸位学友分享一下。

第一节　有关本书的若干基本问题

一、英国传媒监管含义探析

英国(United kingdom,UK)、传媒(media)、监管(regulation)三个关键词体现了本书的研究目标、框架和内容。

regulation,根据牛津词典的解释,是"一种由政府或一些其他权威机构制定的规则"。regulation 从最基本的意义上来说,是一种规范(norm),原本是指通过制定这样的规范,对那些有瑕疵、不完美的行为进行矫正塑形。在英美,regulation 是一个具有复合意义的名词,它被理解为"政府对于私人领域的干预或者是为了实施这种干预而制定的规则。这种规则是由意图形塑(shape)私人和公司行为的某一政府机构制定的具有法律约束力的规范(binding legal norm)"[①]。所以,regulation 既指监管性规范,也指适用这些规范的活动。在不同语境下,regulation 一词,有时着重其"规范"意义,有时着重其"适用"意义,就是实施监管行为、从事监管活动。这一"监管"意义,在国内文献中也被译成"规制"或"管制"。在本书中,也有同样情形。

英国是欧洲最古老的民族国家之一,政体是君主立宪制。其独特的历史文化,

[①] ORBACK. What is regulation[J]. Yale Journal on regulation Online,2012(30):1.

催生了法律(普通法)至上、议会主权的制度特征。英国议会是法律和宪政意义上的最高机构,享有集中的中央立法权,议会制定的法律被称为基本法律(primary legislation)。同时,为了更好地实施法律,还需要对基本法律进行解释,进行授权立法(delegated legislation),这样就产生了"次级立法"(secondary legislation),授权立法的结果就是产生了专门的监管规范(regulation)。在英国,监管规范和活动除了由政府当局发布和实施之外,还有一些其他类型,如:约束多方主体的合同义务(比如保险监管就是源自保险人与被保险人所签订的合同)可以由一个行业组织来进行自我监管;通过普通法律进行的社会监管,共同监管,第三方监管,认证、鉴定活动和市场监管等。

根据监管规范的功能作用不同,英国学者把监管规范划分为不同的种类:"命令—控制型"(command-and-control),旨在规定允许人们从事的活动和禁止人们从事的行为;"激励型"(incentive),用来引导和激励某些行为;"偏好塑造型"(preferences shaping),其目的是改变人们的行为偏好。比如,1643年英国议会颁布的《印刷监管条例》(*The Ordinance for Regulating*),1649年英国议会颁布的《进一步完善对未经许可印刷的和含有诽谤性内容的书籍和小册子的印刷品进行监管的法律》(*Act Against Unlicensed and Scandalous Books and Pamphlets, and for Better Regulating of Printing*),1662年查理二世发布的《防止煽动、叛国和未经许可的书籍和本册出版权力频繁滥用以及管理印刷和印刷刊物法案》[①](*Act for Preventing the Frequent Abuse in Printing Seditious, Treasonable and Unlicensed Books and Pamphlet, and for Regulating of Printing and Printing Press*),都属于"命令—控制型"的监管规范,这体现了那个时期的专制王权对印刷出版的态度。到1695年,上述的规定特许制的法律被废止,也就意味着这种对印刷出版的"命令—控制型"监管终结了。19世纪后期,英国对报刊内容的"命令—控制型"监管也陆续终止,其表现是废除了对媒体出版内容的事前审查。也是在这个时期,英国开始福利国家的建设,随之出现大量的"激励型"监管、"偏好塑造型"监管。进入20世纪之后,随着无线电频率资源的开发利用,以无线电信号作为载体的广播、电视陆续出现,许多新的问题相伴而来,于是英国开始形成针对广播电视这种大众传媒的专门监管。

现代英国传媒监管结构是一种多类型、多层次的立体框架结构。传媒监管(media regulation)是指通过制定规则、确立程序,对媒体行为进行控制和指导,这是由政府和其他政治的、行政性的、自治的机构实施于所有媒体的。因此传媒监管永

---

① 这一译名来自:陈力丹,董晨宇.英国新闻传播史[M].北京:人民日报出版社,2015:71.

远是对于正在进行的媒体行为的潜在干预(intervention),通常是出于一些被视为"公共利益"目标的原因、服务于市场需求(比如鼓励竞争)的原因,以及其他的技术和效率的原因(比如确立技术标准等)而进行的。

从不同的视角,监管可以分为不同的种类。根据性质的不同,监管可以分为宪法规范和法律、行政程序和技术规程、行业守则、协议等多种不同形式。根据监管效力的来源不同,监管可分为外部(external)监管和内部(internal)监管。根据监管的轻重程度(formality)不同,监管可以划分为"更严程度"(greater formality)的监管和"更松程度"(lesser formality)的监管两种类型。

在多种不同性质的监管规范中,立法规范是媒体监管规范的重要类型。有些规范即使不是专门针对任何传媒领域的,但实际上也有助于监管媒体(这种监管属于对传媒的社会监管),包括一般的禁止书面和口头诽谤的法律,保护隐私的法律,有关知识产权的法律,禁止煽动暴力或种族仇恨、色情或不雅方面的法律,以及禁止妨碍司法程序的法律等。外部监管是指由政府或其他政治机构、行政机构进行的监管。内部监管,也就是"自我监管"(self-regulation),是传媒行业为了回应来自公众的压力和来自外部的批评而进行的内部控制。具体做法是由行业组织自行订立行业守则,对行业组织的行为进行引导和约束。自我监管机构是由行业内各媒体组织通过订立协议的方式设立的。自我监管规则赋予媒体运营者责任,这种责任是他们自愿选择的规则,由他们自己来负责落实。这样的规则通常是理想目标(监管目标)、指导方针或原则,而不是强制性的标准。它们被限定在媒体组织内部,由媒体组织自己实施,或者由代表公众利益的第三方机构来实施。报刊界的自律监管规范主要采取执业守则的形式,内容主要包括准确和公平的要求,再加上一些执行的程序。广播电视方面的守则,还包括报道有争议问题如恐怖主义、暴力问题的规则。自我监管规范也常常会处理隐私问题、保护新闻源问题和广告标准问题。如果一种监管融合了外部监管和内部监管,便成为一种新的监管类型——"共同监管"(co-regulation)。所谓共同监管,是指由行业协会和依据相关立法设立的监管机构分工合作,对行业组织行为进行引导和约束。

区分更严的监管和更松的监管,主要看三个方面:第一,是否有相应的法律法规;第二,是否有惩罚措施(针对财产的或其他的);第三,是长期的还是临时的。监管是严格还是宽松,与监管主体的权力来源相关。最强的监管权力来自国家和政府。在国家权力之后,按权力强度逐渐减弱排序,可得:监管具体媒体的法律要求(包含将媒体作为监管对象的一般法律要求);会影响到传媒的行政的、技术的、经济的法律要求;媒体监督和咨询机构(比如英国的通信办公室)针对具体领域(广告、隐私等)

制定的行为标准及实施监督的行业或公共机构的要求；新闻补贴制度的影响；自愿性的执业守则和媒体组织的职业伦理（自我监管规则）要求；外部压力集团以及公共舆论组织、自愿型消费者和受众的监督组织、媒体批评组织的影响等。

最严的监管是针对媒体结构、行为或内容的强制执行的要求，具体包括对垄断性产权或媒体交叉产权的限制性要求，对电视上广告数量的限制性要求，对电视和广播机构运营和内容接收要获得许可的要求。最松的（most informal）监管是基于习惯性协议或自愿接受的监管。监管对监管对象的约束力，除了来自法律，还来自同行、客户、受众、广告商、媒体资讯等方面。①

在本书中，为了表述方便，我们把直接根据专门的监管法律规范、由依据法律设立的专门的监管机构进行的监管，称为"法定监管"或"直接监管"，前述外部监管、更严监管大多属于此种情形，与其并列的还有自我监管、共同监管和社会监管。

在现代英国，为了在保护新闻自由和实现"公共利益目标"之间找到平衡，在传媒自身能够自我约束的情形下，英国禁止公权力，尤其是行政部门的权力对传媒的内容进行事前约束。在不可能靠传媒自我约束、遵守媒体伦理时，或在为了促使传媒更好地履行服务公共利益的责任，公权力必须介入的情形下，也要使公权力的干预尽可能保持在必要限度之内。英国对媒体传播的内容和信息区分编辑性内容和广告两大类。一般所称对传媒的监管，主要是对编辑性内容（核心部分是新闻和时事）的监管。广告有不同于编辑性内容的监管标准、机制。英国传媒监管是自我监管（自律）、共同监管（共律）、直接监管（法定监管）三重模式交叉并存的，同时还有BBC的特殊监管机制。在报刊方面，采取自我监管模式，即报刊机构通过订立合同，加入自我监管体系，自我监管机构的权责由合同确定。自我监管机构依据行业守则对成员行为进行约束。如果成员违反守则，监管者可运用一定的机制予以纠正，还可对违反者进行一定的处罚。对广播电视广告领域的监管，采取合作监管模式，即行业自律机构与法定监管机构分工合作，监督约束相关行为。对广播电视编辑性内容（包括视频点播）的监管，采取的是法定监管模式，即由英国通信办公室依照法律和行业守则对广播电视机构的播出行为进行规范和约束。对于传媒业的市场行为的监管，政府、行业、社会团体、受众多方参与，共同致力于网络秩序的维护和网络环境的治理（governance），或称共治。

---

① 本部分有关监管和传媒监管内容的参考资料来源于英国莱斯特大学网站所载的课程"传媒监管（Media regulation）"所列的参考资料中《传媒法》一书的内容。见：University of Leicester. Media regulation[EB/OL]. (2005-11-28)[2019-02-03]. https://www.le.ac.uk/oerresources/media/ms7501/mod2unit11/page_11.htm.

二、本书框架

基于对英国传媒监管的了解和认识，本书主要选择了与新闻传媒相关的监管领域进行研究，在内容和结构上做出了相应安排。由于这些内容在目录上没有完全体现出来，故在此做一交代。

本书的主体内容分为五个部分。

第一部分，开篇，包括第一章"英国传媒与监管概要"。该章介绍了当前英国传媒业的状况，然后对英国传媒监管的早期状况，也就是已经成为历史的"命令—控制型"监管进行了梳理，对于贯穿英国传媒监管始终和渗透到英国传媒监管每一个细胞中的灵魂性内容——"出版自由"和"公共利益"进行了阐释。

第二部分，自我监管篇，包括第二章"英国报刊监管研究"。这一章研究和介绍了英国报刊界的自我监管，重点介绍了2012年"电话窃听"事件曝光引发的英国报刊界的监管改革和演化的最新情形。

第三部分，法定监管和共同监管篇，包括第三、四、五章。第三章是对英国传媒的法定监管机构——通信办公室的研究。第四章是对英国广播电视的监管研究，特别对BBC监管的最新进展、2016年新一轮皇家宪章的内容、通信办公室扩大BBC监管权力的情况进行了介绍和分析。第五章是对英国视频点播监管的研究。视频点播作为一个新兴的内容传播领域，虽然产生和发展的时间不长，但是却经历了自我监管、共同监管和法定监管三个阶段。

第四部分，广告监管篇，包括第六章"英国广告监管研究"。该章专门研究非编辑性内容——广告监管问题。英国广告领域曾经是自我监管和法定监管并存，如今则是自我监管与共同监管并存。

第五部分，特定内容监管篇，也就是关于媒体的社会监管，包括第七、八、九章。具体有：对诽谤言论的监管；对隐私内容和数据信息的监管；对亵渎、淫秽、仇恨言论的监管。

三、研究缘起、撰写原则

本书的框架和内容基本覆盖了英国传媒内容监管的各个方面。之所以研究这一问题，说来话长。

2002年我进入中国传媒大学，开始了传媒政策与法规领域的研究、教学工作。2003年中国传媒大学媒体法规政策研究中心成立，2004年中国传媒大学传播学专业传媒政策与法规方向招收首届博士研究生,2005年当时属于一级学科传播学之下的二级学科传媒政策与法规专业招收首届硕士研究生。2015年我们开始招收法律硕士以培养具有传媒背景的法律人才,2017年我们又获批法学一级学科硕士学位授权资格。2005年我开始师从魏永征教授,攻读传播学专业传媒政策与法规方向的博士学位,申请博士学位的论文是《广播电视法中的公共利益研究》,论文以美国为主要研究对象。

我们已经毕业的10届传媒政策与法规专业的硕士研究生的学位论文选题涉及有关传媒法律政策问题的各个方面。从国别和地区来说,涉及美国、英国、澳大利亚、韩国、日本以及欧盟、中国台湾地区等;从涉及的传媒行业来说,涵盖了印刷、出版、广播电视、电影、互联网;从媒体内容和产品来说,包括新闻、电影、广告、电视剧以及新媒体时代的直播内容、网络视频、游戏等;从学科角度来说,法学领域涉及法学理论、公法领域、私法领域,从传媒法自身的构成来说,既包括内容规范方面的法律问题,也包括产业领域的法律问题和政策问题。在具体研究问题方面,有诽谤问题、隐私问题、侵权问题、表达自由、公共利益、网络中立、商业表达、色情内容、暴力内容、版权例外、集体管理、分级制度、网络安全、数据保护等。我指导2009级硕士研究生研究了英国电子媒体的统一监管机构"通信办公室"的相关问题;指导2010级硕士研究生对英国的数据保护法进行了研究;指导2012级硕士研究生研究了英国的报刊监管制度、网络安全战略、视频点播监管以及英国进入21世纪之后的版权改革问题;指导2014级硕士研究生研究了英国广播电视监管问题;指导2016级博士生的论文选题是"英国传媒监管中的公共利益研究"。我于2012年到2013年在英国牛津大学、国王学院访学一年。刚到英国不久,就赶上由莱韦森法官主持的对英国报刊界进行全方位调查的报告的发布,该项调查正是由《世界新闻报》的"电话窃听事件"引发的。我自那时起跟踪英国报刊界的监管改革走向直至现在,为此我也写了几篇文章,同时也连续4年为《英国发展报告》蓝皮书撰写有关英国传媒业发展和监管的报告。在审视这些既有研究和教学成果的时候,我发现英国传媒监管的整体图景已经大体呈现,而且不乏具体细致的探讨和分析。于是我在编制了本书的框架和大纲后,邀请各位作者在他们的论文的基础上进一步研究,完成了本书的写作。

要深入研究传媒法律政策问题必须具备新闻学、传播学的学科基础。我发现,关于外国传媒监管问题,既有的研究在价值判断方面存在强烈的冲突和诸多悖论。一种取向是高度评价和赞美英美的言论自由制度;另一种取向则是将其设定在虚伪的自由问题和有害的层面进行严厉的抨击和责难。实际上,这两种取向往往都缺少一种对于监管制度的直接观察和全面把握,也缺乏深入到媒体制度所依存的历史、社会、政治、文化环境中的理性审视。这种现象至今依然存在。

鉴于上述情形,我确立的研究、写作、修改的原则就是尽可能占有第一手材料,尽可能客观地将英国各项制度的来龙去脉和英国当下传媒监管的各个部分的具体情况介绍清楚,不进行过多的理论和学术探讨,更不忙于作出历史和现实的评价。本书使用的材料截至 2018 年 5 月。如果本书现有内容能够向中文读者较为细致客观地介绍英国传媒监管,本研究和本书的目的也就接近实现了。当然,英国传媒监管是复杂和实时变化的,这使得作为域外人士的我们的观察和研究的局限性也是明显的。本书中存在的问题和不足之处,也请各位有识之士批评指正。

第二节　英国传媒监管形塑因素

英国传媒监管是一个复杂的问题,它体现着英国的历史、文化、政治、经济和社会状况,是一个充满内部矛盾、价值观冲突和利益博弈的领域。英国传媒监管的形态、演变反映了整个英国近现代历史的一个侧面。它所体现出的追求自由的理念和模式,是整个英国文化孕育的结果,也是在这种文化环境中传媒与政府、社会博弈的结果。

1476 年,卡克斯顿在英国开办第一个印刷厂,之后传媒成为一个行业,大众传媒兴起,开启了英国传媒监管的历史。1476 年至今,英国的传媒监管可划分为三个阶段。第一阶段是 15—16 世纪,正是英国从前现代社会向近现代社会转型的时期,同时又是英国国王力图建构君主专制集权的时期。国王要求对印刷出版行为和印刷物内容进行事前控制,因此,这一时期的传媒监管主要表现为为了国王的政治、经济利益而采取的"命令—控制型"监管。不过,即使在这一时期,国王也是在内容控制和经济利益之间寻找平衡。第二阶段,国王加强集权的努力受到阻碍,经过 1688 年的光荣革命,资产阶级的代议制政体确立,出版行为事先特许制度被废止,19 世纪中期所有对内容事前审查和管控的行政的、财政的、法律的制度均被废止。第三阶段是 19 世纪中期之后,以"激励型"和"偏好塑造型"监管为主,它们是典型的自由主义的传媒监管制度,并发展演化至今。所谓自由主义的传媒监管体制,一言以蔽之,就是国家和政府不得干预媒体的编辑自由、报道自由,媒体不会因为批评政府而受到追责的制度。

无论是透视历史,还是放眼当今,所有关于传媒监管的问题的核心都是传媒是否可以独立于政府、能否独立于政府、可否自由批评政府。基于人性特点、民族文化气质和社会现实利益博弈,真正能够使媒体独立于政府,同时还能够要求媒体保持其专业主义原则的体制并不多见。英国传媒及其监管以其最悠久的历史、最强烈的自由追求,形成了既有最优秀的传媒也有最突出的传媒问题这样一种特质,进而为全世界所瞩目、所学习、所借鉴、所批评、所抵制。因此,探析英国传媒监管的形塑因素,是一件有意义的事情。

英国传统社会给后世留下的遗产是:对自由的真正热爱和突出的人文传统;法律至上(王在法下,king under law)的政治理念和宪政(constitutionalism)法治(法的统治,rule of law)秩序;注重经验和尊重传统的哲学精神、宽容妥协的文化品格以及以绅士文化为导向的社会主流文化品位。所有这些因素使得英国传媒监管在经历了一段受制于王权的严厉管控之后,在世界范围内最先发展出自由主义的传媒监管体制,并运行至今。

一、自由的基因与追求

英国著名"湖畔派"诗人威廉·华兹华斯(William Wordsworth,1770—1850)说:"要么自由,要么死。我们说着莎士比亚说的语言,守着弥尔顿守着的信仰。"英国当代著名作家、哲学家罗格·斯克鲁顿(Roger Scruton,1944至今)说:"英国法的存在,不是为了控制个人,而是为了使个人得到自由。"自由对于英国人来说,不是一种口号,不是某一群体的主张,而是深深渗透到每一个人内心深处的价值。"在英格兰,大部分普通人最晚从13世纪开始就已经是奔放的个人主义者了。他们具有很高的地理和社会流动性,经济上很理性,以市场为导向,有求必吁,在家族和社会生活中以自我为中心。这对于现代英国人来说,也许一点不奇怪,因为他们世世代代都是这样。"[1]"所有国家都是依据它们在孕育时就被植入的 DNA 生长起来的",对于英美国家来说,个人自由就是这样的 DNA。保卫个人自由的价值观念以及在此基础上形成的各种被视为英美民族的独特性,甚至是将英美两国和世界其他地区区别开来的"例外"之处。[2]

在近代之前,包括英国在内的西欧封建社会,已经存在着自由的种子和形态。尽管中世纪西欧的这种自由"是在赋予某些等级或某些人以特权的意义上的自由"[3],但它确实是一种自由。意大利哲学史专家圭多·德·拉吉罗(Guido De Rug-

---

① 汉南.自由的基因:我们现代世界的由来[M].徐爽,译.桂林:广西师范大学出版社,2015:5.
② 汉南.自由的基因:我们现代世界的由来[M].徐爽,译.桂林:广西师范大学出版社,2015:2.
③ 哈耶克.自由秩序原理:上册[M].邓正来,译.北京:三联书店,1997:204.

giero,1888—1948)曾指出:"自由与君主之下的专制相比,更为古老,因为它根植于封建社会。正是在封建社会里,自由化整为零,并且(不妨说)划分为无数特殊形态,而每一种都覆以同时起隐蔽和保护作用的外壳:我们知道,这外壳的名字就叫作特权……当缺乏较高层次的公共保护力量的时候,个人就不得不试图以自己的力量保护自己……彼此联合起来,以便提供最低限度的安全,这对发展我们的创造性来说是必不可少的。封建贵族、城乡社区、商业行会,都是特权团体;在每个团体内部,每个人都是自由的。"①

在英国历史上,有很多思想家在全世界范围内率先对自由问题进行了系统的论述,包括出版自由,还有更广泛意义上的政治自由、社会自由等。比如约翰·弥尔顿(John Milton,1608—1674)的《论出版自由》(*Areopagitica, A Speech for the Liberty of Unlicensed Printing to the Parliament of England*),约翰·洛克的(John Locke,1632—1704)的《政府论两篇》(*Two Treatises of Civil Government*),约翰·斯图尔特·密尔(John Stuart Mill,1806—1873)的《论自由》(*On Liberty*),等等。当代的自由主义大师,如弗里德里希·奥古斯特·冯·哈耶克(Friedrich August von Hayek,1899—1992)、以赛亚·柏林(Isaiah Berlin,1909—1997)等,他们在离开自己的祖国移居英国之后,成就了自己的著作和思想。也正是当年英国自由而宽容的环境,使马克思能够继续生存和研究、写作、斗争。

弥尔顿的《论出版自由》在专业领域是言必称之的表达自由的经典著作。洛克的《政府论两篇》以整个人类发展史为视角,通过社会契约的理论,阐释了国家权力的起源及其与人民权利的关系问题,这使得洛克获得了"自由主义鼻祖"的历史地位。在下篇中,洛克阐述和表达了他的政治思想核心观点:权力只是为了公共福利而存在和行使的。君主和统治者所行使的权力之所以为他们所拥有,并非依据基于授予、契约或其他方面的任何绝对权力,而是依据委托行使的条件,而且如果不满足条件,就会丧失那些权力。洛克提倡的天赋人权、民主、自由、平等和法治的主张,影响了整个人类社会。有人评价该篇是"对英国宪法做出的最重要的贡献"②。

也正是通过对社会契约论的阐释,政府与社会成员之间的委托与被委托的关系得以明确,这使得对政府权力的限制成为近现代法治民主社会的一条原则,这为保护人们的消极自由提供了理论基础和制度实践。这一观点经后来的杰里米·边沁(Jeremy Bentham,1748—1832)、密尔等思想家的阐释,促使政府确立了为社会成

---

① 拉吉罗.欧洲自由主义史[M].杨军,译.长春:吉林人民出版社,2001:1.
② 洛克.政府论两篇[M].赵博英,译.来鲁宁,校.西安:陕西人民出版社,2004年:引言1.

员最大限度地争取福利的政治原则和政治伦理,这使得那些对政府的批评不再被认为是危险的言论,进而才使"命令—控制型"监管被彻底废止。在英国,对报刊界、广播电视、商业性言论的监管以及后来对网络监管的态度,都是在警惕政府权力扩张,避免政府权力过度干预新闻自由、表达自由的前提下,进行考量和制度设计的。若必须通过议会制定专门的监管规范,其目的只能是更好地实现公共利益目标。

二、法律至上传统与立宪制度

纵观世界历史,在思想文化传媒领域获得自由、保持自由,是最为艰难不易的。为什么英国能够在17世纪实现出版自由,在19世纪实现新闻自由?国王权力、政府权力究竟是如何被真正限制的?回答这一问题,必须审视英国延续千年的"王在法下"的原则以及由此建立的立宪制度。

对于英国宪政历史的开端,一般认为1215年《大宪章》(Magna Carta)的签署是其标志。《大宪章》确立了国王必须遵守契约、"王在法下"的原则。其实,对于国王权力提出要求和限制的实践,可追溯到更早的时候。在1014年英格兰"最倒霉的国王"埃塞尔雷德二世统治时期所发生的事件催生了国王必须遵守法律的要求和实践。[①] 这一事件被一些人认为是比《大宪章》更早的促使英国宪政传统形成的初始因素。后来《大宪章》的签署是对"王在法下"这一政治理念的进一步明确。虽然《大宪章》首先确立的是贵族们的特权,但是随着英国13—14世纪的社会转型,原本属于贵族在国王面前的特权演化为属于全体社会成员的普遍权利。14世纪以来,广泛流行于欧洲大陆的"凡国王所好即是法律"的格言在英国是行不通的,英国始终强调法律是高于国王的。"在英国始终未能建立起一个一人统治的绝对君主制,因而也就从未有过凌驾于法律之上的绝对王权。"17世纪初,自詹姆斯一世开始,国王们寻求绝对王权,宣扬"君权神授论"和"王权无限论"。为了抵制这种情形,17—18世纪英国一些反对绝对主义王权的人力图通过追忆"古老宪制"来约束绝对主义王权。他们强调"封建贵族必须和王权分享权力",主张必须"保持他们从日耳曼森

---

① 1014年,丹麦人占领了伦敦,国王埃塞尔雷德弃位逃亡。当时的"贤人会议"(witan)(英国议会的前身或雏形)提出,只要国王同意他们提出的条件,他们就帮助他复位。这些条件包括:不再课以重税;古老的法律——其第一次出现是以"远古的习惯"或"古代良法"的身份——必须受到尊奉;国王必须发誓将来接受贤人会议意见的指导。史学家认为贤人会议召回埃塞尔雷德的特殊意义是一种新宪法秩序的开始。参见汉南. 自由的基因:我们现代世界的由来[M]. 徐爽,译. 桂林:广西师范大学出版社,2015:98-100.

林所带出来的种种制度,而绝对的权力与这些制度是格格不入的"①。17 世纪英国著名的法官爱德华·柯克爵士(Sir Edward Coke,1552—1634)与当时的国王詹姆斯一世有过激烈的辩论。柯克指出:即使国王十分聪明但他仍然不熟悉英国的管理。他言必称法国、西班牙如何,让我们一起来让国王明白按照英国的法律应该怎样做。柯克还强调《大宪章》第 39 章的首要原则是:不能容许有不受限制的统治权力的存在。②

《大宪章》的签署及实施充分反映了英国人的民族特质和行为方式。贵族们在这一过程中表现出节制和妥协,他们只是逼迫国王遵守封建惯例和法律,并没想消灭国王、取而代之。《大宪章》"表达了想让国王总体上承认他应该受法律约束这一愿望",封建习俗中长期存在的法律至上的基本思想在这里变成了原则和制度。英国 19 世纪著名法学家梅特兰(Maitland,1850—1906)说,《大宪章》所强调的就是"国王应在法律之下"③。温斯顿·丘吉尔(Winston Churchill)指出,《大宪章》的重要性不在具体条文,而在于广泛地确立了这样一条原则:国王也要服从法律。④ 我国学者齐延平说:"1215 年出于己利的贵族们把自己迷恋不已的自由与权利诉求植入具有不可更易性的制度之中的时候,他们无意中点亮了一座人类文明的灯塔,虽然他们自己并没从这当中直接得到多少好处。《大宪章》是人类自由政治文明史上的第一盏导向灯塔,虽然由它发出的光在历史的深处显得有些清冷、有些飘忽不定,但这座灯塔从它被点亮的那一刻起就再也没有熄灭过。"⑤

近代英国宪政民主制的成功,很大程度上是因为中世纪以来英国一直存续和发展着社会结社和社会权利多元共存的结构,并在此基础上形成和坚守了法律至上的传统。⑥ 英国"法律至上传统"之"法律",特指英国普通法。"普通法之显著特征及与欧洲大陆其他诸多民法体系的根本区别在于它的灵活性,它的有意识的开放的理念。普通法不能归纳为法条主义法律(black-letter law)、不会割断自身与社会道德情操的联系。"⑦

英国普通法传统所强调的"法律至上"的原则和精神也没有因为英国的政治革

---

① OCDWORTH. A history of English law: Vol. V[M]. London: Methnen & Co. Ltd. 1937:424.
② 魏建国. 多维视野下:英国法治秩序生成的深层解读[M]. 哈尔滨:黑龙江大学出版社,2009:37-38.
③ OLLOCK, AITLAND. The history of English law before the Time of Edward I[M]. Cambridge:Cambridge Universtiy Press,1923:173.
④ 丘吉尔. 英语国家史略[M]. 薛力敏,等译. 北京:新华出版社,1984:234.
⑤ 齐延平. 论英国自由宪政文明的进路[J]. 金陵法律评论,2006(2):28-35.
⑥ 魏建国. 多维视野下:英国法治秩序生成的深层解读[M]. 哈尔滨:黑龙江大学出版社,2009:16.
⑦ 郑汝纯. 普通法之正义意识[J]. 比较法研究,1998(4):83-93.

命而取消,即"在英国历史上,很少有人会为了实现民主,而胆敢尝试去打破英格兰法律体制的垄断格局"①。当然,议会也清楚自己的权力界限,从不走极端。1660年,议会在《威斯敏斯特议会宣言》中就明确表示不干预和不干涉司法机构的活动。② 光荣革命后,英国议会的功能主要体现在政治上,"就其中最重要的作用,则视为组织内阁以及推倒内阁;从属的作用,则为公开批评政府的设施,以刺激舆论","议会的这种性质,便是使议会成为政治上有用的一个重要因素"。具体言之,"英国制度的要点,实在是在把私法律案和一般的政治讨论问题分离,于是议会的注意力集中到公共事件上来。"③

言及英国的违宪审查问题,虽然英国不像其他国家诸如美国、法国等有明确和专门的违宪审查制度,但并不意味着英国的议会立法是不受制约的。英国普通法院通过信守普通法的司法解释立场和遵循先例的解释技术,最终将议会的制定法纳入普通法框架之下并用此来约束和规范议会的权力。与美国最高法院所使用的宣布立法无效的违宪审查制度相比,英国法官为了制止他们不喜欢的议会立法,对制定法进行扩大或缩小解释则更为平常。"英国议会的立法产品不能由法官宣布无效……但法院尽管无权废止法律,却并不反感对其进行权威性解释。"④根据英国普通法传统,议会制定法只是普通法的补充,而不是否定和取代普通法,它的地位和影响远不及不成文的普通法,后者由法官们经数百年而发展起来,是英国最重要的法律渊源。事实上,英国通过普通法院的司法解释已将普通法至上理论演化为对一切权力进行限制的理论,⑤"基于这一原因,立法权至上是在普通法范围内的至上,而不是高于普通法的一种权力""议会主权本身是普通法的创造,它的具体内容和界限也应由法官来决定……说议会是主权者,是因为法官承认它的法律和政治上的至高地位。"换言之,"是法官们创造了议会主权这个原则,他们同样有权修改他们创造的原则"⑥。"在英国,仍然不存在成文的宪法法典,但是普通法本身提供了被认为是宪法内容的规则。"⑦

正是英国独特的历史所形成的普通法至上传统,构建了英国富有实效的宪政

---

① 卡内冈.法官、立法者和法学教授[M].薛张敏敏,译.北京:北京大学出版社,2006:8,47.
② WORMUTH. The origins of modern constitutionalism[M]. New York: Harper and Brothers 1949:71.
③ 美浓部达吉.议会制度论[M].邹敬芳,译.北京:中国政法大学出版社,2005:88,98,262.
④ 埃尔曼.比较法律文化[M].贺卫方,等译.北京:清华大学出版社,2002:272.
⑤ 魏建国.多维视野下:英国法治秩序生成的深层解读[M].哈尔滨:黑龙江大学出版社,2009:42-43.
⑥ BRAZIER R. Constitutional reform: reshaping the British political system:2[M]. Oxford: Oxtord University Press 1998:155.
⑦ 奥尔特.正当法律程序简史[M].杨成明,等译.北京:商务印书馆,2006:72.

体制。对权力的限制,不是停留于口号,而是深植于其政治结构、法律结构、社会结构和认知结构之中。所以,这对于防范政府直接干预媒体、保持媒体的独立性才具有实际意义和效用。英国媒体监管模式的具体演化和最终形塑与此密切相关。

三、人文精神与经验哲学

比较英国与其他国家的编年史就会发现英国明显不同于其他国家之处:战争构成了其他国家文明史的主线,而新知识的发现、新技术的发明则构成了英国文明史的主线。这一特点在近代以来表现得尤为突出。其他文明,无论古希腊、古罗马还是古埃及,大都在鼎盛时期的奢华狂欢中落幕休止,而英吉利文明却逃脱了这一文明的宿命。英吉利文明独特的发展轨迹造就了其独特的传统和品质,而独特的文明传统与品质又决定了这一文明的历史命运。[①]

"制度变迁的问题归根到底必须用每一个社会的既成文化来解释。"[②]制度和文化之间的关系是错综复杂的,尽管很难确立一个简单的因果顺序,但一定要强调排序的话,应是"文化对机构和制度的塑造作用大于机构和制度对文化的塑造作用"[③],或者说,文化具有更为终极性的作用,"文化是制度之母"。

我国学者魏建国在分析近代英国法治秩序生成的原因时强调,在英国所形成的社会普遍信任,以信任、妥协为核心的民族精神,是其法治秩序生成的重要的文化因素,这也是形成民主制度重要的心理基础。[④] 法国启蒙思想家伏尔泰在解释英国自由制度形成的原因时,就一再强调英格兰民族的精神禀赋。他对自己的同胞说:"你们可以看到一个为自由感到自豪、富有教养、德行高尚、蔑视生死的民族,一个哲人辈出的民族。英国人的明智、英国人的正直远在尔辈之上。"[⑤]英国 20 世纪著名的基督教神学家、思想家、长期担任约克大主教的威廉·坦普尔(William Temple,1881—1944)在考察英国自由制度成功的原因时指出:"'在他们当中孕育和培植了技艺的东西',这就是信任——贯穿于宪法、国家秩序等之中的公共及私人信任。银行、低利率、防范商业犯罪的保障等,所有这一切都源于信任。"[⑥]

再进一步探究英国社会的普遍信任和妥协精神的形成原因,可以将其归结为

[①] 齐延平.论英国自由宪政文明的进路[J].金陵法律评论,2006(2):28-35.
[②] 布莱克.现代化的动力——一个比较史的研究[M].景跃进,等译.杭州:浙江人民出版社,1989:141.
[③] 尤斯拉纳.信任的道德基础[M].张敦敏,译.北京:中国社会科学出版社,2006:304.
[④] 魏建国.多维视野下:英国法治秩序生成的深层解读[M].哈尔滨:黑龙江大学出版社,2009:42-43.
[⑤] 佩雷菲特.信任社会——论发展之缘起[M].邱海英,译.北京:商务印书馆,2005:298.
[⑥] 佩雷菲特.信任社会——论发展之缘起[M].邱海英,译.北京:商务印书馆,2005:300.

英国社会自古以来注重人文主义的习惯。"人文主义集中焦点在人的身上,从人的经验开始。"①英国倾向人文主义的经验生活,认为既然人的理性是有限的,那么日常生活中的经验及其积累所造就的传统便自有其价值和意义。"人类成就的基础在于'对实际问题所做的实际反应'。个人在日常生活中会遇到许多特殊的难题,常通过对直接环境的密切了解,经过试错的过程而寻求答案。如果这一回答经得起时间的考验,就会被当成行为的一般准则。这一准则经过他人的模仿,再传给后代,就凝结为传统。传统提供一些方便的解决问题的途径,人类才能集中精力解决新的困难……若代代传递下去,渺小的发现也能积累成巨大的整体。"②

英国人文主义的一个重要表现就是强调有限真理观,有限理性是英国法律哲学的思想基础,"普通法的法律哲学说到底就是实用主义的哲学。它的真理是相对的,而不是绝对的"③。人文主义倾向于将社会自治作为维持社会秩序的主体和根本。在人文主义视域下,正规法律规范与社会规范之间是一种互补关系,而维持秩序的主体是社会。④ 人文主义倾向于对传统的认可和肯定,以维持法律发展的连续性。人文主义倾向于宽容性,其观念和制度的包容度、协调多元冲突的能力很强。人文主义比科学主义少一些一元论和决定论色彩,而多一些对多元论的承认和宽容。在人文主义那里,没有哪一个学说比另一个学说更绝对正确;同样,也没有哪个利益比另一个利益更绝对重要。人文主义创造了虽然难于分析却很容易感受得到的自由氛围。⑤

这样的人文传统造就了英国的经验主义哲学,并使之成为近代经验论的发祥地。经验主义强调观察、实验,倡导经验归纳法;强调感性认识的实在性和重要性,强调认识的经验来源。受经验主义的影响,英国法律文化传统的风格和纠纷解决的方式具有很强的实用主义的特性。英国法官在裁判中更信任经验和先例,而非逻辑和原理。英国当代著名法学家帕特里克·阿蒂亚(P. S. Atiyah)将传统英国法的精神归结为:对实用主义的偏爱与坚守,对理论的反感与排斥。⑥

经验主义哲学观特别强调人的抽象能力的局限性,认为人类的文明制度不是人的抽象的理性能力的产物,而是自发演变和自然成长的产物,人的理性本身也是

---

① 布洛克.西方人文主义传统[M].董乐山,译.北京:三联书店,1997:233,298.
② 沃特金斯.西方政治传统[M].黄辉,等译.长春:吉林人民出版社,2001:115-116.
③ 卡多佐.司法过程的性质[M].苏力,译.北京:商务印书馆,2002:63.
④ 魏建国.多维视野下:英国法治秩序生成的深层解读[M].哈尔滨:黑龙江大学出版社,2009:124.
⑤ 魏建国.多维视野下:英国法治秩序生成的深层解读[M].哈尔滨:黑龙江大学出版社,2009:129.
⑥ 阿蒂亚.英国法中的实用主义与理论[M].刘承韪,刘毅,译.北京:清华大学出版社,2008:序言 7.

在文明的过程中逐步发展起来的。

经验主义的哲学观对英国保守主义的历史观的形成也有很大影响。大卫·休谟(David Hume,1711—1776)对于保守主义思想有巨大贡献。休谟主张的经验论和怀疑论以及他对抽象的天赋人权学说和社会契约论思想的批判奠定了保守主义的世界观和方法论。对于英国的保守主义的形成,除了其哲学观,英国保守主义政论家休·塞西尔(Hugh Cecil,1864—1958)归纳了三个因素,即人类天生的守旧倾向、王党主义和帝国主义。所谓天生的守旧倾向,就是人们天生地爱好熟悉的事物而厌恶和怀疑陌生事物。所谓王党主义,乃是从反对法国大革命开始的反对一切革命的思潮。所谓帝国主义,就是维护英国在国际事务中的"伟大",维护英国对各殖民地的统治。[①] 18世纪英国著名政治家、保守主义思想观点的集大成者埃德蒙·伯克(Edmund Burke,1729—1797)说:"我也不排除变化,但即使在变化的时候,它也应该有所保留。万一出现令人不满的严重情况,我也有补救的余地。我的所作所为都要以先辈为榜样。我要使修缮工作尽可能符合房屋的格局。精明的审慎、周详的考虑、道德上而不是性格上的小心翼翼,乃是我们先辈在最关键的行为中所遵循的主要原则。"[②]

通过梳理英国传媒监管的制度构建与发展演变,我们看到的更多的是一步一步的探索,在能够不改变既有框架时就尽量不去改变它,而不是基于某种单一意志决定的改革方案。在绝大多数情况下,改革方案都是基于现实状况,多方讨论、辩论、博弈的产物。英国媒体的世界性眼光及监管制度的演进和发展,也是英国民族精神和社会多元结构共同作用和孕育的结果。

现在,每个工作日,观众都可以通过BBC的议会频道观看下院的辩论。我们可以看到政治人物——执政党与反对党领袖,经常互相指责、嘲讽、批判,甚至不乏尖锐的字眼。英国媒体也在不遗余力地对不符合自身政治立场的政策、观点、政治人物进行批评,学者们也往往以批判的态度和眼光来分析英国的历史和现状。我们从大众传媒中获得的信息常常是批评的多于正面的。但是从这些指责、驳斥、批判中,我们发现了英国社会的宽容、规则意识、理性、对权利的尊重和善于妥协的气质。

---

① 塞西尔.保守主义[M].杜汝楫,译.北京:商务印书馆,1986:译者的话.
② 伯克.法国大革命随想录(1790年)[M]//陈志瑞,石斌.埃德蒙·伯克读本.北京:中央编译出版社,2006:207-208.

四、绅士文化与文明社会主流风尚

丘吉尔说,文明社会是指建立在民权观念之上的社会。在这样的社会中,暴力、武备、军阀统治、骚乱与独裁让位于制定法律的议会,以及可以长久维护法律的公正的独立法庭。在此基础上才会产生自由、舒适和文化。当文明统治国家时,芸芸众生得享阔大安定之生活。我们珍惜过去的传统,前贤的遗赠正是人人安居乐业的财富。①

绅士精神可谓英国文明的标志之一,也是英国文化外化的代表。19世纪英国主教约翰·亨利·纽曼(John Henry Newman,1801—1890)对绅士的定义是:一个不给别人带来痛苦和麻烦的人。1883年,英国诗人杰拉尔德·曼利·霍普金斯(Gerard Manley Hopkins,1844—1889)曾自豪地说:"即便英格兰民族不能给世界留下别的什么东西,单凭绅士这个概念,他们就足以造福人类了。"绅士精神源于中世纪的骑士文化和贵族精神,后来又融合了其他阶层的一些优秀品质。首先,绅士风度强调公平合理的竞争原则,不论是在商业、政治还是其他带有竞争性质的场合,都应以良好的运动员风格来竞争。绅士们坚持不欺骗、不说谎、光明磊落、不搞暗箱操作。其次,绅士精神强调言行处事应该尽量减少主观色彩,一切以理性为出发点。这种自持的情绪体现在工作上就是要求人们遵循良好的职业操守,反对通过权钱交易获得不正当的利益;在政治上则要求人们以冷静、理智的态度处理政务和政党的内部纷争。再次,绅士风度还表现为坚忍不拔、勇往直前的英雄气概,高度的社会责任感和公民意识。最后,绅士风度强调自尊自立和自我奋斗的精神。"绅士风度确实是融合各个阶层价值取向的一种民族风度。"②

修养是绅士文化的核心要素。绅士的修养不仅体现在谈吐优雅、举止得体、衣着时尚、礼仪周全等外在表现上,更重要的是绅士必须受过良好的教育,具备丰富的知识、智慧的头脑、有道德、自尊自律、勇于承担公众责任等内在素质。英国的绅士阶层具有一定的开放性,19世纪后,绅士已和血统没有必然联系了,不断有财富新贵想跻身于贵族绅士的圈子,但拥有财富并非被绅士阶层接纳的充分条件,绅士必须要兼备特定的基础和个人品质,如具有良好的公众形象、承担了有影响力的公众责任等。总之,真正的绅士必须形神兼备:财富、礼仪、温文尔雅的外在是其"形",良好的教养和责任心是其"神"。

---

① 汉南.自由的基因:我们现代自由的基因[M].徐爽,译.桂林:广西师范大学出版社,2015:2.
② 钱乘旦,陈晓律.英国文化模式溯源[M].上海:上海社会科学院出版社,2003:312.

绅士文化影响了媒体伦理和专业标准,也对传媒内容的监管和诽谤诉讼产生了极大影响。在英国,媒体内容被要求应该庄重有品位,要真实、准确,要尊重他人名誉,都是这种文明社会文化价值观的体现。在绅士看来,名誉是远胜于生命的东西。正如华盛顿大学法学教授丹尼尔·索罗夫(Daniel Solove)所说,名誉是我们最为珍贵的财产,是我们自由的基本成分之一,因为没有我们周围群体的好的评价,我们的自由就变得毫无意义。我们依靠他人来与我们做交易,与我们做朋友,倾听我们的诉说。没有与社会中他人的合作,我们往往无法做我们想做的事情;没有他人的尊重,我们的行为和成就将失去目的和意义;没有适宜的名誉,我们的语言尽管是自由的,却可能根本不受重视。一句话,我们的自由,部分依赖于社会中他人怎样评判我们。①

就诽谤法来说,英国约克大学法学院教授劳伦斯·麦克纳马拉(Lawrence McNamara)说,保护名誉是诽谤法的目的所在,这在判例中几乎已成为不证自明的(axiomatic)观点。英国一直以来都显示出明显保护名誉的偏向(bias)。诽谤法的许多基本规则,特别是有利于原告的"三部曲"假设(失实、过错和损害)直接有助于保护名誉。② 甚至有的学者指出,历史上,诽谤是一种判定原告(主要是上流社会人士)是否为真实绅士的方法。正是基于对保护原告名誉的重要性的认识,法官为了保护原告、澄清名誉,才确定了诽谤法中的"失实、过错和损害"的推定,转换了证明责任的负担。③ 尽管英国的诽谤法也在与时俱进地改革,但是这并没有从根本上改变其一贯的传统。

在广播电视发展之初,英国将一开始属于私营商业性质的BBC改组为非商业性的公共广播电视机构,同时又将颁发"皇家宪章"的方式作为BBC设立组建运行的依据。其原因,首先是为了防止政府的直接插手干预;其次是绅士文化和文明社会的要求,即履行好"告知、教育、娱乐"的职能,这构成了BBC一以贯之的使命,直至今天。

五、媒体自身

英国媒体对信息的传递、公共讨论、政治议题的设定都产生了极大的影响。英

---

① SOLOVE D J. The future of reputation:gossip,rumor,and privacy on the Internet[M]. New Haven: Yale University Press,2007:30-31.
② MILO D. Defamation and freedom of speech[M]. Oxford:Oxford University Press,2008:15.
③ ROBERTSON G,NICOL A. Media law:fourth edition[M]. London:Sweet & Maxwell,2002:74.

国的印刷出版从一开始就是一种商业行为,报刊出版需要通过财产运营的方式来支撑。广播电视的出现和发展,尤其是互联网的兴起,使英国平面媒体承受着空前的经营压力。于是报刊的伦理、文化问题越来越突出。这主要体现在很长一段时间内对皇室隐私的过分追逐和曝光,以及对普通人的利益的损害。因此,有关报刊监管和改革问题的探讨,贯穿了第二次世界大战结束后至今的所有时日。同样,广播电视监管的改革,也是在不断反省公共广播电视中出现的问题(比如内容标准问题、内部治理问题、财务收支问题、媒体伦理问题)、商业广播电视的地位和作用的过程中,修正、变革监管体制的。

结　语

从人性与哲学的角度来看,传媒需要监管是由于人性的复杂和理性的有限导致的,而监管本身也由于同样的原因会存在这样或那样的问题。所以,没有任何一种监管体制、监管制度是完美的,是无懈可击的。这也正是我们试图对英国传媒监管制度做更多探究的动力所在。

第一章
英国传媒业与监管概要

第一节 英国传媒业概况

一、英国传媒的历史和现状

(一)报刊业

1665年11月16日,英国历史上第一张报纸《牛津公报》(*Oxford Gazette*)问世。1693年,英国第一家日报《每日新闻》(*The Daily Courant*)发刊。18世纪初,杂志出现。1785年印刷商约翰·沃尔特创办《泰晤士报》(*The Times*),它后来成为英国严肃报纸的代表。1855年6月29日,《每日电讯报》(*Daily Telegraph*)问世,标志着英国廉价报纸的出现。19世纪20年代,代表工人阶级利益的刊物开始出现,于1830年创办的《贫民导报》是其代表。

印刷术的发明和运用,带动了大众传播。英国国王很快就认识到印刷品的广泛传播对于王权的威胁。从1528年开始,亨利八世对出版印刷业实行管制。到19世纪末,英国对于报刊业先后采取的管控制度和措施有:皇家特许制度、"星法院"制度、"保证金"制度、"知识税"制度、"津贴"制度、施用"叛国法"和"煽动性诽谤法"等。后来这些制度和措施都被废止,英国实现了"报刊自由"。进入20世纪,英国报刊业的现代格局逐渐形成。

英国报刊业产权比较集中,报业集团通过资本控制着报纸、杂志的出版发行。现在,英国超过80%的全国性报纸出自四大报业集团——新闻集团(News International)、三一镜报(Trinity Mirror)、每日邮报和通用信托(Daily Mail and General Trust)、北壳(Northern & Shell);超过70%的地区性和地方性报纸由约翰斯顿新闻(Johnston Press)、三一镜报、纽斯奎斯特(Newsquest)以及每日邮报和通用信托这四个最大的出版机构控制,它们共拥有1200多种报纸。①

网络时代的到来,对于传统纸媒的冲击是巨大的,报刊发行量下滑乃至停刊成为一种不可逆转的态势。

2016年3月26日,英国《独立报》停止出版纸质版。与此同时,《独立报》推出了名为独立报专版(The Independent Daily Edition)的付费移动端。2016年2月,镜报集团发行了一份新的全国性报纸《新的一天》(The New Day),这是英国时隔30年发行的第一份全国性的报纸。

面对网络和数字技术带来的挑战和发展机遇,英国各平面媒体积极探索利用网络传播、创办网络新闻媒体。1994年《每日电讯报》创办了英国第一家报纸网站。2010年7月《泰晤士报》成为英国第一家设立付费墙的全国性报纸。英国报纸网站的付费模式主要有3种:第一种是全订阅付费模式,即用户通过支付不同等级的费用,便可以在报纸、网站、智能手机、平板电脑等多个平台上阅读内容,其代表是《泰晤士报》;第二种是计量付费模式,即未订阅付费服务的读者也可在网站浏览一定数量的文章,超过一定数量之后则必须付费才能继续阅读,其代表是《每日电讯报》;第三种是微量付费模式,即读者为感兴趣的内容单篇付费,其代表是《金融时报》。

报纸网站中,《卫报》网站非常出色,该网站创办于1999年。2006年《卫报》采取"网络优先"的经营战略和"全媒体"策略,将视频、音频素材嵌入文字新闻中,让记者出镜解说,或派记者前往新闻现场拍摄。到2013年5月,《卫报》网站访问量位居英国报纸网站第一,月均访问量820万人次。紧随其后的是《每日邮报》网站,月均访问量760万人次。

现在,英国也有新型的与传统媒体没有关联的新闻网站。2015年4月,一个名为"伊克斯普兰"(Explaain)(http://explaain.com/hello.html)的网站开设,其创建者为曾在英国独立电视台(ITV)和《泰克城市新闻》(Tech City News)当过记者的杰瑞米·埃文斯。网站的设计原则是:读者通过邮件订阅的方式获得新闻,在每一

---

① 周成华,文远竹,曹苏宁.英国报业的股权结构及治理结构[J].青年记者.2013(9):78.

篇新闻的页面里,读者通过点击自己感兴趣的句子,还可以获得更多的细节和背景资料,正如 Explaain 在广告中所说的"读者只需要 5 分钟就可阅读一条新闻"。

报刊业作为产业,一直表现上佳。但互联网时代的来临,对报刊业,尤其是对纸质媒介的订阅量和广告收入造成了巨大的冲击。同时,纸质媒体的内容借助 PC 端和移动端获得了成倍增长的阅读量。根据英国全国读者调查机构公布的数据(见表 1-1),2016 年 1 月至 12 月,在纳入其统计范围的报刊中,通过纸质版、台式电脑端和移动端三种方式阅读报纸和杂志的每月总人数达到 4938.4 万(扣除重合部分)。其中,通过纸质版阅读总人数为 4107.8 万,通过台式电脑端的为 1687.3 万,通过移动端的为 3625.1 万。在报纸方面,阅读总人数为 4763.5 万,纸质版阅读人数为 3417.2 万,台式电脑端阅读人数为 1541.6 万,移动端阅读人数为 3599.4 万。在杂志方面,阅读总人数为 3769.1 万,纸质版阅读人数为 2994.5 万,台式电脑端阅读人数为 885.2 万,移动端阅读人数为 1603.5 万。截至 2017 年 9 月的统计数据显示,英国有 94% 的成年人通过纸质版、台式电脑端和移动端阅读报刊内容。

表 1-1　"全国读者调查"(National Readership Survey)的报纸读者调查统计[①]

报纸	总人数(扣除重合部分)	纸质版总人数	台式电脑端总人数	移动端总人数	电脑端和移动端增加人数同比	移动端增加人数同比
《每日电讯报》	21 358 000	3 848 000	7 340 000	15 160 000	455.00%	109.90%
《卫报》	22 696 000	4 099 000	7 678 000	1 723 000	453.70%	120.80%
《独立报》	16 853 000	0	4 376 000	14 405 000	0%	285.10%
《泰晤士报》	5 790 000	4 219 000	811 000	1 451 000	37.20%	18.60%
《每日快报》	10 576 000	2 735 000	2 996 000	6 084 000	286.70%	91.10%
《每日邮报》	29 089 000	9 880 000	7 981 000	19 936 000	194.40%	82.60%
《每日镜报》	25 803 000	5 731 000	4 948 000	19 970 000	350.20%	157.50%
《太阳报》	26 196 000	10 123 000	2 780 000	18 956 000	185.80%	113.00%
《地铁报》	17 452 000	10 381 000	1 868 000	8 912 000	68.10%	49.30%
《伦敦标准晚报》	11 347 000	5 153 000	1 916 000	6 959 000	120.20%	71.60%

不过,由于严重的市场压力和报刊业产权的过度集中,英国报刊业的伦理和文

---

① NRS PADD. Monthly Audience Estimates for Mobile(SmartPhone and Tablet)(Data are strictly embargoed until 23:59 on Tuesday 28th February 2017)[EB/OL]. (2017-04-02)[2017-09-02]. http://www.nrs.co.uk/downloads/mob:le-duta/pdf/nrs_padd_mobil_standard_tables_jul6_jun17.pdf.

化问题在进入 21 世纪后也愈加突出,这也引发了全社会对报刊监管的反思,以及新一轮的监管改革。

(二)广播电视业

1922 年,私营的英国广播公司(British Broadcasting Company)组建,简称"BBC"。三年之后,BBC 的受众就覆盖了英国 80% 的人口。后来,由于英国社会就如下问题形成共识,"电波波段是宝贵的公共资产,出于任何目的使用这些波段从事活动的权利都应该经过全面、仔细的考察。所有被赋予使用波段权利的人,都应该保证他所从事的活动是基于保护公众利益和国家未来的"[1]。1927 年,英国通过颁布《皇家宪章》(*Royal Charter*)的形式,将私营的英国广播公司(British Broadcasting Company)改组为公共性质的英国广播公司(British Broadcasting Corporation),同样简称"BBC"。作为公共广播电视机构的 BBC 奉行文化精英主义的理念,确立了"告知、教育、娱乐"三项基本功能,相对于告知和教育,娱乐处于次要地位。BBC 主要以收取收视费作为收入来源,不播放广告。1930 年,BBC 从单纯的广播进入广播电视时代。第二次世界大战结束后,英国开始发展商业电视。1954 年,英国议会通过了《电视法案》,允许开办商业电视,组建了独立电视公司(Independent Television Company,ITV),同时成立了相应的监管机构"独立电视局"(Independent Television Authority,ITA)。独立电视公司虽然是一个可从事商业电视活动的组织体系,但它仍具有公共性,一开始仅仅是一个"播放广告的 BBC"。20 世纪 60 年代末,BBC 与独立电视公司在收视率方面旗鼓相当,英国电视业的"双头垄断"格局形成。

在广播方面,1972 年英国颁布了《广播健全法案》(*Sound Broadcasting Act*),允许开办商业广播。根据该法案,一个类似于独立电视公司的独立地方性广播(Independent Local Radio,ILR)体系建立起来。原"独立电视局"改为"独立广播电视局"(Independent Broadcasting Authority,IBA)。至此,英国广播电视业的"双头垄断"格局形成。1973 年,英国第一家商业广播电台——伦敦广播公司开播。

目前英国广播电视的基本格局是:有纯粹的公共广播电视组织、商业公共电视组织、纯粹的商业电视组织和商业广播组织,还有为传输提供服务的平台运营商。

BBC 在 1998 年建立了自己的网站"bbc.co.uk",该网站是英国最受欢迎的网站之一。它既是介绍 BBC 节目的渠道,也是发布各类新闻信息的综合网站,BBC 的手机客户端在英国也是最受欢迎的移动新闻供应商,BBC 还有自己的视频点播平

---

[1] SCANNEL P, CARDIFF D. A Social history of British broadcasting[M]. Oxford:Basil Blackwell,1991:6.

台——iplayer。

独立电视公司是英国最大的商业性公共电视公司,主要频道包括 ITV、ITV2、ITV3、ITV4、CITV 和 ITV Encore 等。

第四频道集团(Channel Four Television Corporation),原属独立电视公司下的一个分支,1993 年起改为第四频道电视集团。它是一个依靠商业利润运营的公共电视公司,经营的所有收入都被再次投入到公共服务节目的制作中。现在第四频道电视集团横跨电视、电影和电子媒体等多个领域,在电视媒体方面拥有 E4、More4、Film4 和 4Music 等多家电视台。

第五频道电视公司(Channel 5),也是一个商业性公共电视机构,建立于 1997 年。其所有权被多次转手。2002 年名称一度变为五频道(Five)。2014 年 5 月,第五频道的所有权被美国维亚康姆公司(Viacom Inc)以 4.5 亿英镑购买,成为维亚康姆欧洲媒体网(Viacom International Media Networks Europe)的一部分。现在第五频道在原有的 Channel 5 基础上还有 3 个数字频道——5STAR、5USA、5SPIKE,以及 1 个视频点播频道——Demand 5,这一频道正逐渐被一个新的平台——My5 取代。

英国天空广播电视公司(British Sky Broadcasting,BskyB),是英国最大的商业私营付费电视运营商,拥有 2 万多名员工,2014 年收入达到 7.6 亿英镑。现在的英国天空广播公司不只是一个电视公司,而是一家综合性通信公司,其业务范围包括数字电视、游戏、视频点播、网络宽带、电话通信业务等。在媒体业务方面,英国天空广播电视公司拥有天空体育(Sky Sports)、天空电影(Sky Movie)、天空新闻(Sky News)、天空一台(Sky One)、天空二台(Sky Two)、天空旅游(Sky Travel)和天空艺术(Sky Arts)等多个频道。2015 年,英国天空广播电视公司在英国的收视率份额有所下降,但仍是英国首屈一指的付费电视公司。

英国电视公司(UKTV),最初为创立于 1992 年的英国黄金电视台,1997 年转型为英国电视公司,现由 BBC 和美国斯克里普斯互动传媒公司(Scripps Networks Interactive)共同拥有,下设 10 个电视频道,市场份额相对较小。

在英国,提供传输服务的平台运营商有英国天空广播电视公司(Sky UK)、维京传媒(Virgin Media)、英国电信公司电视部(BT TV)和说法电视公司(Talk Talk TV)等。目前,英国的广播电视,特别是电视方面,已经与网络深度融合。除了通过电视机在固定时间播放节目外,电视机构自身的网络平台、移动传播、网络直播、回放、点播等传播方式为电视的发展提供了新天地和新经营途径。

(三)网络

网络的普及率在英国已经相当高了。根据统计,从2016年1月至6月,87.9%的英国成年人,也就是约4590万人在最近的3个月使用过互联网,2015年的数据为86.2%。2016年1月至6月,10.2%(约530万)的英国成年人从未使用过互联网,2015年的数据是11.4%。几乎所有的16至24岁的成年人都是互联网用户,75岁及以上年龄的人群中有38.7%是网络用户。89.4%的男性(约2280万人)和86.4%的女性(约2310万人)是网络用户,这两个数据在2015年分别是87.6%和84.6%。75岁及以上年龄的女性是增长幅度最大的互联网用户群体,自2011年以来增长了169%。2016年,有25%的成年残障人士从未使用过互联网,这一数字在2015年是27.4%。北爱尔兰是英国网络普及率最低的地区,2016年的网络用户占比为82.0%。[1]

各项网络应用中最具媒体属性的社交媒体(包括信息类App)的使用率也不断提升。脸书(Facebook)是在英国使用最为广泛的社交媒体,其次是WhatsApp和油管(YouTube)。72%的英国成年人是脸书的用户或者在该网站有自己的资料。WhatsApp和油管的用户合计占英国成年人总数的42%,推特(Twitter)的用户占35%,Instagram的用户占23%,LinkedIn的用户占21%。将近20%的成年人,在所有被问及的网站上都有自己的资料。2016年,这些网站的用户增长速度飞快。WhatsApp的用户数量,2015年较上年增长28%,2016年增长45%;Instagram的用户数量,2015年较上年增长22%,2016年增长31%,Snapchat的用户数量这两年的增长率分别是12%和23%。这些网站在年轻人中非常流行,在18—24岁的年轻人中,有超过一半的年轻人注册并使用这些网站,其中,注册和使用Snapchat的占62%,WhatsApp占60%,Instagram占51%。[2]

舆观调查公司(YouGov)的数据显示,2016年下半年,54%的英国智能手机用户在手机上看过视频短片,其中40%的用户表示比去年看得更多。在智能手机上收看电视节目和电影的用户分别比上年增加17%和11%。这种行为在18至24岁的消费者中最普遍,其中,75%在智能手机上看过视频短片,44%看过电视节目,还

---

[1] Office for National Statistics. Internet users in the UK:2016,20 May 2016.
[2] YouGov. The power of the image online 2017[EB/OL]. (2017-05-19)[2017-08-02]. https://reports.yougov.com/.

有 33% 看过电影。①

在所有被访者中,20% 的人表示他们上传图片和视频后,能够被点赞、分享和转发,这对于他们来说也是很重要的。在 18 至 24 岁这一年龄段的比例则是翻倍的,达到 43%。在认为这一点非常重要的人群中,女性占 9%,男性占 4%。

近 5 年来,在社交媒体的使用中,图片已经成为交流的核心手段。其中,表情包是使用率增长最快的图片语言形式。每天全球有 1.58 亿人使用 Snapchat。Instagram 为造就一个全新的名人群体——"网红"(instafamous)铺设了道路。

使用社交媒体存在两大重要问题:真实问题和隐私问题。在涉及辨别网络内容真实性方面,超过四成的受访者表示,要判断在线的图片、视频的真实性并不容易。同时,也有 40% 的人认为,当他们看到网上有误导性或不真实内容的时候,不知道该向谁投诉。在是否投诉的问题上,有 36% 的人表示他们会投诉,而 44% 的则表示不会。年轻人更偏向选择不投诉,55% 的 18 至 24 岁的年轻人表示不会去投诉,而超过 55 岁的受访者中有 65% 的人表示会投诉。

在网络隐私保护方面,56% 的受访者表示他们信赖社交媒体账户的隐私设置功能,年轻人对在社交媒体上使用隐私设置控制他人观看自己照片和视频这一点更有自信。这种自信随着年龄的增长而下降。在 18 至 24 岁的受访者中,有 81% 的人认为他们在社交媒体 App 上使用的安全设置是可靠的,而在 25 至 34 年龄段中的比例是 75%。有超过一半的家长表示不会分享、上传或通过博客登载关涉孩子的信息。

(四)广告

2017 年,英国广告市场投放额为 221.9 亿,与 2016 年相比,增加了 4.6%。细分如下:网络广告投放 115.53 亿英镑;杂志广告投放 7.76 亿英镑,总体比 2016 年下降 11.5%,其中纸质部分 5.05 亿英镑;纸质报纸的广告投放 19.19 亿英镑,其中,全国性报纸广告投放下降了 5.6%,但全国性报纸的数字广告收入增加了 19.3%,地区性报纸广告投放下降了 13.1%,与全国性报纸不同,但地区性报纸数字广告收入增加的幅度也不小,为 9.9%;广播广告投放 6.79 亿英镑,比上年增加了 5.2%;电视广告投放比上年总体下降了 3.2%,直播电视广告下降到 48.87 亿英

---

① 互联网数据中心—199IT. IAB:2016 年英国网络广告支出 103 亿美元[EB/OL]. (2017-04-27)[2018-04-17]. http://www.199it.com/archives/582624.html.

镑,但电视视频点播广告增加了7.1%,为2.11亿英镑。①

2017年,在网络广告中,移动网络广告投放是52.23亿英镑,增加了37.3%,占网络广告投放的38%;社交媒体广告投放首次超过了17亿英镑;视频广告投放(包括移动网络和固定电脑网络)增长了56%;移动网络视频广告投放增长了103%,占网络广告增长部分的79%,占视频广告投放的63%,占社交媒体广告投放的79%;付费搜索广告投放增长了15%。正因如此,广告标准组织的主席盖伊·帕克(Guy Parker)于2017年指出:"今天,网络广告差不多占了我们监管对象的一半,这是促使我们的战略更具影响力和前瞻性的重要因素。"②到2018年网络广告的投放数额就超出了传统媒体广告投放的总额。

二、英国传媒及其监管的新趋势

英国传媒发展的新趋势,可以从产业、行业的角度来观察。迪洛伊特(Deloitte)研究团队发布的年度报告《2017年传媒指标:英国传媒和娱乐》提出,传媒"这个振奋人心的、充满创造力的产业现在有着960亿英镑的规模,在2016年有100亿英镑的增长"③。在收集、分析产业数据之外,该研究团队还关注了一些"很有可能影响整个产业的表现"的问题,这些问题包括:外汇对英国传媒和娱乐公司商业指标的影响、"面对面事件"和"实时内容"与日俱增的重要性、内容产品的订阅价值、传媒和娱乐行业的大规模并购趋势等。

首先是外汇的影响。报告提出了质疑:"从账面上的收入来看,11%的增长率使得该行业的收入达到了963亿英镑。尽管如此,这些增长究竟多大程度上是'有机增长',多大程度上是受外部因素的影响,比如汇率的变动?"报告进一步指出:"和去年相比,英镑已经急剧地贬值了。它在最低的时候比美元低22%。英国脱欧公投当天,在投票站关闭的时候,1英镑兑换1.5美元。在2017年年初,1英镑兑换不到1.2美元。在五月中旬,超过了1.3美元。在五月底又降到了1.28美元。"考虑到许多英国传媒公司的收入中很大一部分是外国货币(尤其是美元),并且用英

---

① 李丹林.十年变迁,英国传媒业的新图景[M]//王展鹏.英国发展报告(2017—2018).北京:社会科学文献出版社,2018:234-235.
② 李丹林.英国传媒发展报告[M]//王展鹏.英国发展报告(2016—2017).北京:社会科学文献出版社,2017:292.
③ Deloitte. Media Metrics 2017:The state of UK media and entertainment[EB/OL]. [2018-02-03]. https://www2. deloitte. com/content/dam/Deloitte/uk/Documents/technology-media-telecommunications/deloitte-uk-media-metrics-2017. pdf.

镑报账交易,所以不难理解他们的账面上的收入和利润会上升——在少数情况下,汇率的变动甚至能将亏损的结果变成收支相抵。与此相对应的是,"基于汇率变动,那些用英镑产生收入但是以美元为账户的公司经历了一次账面上的收入下滑"。报告中得出这样的结论:"理解账面上100亿英镑的增长需要考虑到英镑价值的大幅度下跌的影响。同时,对海外市场的关注可能也会增加,一个核心的管理技能会成为将来更好应对外汇风险的能力。"基于这样的认识,报告建议:"货币价值的波动是持续的,并且对于英国传媒公司来说,海外的贸易也许会变得越来越重要,所以应该如何应对,并且从外汇行动中获取理想的利润也许会变得越来越重要。"

表1-2 英国收入排行前100名的传媒公司的传媒子行业在海外获取收入所占比重

子行业	海外获取收入所占比重
广告	74%
图书出版	48%
电影制作和发行	43%
信息出版和活动	81%
杂志出版	29%
音乐出版和发行	50%
新闻出版	25%
电视节目制作和发行	42%
视频游戏	61%
平均	55%

来源:迪洛伊特(Deloitte),2017,基于出版的公司账户

其次是"实时内容"的价值。报告指出:"现场直播仍然是电视和广播消费的流行方式,尽管由于宽带网络不断改进,个人视频记录者无所不在,不断增长的能力转移到了'点播'上。"根据报告,电视仍是英国传媒消费最大的一块。2016年,英国平均每个观众每天观看电视3.5个小时,其中大多数时间是"实时播出"的。2016年,传统电视内容的13.8%是预先录制的。在年轻观众中,这个比重更高一些,但仍然占少数。上一年,25至34岁的消费者观看了超过3/4的实时播出的传统电视内容。实时广播同样相当流行。在2016年,90%的人每周收听广播,每周大概消费20小时。随着智能手机的普及率迅速提升,4G移动网络成为移动数据连接的主要技术,2016年,广播音乐播放时长占全年音频时间的74%,而点播音乐(音乐服务、

音乐视频和数字音轨)的占比只有17.2%。报告进一步探究了人们对实时播出产生兴趣的两个驱动因素：其一是"技术进步"，"更好的网络使得生活体验（包括节目）能够不仅仅在同一间客厅里分享，更能够由所有人在同一个聊天群或社交网络、甚至是更广大的公众之间分享"；其二是"人类的社会属性"，报告认为，"人类是社会性的存在，不是孤独的个体，所以也许只有在个别的事件上，多数人会选择通过点播的方式来体验预制的、整合的内容"。报告乐观地预测，未来对实时活动的需求会保持活力，实时娱乐作为一个产业仍然可以强力地变现，实时会继续成为电视和广播主要的消费方式。

再次是付费内容商业的订阅价值。随着在线时代的到来，为内容创作提供资金支持的两种模式——广告和直接付款（包括订阅和一次性支付）的均势状态被打破，这种情况延伸到了所有的行业，尤其是出版行业。一方面，广告仍然是"最有利可图"的，比如在英国，主要频道黄金时段的电视广告投放价格一般为每30秒上万英镑。20世纪90年代，数字革命刚起步时，主要依赖于广告赞助内容，许多传统的出版商认为可用的全球市场规模将使得广告费用足以支持内容的创作。《卫报》这样的出版商积累了大量的线上状态，它的数字版读者数量远远超过印刷版的读者数量。2016年4月，《卫报》每月有1.55亿浏览者，相比上一年的1.29亿有所增加。迪洛伊特报告明确指出："依靠广告资金来支持在线出版看起来是不可持续的，基于近些年的经验，这就好像是个'西西弗斯'式的痛苦。对线上浏览者数量的追求导致每名浏览者平均带来的收入的下降，因而被废弃了。"在这段时期，每个浏览者带来的数字化收入从2015年的每月0.054英镑下降到了0.044英镑。总数上，数字化收入减少了200万英镑，2016年是8190万英镑。迪洛伊特报告发现，与之相对的是，"在过去的一年里，从刊物订阅用户那里获取的固定收入有一次可观的数字上的增长"，《卫报》《金融时报》《泰晤士报》《星期日泰晤士报》《每日电讯报》）的数字版订阅用户数量都有增长。迪洛伊特的结论是："尽管互联网提供了一条上10亿读者的路线，只有小部分可能对每个出版商真正有价值。值得回顾的是，即使在发行量的顶峰，英国的每一份报纸都只能吸引该国小部分的人。尽管如此，这小部分人中也许每个人都愿意为内容付费，也许读者对于内容支付的费用能比广告赞助给出版商带来更多的收入。"

最后是传媒和娱乐产业的合并与收购热潮。自2013年以来，英国和世界的传媒产业都经历了一次高水平的并购活动。这主要是由于一些公司通过利用了那一时期一些特别有利的因素和条件，包括：低利息率、良性的债务市场，以及资产负债表上充裕的现金保有量。对发展传媒商业来说，英国市场是一个充满吸引力的环境。令人印象深刻的人才库、充满活力的创新和企业家文化的组合持续吸引着投资者。尽管脱欧的不确定性引发了人们对英国投资环境的担忧，但英国还是维持了它作为全球传媒和娱乐产业创意中心的声誉。英国传媒公司仍然对海外买家具有吸引力。2016年，一个值得注意的例子是新闻集团（Newscorp）收购无线集团（Wireless Group），后者是"访谈体育"（talkSPORT）的拥有者。另一个例子是精锐传媒（Incisive Media）将它旗下的杂志《保险邮报》（*Insurance Post*）和《风险》（*Risk.net*）卖给了法国的《数字资讯》（*Infopro Digital*）。

现在，英国传媒界正在迅速变化。从印刷报纸上获得每日新闻的人数的比例每天都在下降。信息（不一定是传统意义上的"新闻"）的来源越来越多——从在线新闻网站到全球媒体巨头，这些信息都是直接而且不断变化的。数字媒体、社交媒体、广播媒体正在迅速削弱曾经是"硬拷贝"的全国性媒体的首要地位。为了保护自己，这些全国性报纸已经不同程度地进入了数字领域，但是否能够从广告或订阅中赚到足够的钱来扭亏为盈，则是值得观望的。越来越多的读者使用广告拦截软件，这对网络出版的商业模式构成严重威胁。

对传媒界来说，这确实是一个充满挑战的时期。许多地区的报纸已经消失了，而剩下的都很脆弱。极少数人仍然在阅读每天印刷的报纸，英国的大多数人都在网上获得新闻——他们没有为此付费。这些成本是由手机公司、宽带提供商、搜索引擎和社交媒体平台所承担的。但同时，关于未来也有值得乐观的理由。正如互联网颠覆了报纸熟悉的商业模式，但它创造了新的机会，英国有一个充满活力的新闻传统：在整个英国，小型独立出版商正在创造新的在线和印刷出版物，以满足公众对良好新闻的渴望——这些在线和印刷出版物开始被称为"超本地人"（Hyperlocals），它们将成为英国未来新闻业的一部分。

自称英国第一家真正独立的新闻监管机构的铭刻组织，正在吸纳越来越多的"超本地人"和"新出版商"加入其中。铭刻组织的第一批成员包括南威尔士的"卡尔费里观察者"（Caerphilly Observer）和"塔尔波特港磁铁"（Port Talbot Magnet）、东米德兰的"林肯"（Lincolnite）、斯塔福德郡的"一块石头"（A Little Bit of Stone）、怀特岛的"在怀特岛上"（On the Wight）、默西塞德郡的"南港记者"（Southport Reporter）、北爱尔兰的"数字化查看"（View Digital）、艾瑟克斯郡的"你的瑟罗克"（Your Thurrock）。铭刻组织的第一批成员还包括调查新闻网站，如总部设在伦敦的"署名"(Byline)和总部设在爱丁堡的"搜索者"(the Ferret)①。在铭刻组织的主席沃尔特·梅里克(Walter Merrick)看来,新闻和信息业务是一个快速发展的市场。与此同时,对原创新闻和调查报道的需求依然强劲——甚至可以说从未如此强劲——当然伴随而来的风险也增加了。出版商和记者个体需要应对他们面临的风险。针对错误的人,报道缺乏依据或忽略了关键的事实,都可能改变一篇报道的公正性。同样,那些劣质或恶意新闻的受害者以及善意的错误的受害者,都需要知道可以求助他人。大大小小的新闻机构都需要一个高效率和公正的机构来帮助其解决投诉。

2017年,英国国内关于"假新闻"的讨论从过去侧重于社交媒体有害影响的道德恐慌开始转向全面考察信息社会的结构性问题,这反映了认识的不断深化。在此基础上,学者们纷纷提出了各自的建议和对策。首先是"加强公共媒体和数字素养",这样"人们就不会被捏造的故事迷惑",而且"不会对言论自由构成任何威胁",但是这种旨在加强媒体和数字素养的教育往往只针对儿童和青少年,在不断变化的科技环境中难以奏效。其次是规范搜索引擎和社交媒体公司,他们的商业模式以贩卖注意力为基础,但"不幸的是,更高质量的内容不一定会吸引更多的关注,赚更多的钱",比如欧盟委员会对谷歌(Google)的母公司阿尔法贝特(Alphabet)处以24.2亿欧元的罚款,因后者滥用自身在搜索领域的统治地位,以有利于自己的商业活动。在这种情形下,"平台责任"被越来越多地提倡。最后是要解决传统媒体的信任危机,这是"假新闻"现象折射出来的传统媒体面临的结构性问题。为此,来自《卫报》的马特·罗杰森(Matt Rogerson)提出了一些方案,包括:"要欢迎更多媒体的多样和另类的观点""维持融资良好的公共服务广播""寻找更好地接触年轻人的方法""运用风筝标志使可靠的新闻和信息网站更容易被识别"②"进行更广泛的广告拦截"③④等。

面对不断变化发展的新形势,有学者指出,英国讨论和展开的30年的传媒改革

---

① LSE Media Policy Project Blog. Impress and the Future of Press Regulation in the UK: Lecture by Walter Merricks CBE[EB/OL]. (2016-01-21)[2017-11-16]. http://blogs.lse.ac.uk/mediapolicyproject/2016/01/21/impress-and-the-future-of-press-regulation-in-the-uk-lecture-by-walter-merricks-cbe/.
② 风筝标志(Kite Marking)是英国媒体监管机构为在他们那里注册的发行商开发的一种标志。
③ LSE Media Policy Project Blog. The evolving conversation around fake news and potential solutions [EB/OL]. (2017-08-10)[2017-11-18]. http://blogs.lse.ac.uk/mediapolicyproject/2017/08/10/the-evolving-conversation-around-fake-news-and-potential-solutions.
④ 有助于解决程序化广告技术所导致的"广告与假新闻一起显示,而广告商并不知情"的问题,保证高质量的内容与高质量广告的资金的供应。

运动必须继续进行下去。对此,威斯敏斯特大学传播学教授史蒂文·巴内特(Steven Barnett)阐述了三点原因:首先,历史证明报业对"黑客入侵"的手段的过度利用阻挠了30多年来反对滥用新闻力量的斗争。在近十年里,个人数据被非法骗取,电话被窃听,死去的孩子们的父母被拦在门外。当然,与此同时,这个行业也有一些杰出的报道被破坏并发生一些出不光彩的事件,正如莱文森所说:"这对普通百姓的生活造成了严重破坏。"① 其次,应该提防那些声称数字革命已经消除了作出任何改变的需要的言论。他们说,新闻业的力量正在衰弱,但是越来越多的证据恰好说明了相反的情形,即:在线平台和社交媒体实际上正在放大传统新闻品牌的力量。当然,新的商业模式已经改变了报业,使得在线发行成为主流。但这并不妨碍满足违规行为和屡次违反行业自身的道德准则的需要。② 最后,应当时刻牢记将有意义的改革持续下去的必要。媒体的关注点聚焦在"黑客入侵"上,但事实上有一个支持莱文森报告中提到的行动的共识,它自提出以来就没有改变过。这一共识有利于保护公众和基层新闻工作者,使他们免受那些仍然拥有巨大力量、仍然坚决抵制其他行业或专业所期待的那种独立审查的传媒行业的伤害。英国每届政府都一样,都会受到困难时期依赖政治支持的新闻利益的影响——这不应该影响议会寻求方法以解决几十年来困扰该国的问题。③

第二节　英国近现代传媒监管回顾

英国有发达的传媒业,自大众传媒成为一种行业以来,其影响力就一直居于世界领先地位。英国对于传媒业的监管别具特色。从历史上看,英国被认为是欧洲实行出版审查最早、控制力度最大的国家,同时又是最早废止这种监管制度的国家。④ 英国在近代曾经经历过一些情况,如今类似的状况仍在世界许多国家存在。今昔对照,

---

① LSE Media Policy Project Blog. Press regulation: three reasons why a 30 year old campaign must continue[EB/OL]. (2017-01-17)[2017-02-17]. http://blogs.lse.ac.uk/mediapolicyproject/2017/01/17/press-regulation-three-reasons-why-a-30-year-old-campaign-must-continue/.
② LSE Media Policy Project Blog. Press regulation: three reasons why a 30 year old campaign must continue[EB/OL]. (2017-01-17)[2017-02-17]. http://blogs.lse.ac.uk/mediapolicyproject/2017/01/17/press-regulation-three-reasons-why-a-30-year-old-campaign-must-continue/.
③ LSE Media Policy Project Blog. Press regulation: three reasons why a 30 year old campaign must continue[EB/OL]. (2014-01-17)[2017-02-17]. http://blogs.lse.ac.uk/mediapolicyproject/2017/01/17/press-regulation-three-reasons-why-a-30-year-old-campaign-must-continue/.
④ 沈固朝. 欧洲书报检查制度的兴衰[M]. 南京:南京大学出版社,1999:56.

反差巨大。因此,研究当今英国传媒监管问题,必须回顾英国早期的传媒监管制度。

一、近代早期英国传媒监管的兴盛与衰落

历史上,英国对出版物和具有报纸性质的新闻小册子的监管,有过严格的管控制度。这些制度包含事前控制的内容审查(censorship)和出版许可(license),事后控制的适用"煽动性诽谤法"。虽然出版特许的直接目的是维护对获得特许(privileged)印刷资格的出版商的商业利益的维护,但是,在出版许可废除之前,出版特许很大程度上发挥着保障内容审查的作用。

从整个西方历史来看,在英国社会废除对出版物的事前审查制度以及各种对思想与言论的控制制度和措施之前,①对言论和思想的控制可以追溯到古希腊时期。古希腊的苏格拉底因言获罪,雅典法庭以"不信神""腐蚀青年思想"的罪名,对苏格拉底处以死刑。中世纪的教会更是利用书籍审查达到统一基督教信仰的目的。当然,在活字印刷术诞生、印刷业成为一个专门的行业之后,图书审查和出版许可才真正达到系统化与规模化。

1467年,英国商人威廉·卡克斯顿将印刷术引入英国,建立了英国第一家印刷厂,英国现代出版业由此拉开序幕。亨利七世时期的 1487年,设立了星法院(Star Chamber),其管辖范围主要是政治诽谤和叛国罪,后来逐渐发展成为王室镇压反对国王政策的政治工具。1515 年,议会通过了一项法案,规定除非经过"被指定的明智、谨慎的人阅读、讨论和审查",否则不得印刷和出版任何拉丁文和英文书籍。到了 16 世纪 20 年代后期,印刷及出版业在英国开始成为一种具有很大影响的政治势力。1526年,亨利八世发布了英国第一部禁书目录。1528 年,星法院发布了第一个管理出版业的敕令。1530 年,亨利八世发布公告,禁止印刷、进口、销售任何反对天主教信仰和国王权威的抄本和印本书。1538 年,亨利八世发布《禁止未经许可印刷经文的公告》(*A Proclamation Prohibiting Unlicensed Printing of Scripture*)。由此,英国印刷领域正式建立特许制度。该公告规定所有出版物均须先经过特许才能出版,并题署"特许出版"的字样。国王确定了针对英国所有书籍的审查系统,没有经过王室任命的审查官的同意,任何书籍的发行皆属于违法。英国出版业的检查制度和特许制度被认为是欧洲各国历史上最严格的管控制度。直到 18 世纪初出版特许制度才被废止,其间大

---

① 英国 1695 年废止了特许法,废除了出版许可制度,实现了出版自由。之后英国王室还通过各种手段对报刊新闻业进行各种控制。19 世纪中叶,一系列控制新闻自由的措施被废止和改革,新闻自由制度真正确立下来。

约经历了两个世纪的时间。到 19 世纪后半期英国新闻自由制度完全确立,这又经过了大约一个半世纪。

从出版许可和内容控制发展历史的角度来说,以 1640 年星法院被废止为标志,英国近代传媒监管可以被划分为前期和后期。前期出版特许与内容审查诞生并且日渐兴盛,后期内容审查日渐衰微并且出版特许被最终废止。前 200 年是早期资本主义的上升时期,是英国作为民族国家走向独立、强盛的时期,也是英国现代政治观念与制度萌芽与形成的时期。英国现代印刷业、出版审查制度与印刷出版特权三者几乎以三位一体的方式,同时经历了产生、演变与发展的过程。① 就社会基本形态而言,这一时期的前期专制主义占主导地位,后期斯图亚特王朝虽然试图实行更严厉的专制独裁,但英国政治生活更多地经历了自由主义思潮的洗礼与冲击。

在出版特许和内容审查诞生与兴盛的时期,英国王室先后以各种形式颁布施行了一系列律令,设立或确定各种机构来审查内容。因此,具体行使内容审查权力的机构随着英国整个政治制度框架的变化而变化,先后有教会、星法院、书商公司、议会等。

英王亨利八世被称为欧洲第一位实行印刷出版审查的君主。印刷业发展初期,进行出版审查的原因主要与宗教思想有关。从前期与罗马教皇密切合作到后期与之决裂,英国政治在亨利八世统治期间发生了巨大变化,出版审查的理由虽然前后表达不一,甚至相悖,但作为一种事前控制制度,它们没有实质性差异。亨利八世先后发布一系列法令,率先在欧洲建立起出版审查制度,控制书籍的印刷、销售与进口。此后,英国的政治气候便随着天主教、新教和自由思想之间的碰撞而变化,然而,不论当政者依从哪个教派、信奉何种思想、制定何种标准和罪名,审查都是持续不变的。

星法院先后于 1528 年、1556 年、1558 年、1586 年、1623 年、1637 年发布了众多敕令(Star Chamber Decrees),这些敕令成为英王室出版审查的规范,构建起英国出版审查的基本制度。星法院通过发布敕令,惩治诽谤、叛国、煽动行为和异端言论等犯罪。1586 年,星法院发布敕令,强化许可制度。该敕令限制大印刷商、学徒和熟练工人的数量以及每版图书的印数;重申以前的规定,明确印刷经营只限于书商公司在伦敦的成员以及牛津、剑桥两所大学;只有宗教事务高等委员会才有权指定新的大印刷商;明确书商公司管理员的搜查权与查获权,以及遵守许可官裁定的必要条件;增加书业管理从业官员;所有印刷品需事先获得许可并向书商公司登记注

---

① 宋慧献. 出版审查与英国版权制度的诞生[J]. 知识产权法研究,2008(2).

册。1637年7月,星法院发布敕令,第一次以王室的名义要求印刷图书在书商公司的登记簿上登记。该法令还承诺将更加严格地管控涉及分裂的印刷品。这一敕令成为英国1662年《出版许可法》(Licensing Act)的蓝本。

英国近代早期的书商公司(Stationers' Company)本是一个行会组织,但是在后来的王室出版审查中起了核心作用。1557年,玛丽女王向书商公会颁发"皇家特许状"(Royal Charter),授予书商公司面向全社会管理印刷业的专有控制权。在书商公司拥有特权的一个多世纪里,作为王室实施出版审查的核心工具,书商公司以王室尤其是星法院为靠山,以星法院敕令为依据,并借助其内部规章和书业管理制度,通过图书登记、搜查、抓捕和处罚等措施,对国内媒介有全盘控制权。所有出版商都必须从公司官员那里获得许可,所有报社都必须在公司登记;除非属于公司成员或皇家特许,一切出版行为都受到查禁。书商公司对英国书业管理、出版审查发挥了不可或缺的作用。

1649年9月,英国议会通过了一项法案,名为《反对未经许可、诽谤性图书和小册子的更严格印刷管理法案》(An Act Against Unlicensed and Scandalous Books and Pamphlets, and for Better Regulating Printing)。这一法律在以往各种出版管制律令的基础上,规定了详细的许可制度和具体机制,并特别规定了对新闻小册子的出版许可的要求,要求新闻小册子由议会职员进行特别登记。新闻小册子的内容都是政治敏感的领域,在17世纪50年代几乎受到了绝对控制。1653年1月,议会修订了1649年的法案,发布《反对未经许可、诽谤性图书和小册子的更严格印刷管理法案并有所增加和说明》,这一法案规定由当时的国务委员会(Council of State)作为出版内容审查、控制的权力机构,书商公司不再是出版审查、控制的权力机构。

斯图亚特王朝复辟后,王室对出版控制付出了更多努力。1662年10月,英国议会颁布了影响深远的《出版许可法》。该法案的正式标题是《防止频繁滥用煽动性、叛国的与未经许可的图书与小册子的印刷,并管理印刷与印刷厂的法案》。该法案继承了亨利八世以来的出版管理法规、法令,成为一部集英国16、17世纪出版审查制度之大成的法律。如该法前言所述,其立法目的在于管制印刷商,以防止"充满异端的、分裂的、亵渎神明的、煽动叛乱的和不忠的图书、小册子与报纸"的印刷与销售。该法规定:国王及国务委员会公布有关文告和指令,国务大臣负责监督;设立专门的出版检察官(surveyor)具体执行审查任务;任何印刷品都必须事先经过官方许可,成立印刷厂必须向书商公司报告,限制大印刷商和印刷厂的数量,限制图书进口;国王的出版信使(messenger)有权进入并搜查未经许可的印刷厂和印刷活动,违法者将受到严厉的处罚和监禁。

1688年的"光荣革命"促生了《权利法案》和自由议会。"光荣革命"之后,对出版的控制权从王室转移到议会,对出版的审查逐渐放宽。1694年,议会拒绝延长书商公司的垄断特权,1695年《出版许可法》最终被废止,这标志着英国出版前审查(pre-publication censorship)制度的终结。

1641—1695年间,英国的内容审查与出版许可制度有如下特点:第一,由于政权更迭、社会动荡,出版审查不再一帆风顺;第二,王室(包括复辟时期)、议会以及护国时期的当政者克伦威尔都继续实行甚至强化出版审查。审查主体逐步更替,议会以及共和政府最终代替国王、普通法院代替特权法院成为实施审查的主角,书商公司权力被削弱;第三,出版自由的呼声日益高涨,出版控制受到各方面的挑战,渐趋衰微。保王派以及特权书商虽一再为出版审查努力,却阻挡不了历史的脚步。最终,出版审查被取消,英国出版业、作者地位与版权制度迎来一个新的时代。[1]

二、监管出版业的具体措施

(1)出版许可与登记。从亨利八世最初发布控制印刷业的公告与命令,到1694年《出版许可法》废止,许可与登记一直是出版审查最基本、最常用的方式。许可的事项有:印刷商的营业资格、印刷厂的开办、印刷设备的进口与持有;图书印刷,包括某类图书或某一种图书的印刷。在不同时代,掌握许可证发放权力的机构是不一样的。

(2)从业限制,包括:人数限制,当时对印刷商、学徒、雇工等的从业人数有严格限制;区域限制,比如规定除了牛津大学和剑桥大学,伦敦以外地区不得经营印刷业务。

(3)内容控制。事前审查方面,对政治与宗教类图书进行最严格的限制,只有议会指定的印刷商才能印刷。按照1653年的法案,议会新闻只能刊登在《不列颠信使报》上。事后惩治方面,《反煽动性诽谤法》是极为有效的一项事后审查依据。

(4)公布黑名单,包括开列禁书目录和违法印刷商名单。

(5)秘密程序。这主要体现在1641年前的星法院审理案件的过程中。星法院完全以定罪为目的,自行一套程序,秘密审理,剥夺被告人的各种诉讼权利。即使在星法院被废止、相关案件移至普通法院后,普通法院审理此类案件时依然执行秘

---

[1] 宋慧献. 出版审查与英国版权制度的诞生[J]. 知识产权法研究, 2008(2).

密程序。

(6)对违禁出版物进行搜查、扣押、没收,对违禁者撤销资格、逮捕、体罚乃至监禁等。这些权力在大多数时期由书商公司行使。作为特权法院的星法院以及后来的普通法院、国务委员会等都有权实施不同的处罚。其中,残酷的刑罚分次实施,如将受刑者施以肉刑之后,等两周后其即将恢复时,再施行第二次。

三、出版前审查制终结后的媒体监管

有一种较为流行的观点是,在1695年出版审查废除之后,英国就开始了新闻自由的历程。实际上,更为确切的说法应该是英国的出版自由[①]由此开始。虽然废除了印刷出版的许可制度,但是英国王室对新闻的控制并没有停止。国家对内容的控制,尤其是对政治言论的控制依然存在。直到19世纪后半期,在政府有关印刷媒体、政治性言论管理和控制的各种措施被陆续全部废除之后,整个社会才真正获得报道自由。所以,在那些措施存在并发挥作用的时期,言论自由和意见表达的法律风险始终存在。社会及报刊界的自由依然未能真正实现。詹姆斯·卡伦认为:19世纪中叶前后并没有开创报业自由的新纪元;相反,这段时间所建立起来的一整套报业审查制度比以往任何时候都更加有效。[②] 在这一时期,英王政府采取的措施如下。

首先是煽动性诽谤(seditious libel)法律的持续生效。报纸受到了严格的法律控制——主要是有关煽动性诽谤的法律,其所发布的"一般性法令"被用来防止对政治体制的批评,保护权威机构不受那些来自可疑人士的具有煽动性的诽谤,还禁止报道议会活动。第一部用于管制报业的法律是《煽动性和亵渎性诽谤法》。它以无所不包的方式界定了"诽谤罪",并且提供了相当广泛和灵活的起诉手段。后来该法案又得到了《利用职权获取信息法案》的补充,这主要用来恐吓出版机构和记者。按照规定,凡是有关"利用职权"的案子都要在12个月内提起诉讼。报刊和记者的言论经常以构成煽动性诽谤为名受到严厉追究,包括终身监禁和巨额罚款。这一制度于16世纪后期由星法院发展起来。当星法院在1641年被废止之后,普通法院接管了对煽动性诽谤言论的审查。后来,煽动性诽谤罪范围扩大,任何讨论政府行为的书籍和文章,都可能被定为煽动性诽谤罪。

---

① 此处的"出版",就是单纯的"印刷出版"(printing),而不是后来扩大意义上的"出版"。
② 卡伦.媒体与权力[M].史安斌,董关鹏,译.北京:清华大学出版社,2006:104.

其次，政府采取了一些经济性举措来控制报刊。虽然1694年《出版许可法》被废止，但是这并不意味着英王和政府真正将自由完全赋予人民。1712年，国会通过印花税法规定对报纸、小册子、广告和纸张征收税款，这类税款被称为"知识税"（tax on knowledge），其目的是通过增加报纸成本、提高报纸价格限制报纸的发行量，进而对报纸施加影响。同时，报纸必须向政府登记，以便接受管理。后来，政府还向立场倾向政府的报纸提供秘密的服务补贴、官方广告和独家信息，以及向支持政府的记者支付奖金、提供"肥缺"等来引导和影响政治新闻。议会中的反对派采用类似的方法来支持反对政府的媒体。结果，"政治"类报纸（其中大部分是伦敦的报纸）从一开始就处于控制着政府和议会的地主精英阶层的宰制之下。① 这些措施有助于消除一些批评政府政策的短期刊物。直到19世纪，对出版物施加的各类税收才销声匿迹。②

最后，在意识形态方面，当时的政府也致力于为出版监管寻求理论和观念支撑。比如追究煽动性诽谤罪的理论基础是：国王是一切正义与法律的源泉；他自然一贯正确，因而其行为超越一切人的批评；如果允许任何人随便诋毁政府，政府就失去了威信，就难以维持必要的统治；等等。在1704年的一个案件中，英国上议院的霍特大法官（Lord Holt）所表达的观点反映了当时的主流意识形态："如果不禁止个人对人民灌输反政府的思想，那么任何政府都不能生存，因为每一个政府都需要人民对它具有良好印象。对所有政府而言最为糟糕的，正是抵制政府管理的努力。这一直被认为是犯罪，并且它要受到惩罚。"③和普通言论不同，政治言论的确定性并不能为批评者开脱。在某种程度上，对政府的批评越是确切越有罪，因为批评越确切就越具有说服力，就越可能严重破坏政府的形象。"越是真实，越是诽谤"（the greater the truth, the greater the libel）成为一项司法原则。

四、英国传媒监管制度的转型

虽然英国被认为是欧洲历史上出版审查最严格的国家，但它也被认为是最早废除审查的国家。④ 研究英国是如何走出禁锢媒体、钳制言论的时代，如何从传统的压制性媒体监管演化为保护和规范性媒体监管，对我们认识英国问题、研究不同

---

① 卡伦. 媒体与权力[M]. 史安斌,董关鹏,译. 北京：清华大学出版社,2006：94.
② 张千帆. 宪法学导论——原理与应用[M]. 第3版. 北京：法律出版社,2014：523.
③ 张千帆. 宪法学导论——原理与应用[M]. 第3版. 北京：法律出版社,2014：522.
④ 沈固朝. 欧洲书报检查制度的兴衰[M]. 南京：南京大学出版社,1999：56.

国度的媒体监管具有重大意义和价值。

应该说,能在17世纪废除出版许可制度,堪称世界领先之举。英国人认为,其言论自由的历史可以从1215年签署《大宪章》①的时代算起。《大宪章》第一次承认了言论自由是英国自由的基石。在《大宪章》中,英王约翰承认贵族们有权在"大议会"(Great Council)向国王咨询和提出建议。因此,有一种观点认为《大宪章》最伟大的意义在于它确立了一直延续至今的人们可以自由言说的权利。② 但是,《大宪章》种下的自由的种子,能够在17世纪末18世纪初长得根深叶茂,变成能够经受风雨摧折的大树,还需要具体的历史环境因素的滋养。

17世纪的英国,生活着近代自由主义的思想先驱托马斯·霍布斯(Thomas Hobbes,1588—1679年),第一个系统论证出版自由的诗人、政论家约翰·弥尔顿(John Milton,1608—1674年),以及近代自由主义思想的代表约翰·洛克(John Locke,1632—1704年)。弥尔顿于1644年在国会发表著名的《论出版自由》(*Areopagitica:A Speech for the Liberty of Unlicensed Printing*),演讲内容以小册子形式出版。这部小册子是对当时的《出版许可法》的评论。弥尔顿指出,他写作《论出版自由》的目的就是要将出版从使其日益走入绝境的限制中解脱出来。他认为审查制"对作者、对书籍、对学术的尊严和特权,都是一个莫大的侮辱",并指出言论出版自由是"天赋人权"的首要问题,是"一切自由中最重要的自由"③。其后,洛克、约翰·李尔本(John Liburhe,约1614—1657年)等继续就言论和出版自由进行了论证,这一思想被广泛传播。洛克的《政府论》上、下两篇和《论宗教宽容》等著作对于社会的思想启蒙、废除出版审查的影响巨大。洛克对于废除出版审查的直接贡献,是他于1694年写成的有关《出版许可法》的"备忘录"(memorandum)(以 *Criticisms of the Licensing Act of* 1662 为题)。他写道:"我不知道,一个人对于他所想说的话,为什么不能拥有印刷的自由。"可以说,洛克对《出版许可法》的批评,使他成为推动该法被废止的重要人物。

思想家们的努力是出版审查不断遭遇挑战并最终被废除的认识因素。17世纪之后的一系列政治变革是出版审查被抛弃的现实条件。在那个时代,英国发生了

---

① 《大宪章》(拉丁文名为 *Magna Carta*,英文名为 *Great Charter*)是1215年英王约翰和贵族们签署的文件。虽然当时英王是迫于内外交困的情势与贵族们签订《大宪章》的,但是其中限制国王权力和保障贵族权利(后来演化为公民基本人权)的精神和原则,对英国后世的政治法律制度乃至世界范围内的人权保障制度都产生了深远的影响。
② SMARTT U. Media & entertainment law[M]. London:Routledge,2010:2.
③ 弥尔顿. 论出版自由[M]. 吴之椿,译. 北京:商务印书馆,1958:46.

议会反对王权专制的大规模革命,处死过国王(1649年),经历过共和政府,出台过《权利请愿书》(1628年)和《权利法案》(1689年)。《权利法案》第9条规定:"国会内之言说自由、辩论或议事之自由,不应在国会以外之任何法院或任何地方,受到弹劾和讯问。"这虽然只是对议员在国会的言论特许权的规定,但是连同法案中规定的人民请愿权,可以被认为是英国宪法最初关于言论自由的规定。这更是一个从制度的角度推动英国乃至全欧洲走向现代的时代,出版业与出版制度自然也深受影响。

那时,废除出版审查还有更为广泛的行业基础。在出版及印刷行业内部,要求恢复许可制的主要是书商公司理事院(Court of Assistance)所代表的大书商,而更多的书商则反对出版许可与审查制度。星法院撤销之后英国出版业便进入了一个异常活跃,甚至可以说"混乱无序"的时期,出版审查的社会与产业基础已经受到削弱。实际上,1662年《出版许可法》通过之后,实施起来就面临着诸多困难。出版史专家西伯特指出,1662—1679年,仅牛津大学就有一半出版物的出版未经许可。[①] 1692年,当讨论《出版许可法》是否延续时,议会下议院收到大量印刷商、独立书商、装订商的请愿书,他们指责《出版许可法》妨碍书业发展;写给上议院的请愿书则抨击该法案"让知识和真实屈服于专横和无知"[②]。所以,1694年,集出版管制之大成的《出版许可法》被废止。

《出版许可法》的废止,虽然表明出版印刷行为获得了自由,但是在出版物上表达意见和思想的自由尚未真正实现。要彻底摒弃政府对于新闻报道的控制,使人们通过媒体表达批评政府和国王的意见而不再受到诽谤法的惩处,还有待整个社会以及报刊界的进一步演化和发展。

进入18世纪,整个社会向着对媒体的监管更为开明和宽松的方向演进。18世纪70年代放松了关于议会报道的限制,18世纪末和19世纪中期的两次诽谤法改革,终于使诽谤法从一个维护王权、压制言论报道自由的专制工具,转变成保障报道自由、维护公民人格权益的法律工具。在18世纪中叶,当时英国的北美殖民地纽

---

① SIEBERRT F S. Freedom of press in England 1476-1776[M]. Illinois: Illinois University Press, 1952: 234.
② 沈固朝. 欧洲书报检查制度的兴衰[M]. 南京:南京大学出版社,1999:104.

约法院审理的"曾格案"①,对于英国人的观念改变和诽谤法的改革产生了很大的影响。② 1792年的《福克斯诽谤法案》规定只有陪审团才有权裁决有关煽动性诽谤罪的指控。1843年的《坎贝尔勋爵诽谤法案》进一步修改了有关诽谤的法律规定,对诽谤指控确立"真实抗辩"(truth defence)原则,放弃了诽谤法施加于被告人的绝对责任,允许为公共利益而发表的作品通过证明真实性而获得辩护;为了公共利益而陈述真相成为合法的举动,并且不受诽谤罪的指控。③

19世纪上半叶,英国经济的发展带来了人口的成倍增长,也带来了被排除在原有的政治体制之外的经济和文化资源。这就导致不受贵族控制的言论空间和社会组织日渐强大,出现了一批由这些"体制外"人士创办和资助的新的报纸和刊物。与此同时,出现了数量可观的反对"旧政权"的媒体。④ 1853—1861年"知识税"被废除,出现了一个独立于法律和财政控制之外的报业。⑤ 报纸广告投入的不断增加,深刻地影响了商业化报纸的性质。这使得报纸能够独立采集新闻,不再仅仅依赖于官方的信息来源。这也促使报纸经营者具有更独立的思想。他们通过不断扩大发行量,让报纸销售数量最大化,从而使报纸盈利,而不是通过迎合政府或反对派而获得政治资助。从总体上看,在这一特定的历史关头,报纸销量增大、能够盈利确实让商业化报纸摆脱了贵族的影响,从而拥有了更大的编辑自主权。一些激进报纸拥有了以工人阶级为主的读者群。激进派报纸不仅挑战了以独家新闻、官方广告和国家财政补助为基础的微妙系统,而且挑战了法律手段对报业的压制。传统的由国家支配的报业管制体系日渐瓦解。⑥

---

① 1733年,在英国北美殖民地纽约,曾格创办了《纽约周报》(New York Weekly Journal)。该报多是批评时任总督威廉·科斯比和地方议会的内容。1734年11月,曾格以"对政府进行无耻的中伤、恶毒谩骂和煽动性责难"的罪名被逮捕。1735年8月法庭开审,安德鲁·汉密尔顿出庭为曾格辩护。汉密尔顿首先承认原告对曾格的指控属实,即曾格的确在报上发表过抨击总督及殖民当局的言论,但他接着便指出,陈述无可非议的真相乃是每一个生来自由的人所享有的神圣权利,只要不违背事实,就不能算作诽谤,只有"虚假的、恶意的和煽动性的"谎言才构成诽谤。按照当时英国和北美的惯例,凡是对政府的批评,不管内容是否真实,一律视为诽谤,若言论属实,其煽动作用更为明显,所以事实是比谎言更大的诽谤。汉密尔顿的陈述从根本上推翻了"越是事实,就越是诽谤"原则。其实汉密尔顿所表述的是一个不证自明的公理,就连殖民地的宗主国——英国的一位法学家后来也承认,汉密尔顿的辩护词"虽不是法律,但优于法律,实应成为法律,而且在任何正义伸张之处,一定永为法律"。

② 卡罗里德斯,鲍尔德,索瓦.西方历史上的100部禁书[M].张秀琴,音正权,译.北京:中信出版社,2006:163.

③ 张千帆.宪法学导论——原理与应用[M].第3版.北京:法律出版社,2014:523.

④ 卡伦.媒体与权力[M].史安斌,董关鹏,译.北京:清华大学出版社,2006:91.

⑤ 卡伦.媒体与权力[M].史安斌,董关鹏,译.北京:清华大学出版社,2006:102.

⑥ 卡伦.媒体与权力[M].史安斌,董关鹏,译.北京:清华大学出版社,2006:95.

社会实践层面的变化往往和思想观念的变化相互激荡、相互推动。18世纪后期到19世纪出现了一些主张言论自由和报道自由的思想巨匠,其中有威廉·布莱克斯通、威廉·戈德温、詹姆斯·密尔、杰里米·边沁、约翰·密尔。18世纪英国法学家布莱克斯通曾言:在一个自由国家,新闻界的自由权是必不可少的,这种自由权意味着不对出版作事先限制。每一个自由人都有毋庸置疑的权利将他愉悦的情感放到公众面前;禁止这种权利就是消灭报刊自由。边沁认为,报刊自由和公开讨论的自由是"善的政府"的必要条件。一个好的政治体制必须做两件事情:首先,创造一个基于法律和自由市场交换的公民社会、给公民带来幸福的政府;其次,该政府旨在保护公民不受强权政府侵犯。① 边沁还强调,没有报刊自由,就没有选举自由,选民的意见也不能有效地得到表达。如果缺少连续的报刊自由,定期的选举就会像一个"一年中会有八个月把猎狗锁起,而将群羊交给狼进行管理"的农场。② 边沁的好友——詹姆斯·密尔于1811年发表了《论出版自由》。在这部著作中,密尔指出:出版自由作为一种不可或缺的安全保障,是捍卫人类利益的最佳方式。"好的选择要建立在良好获知的基础上。获知越全面越确切,做出好的选择的机会就越大,不当利益就越难以维系。如果信息不能在人们之间完全自由地传播,人们如何才能很好地了解那些代表他们做出选择的人及其品质?"所以他认为实现出版自由能监督政府及其公职人员的权力的行使。③ 虽然密尔的《论出版自由》首先阐释了报刊自由会给他人带来伤害,提出了限制报刊自由的观点,但是他强调,限制言论自由不应包括公共范围内的言论,即涉及必须由公民决议的公共问题的"政治性言论"。在真实的基础上,在公共范围内的表达应是自由和完全放开的。而在个人空间内,新闻出版则应当受到一定的限制,以帮助政府更好地保护个人权利。这实际上为更好地完善出版自由制度提供了认识和理论基础。詹姆斯·密尔的儿子——约翰·密尔在1859年出版了《论自由》一书。该著作系统阐释了压制言论自由的危害,对人们的思想观念的转变产生了巨大的影响。他指出:第一,如果有任何见解被迫沉默,那么这种见解可能是正确的;第二,尽管被迫沉默的见解可能有错,但它经常含有部分真理。既然对于任何议题,占据普遍优势的见解很少或从不代表全部真理,那么只有通过不同意见的交锋,才有可能提供真理的其余部分;第三,即使被接受的见解正确且代表全部真理,除非他受到有力和激烈的挑战,绝大

---

① 基恩.媒体与民主[M].郄继红,刘士军,译.北京:社科文献出版社,2003:15.
② 基恩.媒体与民主[M].郄继红,刘士军,译.北京:社科文献出版社,2003:15.
③ 刘艳.皆为自由故:灵魂与理性的呐喊——约翰·弥尔顿与詹姆斯·密尔言论自由思想之比较[J].新闻研究导刊,2016,7(24).

部分接受者也将以带偏见的方式接受它,很少有人能感受到其理性基础。不仅如此,学说本身将处于失去意义或受到削弱的危险中。①

近代英国表达自由思想所塑造的基本论点是:"假如个人无权接受和表达不受大多数人赞成的行动和观点,那么所谓的个人自由就是毫无意义的。"②19世纪,英国社会这种关于言论自由的态度的普遍转变,使言论和新闻自由逐渐成为公民社会的普遍诉求,新闻出版自由在英国才得到确立。③

可见,新闻自由制度在英国确立并保障人们的言论自由,是英国社会几百年来演化发展的结果,是各种政治力量的角逐,经济发展、技术发展、观念发展、传媒业发展相互角力的结果,同时也是英国的保守主义和经验主义的价值观、方法论的运用结果,是社会宽容理性程度较高的体现。

五、英国表达自由制度的完善

英国大法官罗伯特·麦加利爵士(Sir Robert Megarry V. C.)在马龙诉大伦敦市警察总监(Malone v. Metropolitan Commissioner[1979]. ch 344)一案中说:"英国不是一个除法律明文准许之外什么都不可做的国家,而是一个除法律明确禁止之外什么都可以做的国家。"数百年来,"天赋人权"这一抽象的政治哲学观念在英国经过了一次又一次的确认,今日已凝成一项实体法的原则:任何政府部门或公共机构,不管以何名义,若要干预人民的权利和自由,就必须拿出法律上的证据。指控能否成立,最后取决于法庭。凡是有法律根据的,法庭将有条件或无条件地执行;没有根据的就加以禁止,将会被判令赔偿由此所造成的损失。就算干预有根据,干预的方式是否适当、干预的决定应该经过什么程序、受干预的人是否有足够的机会表示反对、反对者是否能获得公平对待、受干预的人应该得到什么补偿等,对于这一连串的问题以及其他许多有关问题,经过申请,法庭都会做出司法复核,依法裁定。④

英国独特的法律传统、政治传统、文化传统,如普通法、议会主权、保守主义,使得许多属于公民权利和自由的要素并不是以成文法的方式规定和昭示出来的,而是依据"剩余权利""凡是法律没有明文禁止的,公民可以自由行为"的原则体现的。

---

① 张千帆. 宪法学导论——原理与应用[M]. 第3版. 北京:法律出版社,2014:523-524.
② 吴小坤. 自由的轨迹:近代英国表达自由思想的形成研究[M]. 桂林:广西师范大学出版社,2011:15.
③ 魏永征,张咏华,林琳. 西方传媒的法制、管理和自律[M]. 北京:中国人民大学出版社,2003:15-16.
④ 黄金鸿. 英国人权60案[M]. 北京:中国政法大学出版社,2011:1.

所以在英国1998年制定《人权法》(Human Rights Act)之前,难以在其既有的成文法中找到专门保护报道自由的条款。第二次世界大战后发展起来的一些属于现代基本人权的法律权利在英国成文法上并未及时体现,对于一些新型权利,由于缺乏成文法的依据,只能通过适用传统普通法的规则来解决,或者通过《欧洲人权公约》的实施机制来解决。

第二次世界大战之后对于英国表达自由制度影响最大的外部因素是《欧洲人权公约》的签署。这在立法上的体现是英国《人权法》的颁布和实施;在司法实践方面,表现为产生了一系列的司法判例,其中既有英国国内法的判例,也有欧洲人权法院的关涉英国的判例。英国是《欧洲人权公约》的发起国之一,但鉴于英国自身的法律制度,《欧洲人权公约》并非一经签署就成了其法律的一部分。1998年,英国议会通过《人权法》,至此,《欧洲人权公约》才被引入英国的成文法律之中。英国《人权法》使《欧洲人权公约》对英国的宪政制度,尤其是司法审查制度产生了深刻影响,这使得"表达自由"(freedom of expression)的概念在英国被普及。这是一个重要的话语转变,因为此前英国人和英语世界的传统话语是出版自由(freedom of the press)。①

总体而言,在当代英国,言论自由、表达自由属于基本人权和宪法权利范畴,核心是言论自由,人人有发表即使是他人不喜欢的言论的自由。报道自由的核心是媒体有批评政府的自由,有不受政府干预和政治人物干预的自由,但是表达自由和报道自由也是有边界的,这些边界体现在《人权法》《欧洲人权公约》规定的相关条款当中,具体体现在各个相关的司法判例当中。在处理表达自由、报道自由与各项价值和利益的冲突问题时,英国有自己的特殊性。英国以往更注重保护个人名誉、国家安全,如今逐渐趋向于表达自由和言论自由一端。英国在平衡表达自由与人格权、其他公共利益的冲突方面,依然审慎,特别是依然着重强调对名誉权的保护。如丹尼尔·J.索罗夫所言,名誉"是我们最为珍贵的财产,是我们自由的基本成分之一,因为没有我们周围群体的好的评价,我们的自由就变得毫无意义。我们依靠他人与我们交易,与我们做朋友,倾听我们的诉说。没有与社会中他人的合作,我们往往无法做我们想做的事情;没有他人的尊重,我们的行为和成就将失去目的和意义;没有适宜的名誉,我们的语言尽管是自由的,却可能根本不受重视。一句话,我

---

① 展江.当代英国法中的表达自由及其限制[J].武汉大学学报,2018,71(1):56-66.

们的自由,部分依赖于社会中他人怎样评判我们"①。英国对言论自由和新闻自由的价值及其限制的认识,直接影响了英国当代的传媒监管制度的形成和演化,催生了完全不同于近代早期的监管理念,以及不同于其他国家的监管体制和模式。

第三节　当代英国传媒监管审视

自印刷术引入英国,印刷及出版、新闻成为一个行业,英王就建立了出版许可和内容审查制度。19世纪出版自由、报道自由真正实现之后,英国建立了立足于保障表达自由、服务公共利益的传媒监管制度,这与近代早期的传媒监管制度的价值取向完全不同了。英国哲学家罗素有言:"通常会谓之'近代'的这段历史时期,人的思想见解和中古时期的思想见解有许多不同。其中有两点最重要,即教会的威信衰落下去,科学的威信逐步上升。别的分歧和这两点全有连带关系。"②在现代社会,传媒业拥有巨大的能量,但同时,这种能量的消极性也日渐凸显,因此在传媒监管中,"公共利益"原则成为一种目的性的标尺。

一、报刊自由与传媒监管

作为判例法国家,英国法院的法官们的阐述和欧洲人权法院对于表达自由的认识,都有助于我们理解当代英国语境下的表达自由的具体含义。英国上诉法院法官布鲁克说:"在我国,我们有一个自由的报刊界。我们的报刊界自由地把事情做对,也自由地把事情做错。仿效弥尔顿的方式写作是自由的,以一种让弥尔顿转身而去、长眠不醒的方式写作也是自由的。"③

在1999年"雷诺兹诉《星期天泰晤士报》案"(Reynolds v Sunday Times)中,上议院大法官尼科尔斯勋爵(Lord Nicholls,中文名李启新)指出:法庭应当格外重视表达自由的重要性。媒体履行"警报"和"监视"的重要功能。对于媒体报道是否涉及公共利益,公众是否有权知晓,特别是当报道涉及政治领域时,应当慎重对待。解决任何疑难应当有利于出版。……在很多情况下,基于某种特殊利益,诚实地发表一些言论,即使这些言论无从证明,但其发表的重要性高于名誉保护,普通法可

---

① SOLOVE D J. The future of reputation: gossip, rumor, and privacy on the internet[M]. Connecticut-CT: Yale University Press. 2007: 30-31.
② 伯特兰·罗素. 西方哲学史: 下卷[M]. 马元德, 译. 北京. 商务印书馆, 1997: 2.
③ Green v Associated Newspapers[2004]EWCA 1462. para. 1.

予以特权保护。这种特权有的是"绝对特权"(absolute privilege)，例如法官、律师、证人在法庭上的言论；但在通常情况下，主要是"受约制特权"。当一个人基于某种利益或者职责、法律、社会甚至道义的需要发表意见时，如果这种发表关乎公众利益、发表时的表现又是负责任的，就可以得到"受约制特权"的保护。这自然也适用于新闻报道。

在2009年"弗拉德诉泰晤士报团案"(Flood v Times Newspapers)一案中，高等法院的迈克尔·图根达特(Micheal Tugendhat)法官认为："……正是通过大众媒体，大多数人今天才获得了他们关于政治事务的信息。没有媒体的表达自由，表达自由就会是一个空洞的概念。一个民主社会在确保一个自由的报刊界方面的利益大大影响着这样的平衡：它决定对这种自由的任何克减是否与克减的目的有一种合理的关联。在这方面，必须记住的是，媒体的一个当代功能是调查性报道。就像传统的报道和评论一样，这种活动一般是新闻媒体的至关重要的角色的一部分。"[①] 欧洲人权法院认为：(1)表达自由构成了民主社会的基石之一。(2)捍卫新闻界表达自由尤为重要，尽管新闻界不应当逾越设定的边界。(3)新闻界有责任告知事关公共利益的信息和观点。(4)公众相应有权接收这样的信息和观点。(5)新闻界的"公众守望者"角色至关重要。(6)在一国当局阻挠新闻界参与到对于具有合理的公共关切的事务的讨论时，欧洲人权法院有责任开展"最谨慎的审视"。(7)表达自由权包括传播冒犯、震动或打扰国家或共同体的任何部分的观点和意见。(8)新闻记者的自由包括可能会借助某种程度的夸张乃至挑衅。

上述意见有助于我们理解英国环境中的报道自由和表达自由。报道自由、表达自由是有限度的。表达自由和报道自由的核心，是政治性言论和内容受到最高级别的保护，其他类型的言论则根据其性质受到较低程度的保护乃至不被法律保护，不被法律保护的内容就是超越法律边界的部分。这些构成了对媒体表达的监管原则。媒体的监管就是划定法律许可的边界，在这一边界之内，确立媒体行为的高标准。这一高标准就是新闻专业主义理想和新闻伦理道德。通过媒体的自我约束、行业自律、独立监管机构的职权行使、行业自律机构与独立监管机构的相互配合，引导媒体为自己的行为确立高标准，禁止媒体突破底线，约束媒体更好地服务于公共利益，不侵害公众个人利益和公共利益。

对于报道自由，英国人非常重视其在社会政治生活和公共生活中的作用，以及对于政府批评和监督的意义。因此，当代英国传媒监管制度的理念，首先是确保和

---

① Flood v Times Newspapers[2009]EWCA 2375. Para. 147.

不损害媒体的独立性,经济地位的独立性、编辑行为的独立性。19世纪传媒获得了报道自由,在广播电视出现之前,这体现为报刊业受到报道自由制度的保障。即报刊机构自由设立,报刊业面对政府和政治人物,能够保持自己独立的经济地位,保持自己的独立编辑原则,拒绝政治对于其采编内容的干预。广播电视出现以后,虽然法律要求广播电视机构要履行公共服务的责任,在节目内容方面要符合公共利益的要求,但是,广播电视机构要保持其独立于政府的经济和法律地位,政府不得对广播电视的内容进行审查和干预。因此,报道自由原则对于20世纪之后的英国传媒监管制度的演变和构建,产生的影响是巨大的,其结果就是这完全不同于早期的传媒监管制度了。在这一过程中,相对于世界其他地方,又形成了英国自身独特监管方式,即现代民主国家存在的各种监管方式在英国媒体监管体制中都有体现。从总体上来说,英国传媒监管制度的构成及运行,无论对于传媒的内容规范,还是产业的发展都发挥了积极的作用。①

总体而言,20世纪后半叶以来的相关立法和大量的国内、欧洲人权法院的判例,既有对于媒体报道自由的保障的强化,也有对于公众人格权和表达自由的保障的进步,②同时,这也为加强传媒监管提供了成文法的依据。③ 这其中既有为媒体获得更大自由程度提供更多保护的情形,也有对于媒体行为施予更多要求的地方,所有这些也都体现在具体媒体行业的监管理念、监管机制和措施之中。

21世纪初,在英国对言论自由与表达自由的保护不断加强的同时,英国对媒体的监管力度也在增强,其原因是媒体的高度集中,传统媒体商业压力加剧导致的侵犯隐私的情形越来越严重。这既体现在平面媒体方面,也体现在广播电视方面;既体现在网络环境下的PGC(Professional Generated Content,专业生产内容)方面,也体现在UGC(User Generated Content,用户生产内容)方面。

二、公共利益与传媒监管

詹姆斯·密尔在其著作《论出版自由》中,论述了表达自由的限度,并提出表达

---

① 在英国早期对于印刷出版的控制,其实也是有同样等考虑。只是那时对于内容规范的价值目标是控制对于国王不利、违反宗教教义的内容。现在则是为了更好地保护公民的表达权利、满足公民的知情、促进积极的公共讨论。同时,在英国还有一项特别突出的媒体功能,就是对于世界事务的关注,提升和促进英国媒体的世界影响地位。
② 比如,英国对于隐私权的保护,相比较美国法律和国际公约的要求,曾经一直处于保守状态。
③ 比如,在对于广播电视的监管当中,许多对于节目内容的具体要求,都是以欧洲人权公约的相关条款和英国人权法等相关条款为依据的。

自由在道德问题与法律问题上存在一些冲突和对立,尤其是在新闻出版行业中。密尔认为新闻出版业是一种实现表达自由的工具,但不应仅仅被看作一种工具。就个人权利而言,新闻出版业不仅可以保护个人权利,同时也可能侵犯个人权利,而这种侵犯是大范围且无处不在的。实际上这种被侵犯的权利,就是所谓的"公共利益"。

报道自由与公共利益是一个硬币的两面。研究传媒问题、传媒监管问题,首先面对的就是报道自由、表达自由,但是,同样重要的还有另一方面,即公共利益。作为一个词语,公共利益(public interest)一词出现的时间比上述自由术语早得多。公共利益在英国媒体的监管中出现得更早。言论自由、表达自由、报道自由,无论何时,其基本意涵和价值取向都大体一致,而公共利益则如"一张普罗透斯的脸",变化万千,在不同时期其意涵和价值取向差异巨大,有时甚至完全相反,正如以研究监管中的"公共利益"著称的学者费恩塔克所言:"公共利益经常以一个空瓶子的形式出现,在不同的时间会被注入不同的内容。鉴于不同的人会将不同的价值观注入其中,因此,当我们从瓶中啜饮时,我们不能确定瓶中的内容能在多大程度上满足特定的期待。"[①]

(一)公共利益的本源

公共利益,英文为 public interest,其中,public 一词的语义具有双重来源:一是希腊语 pubes,大体是成熟、完备的意思,具体指身体和情感或智力的双成熟,尤其是指人们超越自我,关心或关注并理解他人利益,这意味着个体对于自身行为对他人造成的影响以及对自己与他人关系的自觉;二是希腊语 koinon,其含义是关怀,英语中的 common 就来源于这个词。public 的原始含义强调的是一种共同的、集体的关爱。[②] 英文中的 interest 一词,源于拉丁文 interesse,它由"inter+esse"构成,原意为"处于",因为人处于特定关系之中就必然关心关系,产生兴趣,直至认识到其中的利害关系,最后普遍关涉的利害,即为公共利益。

在古希腊罗马时期,公共利益的思想体现的是整体主义的国家观。到中世纪乃至近代早期,关于公共利益的思想,依然还是从整体角度、国家角度来看待公共利益,如英国的霍布斯。也正是如此,在很多时候,人们会有意或无意混淆公共利益与国家利益,将公共利益当作统治者利益的代名词,或当作一个时代的社会习

---

① FEINTUCK M. The public interest in the regulation[M]. Oxford: Oxford University Press, 2004: 1.
② 李丹林. 广播电视法中的公共利益研究[M]. 北京:中国传媒大学出版社,2012:22-23.

俗、观念与宗教戒律等的整体来看待。被这样理解的公共利益,就可以成为整饬异端思想、控制个体言论自由的根据。简言之,在前工业化时期,西方对于公共利益,着重从整体利益角度来理解。

近代以来,古典自由主义成为西方的主流哲学。作为自由主义理论来源的个人主义、社会契约论和功利主义理论对西方当今主流的公共利益观念影响巨大。工业化社会以来,公共利益直接从个人的利益、需要出发,宣扬的是对个人利益优先考虑的伦理标准。[①] 公共利益价值观的转型时期,就是罗素所言的"近代"。

在英国,大众传媒产生之初的近代早期,无论是相关言论出版传媒成文立法,还是相关司法判例,都会涉及公共利益的问题。当时英国对出版自由、报道自由严格控制,理由是为了维护当时的教会权威、王室尊严等整体主义意义上的公共利益。这个时期的公共利益成为压制个体自由和权利的工具。英国是自由主义的故乡,自由主义的理论渊源之一是个人主义,个人主义强调个人的价值和作用,个人主义的方法论也是从个人的立场出发来做价值判断和利益权衡的。在19世纪中叶之后,报道自由获得了真正的法律保障,在随后的媒体监管中,在尊重个人利益基础上形成的公共利益成为限制和防范政府权力滥用的工具,也成为传媒监管的原则和目标。但是,无论其含义如何不同、价值取向有何差别,公共利益这一词语的基本功能都是一样的,即作为论证某项法律、某项政策、某项判决、某项表达、某种言论的道德性、合法性、必要性的依据。

虽然近代以来,古典自由主义的公共利益观以尊重个人价值为前提,但是这并不意味着整个社会缺少公共意识、整个社会是一盘散沙。恰恰相反,由于强调个人价值意味着尊重意志和选择的自由,因此尊重个人利益就必须关注和不损害群体、社会利益。在媒体获得了独立性和享有了报道自由之后,报刊业被认为是一个具有特权的私人部门,因为媒体能够依据其专业主义原则,服务于公共利益。广播电视曾经能够利用有限的频率资源播出节目,也是因为它们负有公共服务的使命和职责,其目标是服务于公共利益。媒体的自由和独立是以服务于公共利益为代价的。

(二)广播电视监管中的公共利益

在发达国家,在传媒监管语境下谈论公共利益,主要指的是广播电视监管中的公共利益问题。虽然发达国家都建立了报刊自由制度,宪法尊重、保障公民的言论

[①] 李丹林.广播电视法中的公共利益研究[M].北京:中国传媒大学出版社,2012:37-38.

自由,但是各国对最先出现的平面媒体和后来出现的广播电视媒体,也都在监管方面采取了不同的态度,选择了不同的具体措施。不同于通过尊重平面媒体的消极自由来服务于公共利益,广播电视领域更多是通过政府积极干预的监管制度来实现公共利益目标。公共利益目标成为广播电视监管的道德基础和法律基础。在这一语境下,广播电视监管中的公共利益,首先是指在尊重广播电视享有的报刊自由原则下,对广播电视进行监管的理由和根据;其次是指对广播电视进行监管的目标。广播电视监管中的公共利益目标,通常包括以下四项:第一,要保证利用这一平台进行表达的表达者的自由,表达者既包括广播电视业主,也包括可利用广播电视进行表达的社会公众;第二,基于民主社会的要求,保证公众能通过广播电视传递的信息,及时充分知晓政府各项事务、各种社会问题、公共事项;第三,广播电视须履行一定的积极义务,发挥其教育职能,以帮助国民提升知识文化素养,使其成为富有见识、理性、合格的公民;第四,广播电视还要承担一定的消极义务,不得传播损害青少年、少数族裔、弱势群体的权益的节目。[①]

在英国,最早出现的广播公司——英国广播公司(British Broadcasting Company),在进行了短暂的商业运行之后,改组创设为公共广播电视组织,即新的英国广播公司(British Broadcasting Corporation),也就是享誉世界的"BBC"。作为既不同于私营,也不同于政府出资控制的广播机构,BBC依据《皇家宪章》设立。根据《皇家宪章》,英国广播公司是一个以提供告知、教育、娱乐为宗旨的公共服务机构。《皇家宪章》要求"英国广播公司提供的服务,不是专门为了某部分人口的……无论是就地理区域的分布还是品味的满足,BBC均须在最大可能范围内,服务英国民众"。对上述原则再进一步具体化,就是BBC在节目、品质、选择、平衡、教育、娱乐理念上,提供如下普及性服务:地理层面上的广泛服务,关切民族、国家和文化身份认同,独立于政府和商业控制,节目的公平性,多样化的节目,财政来源依靠收视费。BBC的公共服务以全国公民为对象,并注重对较小区域与人数也较少族群利益的维护,这通过对节目的多元化与多样性要求予以保证。

随着时代的发展,第二次世界大战之后,为了更好地服务公众,英国又逐渐产生了商业性公共广播电视机构、纯粹的商业广播电视机构。但是无论是哪种性质的广播电视机构,公共服务的原则要求都没有变化。

当然,由于在不同的时期社会经济技术发展状况不同,国家和社会面临的主要矛盾和问题、人们的观念意识不同,包括执政党和政治家的执政主张和策略不同,

---

[①] 李丹林.媒介融合时代传媒管制问题的思考——基于公共利益原则的分析[J].现代传播,2012(5).

同时,还有各种不同利益集团之间的博弈,这导致人们对于"公共利益"的理解和使用各有不同,也使得英国广播电视监管当中的公共利益问题经常处于一种争论和变化之中。其中,与公共利益原则和目标紧密相关、长期存在的问题是:更多的政府作用还是更多的市场作用;更多的节目政策要求还是更多的市场自主行为;更多为公民服务还是更多满足消费者需求;更多的竞争还是更加多元,等等。英国政府在这些问题上也一直处于探索、发展阶段,有时也处于摇摆之中。所有这些都增加了广播电视监管中的公共利益这一问题的复杂性。一些专门委员会的相关报告、政府发布的白皮书的内容,有助于我们理解其中的公共利益问题。

1977年2月,安南委员会(Anna Committee)发布的《关于英国广电业未来发展的报告》指出,广电业的管理应由独立的公共权力机构负责,这些机构必须独立于政府,从维护公共利益的角度出发对节目内容负责。委员会认为,为公共利益服务是英国广播电视业的基本和重要职能,约翰·里斯(John Reith,1889—1971)[1]提倡为全体公民提供告知、教育和娱乐服务,延伸公民的利益范围,为公民提供更多的选择和服务。同时,公共利益不再仅仅将公民作为一种同质性的大众来看待,而是要满足不同群体和个人的多种文化需求,为此在政策安排上就要促使产业结构和竞争主体多元化,同时加强对内容的监管。[2]

1999年发布的戴维斯报告和2000年英国政府发布的白皮书都认为,为了实现公共利益的最大化,广播电视现行资金模式和产业格局应进行改革和调整,可以通过执照费、广告费与多元化产品供给主体等来为用户提供大众化、高质量和多样化的英国原创节目内容。在频率资源不再稀缺的时代,应拓展资金来源和建构多元化的公共广播电视体系,进而形成公共广播电视、商业性公共广播电视和纯粹商业的广播电视公司相互竞争、相互制衡,竞争和质量并举的良性格局。[3]

总结归纳英国广播电视监管的公共利益问题的核心要素,就是"多元",这包括"内容多元""结构多元""监管类型多元"。其中"内容多元"是整个监管制度的旨归,"结构多元"和"监管类型多元"是实现"内容多元"的条件和保障。英国广播电视体制的设立与改革、节目政策与标准等的设计、媒体产权结构的要求和规范、媒体集中度的判断标准,都是围绕"多元"价值这一公共利益的核心要素进行考量和作出取舍的。实现公共利益目标的路径有如下三方面。

---

[1] 约翰·里斯是BBC的创立者、第一任总裁,提出了BBC"告知、教育、娱乐"的立台原则。
[2] 李继东.论英国公共广播电视理念的缘起与嬗变[J].现代传播.2007(6).
[3] 李继东.论英国公共广播电视理念的缘起与嬗变[J].现代传播.2007(6).

1. 节目政策与"内容多元"

在节目制作方面,为了保证节目内容的丰富性,避免播出机构单纯垄断节目内容,皇家宪章和相关法律对 BBC 和那些商业性公共广播机构有具体要求。无论是对 BBC 各广播电视频道的要求还是对独立电视等商业性公共广播电视机构的原创作品、独立制作节目的要求,都有助于英国的受众接收到更多的面向本国和本地区的节目内容,并且对大伦敦地区以外的节目生产的鼓励也能够促使英国的文化产业向更大的范围发展,从而带动内容生产和消费的多元。

对于节目类型,也有具体政策要求。广播电视机构要注意提供新闻时事类、音乐艺术类、宗教类和对少年儿童具有教育作用的节目,面向英格兰、苏格兰、威尔士、北爱尔兰等地区的具有地方特色的广播电视节目,以及面向各地的本地电视、广播和社区广播的服务。针对各类节目的量化标准有助于公众通过广播电视传递的信息,及时充分地知晓政府各项事务、社会问题、公共事项和国际事务,同时能够提升各方面的知识和文化素养。而各类本地、社区的广播电视服务则须有益于受众关心和参与本地、本社区的事务,以促进受众了解和承担公民的责任和义务。

2. 许可制度与"结构多元"

在西方,出版自由、平面媒体获得自由是以废除曾经的国家审查特许制度为标志的。广播电视媒体都以建立新的国家许可制度为监管核心。一些批评人士及产业界对此多有抨击,这一点在美国尤甚。在英国,由于自由主义造就的公共意识使得人们普遍接受了广播电视的公共服务观念,因此,对于通过《皇家宪章》的特许方式建立公共广播电视机构,通过独立监管机构许可商业性公共广播电视和纯粹商业性广播电视机构的做法和制度,并没有太大争议。为确保其内容多元、符合公共利益标准,广播电视独立监管机构和市场监管机构对于广播电视组织的产权结构、投资并购、市场集中度等也有基于公共利益要求的审批、许可制度,必要时还要进行作为批准条件和程序的"公共利益测试"。

总的来说,虽然英国在媒体所有权的法定限制上有逐渐放宽的趋势,但是对广播电视媒体的所有权以及报业、广播电视的跨媒体所有权,在市场份额、许可证持有量和持股份额几项因素上依然有较为严格的限定。这些规定保证了英国广播电视媒体避免占有过多的市场份额而造成媒体公司的垄断和过度集中。由此形成的多元媒体组织形态也对媒体市场中内容的多元化大有裨益。

应该说,在表达自由已经成为英国社会越来越强的共识的时代,广播电视机构如何更好地服务于公共利益,是广播电视监管最经常讨论的主题。2016 年 BBC 的

《皇家宪章》到期。2017年开始发挥作用的新《皇家宪章》,对BBC的外部监管加强,赋予通信办公室更多针对BBC的监管权力,对于其他类型的广播电视机构也有更多的监管举措。这些都是英国广播电视监管中践行公共利益原则的体现。

　　3.监管类型多元

　　在广播电视领域,自建立监管制度开始到现在,针对不同领域、不同类型的内容,英国探索实施过各种监管方式,有些是共时性的,有些是历时性的。作为公共广播电视机构的BBC,依据《皇家宪章》,原来有一套特定的监管机制,但自2017年新一轮《皇家宪章》颁布后,其演化为BBC自身与通信办公室联合监管的模式。商业性公共广播电视和纯商业性广播电视机构,直接接受通信办公室监管。广播电视中的商业性信息内容,即广告,原来是由通信办公室统一监管的,现在演化为由英国广告自律监管机构与通信办公室共同监管。与广播电视节目一样以视听方式展现内容的网络视听节目,则由开始的自我约束,到行业自我监管、行业自律组织与通信办公室共同监管,再到由通信办公室直接监管,经历了现代民主国家媒体监管的各种模式。所有这些变化,都是特定时期特定环境下,各方经过博弈妥协之后都能接受的最符合公共利益原则的选择。

三、传媒监管语境下表达自由与公共利益的关系

　　时任英国上诉法院院长霍夫曼勋爵(Lord Hoffmann),在2004年的"劳昌斯基诉泰晤士报报团案"(Loutchansky v Times Newspapers Ltd)中,持有这样的观点:公共利益寓于一个现代民主社会的自由表达中,并且更为特别的是,寓于对一个自由而生机勃勃的新闻界的促进中,以保障公民知情。这个利益的重要性在近期的案件中已经被反复认同和强调。[①] 霍夫曼勋爵的这段意见,经典地阐释了英国宪政民主制度下表达自由与公共利益的关系。

　　在前述有关英国语境下表达自由的意涵中,这种自由的核心就是可以自由批评政府,政治性言论可获得更高级别的宪法性保护。因此,从这个意义上来讲,在宪法层面,从公权力与私权利的关系角度来看,公权力不得随意侵犯公民的表达自由和权利,也就是政府部门行使公权力的行为首先以不损害公民的表达自由、媒体的传播自由为界,此种意义上的表达自由、报道自由就是约束公权力行使的"公共利益"。公民行使的表达自由和权利、媒体享有的传播自由,也是有限度的。这个

---

① Loutchansky v Times newspapers Ltd. [2004]EWCA 1805.

限度就是不对他人人格权益、他人财产权益、国家安全、公共道德和健康、社会秩序等造成损害。这些可能因过度行使表达自由、报道自由而受到损害的利益，也被称作"公共利益"。因此，为了规范表达行为，国家的相关立法、对传媒采取的监管措施、媒体的自我约束，也以维护公共利益为名，于是公共利益又成为公权力干预私权利的道德基础和法律依据。当整个媒体行业出现了严重的侵害公共利益的情形时，要求加强媒体监管的社会呼声也是为了公共利益。同样，无论是行使表达权的普通个人还是享有特权的专业媒体机构，面对其表达超过必要限度因而构成民事侵权或刑事犯罪的指控时，也常以表达行为关涉公共事项、表达是为了更好地服务于公共利益作为抗辩事由。这正如霍夫曼勋爵所言的"公共利益寓于一个现代民主社会的自由表达中"。在英国，就民事侵权而言，作为判例法国家，曾有"雷诺兹特权"抗辩，即是否符合公共利益要求的10条标准。在成文法方面，2013年的《诽谤法》明确将"公共利益"规定为诽谤诉讼的抗辩事由。那么何为关涉公共事项的内容？这是一个难以精确给出范围的问题。笼统地说，有助于民主社会的运行、发展和进步的事项和内容都可看作是公共事项。媒体监管本身不能损害媒体的传播自由，就是宪法关于政府不得损害公共利益原则的要求。同时，就监管的宗旨和目标而言，既应有促进媒体内容多样、积极而富有活力的讨论，也应有媒体不得损害公共利益的观点。这一层面的公共利益涵盖了公民人格权益、国家安全、社会秩序、公序良俗等消极性公共利益要素，同时还有满足公民的知情与表达权、满足人们受教育权、满足人们的文化娱乐权、弘扬传统文化等积极性公共利益要素。

英国对平面媒体和广播电视媒体实行不同的监管制度，在不同的媒体领域有不同的监管机制和举措，表达自由与公共利益的关系有不同的色彩和表现。

首先，在平面媒体领域，公共利益意味着对国家和政府权力的限制，即不能限制和干预媒体享有的报道自由。英国如今对平面媒体的监管依然采取自我监管的方式，而不是通过立法、设立具有执法权力的监管机构或直接设立一个平面媒体的政府行业主管部门来监管报刊界。报刊界通过自己的专业主义伦理规则，进行媒体自我约束或行业自我监管。如果媒体人员，无论是经营管理者还是记者、编辑，在其职业活动中有违反法律的行为，则依法承担相应的责任，比如为了获得消息，贿赂警察、侵入公民电子通信设备、尾随追踪他人、非法获取国家秘密、侵犯他人名誉等。其次，公共利益是指媒体报道的事项和评论的对象是关涉公共事务的问题。① 报刊界传播服务于公众需求的内容，这是媒体内容方面的公共利益要求的体现。正是因为报刊界是生产这样的产品的私人行业，所以它获得了报道自由的特权。如果媒体不能很好服务于公共利益，发生违反媒体伦理和职业道德、侵犯公众个体利益或公共利益的行为，便会引发"应该如何进行平面媒体监管"的争论和制度演进。第二次世界大战之后，英国就"应该如何监管平面媒体"的问题，进行过七次调查，其中充满着繁复多样的利益博弈。现今，在维护公共利益的前提下，在维护媒体自由的基础上，形成了英国当前的平面媒体监管制度。这是两个自我监管机构双雄并存的时代。英国报刊监管的独特景观，是媒体自由和公共利益两项原则既互为表里又互相冲突、统一对立互动的结果。

在广播电视领域，公共利益是经常使用的概念，这一范畴具有更多意义、更多功能、更多用途，与表达自由的关系也更加复杂。简言之，表达自由作为一种消极自由，其经典意义是拒绝政府干涉。在广播电视领域，出于一定的原因，公共权力必须介入的情形下，如何说明公权力的介入合宪合法？如何保证公权力不损害表达自由？这时，公共利益不仅充当了合宪合法的根据，而且也为政府和广播电视机构本身确立了行为方向、标准和程序。

四、新媒体时代的表达自由与公共利益问题

前互联网时代，基于不同的传播媒介形成了不同的传媒领域，英国也演化出针对不同传媒领域的不同监管制度。互联网时代，网络技术、数字技术的飞速发展，VR、人工智能等技术的出现，传统的传播媒介都被网络统一，以往依靠纸质媒介、无线电信号、卫星信号、有线电缆传输的内容和信息，都可通过网络传输，用固定端、移动端接收。媒介融合已经成为常态，以往基于不同传播媒介形成的不同媒体领域的监管制度如何适应媒介融合时代的监管要求，成为一个迫切需要解决的问题。

新的时代带来了新的问题和挑战。就传媒而言，虚假新闻、不确切报道、淫秽色情内容、侵犯隐私、宣扬恐怖信息、煽动仇恨言论等新问题日渐凸显。网络传播

---

① 在英国，公共事务涵盖的事项大体有：英国宪政和君主；议会民主，首相、内阁和政府；选举制度；政党、资金和游说；全民健康医疗（The National Health Service, NHS）；财政、产业和公共事业；社会福利和民政事务；欧盟问题；国际关系；地方政府的起源和构成；对地方政府的财政支持；地方政府的政策制定；地方政府的职责和选举；地方当局和教育；规划政策和环境保护；儿童保护与成人社会关怀；交通、环境与"生活品质"；信息自由问题；等等。根据《新闻记者与公共事务》一书归纳。参见MORRISON J. Public affairs for journalists[M]. Oxford: Oxford University Press, 2009.

的便利性使得规范网络传播秩序较以往更为艰难,这对内容与信息监管提出了前所未有的挑战。尽管如此,我们发现,英国的传媒监管制度始终围绕不损害表达自由、维护公共利益两个维度在不断演进。

现在,在保障媒体自由的原则下,英国媒体对编辑性内容的监管依然延续了传统监管格局并将之延伸到网络环境。对网络视频领域的监管,发展出一种新的模式,这一监管模式由开始的网络服务提供商的行业自律,演变为行业自律组织与独立监管机构的"共律",最终成为完全纳入独立监管机构的监管。广告性内容监管方面,广告自律组织在扩大了自我监管的范围之后,又加强了对网络视频广告的监管力度。针对社交媒体平台上存在的各种不良信息,如虚假新闻,监管机构会敦促网络平台服务提供商负起应有的责任;针对淫秽色情信息、普通刑事犯罪信息、暴恐信息,行业自律机构、网络服务提供商、政府机构、社会团体、公共利益组织、家长等多方配合,借助各种手段,包括技术性的,尽可能在不损害信息自由流动、言论自由的范围内,治理这些不良信息,应该说成效还是非常显著的。这些也都是公共利益目标和要求的体现。

如下案例,对于我们了解和研究英国对互联网环境下传媒业的内容监管具有见微知著的意义。保罗·钱伯斯原定于2010年1月15日从南约克郡唐卡斯特的罗宾汉机场乘机前往爱尔兰。由于受大雪影响,机场一度关闭,他计划搭乘的航班可能会延误。1月6日他在推特主页上表达不满:"废物!罗宾汉机场关了。你们有一周多一点儿的时间搞定,否则我就把机场炸上天。"后来这条推文被机场发现,反恐警察1月13日将钱伯斯逮捕,钱伯斯成为第一名因在社交媒体上发言不当而遭逮捕的英国人。2010年5月10日,唐卡斯特地方法院以钱伯斯发送"与《2003年通信法》(Communications Act 2003)相抵触的、冒犯性强的或具有不当、可憎和威胁性质的公共电子信息"为由,认定钱伯斯有罪,判处钱伯斯385英镑罚款并支付600英镑审理费。这一判决引发巨大争论。钱伯斯认为自己只是开了一个玩笑,不服判决,提出上诉,唐卡斯特巡回刑事法院维持原判,并向其追加2 000英镑审理费。钱伯斯再向高等法院提起上诉,2012年2月8日高等法院依然维持原判。钱伯斯又向高等法院提起第二次上诉,这一次高等法院推翻了原审判决。判决书称:"针对定罪的上诉之所以获准,是因为这条'推特'不构成或包括威胁性的信息。"这个被称作"推特第一案"的案件裁决被认为是网上言论自由的里程碑式的胜利,表明司法在处理社交网站言论问题时应基于网络传播的语境。[①]

---

① 展江.当代英国法中的表达自由及其限制[J].武汉大学学报,2018,71(1):57.

第二章
英国报刊监管研究

英国报刊业是最具独立精神和斗争精神的一个行业,自其产生以来,就在英国社会中发挥着不可或缺的作用。英国报刊业的声誉与恶名齐飞,社会评价毁誉参半。但是,作为一个专业领域,报刊界的主流媒体仍秉持新闻专业理想,总体上英国民众也将报刊作为获得信息、判断问题的可信赖的源泉,这也是不争的事实。所有这一切,在有着保守价值观传统的、崇尚妥协宽容之风的英国,造就了其社会对于报刊业的态度,以及报刊业自身的品质和品格。从监管的角度来说,虽然从第二次世界大战之后,关于如何进行报刊业的监管这一问题,一直探索争论到现在,但就在新一轮的监管演变过程基本完成后,英国报刊业的监管依然没有脱离自我监管——"自律"范畴。

第一节 英国报刊业的监管历史

一、第二次世界大战前的报刊监管历史

历史上,早期英国报刊开始出现的时候,有些传单和小册子批评国王、政策,导致政府通过相关法律、具体措施,对报刊界的行为进行严格控制、严厉制裁,具体如特许制、印花税、保证金、煽动性诽谤罪等,使报刊界处于一种经常面临被处罚和承担刑事责任的风险中。在新闻传播的发展历史中,管控与反管控、管控的放松和解除构成了英国报刊业历史的主要内容。1861年报刊税(知识税)被废止,英国报刊

界获得了自由。人们一般认为,英国报刊业在19世纪中叶取得自由权。这个观点一再出现在新闻史和近代英国史的研究之中,几乎无人质疑。[①]

英国报刊业发展300多年来,经历了与王室、政府的斗争,最终获得了报道自由,并在这一原则的保护下,通过奉行职业道德伦理自由运作。这种对于职业伦理和报刊声誉的自我珍视,不仅使英国产生了世界知名的报刊,同时也为英国社会的民主政治运行、信息流通透明、公民知情权实现提供了不可或缺的保障。

报刊业获得了自由的特权,在自身的规范和约束下运行。但是如果报刊界在获取信息和传播内容方面发生了违法犯罪行为,则司法机关可依法调查审理,追究其治安或刑事责任。如果侵犯了公众的人格权益或其他权益,原告可依法提起民事诉讼,追究其民事责任。

报刊业是最早的大众传播行业,是每天都在向社会和公众提供内容和信息的行业,随时都可能出现涉及公众个体利益、公共利益的问题,因此仅仅靠司法途径远不能很好地解决保护公众利益、维护传播秩序的问题。在第二次世界大战之后,英国政府解除了短暂的对报刊的战时管控,报刊业随之出现的问题逐渐引起全社会的关注。如何规范和约束报刊业的行为就成为一个摆在英国人面前的问题。由此,关于是否应该对报刊业进行监管,应该如何监管的问题的讨论以及相关的实践浮出水面,随着时间的推移,英国报刊业监管呈现出特定的历史景观:从第二次世界大战结束到2013年,针对英国报刊业的伦理文化实践问题,在英国议会的组织或敦促之下,进行了多次大规模的调查,生成了7份调查报告。虽然每次调查的起因、得出的结论、提出的建议各有不同,但是始终都是以要不要通过成文立法来对报刊业进行监管这一问题为核心的。这一问题如今的答案依然是排除议会成文立法,采取报刊业自律监管的方式进行监管。

1947年,英国组建了一个皇家报刊调查委员会,调查当时的报刊业的财务、控制、管理和产权问题。经过一年多的调查,产生了针对报刊业的第一份皇家调查委员会报告。报告认为"英国新闻界的编辑水准和质量显著下降",建议建立一个自律监管制度,其具体形式就是成立"报刊业总评议会"(General Council of the Press),评议会要起草行为守则,拥有受理投诉、做出裁决和处以适当处罚的权力。皇家报刊调查委员会认为,这一制度能够促进报刊业的最优实践,鼓励其增强负责的精神。报刊业一开始拒绝这种要求,后基于担心通过立法形式进行监管的考虑,

---

① 卡瑞,辛顿.有权无责——英国的报纸、广播、电视与新媒体:第7版[M].栾轶玫,译.北京:清华大学出版社,2016:3.

于 1953 年成立了"报刊业总评议会"。这个评议会与此前皇家报刊调查委员会建议的方案有实质性的不同。它没有执业守则,也没有独立于报刊业的代表做委员。

1962 年,针对报刊业的第二份皇家调查委员会报告公布。报告对报刊业总评议会进行了严厉批评,特别是评议会没有独立委员这一点。这份皇家调查报告提出除非评议会进行改进,否则就要立法监管报刊业。于是报刊业成立了新的"报刊业评议会"(Press Council),该组织吸纳了少数独立委员。

此后,报刊业对隐私的侵犯愈加严重,而投诉者得不到妥善的救济,这引起社会的关注和担忧。到了 1974 年,皇家调查委员会启动了第三次调查。这次调查主要是"针对影响保持报刊业的独立性、多样性和报纸、期刊的编辑标准以及公众对于全国性、区域性和地方性报刊自由选择的因素"进行的。1977 年,第三份皇家调查委员会报告发布。报告指出:"迄今为止,评议会是失败的,它没能使见多识广的公众相信它对针对报刊业提出的投诉做出了令人满意的处理。"报告还提出,应该为新闻记者制定一个书面的行为守则。报告再一次提出如果报刊界和评议会不能予以有效回应的话,还是建议推行成文立法的解决方式。报刊业评议会拒绝了报告所提 12 条建议中的 5 条,而且也不理会制定一个书面行为守则的建议。

1989 年,针对英国报刊业的第四次调查启动。此次调查由戴维·凯尔卡特(David Calcutt)主持。调查主要是针对"隐私及其相关问题"。报刊业评议会随之发布了英国报刊业历史上的第一部《执业守则》(Code of Practice)。1990 年 6 月,调查报告,即《凯尔卡特报告》发布。报告认为:应该改革报刊业的自律监管制度,报刊业评议会应该被废止,由一个新的自律组织取代。报告确立了一套衡量一个有效的自我监管体系必备要素的框架标准。这个新的组织就是报刊投诉委员会(Press Complaints Commission,PCC)。报告建议,再给报刊业"最后的机会来证明自愿性的自我监管能够奏效",给予报刊投诉委员会 18 个月的试运营期,以此来验证非成文立法的自我监管是否能够有效地发挥作用。在试运营结束时,如果报刊投诉委员会无法证明其能够有效发挥作用,将建立一个依据成文立法设立的法庭,来处理对报刊业的投诉。1991 年 1 月报刊投诉委员会组建,为了抵御由法庭来监管编辑工作,报刊投诉委员会设立了执业守则委员会。英国的报刊监管进入了报刊投诉委员会时代。

二、报刊投诉委员会时代

1993 年 1 月,第二份《凯尔卡特报告》发布,这是第五份有关报刊业的监管报告。其结论是：由于报刊投诉委员会进行的自我监管是不成功的，应引入依据法律设立的报刊投诉法庭。报刊界拒绝了这一结论，开始对报刊投诉委员会进行改革。1995年，英国政府回应了《凯尔卡特报告》，拒绝了关于通过成文立法监管报刊业的建议。报刊投诉委员会一直运行到2014年9月。

报刊投诉委员会作为自我监管机构，其内部组织架构如下：由17名董事组成，其中10名是来自业外的公共成员（public member or lay member），也就是独立委员，7名来自业内，是时任的编辑。按照制度设计者的构想，这占多数的公共成员可以代表报刊业之外的个体和公众的利益，能使报刊投诉委员会的运营独立于报刊业。同时，报刊投诉委员会的资金是由新闻标准财务委员会（Press Standards Board of Finance, Pressbof）通过向各报业机构征收的，没有政府投入资金，因而独立于政府。在报刊投诉委员会体制下，新闻标准财务委员会拥有巨大的权力，包括任命董事会成员和执业守则委员会（Code of committee）成员等。

对于违反《执业守则》的行为，报刊投诉委员会可以采取如下措施[①]：谈判协商救济措施（这些措施包括道歉、发表更正声明、修改记录、删除文章）；对违反执业守则的行为进行谴责，由报刊投诉委员会主席发布批评的文章；主席向编辑发出谴责信；为避免重犯错误，跟踪被谴责编辑的行为是否已经更正；制定必要的措施（包括在适当情况下的纪律处分），对严重违反《执业守则》者追究责任；提醒编辑所供职的出版商对该编辑采取惩罚措施；等等。

报刊投诉委员会运营20年来，英国政府和社会没有放弃对于报刊投诉委员会的监督和观察，并对其进行了多次评估。在2007年组织的一次关于报刊业的自律状况的调查中，负责调查的特别委员会得出结论：自律制度在报刊业应该继续保持，没有理由需要成文立法监管。但是，报刊业的伦理文化问题和侵犯公民隐私的问题越来越突出，报刊投诉委员会自身存在的问题也越来越受到政府和公众的关注。2009年，有一个独立的委员会对报刊投诉委员会的治理结构进行了检视（governance review），2010年7月份调查报告发布。这次检视的结果表明，报刊投诉委员会的治理结构存在着需要改进的方面，如：报刊投诉委员会对于自身的存在目的和扮演的角色定位不够明确，董事会中非业界的委员的制衡力量不够，存在人员任命和运作系统不够公开透明的问题，缺乏对委员会的运作和投诉处理的严格监督

[①] PCC. What is the PCC[EB/OL]. (2012-07-05)[2014-02-05]. http://www.pcc.org.uk/AbouthePCC/WhatisthePCC.html.

和审查,等等。① 至此,第六份针对英国报刊业的调查报告产生了。

对于报刊投诉委员会所发挥的作用,评价不一。从世界范围来看,报刊投诉委员会也曾被当作报刊业监管的样板,在我国的诸多相关文章中都有近似的观点。实际上应该说它确实发挥了一定的作用。但是,对于20世纪90年代以来报刊业面临的越来越艰难的生存状态以及激烈的竞争情势下导致的文化和伦理恶化问题,报刊投诉委员会没有起到应有的阻止作用。

2011年7月,由《卫报》率先报道的有关《世界新闻报》的"电话窃听事件"②,引发了对报刊业的职业伦理、文化和实践的又一次调查,这次调查由莱韦森法官主持,也称"莱韦森调查"(Leveson Inquiry)。调查所揭示的报刊业的严重侵犯公共利益和公众个体权益的行径,激起了英国全社会的愤怒,报刊投诉委员会被推上风口浪尖。随着这一次调查,第七份调查报告产生,报刊投诉委员会自身的严重缺陷也被公众广泛认识,2014年9月1日,报刊投诉委员会正式终结。随后产生的报刊自我监管机构——独立报刊标准组织(IPSO),被英国舆论认为是报刊投诉委员会的"继任者"(successor)。

第二次世界大战结束以来,英国报刊业监管的历史就是社会和政府不断对报刊业提出通过成文立法进行监管的要求,报刊业不断抵抗,政府与报刊业不断相互妥协的过程。其中核心问题是:监管的法律基础是议会立法(statutory law),还是合同?要不要次级法律(secondary law),即执业守则(code)?③ 如何保证监管机构的独立性?如今英国报刊业监管改革争论的焦点和遇到的问题仍然是上述问题。

"莱韦森调查"的报告审视了英国报刊监管的历史,指出:"人们对于不能解决自律机制缺乏能力的问题和报刊界拼命持续地抵御改革的忧虑一直循环往复地存在着。在英国,试图解决报刊业行为存在的问题和权力过大的努力有很长的历史,但每一次报刊业都回应要有一个新的或改进的自律机构,但是这些机构都被证明不能奏效。"④

"莱韦森调查"引起了新一轮的关于报刊监管的改革。实际上,这次改革还有

---

① The governance review of the Press Complaints Commission: An independent review. July 2010, [EB/OL]. (2010-01-08)[2014-05-06]. http://www.pccgovernancereview.org.uk/gr.
② "电话窃听事件"是指《世界新闻报》2002年雇人窃听13岁失踪少女米莉·道勒的手机,甚至删除手机内部分信息,干扰警方调查,同时也严重伤害被害少女亲人的情感。《世界新闻报》不久之后关闭。
③ 英国法律界将这类由监管机构起草的守则(code),称为"次级法律"(secondary law)。
④ LEVESON. Leveson lnquiry Report into the culture, practices and ethics of the press[R/OL]. (2012-11-29)[2017-05-05]. https://www.gov.uk/government/publications/eveson-inquiry-report-into-the-culture-practices-and-ethics-of-the-press.

更为深远的背景。在英国媒体发展的历史中,报刊业在经历了近 300 年的自由发展、自我约束之后,除了报刊业自身的竞争之外,更遇到了广播电视业的冲击,这给报刊业的市场带来了影响。因此,为了吸引受众、获得爆料和素材,报刊业侵犯公众隐私的现象日趋严重,其中包括侵犯王室和名人的隐私。围绕报刊业存在的问题,是否将报刊监管纳入成文立法的讨论,在英国成为社会、议会、报刊业都持续关心的问题。后来,通信技术的发展、互联网对传统媒体的冲击、报刊业日趋严重的市场竞争以及资本的逐利本性,使得英国一些报刊从业者丧失了职业伦理的底线,不惜以触犯刑律的方式获取报道素材。然而,根据保护报道自由的原则和理念,政府不得介入对媒体的控制,而自律又缺乏相应的约束力,因而出现了以《世界新闻报》"电话窃听事件"为代表的一系列报刊业损害公众利益的问题。

正如伦敦政治经济学院(LSE)媒体政策项目的研究人员、推进媒体改革的组织——"清除窃听运动"(hacked-off)的主席、皇家御用律师休·汤姆林森(Hugh Tomlinson)指出的,在英国,公众对于报刊业行为的关注已经超过了 70 年。在这期间,英国报刊行业已经被少数报业巨头掌控。民主社会的不同方面——包括但不限于新闻界、学术界和非政府组织——对媒体所有权的集中、对政治权力不负责任的运用、新闻侵犯或侵扰个人隐私等问题越来越关注。① 这实际上是指媒体的自由已经超过了必要限度,对于公众利益的损害已经非常严重。

三、"莱韦森调查"与监管改革的主旨

(一)"莱韦森调查"

2011 年 7 月 4 日,英国《卫报》报道了《世界新闻报》窃听丑闻。随后,根据《2005 年公共调查法》(*Inquiry Act 2005*),启动了对报刊业的"文化、伦理和实践"(inquiry of culture, practices and ethics of the press)的调查,调查在莱韦森法官的主持下进行,因此该调查也称"莱韦森调查"。调查于 2012 年 7 月下旬正式开始。在将近 9 个月的时间里,调查人员共听取了 337 位到场证人口头提供的证据,调取了将近 300 位证人提供的录音证据。调查人员还收到了大量的意见书,同时举行了多场专家研讨会,还通过专门设立的网站与公众互动。之后,2012 年 11 月 29 日《关

---

① TOMLINSON. The new UK model of press regulation(LSE MPP Media Policy Brief 12)[EB/OL]. (2014-03-01)[2016-03-04]. http://www.lse.ac.uk/media@lse/documents/MPP/LSE-MPP-Policy-Brief-12-The-New-UK-Model-of-Press-Regulation.pdf.

于报刊界的文化、实践和伦理的调查报告》(*An Inquiry Into the Culture, Practice and Ethics of the Press Report*),简称《莱韦森报告》(*Leveson Report*)发布。

(二)"莱韦森调查"的发现

《莱韦森报告》描述了整个英国报刊业的文化、实践和伦理的现实状况。报告认为,报刊业存在如此多的不良和犯罪行为,对受害人及其家属造成的巨大创伤是"令人发指""骇人听闻"的。调查对既有的报刊监管机制存在的问题也进行了深入分析,将报刊业存在的问题不能得到有效防范和惩治的原因,归纳为四个方面:第一,媒体承受的商业压力过大;第二,报刊界与警察及政治人物的关系过于"亲密";第三,现行监管制度无效;第四,《1998年数据保护法》(*Data Protection Act 1998*)自身存在缺陷及执法不力。

在涉及现行监管制度方面,法官在调查报告中明确表示"报刊投诉委员会不应该再继续存在下去了"。报告阐述的理由是:首先,它失去了公众、政治家以及报刊业自身对它的信任。其次,报刊投诉委员会缺乏独立性,它被业界掌控,这对于公众对一个监管机构的信任的损害是致命的。业界通过两种途径来掌控报刊投诉委员会,第一种是通过新闻标准财务委员会①对报刊投诉委员会的主席和业界委员的任命来影响报刊投诉委员会;第二种是允许"守则委员会"②和委员会本身拥有现任编辑。最后,虽然报刊投诉委员会的《编辑实务守则》被业内外认为是一个良好的守则,对业界提出了一系列原则要求,但在实践中常常有不能确定该何时使用它和如何使用它的问题。报刊投诉委员会对《编辑实务守则》的执行是不妥当、不持续的。报刊投诉委员会的结构和实践,使它只是一个投诉的调解者的角色,而不是一个始终如一的有效执行守则的角色。报告认为,报刊投诉委员会对违反守则行为的处理是"和稀泥"式的,它也不能提供有关投诉及处理方法的有意义的统计,这实际说明报刊投诉委员会对违反守则的行为的种类和发生频率都缺乏权威数据。还有,报刊投诉委员会对信息专员(information commissioner)报告里提出的问题不采取任何处理措施,对"电话窃听事件"进行的调查和得出的结论也不足为信。以上这些情形表明,尽管报刊投诉委员会自称是一个监管者,对行业进行监管,但它并没有像一个监管者那样作为,相反它只是一个投诉的被动反应者。此外,报刊投诉

---

① 新闻标准财务委员会是报刊投诉委员会框架下,为自律机构筹措资金的组织。它对于报刊投诉委员会的人员任命、重大问题的决定拥有权力和影响力。
② 这是报刊投诉委员会中专门负责制定、执行编辑守则的组织。《编辑实务守则》(*editor's code of practice*)是报刊自律监管机制最重要的组成部分,是判断和处理被监管者行为的标准。

委员会提供的调解被证明对于违反守则的行为没有威慑性。同时，业界对于报刊投诉委员会运营所花费用也存在质疑，因为它并没有获得作为一个有信用的可靠的监管机构所需要的经费。①

作为报刊业自我监管机构的报刊投诉委员会，也被政党认为缺乏独立于报刊业的地位。这种不能独立于自己的处罚对象的组织设置，缺少强制性的制裁手段，被认为是"无牙"老虎。英国议会反对党领袖米利班德在2013年3月18日的议会辩论中强调，英国需要一个"真正独立的监管者，拥有对报业滥用权利的受害者进行保护和提供救济的有效权力"。这包括，在监管任命环节和运作方面，新的监管者必须独立于报刊界。同时，它必须是一个有"牙"的监管者，它拥有要求报刊直接道歉和用同样显著位置更正的权力。米利班德认为英国有这样的历史和教训：报纸在头版刊发了能够毁灭一个人整个人生的报道之后，道歉启事却淹没在第36版的小字之中。②

(三)莱韦森的建议

在《莱韦森报告》最后，提出了对于未来报刊业监管改革的建议(recommendation)，特别是关于如何建立新的监管机构的建议。这些建议将近50条，归纳如下。

1. 一个核心：自我监管(self-regulation)

尽管《莱韦森报告》的建议被报刊业猛烈批评，被说成是史上最严厉的监管，但是莱韦森依然建议未来对报刊业采取自我监管的制度，并没有脱离"自我监管"的范畴。莱韦森法官总体上对报刊界在服务公共利益方面给予了充分肯定。他说："在逾40年的律师和法官生涯中，在自己工作的法庭上，我日复一日地看到报刊界的行为。我看到报刊界协助对犯罪的调查，看到报刊界向公众介绍司法系统的运行方法。我看到新闻界作为公共利益的保护者，作为事件的重要观察者和目击者，作为那些除了他们再也不会有别人代言公共利益的倡导者，他们所做的一切是那么重要。在我听到和读到的所有证据中，这些都一点儿没变。依法运营和为公共利益服务的报刊界，是民主的真正卫士。"他在报告里还引用托马斯·杰弗逊的话：

---

① LEVESON. Leveson lnquiry-Report into the culture, practices and ethics of the press[R/OL].(2012-11-29)[2017-05-05]. https://www.gov.uk/government/publications/eveson-inquiry-report-into-the-culture-practices-and-ethics-of-the-press.
② 英国议会辩论记录[EB/OL]. (2013-03-18)[2013-03-20]. http://www.publications.parliament.uk/pa/cm201213/cmhansrd/cm LEVESON 130318/debtext/130318-0001.

"只有报纸是自由的且人们可以读到它,我们才都是安全的。"①鉴于报刊界对于公众利益和民主社会有如此重要的作用,莱韦森仍然建议报刊业进行自我监管,目的是避免政府插手的监管或政府直接管理可能带来的对于言论自由和报刊自由的约束(restraint)和干预(interfere)所形成的寒蝉效应(chilling)。自我监管的理论、逻辑基础是对"表达自由"的保护,是对"报刊自由"(press freedom)在民主社会发挥的必不可少的积极作用的认识。

但是,莱韦森法官认为有必要对报刊业进行相对于报刊投诉委员会的机制来说更为有力的监管。这是因为,"呈现在调查面前的证据,毫无疑问地说明,在过去的10年或更长的时间里(尽管报刊业自己说比过去的数十年更好),在太多情形下,公众信任的报刊界的责任被报刊界自身严重忽略了。也有太多次,部分报刊机构获取事件材料的行为完全违反《执业守则》的要求,简直就好像他们自己制定的《执业守则》不存在一样。这不仅确实给报刊界自身带来了危局,而且对于那些个人权利和自由被蔑视的无辜的民众来说,有时就是浩劫"②。

报刊业虽然被赋予了特别的权利,但是,这些权利是伴随着责任的,是不能以牺牲公共利益为代价的。莱韦森法官认为,"责任是民主的基石,这一原则的运用结果,是报刊在这个国家被赋予重要的和特别的权利,这些权利,我无论是作为法官还是作为律师,都无条件地承认。然而,有了这些权利,就要承担起对公共利益的责任,这就是尊重事实、遵守法律、尊重个人的权利和自由。一言以蔽之,尊重报刊界自己表明的并明确记录下来的这些原则(这些在很大程度上都反映在《编辑实务守则》中)"③。

2. 两项原则:独立性和有效性

莱韦森的建议始终围绕的主题是,如何保证自律机构的独立性和自律的有效性。莱韦森认为,对于报刊业的监管,一个"真正独立和有效的自我监管制度是最佳的模式",这种模式能使(那些确保报刊业避免政府或政治干预的至关重要的因

---

① An inquiry into the culture, practices and ethics of the press executive summary[R/OL]. (2012-11-29)[2015-02-01]. https://www.gov.uk/government/publications/an-inquiry-into-the-culture-practices-and-ethics-of-the-press-executive-summary.

② An inquiry into the culture, practices and ethics of the press executive summary[R/OL]. (2012-11-29)[2015-02-01]. https://www.gov.uk/government/publications/an-inquiry-into-the-culture-practices-and-ethics-of-the-press-executive-summary.

③ An inquiry into the culture, practices and ethics of the press executive summary[R/OL]. (2012-11-29)[2015-02-01]. https://www.gov.uk/government/publications/an-inquiry-into-the-culture-practices-and-ethics-of-the-press-executive-summary.

素)保持有效。这种模式要解决的两个关键问题是:如何确保一个新的自律机构是独立的、有效的,以避免原有的自律机构的缺陷?如何确保所有大的出版者都加入这个合格的自律机构中?

就独立性和有效性的关系而言,独立性是手段和条件,有效性是目的和结果。独立性意味着新的自律机构既要独立于政治家和政府,防范他们对报刊自由的干涉,同时又要独立于报刊业本身。只有这样,当报刊业出现违反《执业守则》的行为时,才能够给予违规者有效制裁,为公众提供有效救济。

为了确保独立性,莱韦森建议对于自律机构的设立、人员构成、任职条件、内部治理等方面都要有相应的制度设计。针对如何保证有效性,也有缜密的考虑。

3. 三个基本点

围绕"自律监管"这一核心,秉持独立性和有效性两项原则,莱韦森的建议可概括为三个方面:第一,通过成文立法的形式为新的自我监管制度提供立法基础;第二,设立一个"识别"与"许可"(recognition)的机构,即督察委员会(Press Recognition Penal,PRP),从外部对自我监管机构进行监督审计(audit);第三,建立相关激励机制(incitement),以促使行业的各个机构,也就是出版商们都尽量加入自律系统。后两点被认为是莱韦森出于对自律制度"有效性"的考虑的"革新"性措施(innovations)。成文立法的建议没有被政治家采纳,他们后来采用了颁发《皇家宪章》的方式。此处主要介绍后两个方面。

(1)督察委员会

莱韦森认为,为了顺应公众的要求,要建立一个对自律机构进行识别、认证、监管的机构。这个机构是独立于报刊业、独立于议会、独立于政府的。这个机构对一个自律机构的识别、认证和监督要有一套合法、正当、合理的要求和标准(criteria)。这种针对自律机构的外部监督机制,有助于确保对关涉保持新闻最高水准的标准进行识别。

督察委员会有以下功能:决定是否决定对报刊业的监管机构的设立申请给予认证(确定其是否可以开始运营);是否允许已经获得认证的监管机构存续;在监管机构符合终止其资格条件的时候,撤销认证;对自律制度的成功和失败之处做出报告。

督察委员会设有主席、理事会(board)。理事会由包括主席在内的4—8名成员组成。这些成员中,不能有现任的报刊编辑、出版者和政治家。督察委员会理事会的职责是:第一,遴选能够为督察委员会服务的雇员或者其他从业人员,特别是能为理事会提供辅助、顾问工作的人员;第二,确定督察委员会的工作所需的后勤和资源需求、内部治理结构及传播战略;第三,为了发挥督察委员会的功能,为督察委员会制订战略计划;第四,对是否对报刊业自律机构的认证作出决定,并且与利害关系人,特别要包括报刊界和支持个体权利的集团建立关系。

理事会是督察委员会重要的组成部分。它既是督察委员会的代表机构,又是决策机构和执行机构。它对督察委员会的行动、业务和运行负责,确保督察委员会自身遵守《皇家宪章》的要求。督察委员会前三年的运营费用由国库提供。度过初始阶段之后,督察委员会将用其收取的许可费来维持运营。

督察委员会制度的提出,是为了保证新的自律机构能够按照《皇家宪章》和《莱韦森报告》的要求建立,使新的自律机构能够保持一定的独立性,并且能够有效发挥其监管作用。这一制度设计相较报刊投诉委员会有明显的不同。这是因为莱韦森法官考虑了如何在避免政府直接干预的同时,又能够对报刊业的自律机构增加一层外部的约束。

在成文立法的建议未被接受的情形下,时任首相卡梅伦提出了以《皇家宪章》替代成文立法。于是,督察委员会的独立性的法律保障机制,就通过《皇家宪章》确立了。督察委员会现行的一切运行机制都是根据《皇家宪章》设计的。《皇家宪章》自身的稳定性和独立性,是通过严格执行《皇家宪章》的修改程序来保证的。修改《皇家宪章》就意味着可能改变督察委员会,也就意味着政治家可能会通过修改《皇家宪章》来影响和干预督察委员会的工作,进而影响到督察委员会的独立性。为了确保《皇家宪章》不被随意修改,只有在督察委员会根据自身意愿主动提出修改的情况下才能修改,《2013年企业监管改革法案》第96节对《皇家宪章》的修改问题做出了规定:只有在督察委员会董事会全体一致通过对《皇家宪章》进行修改这一决定后,提请议会,在议会两院分别获得三分之二以上议员同意后才可修改。这被认为是对政治干预设立了"双重阻隔"(double blocks)。

报刊界一直声称,这仍不能排除政治家对修改《皇家宪章》发挥影响、干预报刊界的可能性。从法理上讲,《皇家宪章》第9节和《2013年企业监管改革法案》第96节的规定能够被新的、后来的、由议会两院简单多数通过的法律推翻。这是英国"议会至上"宪法原则的具体体现。作为这一原则的产物,议会不能约束自己及后继者。因此,报刊界的说法也不无根据。

伦敦政经学院媒体政策项目的专家认为,对于政府来说,如果没有获得广泛的公民社会的共识和政治家的共识,处理有关修改《皇家宪章》的问题是很困难的。事实上,政府在没有这种共识的前提下选择提出成文立法方式进行监管几乎不可能,即使提出获得议会的多数同意也几乎不可能。

(2)相关激励机制

莱韦森建议的创新之处还体现在对激励报刊界的成员加入自律机构的机制的考虑和设计。这些激励机制也被英国媒体称为"胡萝卜"加"大棒"。莱韦森认为:"成员应该自愿加入一个独立的自律系统,但这种自愿是建立在出版者认识到加入自律系统的必要性的基础上的。而加入的必要性就来自这些激励机制。激励机制规定了加入自律系统能够获得好处,不加入者会有更多负担。制定激励机制,是为了促使更多的特别是那些大的出版者加入自律系统。与激励机制且与其同等重要的是有为公众提供的救济路径。作为自我监管系统的重要组成部分,自律机构能够为出版者提供的民事主张提供仲裁服务。这种做法的好处和负担是与相关的仲裁服务的要求联系在一起的。"

简要言之,莱韦森建议,对于违反执业守则且构成诽谤或侵犯隐私的民事纠纷,由自律机构提供仲裁。就仲裁本身而言,免费且效率快。这可使报业机构和投诉人都免于高额的诉讼费用和漫长的诉讼周期。不加入自律系统的出版商不能获得这种免费仲裁。直接诉至法院的诉讼,出版商无论是否胜诉,都要支付一定的费用。这一制度被2013年3月18日修改的《2013年犯罪与法庭法》肯定。该法第34—42节涉及"相关出版商"的费用和惩罚性损害赔偿这一问题。这意味着相关出版商如果不是自律系统的成员,将会面临支付高额费用的情形(无论诉讼输赢与否),相反,那些自律系统的成员将会在对其不利的判决中得到豁免。这些条款只有在自律机构被督察机构认证后才适用。

在莱韦森看来,上述制度设计可以达到多重目的:既解决了个别出版商不加入自律系统带来的监管覆盖面不够的问题,又为高效解决投诉提供了保障;同时,还能避免出版商因遭受诽谤与隐私诉讼而承担高额处罚所带来的寒蝉效应,也为普通人提供了有效的救济措施。

(四)为什么需要一个皇家宪章

2013年3月在议会下院的辩论中,尽管联合执政的自民党副首相克莱格和反对党领袖表示同意通过成文立法的方式对报刊业进行监管,但是保守党领袖、首相卡梅伦则强调:"我们认为将有关报刊监管的要素写进法律,意味着在这块土地上我们首次跨过了卢比肯河。"参照运用皇家宪章成立BBC的做法,于是运用皇家宪章的形式来为报刊界的自我监管提供基础的意见在获得了三大党的认可。这一《皇家宪章》文本也被称为"跨党宪章"。

皇家宪章是表明某种特许的许可状。自中世纪以来,在英国有超过1000部宪章被颁发。最古老的宪章是颁发给剑桥大学的宪章(1231年),其次是颁发给牛津大学的宪章(1248年)。在1844年之前,根据英格兰法律,设立公司的唯一方式就是为其颁发皇家宪章。现在,皇家宪章主要颁发给那些专业机构、慈善机构和教育机构。皇家宪章也时常用于由政府设立的但是又独立于政府的公司。BBC就是一个由枢密院颁发皇家宪章的典型。枢密院基于"皇家特权"而设立,根据惯例,"在枢密院的女王"永远要依循她的大臣的意见。换句话说,枢密院实质上(尽管在形式上不是)是内阁的一个次级委员会。在现代英国社会,皇家宪章只在名义上和女王有正式关系,因为女王既没有决定通过宪章的权力,也没有执行宪章的权力。报刊监管的法律基础采用皇家宪章的形式而不是成文立法的形式,被认为更有可能避免政治家的插手和干预,是一种让报刊界感到更舒服的形式。虽然"跨党宪章"获得了枢密院的通过,但是随后的报刊行业的监管过程却呈现出一种令人意想不到的局面。

第二节 英国报刊业的监管现状

议会三大政党通过了"跨党宪章",这引发了报刊界各主要报刊的强烈不满。于是报刊界自身也起草了一个皇家宪章文本并提交枢密院请求审查通过,这一文本被称作"业界宪章"(industry charter)。随后,报刊界按照自己起草的皇家宪章文本的内容,开始组建自律机构。这一组织的名称为"Independent Press Standard Organization",简称"IPSO",本书将其译为"独立报刊标准组织"。报刊界同时声明,自身成立的自律机构不会去寻求督察委员会的识别和认证,当然也不会接受其监督。这确实给政治家、给社会出了一道难题。后来,又有一个新的报刊监管机构出现,并表明自己是严格按照"跨党宪章"的要求和标准组建的,组建之后会申请督察委员会的识别和认证。这个后来成立的报刊自律监管机构,名为"IMPRESS",本书将其译为"铭刻组织",铭刻组织后来确实提出了认证申请,督察委员会也做出了通过识别和认证的决定。如今,英国报刊业监管组织"双雄并存"。

一、独立报刊标准组织(IPSO)

(一)成立过程

2013年3月18日,英国议会下院政党就报刊业的《自我监管宪章》议案及文本达成一致意见。2013年4月,报刊业也提出了一个皇家宪章的文本。之后,报刊行业依此开展了新的自律机构的筹备活动。报刊界的代表首先成立了一个基础工作组织(foundation group)——报刊行业执行小组(Industry Implementation Group)。该小组由英国主要的全国性报业机构组成,主席由三一镜报集团当时的主编鲍尔·威克斯(Paul Vickers)担任。2013年7月8日,报刊行业执行小组公布了新的自律机构的名称——独立报刊标准组织。

2013年11月1日,鲍尔·威克斯表示,报刊界可以建立一个严厉的、独立的、有效的自律机构了。2013年11月27日,报刊行业执行小组公布了《独立报刊标准组织(IPSO)文件指南》和支撑IPSO成立的五个法律文件。①

2013年12月5日,鲍尔·威克斯宣布绝大多数出版商都签署了加入新的自律机构的协议。2013年12月27日,首相卡梅伦发表意见,认为"独立报刊标准组织要建设成为报业提供标准的机构"。同时,卡梅伦敦促报刊界尽快获得督察委员会的正式承认,"否则就会面临未来国家干预的风险"②。

(二)独立报刊标准组织的宗旨和功能

依据英国法律,独立报刊标准组织属于英国公司法所调整的一种公司类型——社会利益公司(Community Interest Company, CIC)。早期独立报刊标准组织的网站是这样表述其宗旨的:从事有益于社会的活动,促进和维护最高的新闻职业标准,始终铭记表达自由和公众知情权在民主社会的价值。其监管范围是:在报纸和杂志上编辑的内容;由被监管机构运营的诸如网站、应用软件商店等电子服务领域文字的、图片的、音视频的和互动的内容。同时独立报刊标准组织接受下列投诉:对记者的采访行为(physical behavior)的投诉,包括拒不听从停止拍照和采访的

---

① 这些法律文件具体如下:(1)成员协议方案(Scheme Membership Agreement, SMA),其实也就是加入监管机构的出版者和监管机构之间签的合同。这是支撑新的监管机构建立的具有法律约束力的合同;(2)规章(Regulations),这些文件确立新的监管机构——独立报刊标准组织的职权范围和功能,是成员协议方案的组成部分;(3)独立报刊标准组织章程(the Articles of Association of the independent Press Standard Organization),这个文件主要涉及独立报刊标准组织的组成、独立性和如何进行监管的问题。章程确立了监管机构内部的结构;(4)监管机构基金公司章程(the Articles of Association of the Regulatory Funding Company),该文件主要是对监管机构基金公司的职责和功能做出规定。监管机构基金公司负责为独立报刊标准组织提供资金和组建守则委员会。新的监管机构的资金公司针对独立报刊标准组织如何筹措资金建立了透明的机制;(5)金融制裁指南(the Financial Sanctions Guidance),该文件针对如何实施罚款提出指导建议。独立报刊标准组织框架下的罚款指南最高提出100万英镑的罚款。
② The Times. Cameron says IPSO could be de facto press standards body[EB/OL]. (2013-12-27)[2013-12-27]. http://www.thetimes.co.uk/tto/news/politics/article3959024.ece.

要求;用隐蔽的照相机获取材料;在处理有关悲伤和震惊的事件时,没有获得应有的同意,失于敏感地谈及儿童与在医院或类似情境中的个人。

独立报刊标准组织经过几年的运行,进一步完善了自己的各项工作制度,2018年其官方网站这样介绍自己:"我们是英国报纸和杂志行业的独立监管者。我们监管着1500种印刷刊物和1100种在线刊物。我们处理可能违反《编辑实务守则》的相关投诉;给那些不愿被报刊关注和骚扰的人士提供帮助;我们也为编辑和记者提供指导;就《编辑实务守则》提供建议;为记者维护权益提供举报热线电话;针对报刊界的法律诉求提供仲裁解决的试点。我们也致力于在新闻界保持专业标准。我们通过制定编辑守则、提供指导和培训来监督我们的成员履行遵守守则的承诺。在有严重违反守则的行为的时候,我们将进行标准调查。我们坚持报纸和杂志应该为他们的行为负责的原则,保护个人权利,秉持新闻的高标准,致力于维护报刊的表达自由。"[1]

作为一个自律监管者,独立报刊标准组织除了受理对报刊业违反职业守则的行为的投诉和对相关争议进行仲裁,还有一些具体的监管制度和措施,如:要求被监管者提供年度报表(annual statement);记录被监管者的违反编辑守则的行为;提供出版组织内部的年度报告(annual report);处理与编辑守则有关的问题,包括有关公共利益的考量、向被监管者提供指导;对于被监管者的违规行为发出通知和规劝;对遵守编辑守则和规章的被监管者进行表彰,授予表彰的标识或徽章;等等。

(三)独立报刊标准组织的内部治理结构

独立报刊标准组织是由理事会(Board)、投诉委员会(Complaints Committee)、任命委员会(Appointments Penal)、独立投诉监察员(Independent Complaint Reviewer)、编辑实务守则委员会(Editors' Code of Practice Committee)等部分构成。

理事会共有包括主席在内的11名成员。理事会的成员是由任命委员会遴选的,大部分人员和报纸、杂志没有关联,少数人在报刊领域具有资深经验或能够提供专业意见。理事会负责对独立报刊标准组织进行全面管理,制定未来发展路径和战略目标。它监督整个独立报刊标准组织的行为,为独立报刊标准组织提供建议、批评和帮助。理事会负责任命投诉委员会的成员,但是无权参与对投诉的处理。

投诉委员会有12名委员(包括主席在内)。大多数成员与报刊行业没有关联,少数委员有资深的报刊行业从业经历,但都不是现任的编辑。其委员负责处理投诉,包

---

[1] IPSO. About IPSO[EB/OL]. (2017-07-18)[2017-11-24]. https://www.ipso.co.uk/about-ipso/.

括对潜在的违反编辑守则的行为的判断。如果一份报纸或杂志违反了守则，就要对其行为进行认定，对于违反守则的行为进行谴责并责令其更正，同时，委员会还对这些谴责和更正登载的地方作出了规定。

任命委员会是负责遴选和任命理事会主席、成员，及编辑实务守则委员会独立委员的。独立投诉监察员负责对投诉进行调查的工作是否公正透明的问题进行监督。

(四)投诉处理

在英国，一些研究机构、代表媒体新闻侵扰受害人的组织、推崇报刊监管改革的组织认为独立报刊标准组织与此前的报刊投诉委员会没有什么本质上的不同。客观地说，从制度设计上看，二者有一定程度的相同，但是也有不同。比如在投诉制度上，相对于报刊投诉委员会，独立报刊标准组织有如下两个变化。第一，在投诉主体方面，所有受不准确报道影响的人和组织都可提起投诉，包括直接受影响的人和组织，也包括相关第三方。比如，如果被指控的违反守则的行为是严重的，而且对投诉的处理关涉公共利益，那么独立报刊标准组织也会受理来自代表公共利益的组织的投诉。投诉主体的范围较报刊投诉委员会时代有所扩大，这有利于更好地维护公众利益。第二，在投诉时效方面，独立报刊标准组织的做法考虑到了网络带来的影响。独立报刊标准组织规定，从被投诉的行为发生之日起或者文章在报刊发表之日起4个月内提起投诉的，均予以受理。对于发表在网站上没被删除仍可看到的文章，自文章发表之日起12个月内投诉的，予以受理。

(五)仲裁制度

独立报刊标准组织也有自己的仲裁系统，这个仲裁系统由"效率争议解决中心"(Center for Effective Dispute Resolution, CEDR)具体运营。效率争议解决中心是欧洲最大的解决商业机构和消费者之间的争议的独立的替代性组织。这一组织在英国由出庭律师(barrister)作为仲裁员。

到2015年4月，已经有1400家印刷媒体和超过1000家在线媒体加入独立报刊标准组织，效率争议解决中心也受理了大量的投诉并做出了一些裁决。2015年2月17日，独立报刊标准组织处理的针对《每日快报》(*Daily Express*)有关英国独立党民意调查的不确切报道问题的投诉，被评论为"长牙"了。但是，在另一个独立报刊标准组织处理的投诉中，气候与环境问题专家鲍伯·沃特(Bob Ward)认为，记者大卫·罗斯(David Rose)在《星期日邮报》(*The Mail on Sunday*)发表的一篇文章有误导公众之嫌。独立报刊标准组织经调查认为该报没有违反《编辑执业守则》。此处理结果遭到批评。《卫报》认为，记者发表的这篇文章"确实使独立报刊标准组织的执业守则功亏一篑"，"可悲的是，独立报刊标准组织像其前任报刊投诉委员会一样，无力遏制这样的现象"。而事实上，对于独立报刊标准组织的独立性和有效性的质疑和批评一直未间断过。

二、铭刻组织（IMPRESS）

（一）设立过程

由于独立报刊标准组织表明不会去寻求督察委员会的识别和认证，"跨党宪章"通过后，2013年11月11日，乔纳森·海伍德（Jonathan Heawood）发起了一个名为"铭刻组织（IMPRESS）"的项目（Impress Project）。该项目的负责人是丽莎·艾皮盖恩斯（Lisa Appiganes），其为英国作家协会（English Pen）前主席，该项目的成员还有既是新闻记者又是环境专家的伊萨贝尔·希尔顿（Isabel Hilton）、利兹大学法学院院长阿拉斯达·穆利斯（Alastar Mullis）教授。该项目的日常工作由其创立者乔纳森·海伍德具体负责。

该项目是这样来介绍为什么要建立铭刻组织的："我们热爱报刊界"，"我们相信自由的报刊告诉我们在我们的社会中真正地正在发生着什么。但是我们不相信那些为了卖报纸而毁掉人们生活的报刊。那不是报道自由，那是恃强凌弱。我们正在为一个独立于政治家和报刊界自身的报刊监管机构制订计划，希望能够为小出版者和网站负责，为公众负责。我们不想让政治家去告诉新闻记者去报道什么。我们只是想相信在新闻里所读到的东西。我们需要一个独立的报刊监管机构给予我们——公众——一个值得我们拥有的高质量的新闻界。"设立者宣称，铭刻组织将是一个满足《皇家宪章》规定的独立性和有效性标准的报刊行业的自我监管者。该组织的目的是支持报刊界的正直与自由，同时鼓励新闻界的最高伦理标准；积极拥护报刊自由，也强烈支持那些抵制利用其他政治机制来限制报刊业自由和个人表达自由的行为。这一机构被英国媒体称为独立报刊标准组织的"替代者"。

2014年11月，艾登·瓦特（Aiden White）被任命为任命委员会主席，他曾经是一位记者，长期担任国际新闻记者联合会的负责人，12月，任命委员会任命"伦理新闻网络"（Ethical Journalism Network）的负责人沃尔特·梅里克斯（Walter Merricks）为铭刻组织的理事会主席，铭刻组织正式成立。铭刻组织也属于社会利益公司,注册号是 9655520,自称"英国第一个独立的报刊界监管者"。

(二)宗旨和功能

铭刻组织在其网站上如此介绍自己:"铭刻组织"是针对媒体的未来设计建构的监管者,它建立在有历史积淀的保护新闻业的核心原则的基础上,同时不断探索应对数字时代挑战的举措;为记者和出版者提供保护,给予他们工作中所需要的支持,承担强有力的责任,为信任和安全代言;向公众提供信息、娱乐以及代表公众利益的新闻,并确保这些新闻来源是可被公众信赖的。

铭刻组织的功能为:除了受理投诉和进行仲裁,向符合会员标准的出版者授予"值得信任的新闻业"(trust in Journalism)的标识,遵守与时俱进的标准守则,评定任何违反守则的行为,为所有申请仲裁的主体及各方提供免费仲裁,使出版者免于承担法庭不利费用和惩罚性赔偿,通过伙伴或合作的方式为新闻出版者提供帮助。此外,个人遭受新闻侵扰时可向铭刻组织提出请求,铭刻组织也会向实施侵扰行为的出版者发出警告性通知,就不受欢迎的新闻侵扰警告出版者或向出版者提出建议。铭刻组织表示也会考虑对不属于铭刻组织监管的出版者给予警告性通知或建议其他监管机构给予警告性通知。

(三)内部治理结构

铭刻组织内部治理结构与独立报刊标准组织不太一样,是由理事会(Board)、任命小组(Appointment Panel)、守则委员会(Code Committee)、仲裁小组(Arbitration Penal)等部门组成的。

铭刻组织由其理事会负责治理。理事会由具有专业技术和经验的委员组成,理事会成员包括主席在内都是由任命小组遴选。理事会最重要的责任是监督编辑守则的执行,还负责处理投诉的工作。

任命小组的成员是依据公平和透明原则聘任的,任命小组还负责确定理事会主席和成员的报酬。

守则委员会由一些专家组成,他们负责就守则向理事会提供建议,起草《编辑实务守则指南》指南。守则委员会的成员也通过公正透明的程序聘任。

(四)投诉处理

铭刻组织受理任何认为直接受到违反《编辑实务守则》《编辑实务守则指南》行为影响的个人所提投诉中有公共利益考量的组织,及想确保出版内容准确性的第三方提出的投诉。以下方面的投诉不属于铭刻组织的受理范围:投诉不牵涉加入铭刻组织的出版商的违反编辑守则的行为;已经就同一个问题提出了投诉;投诉明显没有正当理由;不是因为有违反守则的情形而投诉,只是为了论证一个观点或进行游说。

与独立报刊标准组织不同,铭刻组织的规则是:一般情况下,投诉人应该首先与被投诉的出版商进行交涉。它在网站上这样告知公众:"在我们受理投诉之前,我们希望您先尝试直接与出版商联系解决问题。他们会在21天之内提供一个回应投诉的最终决定函。如果你在21天之后没有接到这个最终决定函,或者你不满意出版商的回应,可以向铭刻组织投诉。如果你的投诉非常复杂或需要对一些无法预见的情形进行判断,那么在你将投诉提交给我们之前,我们允许出版商用稍多一点的时间来处理问题。如果情况紧急,我们也允许您越过出版商直接向我们投诉。"

如果投诉未被受理,铭刻组织会告知不予受理的理由。如果投诉被受理了,铭刻组织会展开进一步的调查。针对所开展的调查及后续工作,铭刻组织这样向投诉者介绍:"我们会向您和出版商进一步询问相关信息或者进行真正的口头性的听证。我们通常会把您和出版商提供的信息分享给双方。在投诉调查过程中分享的任何信息都应保密,任何参与投诉的主体都不能将这些信息予以公开。在特殊情形下,我们允许一方不将全部材料提供给对方。我们的目标自始至终都是公平和公开。您和出版商都有机会看到并且有机会回应裁决的草案,在草案定稿和发布在网站上之前,我们同意对您要求移除的个人信息或敏感信息进行相应的编辑。我们有权力责令出版商做出更正和道歉。我们也有权力在出版商实施了严重的或系统性违反编辑守则的行为以及违反我们的监管要求的行为时进行罚款。罚款数额最高可为出版商年营业额的1%,限额为100万英镑。"

(五)仲裁

铭刻组织的仲裁由仲裁小组负责。仲裁小组的仲裁员是由"特许仲裁协会(Chartered Institute of Arbitration,CIArb)"①任命的。根据铭刻组织的规定,当一个人认为自己正在遭受一种真正的伤害,希望寻求一种针对出版商的关于诽谤、侵犯隐私或骚扰的法律主张时,如果这个出版商属于铭刻组织监管的对象,那么该人就可以向铭刻组织提出有关仲裁的诉求。通常仲裁是在仲裁员查清全部事实的基础上做出裁决的。

---

① 特许仲裁协会是一个全球性的、替代性争议解决组织。它是一个非营利性的专业会员组织,其1500个成员分布在世界上133个国家。

(六)申请识别与认证

2016年1月20日,铭刻组织向督察委员会提交了认证申请。铭刻组织的主席沃尔特·梅里克斯说:"这标志着报刊界独立监管的新时代的到来。这对于我们来说是一个十分有意义的时刻,这是我们付出的大量努力的成果。我们相信,我们能够满足认证的条件,我们期待督察委员会能够接受一个独立有效的、有一定经费支撑的、能够保护公众的自我监管机构。"督察委员会在接到铭刻组织的认证申请后,将其材料向社会公示(公示期为2016年2月5日至3月4日),然后将相关意见反馈给铭刻组织。铭刻组织根据反馈意见,补充了新的材料。随后,督察委员会进行了第二次公示(公示期为2016年5月4日至6月2日)。

在公示期内,新闻媒体协会(News Media Association,NMA)向督察委员会提交了一份说明。新闻媒体协会认为,铭刻组织在向督察委员会提交的说明中隐匿了利益冲突问题。新闻媒体协会自身是为独立报刊标准组织提供经费支撑的监管机构基金公司的秘书处,它在向督察委员会提交的声明中表示更倾向于独立报刊标准组织。[1] 2016年10月26日,督察委员会做出了对铭刻组织予以认证的决定。这一决定标志着英国第一个被官方正式承认的报刊自律机构诞生了。[2]

三、独立报刊标准组织与铭刻组织的比较

独立报刊标准组织是依据其自身起草的宪章文本组建的。这一文本经过英国专业机构的解读,总体上被认为没有达到《莱韦森报告》提出的要求,也被英国一些致力于推进媒体监管改革的团体和代表媒体侵扰受害人的组织反对、抵制和诟病。但是,英国绝大多数出版商都加入了该组织,它们所出版的出版物也都被置于独立报刊标准组织的监管之下。

比较独立报刊标准组织和铭刻组织,二者的主要区别在于:一是资金来源不同。独立报刊标准组织在会费之外,还要向成员收取其他费用。这些都是由其框架之下的监管机构基金公司负责的,这被认为是独立报刊标准组织难以真正独立于行业的原因之一。由于处理投诉的程序不同,铭刻组织的工作量相对较少,因此

---

[1] Press Recognition Panel. PRP's second call for information about IMPRESS closes[EB/OL]. (2016-05-04) [2017-09-18]. http://pressrecognitionpanel. org. uk/prps-second-call-for-information-about-impress-closes/.

[2] BBC News. First official UK press regulator, IMPRESS, approved[EB/OL]. (2016-10-25)[2016-10-25]. http://www. bbc. com/news/uk-37758497.

所需费用也大大减少。它的经费来自会员缴纳的会费以及不包含任何附加条件的资助和捐赠。之后铭刻组织进行调查的费用来自对严重的或系统性违反守则的行为的罚款。二是二者设立的基础不同。独立报刊标准组织是在报刊界大的出版商的主持下设立的,设立后迅速获得全国大多数报刊的承认。铭刻组织则是在一些致力于提升报刊伦理的专业人士的具体努力之下设立的。三是关于仲裁的规定不同。独立报刊标准组织曾经表示不一定按照法官的建议提供仲裁服务。如今,它建构了自己的仲裁服务,但是,这一服务委托其他组织代为办理。四是投诉提交流程不同,在独立报刊标准组织的框架下,投诉是直接向独立报刊标准组织提出。如果独立报刊标准组织认为被投诉的行为是潜在的违反编辑守则的行为,独立报刊标准组织会把投诉的详细材料转交实施该行为的出版商。如果投诉者希望与出版商直接解决,独立报刊标准组织会将被投诉的出版商的详细信息提供给投诉人。铭刻组织则强调投诉人先与相关出版商协商,双方协商解决不了的,再提交铭刻组织处理。五是理念和制度不同。独立报刊标准组织更多代表了主流的、大的出版商的利益。铭刻组织在保护中小出版商利益方面有更多考虑。他们认为,小型的、并不只以本地新闻为主要内容的地方报纸,正在利用新技术带来的机会以低廉的费用传播新闻,它们的调查性新闻是那些行业主流报纸所忽视的。但是,很多这样的出版商都被排斥在"莱韦森调查"之后的行业主流之外。铭刻组织认识到了这些出版商所秉持的公民价值观,认为他们珍视使他们不受诽谤恐吓的保护,珍视那些对有关通过标准的伦理更好地服务读者的建议和规劝。

为了杜绝今后可能出现的政治家和政府对铭刻组织的干预,铭刻组织创新地在章程里设计了一个"落日条款"(Sunset Clause)。该条款规定,如果政府有任何进一步的行为改变了铭刻组织运营的法律环境,导致报刊自由受到挤压,铭刻组织将宣布解散。铭刻组织有责任促进表达自由,不能有与这一核心目的相冲突的行为。

铭刻组织还表达了希望与独立报刊标准组织建立一种建设性的关系的意愿:"我们期望对这一独特领域的监管能够就各自的经验进行持续性的对话。我们希望尽可能地分享意见和信息,以促进报刊自由和新闻伦理中的公共利益。我们也确信独立报刊标准组织的董事会和成员也与我们一样效忠于这些价值。"

现在,有一个最为关键的问题,由于独立报刊标准组织未申请督察委员会(PRP)的认证,因此,《皇家宪章》虽规定了那些激励措施——加入一个通过认证的自律监管机构之后,出版商可以避免不利诉讼费用的处罚,避免被判处高达100万英镑的惩罚性赔偿的风险——但这些措施不适用于加入独立报刊标准组织的出版商。所以,未来在出版商与独立报刊标准组织之间的合同期满之后,可能会有更多出版商不再与独立报刊标准组织签约,转而与铭刻组织签约。

四、自我约束的代表

2011年的电话窃听丑闻最先是由《卫报》曝光的,这引发了整个英国报刊界的地震。《卫报》对于莱韦森的建议——以成文立法形式建立新的自我监管制度,以及后来由政党提出的采用《皇家宪章》形式建立新的自我监管制度,都表示不接受。《卫报》认为"将产生于中世纪的皇家宪章用于报刊界的监管企图是制度性的脱轨",它不想冒险加入一个通过皇家宪章识别、认证的自律机构。《卫报》委婉地表示:"《莱韦森报告》之后的道路不是一条令人欣喜的道路。法官力图使这个国家的报刊界的监管透明而清晰,但实际上恰恰相反,是模糊而混乱的。他(法官)努力描绘一幅既保护报刊自由又管制其野蛮行为的图画。但是,他的报告(在一开始就不太受欢迎)现在则被说成是对言论自由的严重钳制。"《卫报》还认为,莱韦森的调查在许多方面都很详尽,但也明显忽视了另外一个重要因素——当下新闻的全球传播。越来越清晰的现实是,一个局限于一国的监管已经不再可行。

但是,针对独立报刊标准组织,《卫报》表明,独立报刊标准组织自身也是一个有缺陷的产物,在许多重要方面与报刊投诉委员会几乎没有不同,其独立性不够,受业界的制约太强。独立报刊标准组织也像报刊投诉委员会一样,由触角遍及整个行业的基金组织来考虑和设计其架构,这是《卫报》所不满意的。独立报刊标准组织的主席摩西斯也认为独立报刊标准组织的内部治理结构不够好,《卫报》期望摩西斯能够对其进行改进。

在此情势下,《卫报》强化了对编辑和记者违反《执业守则》行为的投诉处理调解制度。1996年,《卫报》就设立了读者编辑制度,这被认为是英国第一个真正独立的读者编辑制度。自那时起,《卫报》每天都有固定的版面用于更正错误信息,每周有一个专栏,读者编辑在这个专栏里对一些公众关心的问题进行评论。读者编辑不是《卫报》自己选择的,是由一个名为"苏格兰信托"的机构来任命或解聘的。此外,《卫报》还设有外部的专员,以处理读者编辑遇到的大量有关报道不公平、新闻不诚信的问题。他们创建了一个临时的监督小组,不久后又通过"苏格兰信托"增加了两个外部的公众人物来处理这项工作。《卫报》声称,苏格兰信托的功能能够满足对读者编辑工作和专门问题的定期检查的需要,也能满足后续的处理和决定的需要。

第三节　英国报刊业的最新监管实践

两个自我监管机构在成立之初的一段时间里，都首先沿用了报刊投诉委员会的《编辑实务守则》(Editors' Code of Practice)。后来，它们都各自在原有守则的基础上，制定了自己的"编辑实务守则"。

一、独立报刊标准组织的《编辑实务守则》

2016年1月1日，独立报刊标准组织新修订的《编辑实务守则》(简称《守则》)开始生效，整体内容与报刊投诉委员会的基本一致。《守则》由三部分构成：第一部分是序言，第二部分是实体规范，第三部分是公共利益例外(请参阅本章最后所附独立报刊标准组织《守则》全文)。

序言部分主要是说明《守则》的地位、如何理解适用《守则》的原则、适用的结果如何呈现等。《守则》在实体规范部分，从16个方面进行了规定。这16个方面是"报道准确""隐私""骚扰""报道不幸或突发事件""自杀报道""采访未成年人""报道性侵儿童案件""在医院采访""报道刑事案件""使用隐秘器材或骗取材料""报道性侵受害人""歧视""采访中获取的经济信息""署名信息来源""刑事犯罪审判过程中向证人支付酬金""向罪犯支付酬金"。这16个方面中，与报刊投诉委员会的《编辑实务守则》的不同之处在于以下几点：在"报道准确"方面，特别补充了关于"标题党"的禁止性内容，即要求不准发布"与正文内容不符的假标题"，独立报刊标准组织要求出版商向投诉人道歉时，出版商要说明是根据监管机构的要求进行的。在这一部分还特别提出了"发表社论和倾向于竞选某一方"的自由。在"隐私"方面，要求报道他人隐私时，必须解释报道的理由且理由必须充分；强调记者在采访时，如果被要求说明身份，他们必须表明自己的身份及所代表的组织机构。在"报道刑事案件"方面，要求未经特定人员允许不得公开他们的身份。在"使用隐秘器材或骗取材料"方面，明确规定未经许可不得进入电子信息库。

在公共利益例外部分，《守则》对于公共利益涵盖的情形做出了规定。公共利益的意涵在原有4项的基础上，又补充了4项。该《守则》同时强调，编辑必须解释援引公共利益突破实体规范的行为和内容的原因，同时还要论证并确实表明这一利益优先于"16岁以下未成年人的利益"，否则其援引公共利益突破实体规范的行为将是不成立的。

独立报刊标准组织的《编辑业务守则》基本上是在报刊投诉委员会守则框架之下的局部的补充和发展,而铭刻组织的《铭刻标准守则》的变化则比较大,无论是在规定的问题方面,还是在具体规范方面,都有重大改变。

二、铭刻组织的《铭刻标准守则》

2017年7月24日,铭刻组织开始使用自己制定的编辑守则——《铭刻标准守则》(IMPRESS Standard Code)。《铭刻标准守则》虽然也是由序言、实体规范、公共利益例外三部分组成的,但是在结构上有所不同,该文本将公共利益问题置于守则的第二部分,将实体规范置于第三部分(请参阅本章最后所附《铭刻标准守则》全文)。

序言部分强调,《铭刻标准守则》也是加入监管体系的主体与监管机构之间所签署的协议,同时特别强调《铭刻标准守则》不仅适用于专业媒体的记者、编辑,同时也适用于任何传播新闻性内容的个体。其具体规定是:新闻业在社会中起着至关重要的作用,记者每天报道重大事件、政策和公众争议,揭露不法行为,挑战不公,讽刺弊端,并且娱乐大众,他们的权利伴随着责任与义务。铭刻组织的宗旨是保护新闻工作者调查和报道自由的同时,也要求其履行责任。

所有加入铭刻组织的出版者均要遵守守则,同时平衡公众、记者和出版商的权利。铭刻组织还制定了《铭刻标准守则》指南。

《铭刻标准守则》表明自己是"一个能使新闻记者、编辑和出版商完成他们工作的实践工具;能够促进公众对编辑行为的了解;能够通过铭刻组织运用权力为受违反守则行为影响的人提供救济保障"。《铭刻标准守则》规定"出版者应对《铭刻标准守则》直接负责。只要出版者与铭刻组织签订了《监管计划协议》,他们发布的任何一项内容或组织的新闻搜集活动便可以应用该守则处理,而不需考虑出版的媒介或平台。适用于出版商的规定同样适用于任何秉持出版专业主义行动的个人;所有对记者的规定也同样适用于每一位从事新闻工作的人。"

在公共利益部分,《铭刻标准守则》界定了公共利益的意涵,使公共利益的外延有了突破性的扩大。此外,这一部分还对在何种情况下为了公共利益需要违反《铭刻标准守则》的具体做法做出了说明。

在实体规范部分,《铭刻标准守则》列出了10个方面:"准确性""归责与剽窃""对未成年人的采访""歧视""骚扰""公正""隐私""消息来源""自杀报道""透明度"。从这10个方面我们可以看出它与报刊投诉委员会、独立报刊标准组织的《编辑实务守则》的相同和不同之处。以独立报刊标准组织的《编辑实务守则》作为参照对象，铭刻组织的《铭刻标准守则》有更明确的针对社交媒体时代的特点的守则。比如在第二条"归责与剽窃"中，对于互联网环境下的消息来源、文章出处有更具体的要求。第三条是对于采访未成年人的规定，其中之一是"若新闻报道中提到过个人信息的 16 周岁以下未成年人现在希望能在网络版的相关报道中匿名，出版者必须对他们的请求做出合理考虑"，等等。

三、两个机构的相关监管实践

(一)独立报刊标准组织的监管实践

独立报刊标准组织 2014 年成立，当年年底就受理了约 3000 条投诉。2015 年受理了约 10 000 条投诉。独立报刊标准组织总共收到超过 12 000 条问询和投诉，这些问询和投诉被确定为《编辑实务准则》之下(尽管这些投诉中的大部分都只是单篇文章)的 3500 个实体性的投诉。关于投诉的裁决中，有 8 件是要求在头版更正的。

2015 年对于独立报刊标准组织来说是快速发展的一年。其人员有一半都是在该年度加入的。编辑准则委员会(包括独立报刊标准组织主席、执行官以及 3 名业外人士)在回应莱韦森报告建议的基础上，同意修改《编辑实务准则》。2016 年，独立报刊标准组织发表了《独立报刊标准组织战略计划 2016—2020 和 2016 年度业务计划书》。该文件强调独立报刊标准组织的愿景是创造一个可信的、繁荣的、自由的和负责任的新闻界，这一愿景由独立的、有效的监管来实现。这个愿景有意强调了新闻界的存在对于民主的重要性。

英国 2016 年启动了针对独立报刊标准组织的具有独立性和有效性的外部调查。前北爱尔兰办公室常任秘书、狱警事务局局长约瑟夫·菲林(Joseph Pilling)主持了该项调查，并于 2016 年 10 月发布了调查报告。报告的结论是独立报刊标准组织满足了《莱韦森报告》中的大部分建议，并且对独立报刊标准组织提出了 45 项建议。调查报告同时指出，作为一个独立的监管者，独立报刊标准组织要真正取得人们信赖，依然面临挑战。菲林认为调查的建议"不是试图去挽救一个行将失败的组织，而是为了帮助这个新的组织发展成一个可信赖的、富有经验的监管者"[①]。

---

① IPSO. The pilling review-IPSO's response[EB/OL]. (2016-10-12)[2018-02-02]. https://www.ipso.co.uk/media/1304/the-pilling-review-response.pdf.

2016年,独立报刊标准组织修订了《编辑实务守则》。在独立报刊标准组织处理的投诉案件中,对《太阳报》发表的一篇题为《女王支持脱欧》(Queen Backs Brexit)的报道的投诉处理具有典型性。独立报刊标准组织认为,《太阳报》的这一报道,标题与内容不符,违反了《编辑实务守则》的第一条,其支持投诉的主张。这是独立报刊标准组织根据《编辑实务守则》做出的第一个支持投诉的裁决。

2017年7月,独立报刊标准组织发布了《社交媒体指南》(Social Media Guidance)①,这份指南旨在为编辑和记者工作提供框架性指引。它鼓励编辑和记者在利用社交媒体获得材料时,按照《编辑实务守则》来思考那些关键性问题,如这些材料的传播对于公共利益的影响、这些材料的性质是什么、是谁上传了这些材料、对儿童保护的重要作用等。

(二)铭刻组织的监管实践

在提交认证的当天,铭刻组织公布了首批加入铭刻组织的13家成员单位。到2016年6月14日,铭刻组织已经和31家出版商,签署了协议。这些出版商分布于全英国,他们的纸质和在线出版物的读者每月超过200万人。②

关于财务问题,铭刻组织发布了一个咨询通知。这个咨询通知向所有出版商和那些对监管有兴趣的人开放,这些人包括既有的或潜在的铭刻组织的成员。③

到2017年10月底,加入该系统接受监管的出版商的各类出版物已达到80种左右。④ 若加上虽然没有加入,但愿意将其作为解决投诉机制、已进入处理程序中的出版物,数量更多一些。

2017年4月24日,铭刻组织发布了关于网络时代的新的媒体业务守则——《未来报刊"合作创造"标准守则》('Co-created' Standards Code for Future of Publishing),这是铭刻组织面对网络虚假信息、侵犯隐私现象愈演愈烈的环境,针对如何更好地维护公共利益,向记者编辑们提供的指导性规则。有英国媒体认为这是"历史上第一次公众对守则的制定发挥了有意义的作用"。

---

① IPSO. Social media guidance[EB/OL]. (2017-10-03)[2017-10-03]. https://www.ipso.co.uk/press-standards/guidance-for-journalists-and-editors/social-media-guidance/.
② IMPRESS regulated publications[EB/OL]. (2017-10-10)[2017-10-31]. http://www.impress.press/news/impress-announces-next-wave-of-members.html.
③ IMPRESS regulated publications[EB/OL]. (2017-10-10)[2017-10-31]. http://www.impress.press/about-us/impress-opens-financial-consultation.html.
④ IMPRESS regulated publications[EB/OL]. (2017-10-10)[2017-10-31]. http://impress.press/complaints/regulated-publishers.html.

在铭刻组织向报刊督察委员会提出识别认证的过程中,代表新闻媒体行业组织的新闻媒体协会(News Media Association,NMA)提出了异议。虽然这一异议并没有被报刊督察委员会接受,但是在报刊督察委员会做出通过认证的决定后,新闻媒体协会又向英国高等法院提起了诉讼,要求法院撤销报刊督察委员会对于铭刻组织的认证决定,但是新闻媒体协会的这一诉讼请求没有被法院接受,它所提出的理由都被法院认为是不成立的。在下文我们会对这一案例做详细分析和介绍。

这两个自我监管机构在对编辑守则的执行、对媒体的伦理水平的提升,以及为公众提供救济方面应该说还是发挥了作用的。在英国,完全虚假的新闻报道相对较少,但是标题党、报道不确切的情形还是时有发生。这两个机构,特别是独立报刊标准组织,受理了大量此类投诉,处理结果中有支持投诉方请求的,也有很多驳回投诉方请求的。

四、经典案例

(一)威廉姆斯投诉《太阳报》(Williams v The Sun)①

这一投诉是由独立报刊标准组织投诉委员会处理并做出裁决的。受理投诉的时间是2017年4月6日,作出裁决的时间是2017年8月22日。

案情内容如下:克里斯·威廉姆斯是杀人犯马修·威廉姆斯的父亲。他认为《太阳报》在有关马修·威廉姆斯案件的报道中,将马修·威廉姆斯表述为一个具有吃人行为的人,是一个"食人魔",这种表述是不确切的,具有误导性。因此,他向独立报刊标准组织投诉。克里斯在投诉中声称《太阳报》的相关内容违反了《编辑实务守则》第1条关于"报道准确"的条款:2014年11月7日发表的文章提到"警察在食人魔扇女孩耳光时将她杀死";2014年11月8日发表的文章提到"死去……在她遇到食人魔几个小时后";2017年3月16日发表的文章提到"救命,他正在吃她";2017年3月18日发表的文章提到"食人魔,警察抓住了这个恐怖的家伙";2017年4月16日出版的文章提到"食人魔带来的恐怖是很清楚的"。

《太阳报》进行了解释答辩。报纸说,在头两篇报道中,报纸是根据现场目击证人的陈述,还有目击证人嫂子的陈述进行报道的。目击证人说看到了"他正在吃她并导致她死亡""他吃了她的脸"。在这两篇文章发布后,克里斯就向独立报刊标准

---

① IPSO. 05810-17 Williams v The Sun[EB/OL]. (2017-08-22)[2017-10-10]. https://www.ipso.co.uk/rulings-and-resolution-statements/ruling/? id=05810-17.

组织提出了投诉,他说被害人是因为一种吃人的行为而死亡的报道是不确切的。她的死亡是由于锐器的袭击和恐惧。截至此时案件仍在调查之中,投诉方和报纸双方都同意等警方调查完成、所有的涉案事实都清楚以后再处理。

警方在后续调查中发现,虽然被害人身上有89处互不相连的伤痕,包括咬痕,但是并没有发现被害人的身体部位有缺失,于是警方认为没有证据表明有被害人"被吃的情形"存在,目击证人也接受了调查的结论,表达说"自己当时看到他像是在吃她"。在调查结束之后发表的第三篇报道将此前目击证人所言和警察调查的结论都做了说明和报道,同时还在网络版的报道中通过一个脚注来说明。但是在最后的两篇报道中,依然还是用了"食人魔"一词来表述行为人。

独立报刊标准组织的《编辑实务守则》第1条的规定是"报道准确"。该条第1款的规定是:刊物必须注意不要发布失实、误导公众或歪曲事实的信息或图片,也不准发布与正文内容不符的假标题;第2款的规定是:显著失实、误导公众或歪曲观点的陈述一经确认,必须立即予以更正,并以醒目字样刊登声明,在适当情况下还应发表道歉声明。

投诉委员会经过调查认为,《太阳报》的第一篇报道、第二篇报道,是根据目击证人的表述还有警察听到的报警人的口头陈述所做的,这没有违反"报道准确"的要求。第三篇将目击证人后来的陈述还有警察调查之后的结论都做了报道,而且专门就没有证据表明被害人"被吃"的问题做了澄清,这也没有违反《编辑实务守则》。但是,最后两篇文章依然使用"食人魔"一词,这是实质性的不准确报道,违反了《编辑实务守则》的第1条。

根据上述调查和相关条款的规定,投诉委员会做出了如下裁决:最后两篇文章违反了"报道准确"的条款,支持投诉;要求报纸采取补救措施,发表更正说明。这个更正说明要立即登载在该报的第二版中,同时也要上传到投诉委员会的"裁定列表"(rulings)①中。《太阳报》发表的更正说明如下:在发表于今年(2017年)3月和4月的有关调查马修·威廉姆斯和瑟伊丝·耶姆的两篇文章中,我们在描述威廉姆斯的时候,使用了"食人魔"这样的字眼。我们应当清楚这样的描述是建立在目击证人所提供的证据的基础上的,该证人说威廉姆斯正在"吃"被害人耶姆小姐的脸。我们也应该注意到调查听证之后,威廉姆斯是咬了耶姆小姐,但没有"吃"她。

---

① IPSO. 05810-17 Williams *v The Sun*[EB/OL]. (2017-08-22)[2017-10-10]. https://www.ipso.co.uk/rulings-and-resolution-statements/ruling/? id=05810-17.

(二)新闻媒体协会诉报刊督察委员会案(NMA v PRP)[①]

原告方是新闻媒体协会,被告方是报刊督察委员会,相关第三方是铭刻组织。该案是由英国高等法院王座分庭行政审判庭受理审判的。法庭于2017年6月19日、20日开庭审理,2017年10月12日作出判决。

原告新闻媒体协会的诉讼请求是撤销报刊督察委员会2016年10月26日对铭刻组织做出的"通过"识别认证的决定,提出了6个方面的理由。法院通过审理,认为原告提出的主张都不成立,因而驳回了原告的诉讼请求。本案具体情形如下。

新闻媒体协会提出的6个理由是:第一,铭刻组织作为独立监管机构,没有满足《莱韦森报告》中所要求的必须有相应规模的行业支持的条件;第二,铭刻组织没有将成员缴纳的费用作为自己运行的基础,这也不符合《莱韦森报告》的要求;第三,铭刻组织的运行主要依赖于莫斯利家族提供的经费,这严重妨害了其独立性;第四,新闻媒体协会认为铭刻组织的理事会成员和守则委员会成员缺乏公正性;第五,新闻媒体协会认为铭刻组织的《未来报刊"合作创造"标准守则》不符合要求;第六,铭刻组织的守则委员会缺少现任的编辑成员,这也不符合要求。

新闻媒体协会提出上述主张的依据是《莱韦森报告》和《皇家宪章》(也就是"跨党宪章")的相关内容,特别是有关建立新的监管制度的建议部分。报刊督察委员会的答辩以及法院所作出的判决也以《莱韦森报告》和《皇家宪章》为依据。法庭对新闻媒体协会的主张一一进行了审查,最后作出了全部否定的判决,具体内容如下。

第一,新闻媒体协会认为对于《莱韦森报告》中新设的新闻监管机构所应拥有的支持规模的条件,铭刻组织不能满足,因此不应得到承认。

法官认为,无论《莱韦森报告》还是《皇家宪章》,都没有关于一个具体的监管机构必须要得到行业多大程度支持的要求,尤其是在其成立之初。铭刻组织的设立符合《莱韦森报告》和《皇家宪章》要求的"由有关出版商或其代表为就其出版物进行管理而设立"的条件。法官在判决中阐述:"一旦人们认识到,为了规范行业中的少数群体而允许少数监管者监管,那么只要监管者符合标准,则为该少数群体规定最低限度的规模是没有道理的。事实上,如果设想有更多的出版商在承认之后可以加入(第23条准则),那么规定最低限度的规模就不合逻辑,这种承认的目的是鼓

[①] R(News Media Association) v Press Recognition Panel[2017] EWHC 2527[EB/OL]. (2017-10-12)[2017-10-16]. https://inforrm.org/wp-content/uploads/2017/09nma-inpress-judgment.pdf.

励出版社在承认之后增加支持,承认的规模对于立法目的并不重要。""新闻媒体协会的观点还与《莱韦森报告》和《2013年法案》的计划和目标相违背,即最大限度地行业参与要通过激励来实现,对铭刻组织的认证并不强制任何出版商加入。新闻媒体协会的论点使用了各种旨在对体积、百分比或其他计量名词进行分类的表述,以确定其主张的支持基础,但《皇家宪章》中对数目和种类没有更多的说明和要求。因此,对新闻媒体协会的第一个观点的简短回答是,必须谨慎阅读《莱韦森报告》作为立法语言的部分,《皇家宪章》没有施加任何这种限制,《皇家宪章》中的表述也不能引入不存在的立法语言。"法官据此驳回了新闻媒体协会的第一项诉求。

第二,新闻媒体协会认为,铭刻组织是由独立的信托基金资助的,并且依赖于第三方的资助,因此不应该获得认可。因为《皇家宪章》规定,申请人须得到有关出版商的大力支持,资金必须来自受监管者。但铭刻组织无法满足这一标准,因为它的资金主要来自第三方,来源于独立信托基金(IPRT)。

法院根据对《皇家宪章》和《莱韦森报告》相关内容的讨论驳回了这一论点:人们可以将《皇家宪章》解释为需要成员提供资金,尽管没有这样明说,但《莱韦森报告》设想,至少把非会员资金用于启动费用,以便获得足够的会员,使其能够从这些会员和未来会员那里获得资金。因此在头四年中,铭刻组织不要求成员为其提供资金。激励越多,铭刻组织就越有可能在该期限结束前从会员那里获得资金。如果把整整四年看作莱韦森所设想的一个启动期,并非不合理,也不违反《皇家宪章》的规定。

第三,新闻媒体协会认为,《皇家宪章》要求是"独立的机构",但由于铭刻组织依赖于莫斯利先生的资金支持,所以没有实现《皇家宪章》规定的独立性。独立信托基金依赖对新闻监管强烈支持的莫斯利家族的资金。这表明,铭刻组织在形式上都至少缺乏独立性。

法院认为,有关捐款者、信托机构和铭刻组织之间签订了相关协议,这些协议对于监管机构的独立性的保障所设计的结构是牢固的,并确信这能够防止莫斯利先生施加影响。

第四,新闻媒体协会认为,《皇家宪章》要求一个独立的自律机构由一个独立的委员会管理,董事会的任何成员都应是能够公平和公正地参与决策的人。报刊督察委员会必须考虑到申请认证机构的董事会成员的公正性,而铭刻组织的董事会和守则委员会成员缺乏公正性。

法官的判决驳回了新闻媒体协会的这一主张。法官认为,根据《皇家宪章》规定的设立标准的第1条,监管机构应受独立的委员会管理。标准第5(f)条规定,委员会成员"在任命小组看来,应是能够公平和公正地参与委员会决策的人"。标准第 23 条要求会员以公正、合理和非歧视性的方式向所有出版商开放,对不同类型的出版商开放的方式可能有所不同。报刊督察委员会妥善处理了这一问题。

第五,新闻媒体协会认为,根据《莱韦森报告》和《皇家宪章》,独立监管机构一开始就应该有自己的编辑守则,并以此作为初始的守则。但是,铭刻组织一开始并没有自己的编辑守则,只是提请大家注意,它仍然继续使用报刊投诉委员会的编辑守则。同时,报刊督察委员会也无法评估编辑守则是否符合标准。

法官判决的结论是:没有必要将编辑守则作为初始守则,铭刻组织所有的成员签署了它并让它继续生效即可。铭刻组织表示,将就一个设想的新守则进行磋商,并取代之前守则。决定守则内容的是监管者,而不是报刊督察委员会。

第六,新闻媒体协会认为,根据标准第 7 条的规定,守则委员会"可以由董事会的独立成员和服务编辑人员组成",铭刻组织的守则委员会中应当有一名服务编辑人员,但其没有这样做。

法官认为,在标准第 7 条中根本找不到新闻媒体协会所主张的要求,由此作出判决,否定了这一点。

附:两个机构有关自律规则的文本

(一)独立报刊标准组织的《编辑实务守则》(*Editors' Code of Practice*)

编辑实务守则

自 2016 年 1 月 1 日起生效

独立报刊标准组织(IPSO)是负责实施《编辑实务守则》的监管机构,该《守则》由守则委员会起草,并置于独立报刊标准组织与报社、杂志和电子新闻出版者签署的合同条款中。

序言

本《守则》(包括这一序言和下文的出于保护公共利益目的的例外规定)为最高级别的报刊专业准则设立了框架,它构成报刊业自我约束体制的基础,对该行业的行为具有约束作用。与独立报刊标准组织签订合同的出版商均承诺要维护它。它既平衡了个人的权利,也平衡了公众的知情权。

为达到此平衡,对任何一个经过认可的行为守则,不应仅了解其字面含义,更要将其内在精神贯彻到实处。对它的解读既不能太狭隘,也不能太宽泛。如果太狭隘,就会使其过于照顾个人的利益;如果太宽泛,就会侵犯公众基本的言论自由权,如传播权、党派参加权,乃至挑战、抨击、讽刺与娱乐的权利,或者妨碍为公众利益发声的报道。

不论是印刷品还是网络新闻的编辑和出版商都有义务贯彻执行该守则。他们应尽力确保所有编辑人员及包括非专业记者在内的外部供稿人员严格遵守该守则。

一旦发生投诉,编辑人员应该立即和独立报刊标准组织合作,以便尽快解决问题。独立报刊标准组织规定,任何刊物的内容若被判定违反了该守则,则必须以醒目字样刊登判决结果。

正文

1.报道准确。(1)刊物必须注意不要发布失实、误导公众或歪曲事实的信息或图片,也不准发布与正文内容不符的假标题。(2)明显失实、误导公众或歪曲观点的陈述一经确认,必须立即予以更正,并以醒目字样刊登声明。在适当情况下还应发表道歉。若事件涉及独立报刊标准组织,则应强调是按监管机构要求进行纠正的。(3)如果被报道人拥有充分理由认为报道失实,应该给予其回应此事件的机会以示公平。(4)报刊尽管拥有倾向于某些社论和竞选中某一方的自由,但必须明确区分评论、推测和事实。(5)任何一家刊物如果发生诽谤他人事件,除非各方已经达成和解,或者该和解结果已经被公布,否则该刊物必须对该事件的处理结果进行公平准确的报道。

2.隐私。(1)每个人均有权要求外界尊重其家庭生活、家居状况、健康状况、通信等方面的隐私,其中包括电子通信等。(2)未经本人允许,编辑人员报道其私生活必须拥有充分理由,并对自己公开披露的信息做出解释。(3)不论在公共场合还是私人场所都应保护个人隐私,因此,未经本人允许,不得对其进行拍照。

3.骚扰。(1)记者不得采取恐吓、骚扰或尾随的方式采访。(2)当被要求停止之后,记者不得继续对被采访人提问、致电、尾随或拍照。当被要求离开并且不得尾随之后,记者也不得滞留在被采访人的私人处所。如果被要求说明身份,记者必须表明自己及所代表的组织机构的身份。(3)编辑部必须确保其工作人员严格遵循上述原则,并且尽力做到不采用通过其他渠道获取的不符合要求的材料。

4.报道不幸或突发事件。在报道不幸或突发事件时,必须谨慎选择提问的问题或接触方式,尽量考虑对方的感受,报道内容也要妥善用词。但这并不妨碍记者对司法诉讼的报道。

5.自杀报道。报道自杀时,为避免模仿行为的发生,应在考虑到媒体具有报道司法诉讼的权利的同时,注意不能过分详细地描述当事人的自杀方式。

6. 采访未成年人。(1)应该保证青少年在校学习的自由,没有必要不得在上学期间对其进行采访。(2)未经校方允许,不得在校内接触中小学生或拍照。(3)未经监护人或相当于监护人的成年人允许,不得为获取未成年人的信息而对不满16岁的儿童进行采访或拍照。(4)不得为获取资料而向未成年人支付酬金,也不得为获取子女或被监护人的资料而向其家长或监护人支付酬金,但完全符合未成年人利益的情况除外。(5)编辑人员不得将未成年人的家长或监护人的名声、劣迹及地位作为报道该未成年人私生活的唯一原因。

7. 报道性侵儿童案件。(1)若性侵案件中受害人或证人不满16岁,即便法律许可,媒体也不得公开其身份。(2)在报道性侵儿童案件时:(i)不得公开该未成年人的身份;(ii)可以公开成年人的身份;(iii)如果受害人可能是未成年人,不得使用"乱伦"一词;(iv)报道中尽量不要含有暗示嫌疑人和未成年人关系的内容。

8. 在医院采访。(1)记者在医院或类似机构的非公众区域进行采访之前,必须出示证件并且征得有关方面负责人的同意。(2)这项限制侵犯他人隐私的规定特别适用于针对患者或在类似机构进行治疗的病人的报道。

9. 报道刑事案件。(1)罪犯或嫌疑人的亲属或朋友除非直接涉案,否则未经允许不得公开他们的身份。(2)如果刑事案件中证人或受害人为未成年人,需要特别注意其可能受到的影响。但是这并不妨碍记者对司法诉讼的报道。

10. 使用隐秘器材或骗取材料。(1)记者不得使用隐藏的录像机、监听机获取资料并将其公开;不得窃听个人谈话或移动电话内容、窃取短信或电子邮件;不得未经许可撤除某些文件或图片;不得未经许可进入他人电子信息库。(2)以虚假和诈取方式获得的资料,只有在完全符合公众利益,并且确定无任何其他方法可以获取的情况下才被视为合法。

11. 报道性侵受害人。除非拥有充分理由并且获得法律允许,刊物不得公开性侵受害人的身份,或者刊登有助推测受害人身份的信息。

12. 歧视。(1)刊登涉及被采访人的种族、肤色、宗教信仰、性别、性取向以及其他任何身体或精神方面的疾病或缺陷的内容时,不得使用带有歧视或贬义色彩的语言。(2)除非与报道内容密切相关,否则应该尽量避免提及被采访人的种族、肤色、宗教信仰、性别、性取向以及其他任何身体或精神方面的疾病或缺陷。

13. 采访中获取的经济信息。(1)即便法律没有明文禁止,记者也不得在采访内容刊登之前运用在此过程中获得的经济信息为自己谋利,或者将该信息告知他人。(2)在没有告知主管编辑或经济编辑的情况下,如果记者个人或其亲属在某公司中拥有重大经济利益,其本人不得撰写关于该公司股票或债券的报道。(3)如果记者最近撰写过关于某公司的报道,或者近期对某公司有采访计划,其本人不得自行或通过授权人/经纪人购买/出售该公司的股票或债券。

14.署名信息来源。道义上记者有责任保护匿名信息提供人。

15.刑事犯罪审判过程中向证人支付酬金。(1)1981年颁布的《藐视法庭法》规定,一旦司法诉讼程序启动,任何人不得向证人或者可能成为证人的人支付酬金或与其商谈酬金事宜。这项限制直至犯罪嫌疑人被警方无条件释放、司法诉讼终止、嫌疑人已经向法庭认罪、嫌疑人没有认罪但是法庭已作出判决时才能被取消。(2)在司法诉讼并没有正式开始但其可能性可以被预见的情况下,编辑人员也不得向可能作为证人被传唤的人支付酬金或者与其商谈酬金事宜。除非证人提供的信息被证明与公众利益密切相关,而且为获得该信息必须提供或承诺提供酬金,同时需要采取一切措施保证酬金交易不会影响证人证词的真实性。在任何情况下都不允许以法庭判决结果作为支付酬金的前提条件。(3)若已向可能作为证人的人支付酬金或者已与其商谈酬金事宜,必须告知公诉人和辩护人。同时应该将此法律规定告知证人。

16.向罪犯支付酬金。(1)报刊不得为挖掘某一特定案件的材料或者整体上为了渲染犯罪事件而直接或通过经纪人向已经被判有罪或者已经认罪的罪犯及其关联人,包括其家人、朋友和同事支付酬金,或与其商谈酬金事宜以获取事件详情、图片或者消息。(2)编辑人员以保护公众利益为借口向罪犯支付酬金或者与其商谈酬金事宜而获取资料时,必须有充分的理由相信这种做法的确符合公众利益,否则即便已经付款,与公众利益无关的资料也不得公开。

公共利益

1.公共利益包括但不限于:(1)侦查或披露犯罪案件或重大不当行为;(2)保护公共健康和安全;(3)避免公众被某一个人或组织的行为或言论误导;(4)披露个人或组织没有或可能没有尽到他们应尽的义务;(5)揭露司法误判;(6)能够促进类似于公共焦点事件的解决,比如严重的不道德行为或涉及公众的玩忽职守行为;(7)揭露潜在的或可能存在的上述任何一种情况。

2.言论自由本身即为公众利益。

3.一旦刊物使用涉及公众利益这一理由,投诉委员会将要求编辑人员出示公众利益受到保护的充分证据。

4.援引公共利益的编辑需要证明,他们有理由认为该出版或新闻活动是从公众角度出发的,既能服务于公众利益又能与之相适应,并解释当时他们是如何做出决定的。

5.涉及公共利益的例外情况,只有在确证其所涉利益优先于一般情况下16岁以下未成年人的首要权益时,方可成立。

(二)铭刻组织的《铭刻标准守则》(*IMPRESS Standard Code*)

铭刻标准守则

自2017年1月1日起生效

序言

新闻业在社会中起着至关重要的作用。记者每天报道重大事件、政策和公众争议,揭露不法行为,挑战不公,讽刺弊端,并且娱乐大众。他们的权利伴随着责任与义务。铭刻组织旨在保护新闻工作者调查和报道自由的同时确保其行之有责。

所有加入铭刻组织的出版者均要同意下列规则,这些规则构成了《铭刻标准守则》。这一守则追求平衡公众、记者和出版者的权利。对守则的理解应结合着守则指南进行,守则指南提供了有关这些规则在实践当中的具体意义的信息。

制定本守则的目的在于:

(1)为新闻记者、编辑和出版者提供做好自身工作的有效的实践工具;

(2)易于被公众理解;

(3)使监管者铭刻组织的权力得以行使并使其提供的救济措施高效实施。

出版者应对遵守本守则直接负责。只要出版者与铭刻组织签订了《监管计划协议》,守则就适用于出版者的全部出版内容和采访活动,无论这些内容发表在什么样的媒体和平台上。这里所有关于出版者的规定同样适用于出版者指派的任何活动,这里所有对记者的要求同样适用于开展具有新闻采编性质活动的任何人。

本守则不同于法律规范。出版者应将遵守法律与遵守规则区别开来,以确保其对法律的遵守。

公共利益

在某些情况下,出于对公共利益的保护,某种采访行为和手段,或出版的某项内容可能会违反守则。这时可以根据本守则相关条款的规定,识别和判断是否适用公共利益例外情形。公共利益,是指一个报道所传播的内容是对社会有重要意义的事件,公众在这个事件中具有合法利益。公共利益包括但不限于以下方面:

(1)揭露或讨论影响公众的严重失职或不道德行为;

(2)记录个人或组织在有关公众的重要问题上误导公众的情况;

(3)披露某人或某组织未能承担其所应承担的法律责任;

(4)政府恰当的行政管理行动;

(5)公开、公正、有效的司法;

(6)公共健康和安全;

(7)国家安全;

(8)预防和侦查犯罪;

(9)对艺术或文化作品的讨论或分析。

下列规定适用于一个出版者认为自己是基于公共利益去从事某项活动的,但是这项活动会违反守则的情形。这项活动是一种特定的采访或出版一项特定内容,在从事这项活动之前,出版者应该在可行的情况下,同时给出一个说明,证明为什么自己相信:

(1)这项活动关涉公共利益;

(2)不可能使用符合守则的方法得到同样的结果;

(3)获得能够预期的结果;

(4)该活动可能造成的任何损害都不会超过活动中的公共利益。

正文

1.准确性

(1)出版者必须尽最大注意义务确保出版内容的准确性;

(2)出版者必须在第一时间纠正重大错误信息,一般情况下应以醒目字样刊登声明;

(3)出版者必须明确区分事实、推测和评论;

(4)尽管出版者拥有倾向某一党派的自由,仍不得歪曲事实。

2.归责与剽窃

(1)出版者必须采取一切合理步骤来识别并标明第三方消息来源;

(2)出版者必须在第一时间以醒目字样纠正错误以标明第三方消息的正确来源。

3.对未成年人的采访

(1)在非公共利益例外的情形下,出版者只能进行访谈、拍照。任何记录或出版不满16周岁的儿童的语言、行为、图像的内容必须获得本人或其监护人的同意,而且这不会对儿童的安全和福利造成损害。在儿童每一次表达他们的希望时,记者都有责任仔细考虑他们的年龄和表达时的行为能力的状态。该条款不适用于一般情形,除非会对儿童的安全和利益造成损害;

(2)在非公众利益例外的情形下,出版者不得在未征得未成年或其监护人的同

意时标明16岁以下未成年人的信息,除非该信息与所报道的事件息息相关,并且这种标明不损害当事人的安全和利益;

(3)若新闻报道中提到过个人信息的16周岁以下未成年人现在希望能在网络版的相关报道中匿名,出版者必须对他们的请求做出适当考虑。

4.歧视

(1)出版内容在涉及个人的年龄、生理缺陷、心理健康、变性情况、自我性别认知、婚姻、民事关系地位、生育状况、种族、宗教信仰、性别、性取向以及其他任何特点时不得使用带有歧视或贬义色彩的语言;

(2)出版者不得提及一个人的生理缺陷、心理健康状况、变性情况或自我性别认知、生育状态、种族、宗教信仰及性取向,除非该特点与文章内容息息相关;

(3)出版者不得基于任何群体的年龄、生理缺陷、心理健康状况、变性情况或自我性别认知、婚姻或民事关系地位、生育状态、种族、宗教信仰、性别、性取向或其他特征,煽动对该群体的仇恨,这种煽动会使得该群体易受歧视。

5.骚扰

(1)出版者必须确保记者未参与恐吓活动;

(2)出版者必须确保记者遵守以下准则,除非有公众利益例外情形:

a.不从事欺诈活动;

b.始终以记者的身份行动,并在与工作对象联系时,告知对方出版物名称;

c.当工作对象提出合理的停止联系、跟随或拍摄的要求时,立即遵从对方意愿。

6.公正

(1)出版者不得公然妨碍或阻拦任何刑事调查,不得做出任何不利于刑事诉讼进行的行为;

(2)出版者不得直接或间接地登出未满18岁、牵涉刑事或民事诉讼者的姓名,除非已得到法律允许;

(3)出版者必须对性侵案件受害者的身份保密,除非已得到法律允许,或已征得受害者同意;

(4)出版者不得向刑事诉讼中的目击证人或被告支付报酬,或许诺支付报酬,除非已得到法律允许。

7.隐私

(1)除非出于公共利益,否则出版者必须尊重民众关于隐私的合理要求。决定这类要求的因素包括但不限于如下方面:

a.所涉信息的性质,例如是否与个人私密、家庭、健康、医疗事务,或者个人经济状况有关；

b.所涉地点的性质，例如住宅、学校或医院；

c.所涉信息的掌握或传播方式，例如私人通信记录或个人日记；

d.当事人的相关情况，例如年龄、职位或公众形象；

e.当事人是否出于自愿，如要求公布与其个人生活有关的信息。

(2)除非出于公共利益，出版者必须遵守以下准则：

a.不使用秘密手段获取或记录信息；

b.在对社交媒体上的内容进行报道时，尊重个人隐私；

c.采取所有合理措施，避免因进行带有侵权性质的新闻采访与报道而激起民众的负面情绪。

8.消息来源

(1)出版者与信息提供者签订保密协议后，只要对方不放弃该协议，出版者便要保证其匿名，除非该信息源已显著不实；

(2)出版者必须采取合理的措施，以确保记者不捏造信息来源；

(3)除非保护公共利益，否则出版者不得向公职人员购买信息。

9.自杀报道

在报道自杀或自残事件时，出版者不得提供有关当事人自杀方式的过多细节或推测其动机。

10.透明度

(1)如果社论信息是与第三方签订互惠协议或通过其他经济手段购买来的，出版者必须明确标明；

(2)出版者必须披露事件中存在的重大利益冲突；

(3)出版者必须客观地提供有关金融产品的信息，并保证其中的利益关系或利益冲突得到有效的披露；

(4)一旦未能披露重大利益冲突，出版者必须纠正，并尽早予以重视。

第三章
英国传媒法定监管机构研究

在英国,针对不同传媒领域、不同内容有不同的监管模式。其中,对电子传媒领域实行的是法定监管,这与传统新闻自由理念所要求的拒绝政府干预有所不同,是在此基础之上的发展,目的是使电子媒体更好地服务于公共利益。在媒介融合大潮汹涌奔来之时,英国的传媒监管政策也在与时俱进,那就是将电信、广播电视、互联网纳入统一的监管机构,对它们进行统一的法定监管。除立法之外,最为关键的因素就是新的监管机构的设立和运行。英国在 2003 年末建立的融合监管机构——通信办公室(Office of Communication,Ofcom)备受世人瞩目,它将广电网、电信网和互联网等信息传播网络以及邮政系统纳入同一个监管机构,取代了电信管理局(Office of Telecommunication)、无线电通信管理局(Radio Communications Agency)、独立电视委员会(Independent Television Commission)、广播管理局(Radio Authority)、广播电视标准委员会(Broadcasting Standards Commission)五个机构,全面负责英国电信、电视和无线电的监管。

通信办公室不能简单地被看作过去五个监管机构的综合体,因为无论从监管思路、制度、还是从监管效果来看,它都是一个崭新的存在,是英国传播媒介监管改革最为重要的成果。它的出现既顺应了全球媒介融合发展的趋势,也是对英国原有监管机构的承袭。通信办公室的设立,有独特的思想引导和深刻的文化、社会动因。本章关注通信办公室成立的法律基础、成立的过程、职能设置,及其在媒体监管方面所采取的措施。

第一节　通信办公室组建的法律基础

成立通信办公室的最重要的法律依据是《2003 年通信法》(Communication Act 2003)及《2002 年通信办公室法案》(Office of Communications Act 2002),这两个法律文件对通信办公室的组建和运行做了十分详尽的规定。但此前,也有一系列的法案和政府报告论证了建立一个统一、独立与融合的监管机构的必要性和必然性。欧盟执行委员会(European Commisson)于 1997 年 12 月发表《电信、媒体、信息技术产业融合及其对于监管的影响——迈向信息社会绿皮书》(Green Paper on the Convergence of the Telecommunications, Media and Information Technology Sectors, and the Implications for the Regulation——Towards an Information Society Approach)①,并在之后发布了电信监管框架指令,为成员国的媒介融合提出立法要求和监管改革的方向;1998 年英国工党就未来发生的通信领域的变革以及应对的方式发表报告,提出了统一、独立、融合的监管机构的模型;2000 年,英国政府发表白皮书《通信新未来》,提出要根据信息领域的发展情况,调整信息领域监管机制。2001 年 6 月,关于成立通信办公室的议案被提交到英国议会,2002 年 3 月议会批准《2002 年通信办公室法案》,通信办公室由此具有了法定的操作方案,并进入筹备阶段。2003 年 7 月 17 日,英国议会通过了《2003 年通信法》。《2003 年通信法》规定了通信办公室的法律地位、性质和权限,一个统一、独立、融合的监管机构的设立有了法律依据并进入实际操作阶段。

一、欧盟媒介融合时代监管改革的指令

为适应技术的快速发展以及网络融合的趋势,欧盟执行委员会于 1997 年 12 月发表《电信、媒体、信息技术产业融合及其对于监管的影响——迈向信息社会绿皮书》,初步提出融合的要求,指出数字技术推动的融合并不只是技术的融合,也是服务与产业的融合,所以若不能配合融合的趋势重新调整规范架构,就将严重阻碍信息社会的发展。1999 年 11 月欧盟执行委员会向欧洲议会、欧盟理事会、欧洲经济社会委员会和地区委员会呈交了一份名为《电子通信基础设施及相关服务的新框

---

① European Commission Brussels. Green paper on the convergence of the telecommunications, media and information technology sectors, and the implications for the regulation——towards an information society approach[EB/OL]. (1997-12-03)[2017-01-10]. http://europa. eu/old-add ress. htm.

架——1999年通信业评审咨文》的文件。在此后的一年中,欧盟委员会还向以上机构提交了针对新框架的公众咨询结果、对新的监管架构的一系列建议等。2002年4月24日,欧盟理事会与欧洲议会就建立电子通信网、电子通信业务及相关设施的监管框架的新指令达成一致。该监管框架旨在在全欧盟范围内创造一个公平竞争的环境,并要求各成员国在15个月以内将其加入各国的国内法,最后期限为2003年7月25日。2002年3月7日,欧洲议会和欧盟理事会通过了新的电子通信监管框架,该框架由五个指令组成,2002年第19号欧监执行委员会指令:"电子通信网及业务的接入与互联指令"、2002年第20号欧监执行委员会指令:"关于电子通信网及业务的授权指令"、2002年第21号欧监执行委员会指令:"关于电子通信网及业务的共同监管框架指令"、2002年第22号欧监执行委员会指令:"关于普遍服务和电子通信网及业务有关的用户权利指令",以及2002年9月17日第77号欧监执行委员会指令:"关于电子通信部门处理个人数据和保护隐私的指令"。欧盟议会认为,科技平台和网络基础设施整合的现象已经发生,因此对于原属于不同产业的基础设施,不论提供何种服务,应采取水平式的监管方式,适用相同的监管规范,而对服务提供者则使用垂直式的监管方式,按服务性质予以规范。

欧盟绿皮书和框架指令主要包括下列议题。

(1)竞争法规与个别监管之间相互平衡。

(2)网际网络和其他线上服务应受到监管,对线上服务的监管应侧重于执行部分,而解决之道必须结合平台的自我监管和消费者自己的判断。

(3)监管必须朝着科技与应用平台中立(neutral)的方向发展。

(4)监管必须留有竞争的空间,不可基于监管全能的假想情形,但有关公共利益的问题,如判定无法用竞争法来促成时,监管手段则为必要的。

(5)未来监管可能需要面对将监管领域扩张到目前的非监管领域,以及将影视内容监管的规定应用到线上服务环境所产生的不适。

(6)在网络传输服务方面,应改现在的垂直式监管架构为水平式监管架构。

(7)针对融合影响涉及的各领域,必须有一个清楚可预期的监管架构,以促进投资活动。

正如时任法国电信监管局主席保罗·尚索尔(Paul·Champsaur)所说,这种新的指令或法律框架指明了监管的方向,即未来的电信监管越来越效法一般竞争法原则,同时又承认特殊行业监管的必要性。监管框架使监管者更加贴近不同的市场,更能详细了解市场在竞争环境下的多样性。监管框架为监管者提供更加合适的灵活监管手段,但同时对监管者的要求更严了,因为要求监管者采取正确的干预方式。因此,监管者应当加强自身的经济分析能力。①

在脱欧之前,作为欧盟成员国,英国有义务在立法上遵循欧盟的相关框架指令,并将这些指令通过修改法律或形成判例的形式融入国内法。而且由于当时美国通信市场的快速扩张对欧洲市场形成了强大冲击,欧洲国家也认识到,割裂的欧洲电信传播市场无法与大西洋彼岸的美国超级传媒集团相抗衡,因此要想提高竞争力唯有变革,根据《欧盟视听媒体服务指令》建立更加自由的通信市场和有利于竞争的政策环境,这既顺应时代发展的趋势,也符合欧洲各国的需要。

二、英国通信白皮书

融合的世界需要融合的监管。2003 年 6 月中旬,英国宽带业务的办公用户和住宅用户数量已经超过 100 万,英国电信公司为其宽带网用户开办了线上视频、娱乐游戏、音乐和教育业务。许多企业使用宽带网业务提高了竞争力,融合给消费者带来了实实在在的利益。"随着传输系统采用共同的技术,我们的监管也面临着新的挑战,同时还承担着共同的责任,一些新的业务处在多个监管机构的监管之下,这种情况造成了过度监管或监管间断的危险……因此我们的目标是给监管者一个框架,该框架的设计必须有足够的灵活性,以适应发展并且能够反映参与者不同的远景规划,业务提供者作为一方,大众消费者作为另一方。"②

进入 21 世纪以后,在欧盟两个绿皮书和各种实践的影响下,2000 年 12 月英国的贸易产业部(Department of Trade and Industry,DTI)③和文化、媒体和体育部(Department of Culture Media and Sports,DCMS)共同发表了展望英国通信和传媒行业的政府白皮书《通信的新未来》(*A New Future for Communications*),该白皮书规划了未来 10 年英国信息化社会的蓝图,确立了英国崭新的 21 世纪通信管理架构。白皮书明确指出,在原有的管理架构下,存在着多个且重叠的监管主体,但各主体的任务和目标不尽相同,而且立法机关是根据特定的传播机制而不是服务本身的特殊性来制定法律规范的,因此必须做相应的改变,以便为电子通信产业提供

---

① 周光斌. 欧盟电信管制走向:融合是大趋势[EB/OL]. [2017-07-01]. http://www.fjtelecom.com/show-21-8142-1.html.
② 1998 年英国贸易和工业部发布的绿皮书《通信管制迈向融合时代》对实现统一规制的需求阐述,引自 *Regulating communications approaching convergence in the Information Age*. 参见:劳埃德,米勒. 通信法[M]. 曾剑秋,译. 北京:北京邮电大学出版社,2006.
③ 该部门后改名为 Department for Business,Energy & Industrial Strategy(BEIS,商务、能源和产业战略部)。

新的立法规范。

英国通信白皮书所规划的 21 世纪英国通信的愿景是：英国成为全球最具活力和竞争力的通信及媒体市场；确保服务的高品质、多样化和普及化；确保公民的消费权益。具体的政策目标包括：

(1)政府拟建立一个新的统一监管机构，负责对通信行业的管理。这个监管机构将是独立的，但与政府有一定关系，它将同贸易产业部、文化、媒体和体育部紧密合作，包括与这些部门在欧洲和国际性组织上的合作。

(2)通信办公室将合并无线电通信管理局，对无线频谱进行管理。

(3)通信办公室的主要监管目标是：

①注重通过促进开放和竞争性的市场保护消费者的利益，使他们能拥有更多的选择和更好的服务质量；

②保持内容的高品质、节目的多样性以及使英国公民的各种声音能在媒体上得到呈现；

③通过制定被普遍接受的内容标准，在言论自由、防范潜在暴力和有害内容间取得平衡，通过确保对公平和隐私的适当保护保障公民利益。

(4)在其所有的管理行为中，尤其要注意的是：

①保护儿童和易受伤害的群体的利益；

②预防犯罪和公共秩序混乱；

③关注和满足残疾人、老年人、低收入群体和乡村地区居住人口的特殊需要；

④提高效率，包括频谱和电话号码的使用效率，以及促进创新。

(5)通信办公室将是一个实体，设一个主席、一个首席执行官以及其他行政与非行政人员。在内容管理方面应考虑不同群体的利益关系，并促进不同族群达成共识。当不同群体的利益发生冲突时，该机构要寻求一个明确的、透明的解决方案。

(6)通信办公室能够在相关政策委员会、受委托的立法团体的执行委员和英语地区的代表间发展良好的关系。

(7)通信办公室将负责电子通信网络及其服务的管理，包括电信系统和其他目前由电信办公室管理的业务。通信办公室还负责颁发广播电视服务的许可证。在必要的时候，它将通过整体授权而不是单独许可的方式来减少监管给通信运营商带来的负担。

(8)通过立法加强通信办公室可行使的监管权力。

(9)通信办公室要采取措施保障有效的监管，这些措施可能包括充分征询行业以及公民和消费者意见，在相关法律的指导原则和框架之内，制定和完善必要的监管规定,确保投诉、申诉等程序的透明度和有效性。

(10)通信办公室有责任跟踪市场和行业的变化,当监管变得不必要时,及时撤出竞争市场。这将有利于联合监管和自律机制,从而达到监管目标。①

白皮书很清楚地勾勒出这样一个监管框架:它致力于促进竞争,以保护消费者的利益为出发点和落脚点,继续保证英国广播能够长久坚持公共利益原则,尤其注重保护弱势群体的利益,实行技术中立和轻微监管原则,独立于政府和商业团体,所有行为均遵守明确的法律规范。

可以说,英国的媒体监管政策顺应了全球潮流,与产业发展进程基本同步:通信行业日益激烈的市场竞争和用户日益提高的对通信服务质量的要求迫使整个行业不断进行技术革新,并利用技术的进步驱动通信业和传媒业不断融合,政府则为融合创造宽松和有利于市场竞争的监管环境,最终维护消费者的利益。

三、《2003年通信法》

在2000年12月发布《通信的新未来》的同时,新的通信法草案也在起草之中,这部法律是对前述欧盟框架指令在英国国内立法上的回应,且在欧盟规定的时限(2002年7月25日)的前两天获得议会通过。《2003年通信法》由英国贸易工业部及文化、媒体和体育部共同牵头起草,法案引入了欧盟框架指令中的水平监管架构,取代了英国原有的《1984年电信法》《1949年无线电信法》,并修正《1990年广播电视法》《1996年广播电视法》的相关条文(这两部广播电视法仍继续有效),成为英国电信、网络和广播电视领域监管的根本性法律文件。该法共6编、411条、19个附则,由通信办公室的职能、网络业务和无线频率、电视和广播业务、电视接收的执照、通信市场的竞争、杂项六部分组成。通信法的政策目标是要在广播电视与通信不断融合的进程中促进英国通信产业的竞争、吸引投资,建立世界上最有活力、最具竞争力的通信产业;确保通信市场继续履行普遍服务的义务并不断提升质量;保障频率的有效利用,确保公民和消费者从中受益,进一步放松对媒体所有权的限制,并重新定义公共利益。

从内容来看,《2003年通信法》涵盖了广播电视、电信、频谱和所有权等多个方面(见表3-1)。

---

① 英国贸易工业部,英国文化媒介体育部. 英国政府通信白皮书[M]. 顾芳,李澎,王宇丽,等译. 北京:中国法制出版社,2002.

表 3-1 《2003 年通信法》的结构和主要内容

编目	名称	主要内容
第一编	通信办公室的职能	通信办公室的职能、内容委员会、咨询委员会、人事、过渡职能的规定……(1-31)
第二编	网络业务和无线频率	电子通信网络和服务(32-151) 频谱应用(152-184) 纠纷解决及上诉(185-197)
第三编	电视和广播业务	BBC、C4C、威尔士主管机关及盖尔语媒体服务(198-210) 独立广播电视服务的法律条款(211-244) 独立无线广播服务的法律条款(245-262) 法规条款(263-347) 媒体所有权(348-357) 关于电视及广播服务的其他条款(358-362)
第四编	电视接收的执照	电视执照、执照费、供应商的告知义务……(363-368)
第五编	通信市场的竞争	在竞争法下的通信办公室(369-372) 媒体融合(373-389)
第六编	杂项	目的、费用、违反的惩罚……(390-411)
附则	共 19 项	

虽然说该法在很大程度上是在新欧洲监管体系的推动下出台的,但更为重要的原因是英国传媒领域融合趋势的发展对监管方式变革的推动。由于之前政界、业界以及民众都对白皮书进行了广泛的讨论并提出了意见,加上 2002 年英国政府就出台了过渡时期的操作性法案《2002 年通信办公室法案》,因此《2003 年通信法》对于建立统一的监管机构的规定的接受度较高,对通信办公室的架构、职能、运行机制以及管理的范围和依据进行了规定和授权。

新法案的出台改变了旧的监管模式下的垂直监管格局,将原有的五个政府机构——负责监管商业电视的独立电视委员会(ITC),负责监管通信业的电信办公室(Oftel),负责颁发商业广播营业许可证的无线广播局(RA),负责监督广播电视节目内容、保护视听者权益的广播节目标准委员会(BSC),以及管理无线电频率的广播通信局(RCA)——整合成一个新的监管机构:通信办公室,从广播电视、电信业的技术标准、资格准入,到电子邮件、电信资费、节目内容,一律被纳入通信办公室统一管理。后来,随着时代的发展,新的内容不断增加,如 2010 年将邮政业务的监管纳入通信办公室,2017 年起,通信办公室对 BBC 也具有一定的监管权限。

通信办公室的使命包括:(1)接管上述五家电子通信业务法定监管机构的全部

职权;(2)采用合理的方法和综合战略方法鼓励有效自律和共同监管;(3)采用电子通信网及其业务的新监管框架取代现行的许可证颁发制度;(4)创造新的机制和按一定的制度进行频谱交易,并建立一个能得到广泛认可的频谱介入模式;(5)设立消费者咨询小组,负责向通信办公室董事会提出建议以代表和保护消费者利益;(6)在整个通信行业内行使《1998年竞争法》和《2002年企业法》赋予的执法权;(7)建立有关网络业务和频谱使用权裁定的申诉程序。

在媒体所有权方面,《2003年通信法》废除了《1990年广播法》对于特定广播经营者的外资限制,并废除了对宗教团体所有权的限制,这意味着美国和其他非欧盟国的媒体公司可以对商业性的地面广播进行投标。《2003年通信法》规定,监管机构要对媒体集团间的并购进行公共利益审查,这一规定有效地将并购控制由报纸扩展到多媒体。

在广播电视的内容监管方面,《2003年通信法》在广播电视许可证发放制度上有一项重大改革,即卫星和电子通信网络播放的电视内容的许可由通信办公室依据《1990年广播法》的规定进行发放。政府试图通过这种方式监管所有电视类业务的内容,即便这些业务不是双向互动的。因此,获得许可证的广播电视经营者要依照许可的电视业务内容的定义来对自己的互联网业务进行审查,以决定他们的交互式内容是否受制于监管要求。《2003年通信法》还要求通信办公室成立一个内容委员会,行使与广播电视内容有关的职能并唤起公众对内容问题的关注。

为了协调通信办公室的组建工作、确保平稳过渡,通信白皮书之后,更具操作性的《2002年通信办公室法案》于2002年3月19日得到了皇室批准。《2002年通信办公室法案》授权通信办公室作为一个法人团体进行运作,建立一个3—6人的委员会,以筹备接管五部门的职责和通信办公室成立前的所有事项,并履行通信办公室成立前期的一些法定职责,比如可以独立签署合约和雇用人员等。委员会任命一个首席执行官(他也是委员会的成员)和一些准备工作所必需的工作人员,由主导通信办公室建立的贸易产业部及文化、媒体和体育部部长按照"诺兰原则"[①]任命委员会主席和其他成员。《2002年通信办公室法案》规定,通信办公室委员会有责任在通信办公室筹备期间和现有各个管理部门合作,反过来现有的管理部门也有义务促进通信办公室的组建过程,在这一过渡时期,通信办公室的资金来自国务大臣的借款,这笔费用在通信办公室完全接管相关工作之后从它的相关收入中扣除。

---

① 诺兰原则(Nolan Principles)是适用于公职人员选拔的原则,要求候选人符合无私、正直、客观、负责、公开、诚信、领导力7项标准。

2001年12月12日,由五个管理机构所委任的顾问塔斯·佩兰(Towers Perrin)提交了一个关于通信办公室的职权范围的报告,这是一个具有里程碑意义的报告,标志着建立通信办公室进程的开始。这个报告并不是一个设计蓝图,它只具体明确了所需要做的工作,以满足通信白皮书的要求,并且指出了一个可能的架构模型,然而最后的决定还是由通信办公室委员会来做。塔斯·佩兰顾问小组的工作涉及新阶段的很多实质性的细节,例如主要的操作问题:机构设置和工作流程、组织文化、人力资源、办公地点和设施、信息服务、财政和通信等。顾问小组还要用批判的眼光审视通信办公室的规模:既能满足完成法定义务的需要又不能有人员的冗余,合并前的监管机构工作人员总数为1100人左右,顾问小组将与目前的监管机构紧密合作进行遴选。这些机构的专业知识和经验对通信办公室的成功组建是非常重要的,但是,顾问小组仍需有深入细致的独立分析,并从英国之前重要的组织机构改革项目中汲取经验。[①]

机构过渡工作被仔细划分为几个阶段,以适应前期新委员会的任命。第一个阶段的重点是准备工作,比如审计和分析现有的安排,验证委员会正在考虑的一些选择是否可行;第二阶段包括听取一些由新的主席和委员会统一提出的建议;第三阶段包括审议那些已经做出初步决定但还要处理的问题。一旦通信办公室有了合法的地位(也就是说如《2002年通信办公室法案》规定的3到6人委员会成立,1个主席和至少2个非执行委员在位),它将承担所约定的责任,包括在2002年12月31日前引申的条款。政府和现有的监管部门将打开建立新机构的窗口,在新机构建立过程中尽可能地创造机会听取有关人员的想法,并尽可能采纳他们的意见。

在人事变动问题上,政府承诺会保证因通信办公室的组建而受到影响的职员得到公正和一致的对待,并尊重他们根据雇用合同所享有的权利。2000年1月,政府发布了"执行声明"要求公共部门实体遵守《事业转移(雇用保护)规则》,以确保职员的权益不受侵犯,通信办公室委员会将遵循这一政策。此外,1999年6月《职员养老金公平施政方针》中列明的指导原则也应当得到遵守,以保证职员得到公正的对待。政府部门有义务保证现有五个监管部门向通信办公室平稳过渡,因此通信办公室委员会一旦开始运转,政府就会尽可能向它进行咨询,以便向那些工作发生变动的职员提供一揽子计划,这些计划中的条款和条件将不低于他们目前所享有的水平。

---

① 马庆平.中外广播电视法规比较[M].北京:经济管理出版社.2005:149.

第二节 通信办公室的结构和功能

在经过多年的讨论、征询意见、筹备之后,建立一个统一的融合监管机构已经从最初的设想成为一项法律规定。通信办公室成为一个被英国政府和公众寄予厚望,或能引领英国走向世界最有活力的信息产业大国、保障英国公民获得质优价廉的通信媒体服务的机构,以及其他陷入三网融合监管困境的国家学习的对象。

一、通信办公室的组织架构

英国政府在对《2003年通信法》草案的征询意见中曾提出,通信办公室不仅仅是把五个部门合在一起并取一个新的名字,它是一个新的组织形式,有一个合理的内部结构、适当的工作进程以及最重要、适当的人选。作为一个组织,通信办公室需要制定一个明确协调的中心策略,此策略的实施将完全适应各个监管领域的多样性。[①] 被通信办公室取代的五个部门是依据相关法规成立的分别负责广播、电视、电信业务的监管机构,其中,独立电视委员会、广播电视标准委员会、电信办公室、无线广播局是独立的机构,无线电管理局是贸易产业部下的一个执行部门,向国务大臣负责。这五个机构需要在白皮书和《2002年通信办公室法案》的指导下,制订各自的工作计划,保证在2003年12月前向通信办公室的顺利过渡。

按照法案的规定,通信办公室的组织架构和部门职责都在《2002年通信办公室法案》和《2003年通信法》中有明确规定,办公室的结构类似于一个公司但又与公司有所不同,通信办公室基本上是一个横向和纵向结合的树状结构。在纵向上,董事会处在最高层,是通信办公室的决策机关,为通信办公室提供战略方向;执行委员会和内容委员会是两个重要的机构,直接向董事会报告,还有部分咨询委员会也直接向董事会负责,执行委员会下面又有众多咨询委员会分理通信办公室的各项业务,向董事会提供建议和支持,共同承担《2003年通信法》赋予这个机构的所有职责。在横向上,处在最基层的各种咨询委员会(committees)之间是协作关系,执行委员会和内容委员会以及地方事务委员会等之间也属于横向关系。

根据《2003年通信法》的规定,通信办公室是一个独立的法人,董事会是它的决策机关,由主席(1名)、非执行董事(5名)和执行董事(3名,其中包括1名首席执行

---

① 马庆平.中外广播电视法规比较[M].北京:经济管理出版社,2005:148.

官)构成。主席和非执行董事(也叫政治任命董事,代表政府)由贸易产业部及文化、媒体和体育部部长直接任命产生,首席执行官则由主席和非执行董事共同提名产生,主席和非执行董事参考首席执行官的意见后,提名执行董事,执行董事向董事会负责。董事会每月至少举行一次正式会议并公开会议记录(除八月外)。董事会起着核心和战略性的作用,确保通信办公室很好地履行法律规定的职责并坚守这个机构的公共性,负有监督通信办公室的总体资金和支出的职责。通信办公室内部明确规定了董事会成员的权限:董事会必须在集体决策下行事,就是说它做的决策和计划都要以充分参考下设的数个专业委员会的意见为基础。董事会成员也必须遵守一系列行为准则:董事会运作的原则是共同责任、协助及尊重,董事应该获得实质辩论及有效决策所需要的资讯;在任何情况下董事被默认为同意董事会的所有决定,对董事会做出的决定的反应,不论在通信办公室内部还是外部均应保持一致,少数与通信办公室最终决定相悖的董事意见不得在通信办公室外部公开,以确保决策的一致性;被指定的董事(但不包括不同意该决定的董事)需要解释及说明董事会的决定;董事辞职时可以表达其不同意董事会决定的原因,但不得公开引述其他董事的发言;[①]董事有保密的义务,违反义务将会受到2年以下有期徒刑或者罚金的惩罚。此外,通信办公室还制定了详细的董事利益冲突规则并将其公布在官方网站上,以规范董事会成员在任何场合的演讲、接受礼物等行为。董事会下设执行委员会(Executive Committee,ExCo),由通信办公室的资深管理专家组成,每月定期举行会议(除八月外),主要职责是监督并确保通信办公室的财政、管理决策、运作与执行的协调一致并向董事会报告。执行委员会内部,可以分为政策制定、业务推动和涉外事务三大部分。

内容委员会(Ofcom Content Board)在通信办公室中的重要性不亚于执行委员会,根据《2003年通信法》第12条第1项的规定,通信办公室设立内容委员会监管传播内容,内容委员会是通信办公室最核心的一个部分,横跨电视、广播和数字媒体,它的存在是为了保障和促进这个飞速前进的行业的标准和品质。[②] 内容委员会可以说是通信办公室的核心部门,在通信办公室董事会授权下处理一切与内容相关的事务,由12—14名来自不同地区的经验丰富的委员组成,由通信办公室董事会

[①] OFCOM. How Ofcom is run[EB/OL]. [2017-02-01]. https://www.ofcom.org.uk/about-ofcom/how-ofcom-is-run/ofcom-board ofcom.

[②] OFCOM. The Office of Communications annual report and accounts for the period 1 April 2010 to 31 March 2011[R/OL]. (2011-06-29)[2016-02-01]. https://www.ofcom.org.vk-data/assets/pdf-file/0022/3685/annrep1011.pdf.

任命的一名非执行董事担任主席,大多数成员都是兼职。内容委员会的主要功能是在通信办公室的整体框架下确保电视和广播节目的性质和质量以保障公众利益,其审议的内容议题可以分为三个层次:第一层次是规范负面内容,主要处理涉及伤害、冒犯性、准确性、公正和隐私的议题;第二层次是处理关于电视节目配额的问题,例如独立制作、地区性节目及欧盟和英国原创节目的法定配额问题;第三层次涉及广播电视公共服务的提供者及其所提供的内容。[①] 内容委员会的建议对董事会的决策具有重要价值,比如对消极内容最低标准及准确性和公正性标准的定义,对公众接受标准的解释或者就内容或与媒体文化有关的问题对受众期待做出评估。内容委员会还可以邀请消费者研究小组(Communications Consumer Panel)进行调研,通报其在内容方面的发现和决定。

内容委员会的职责是确保英国媒体能够提供满足多种品位和兴趣的广播电视服务,制定出适用于广播电视内容且能被普遍接受的标准,确保所有公民在节目和服务中免受具有攻击性的和非平等的对待,因此委员会的成员来自英国不同地区,背景各异,既有媒体专业人士又有普通观众,而且规定委员会中至少有4名成员分别代表苏格兰、威尔士、北爱尔兰和英格兰公众的意见。

除了以上两个重要的议事机构,通信办公室还有十几个专业委员会(Ofcom committees),它们共同支持通信办公室实现其政策目标。

这些专业委员会包括:

(1)消费者研究小组(Communications Consumer Panel,CCP)

通信办公室根据《2003年通信法》第16条成立消费者研究小组,它向通信办公室提供它所监管的市场的消费者利益诉求,该小组在组织架构上独立于通信办公室且完全独立运作,定期制定自己的日程并公布其发现。消费者研究小组的职责是关注与通信有关的消费者利益(除了广告和电视节目的内容),通过提供消费者在具体事项上的利益关切来帮助通信办公室做出决定,这些具体事项包括影响农村消费者、老年人、残疾人、低收入群体和其他弱势群体使用通信服务的事项。消费者研究小组要确保提出的建议是建立在可靠的证据之上的。该小组有一个合理的预算来负担其研究,通信办公室与消费者研究小组签订一份谅解备忘录以确保相互之间的合作。

(2)老年人和残疾人咨询委员会(Advisory Committee on Older and Disabled

---

① OFCOM. Ofcom content boad[EB/OL]. (2015-02-01)[2018-01-02]. http://www.Ofcom.org.uk/about/how-Ofcom-is-run/content-board/functions-and-role/.

People, ACOD)

该委员会负责向通信办公室董事会提供生活在英国的老年人和残疾人对通信传播行业的需求和意见。由8名成员组成,委员会直接向董事会作报告并每年公布。

(3)风险和审计委员会(Risk and Audit Committee)

该委员会负责对通信办公室内部和外部行为进行适当的审计与管理,是董事会直属委员会,由7名非执行董事担任审计委员会主席,定期向董事会报告并对外公布审计结果。

(4)提名委员会(Nominations Committee)

提名委员会控制董事会的结构、规模和组成,视情况向董事会推荐候选人,委员会帮助政府甄别和提名非执行董事人选,委员会有权任命执行董事,有权评价董事会成员的表现并在必要时候向政府建议重新任命非执行董事。委员会应负责确保非执行董事能够与其他董事一样获取简报、参加会议。

(5)薪酬委员会(Remuneration Committee)

薪酬委员会负责通信办公室首席执行官及执行委员会其他成员的薪酬问题,制定除通信办公室董事会非执行董事以外的其他委员会和相关机构人员的薪酬计算方法,另外还管理所有和通信办公室有关的人员的养老金发放。薪酬委员会主席由董事会成员担任。

(6)选举委员会(Election Committee)

《2003年通信法》第333条要求通信办公室确保包括英国的地方电视、第四频道、第五频道、经典调频、圣母1215服务台等在内的政党政治广播和公投运动广播的正常运行。通信办公室需制定与法案一致的规范细则,精准地分配广播资源,裁决各个政党之间关于无线电执照、频段、播放时间长度、播放时间表等问题的争论。董事会授权选举委员会处理相关事务,在任何需要的时候召开会议。

(7)非执行董事薪酬委员会(Non-Executive Member Remuneration Committee)

该委员会的职责是管理董事会非执行董事的薪酬以及其他费用,并在这一事项上向贸易产业部及文化、媒体和体育部提出建议。它直属于董事会。

(8)地区咨询委员会(Nations Committee)

这是一个承担咨询职能的关键组织,成立于2010年10月,与4个地区咨询机构的角色相似,负责协调这些委员会的工作,并确保委员会的计划的政策优先性一致。地区咨询委员会的角色相当于各种政治势力在通信办公室中的调和者,监督董事会、内容委员会以及执行委员会成员的活动,定期向董事会报告各委员会的活动,这些报告会在通信办公室年报的委员会部分得到呈现。地区咨询委员会有6名成员,其中包括2名非执行董事。

(9)英格兰地区咨询委员会(Advisory Committee for England)

该委员会负责向通信办公室传达居住在英格兰地区的公民在通信和媒体方面的利益诉求,由9名成员组成,主要关注的问题有(其他地区委员会也类似)以下7项:

①寻找影响英格兰地区的社区或公民个人的关于通信传播事务的专业鉴定;
②就英格兰地区与通信传播有关的一般或特殊事务向通信办公室提出建议;
③对通信办公室的询问提出建议和发表评论;
④应内容委员会的请求提出关于电视、广播和其他内容服务规范的建议;
⑤应董事会的请求向消费者研究小组提供建议;
⑥承担促进英国媒体文化的责任并向通信办公室提出建议;
⑦发表年度报告以反映英格兰通信传播的发展状况。

(10)北爱尔兰地区咨询委员会(Advisory Committee for Northern Ireland)

(11)苏格兰地区咨询委员会(Advisory Committee for Scotland)

(12)威尔士地区咨询委员会(Advisory Committee for Wales)

(13)社区广播基金会(Community Radio Fund Panel)

《2003年通信法》第359条允许建立社区广播,而且规定通信办公室对社区广播有管理职责,应为社区电台拨付适当的补助金。政府将通过建立基金会的方式向社区广播站提供补助金。持有社区广播执照的人可以向基金会提出申请,通信办公室通过基金会审查申请者的资格和做出是否给予其资助的决定。这个基金会独立于通信办公室中向一般广播经营者颁发执照的广播执照委员会(Radio Licensing Committee,RLC)。

(14)频率管理咨询委员会(Ofcom Spectrum Advisory Board,OSAB)

该委员会为通信办公室提供独立的关于频段管理方面的战略性建议,帮助通信办公室高效地使用无线电频谱以满足消费者多方面的需求和利益。

(15)广播牌照委员会(Broadcast Licensing Committee,BLC)

自2012年7月1日起,通信办公室董事会授权广播执照委员会接管以前广播执照委员会(Radio Licensing Committee)及数字电视委员会(DTT Allocation Committee)的所有职能,行使通信办公室关于无线电(声音)广播执照方面的职能和对地面数字媒体的监管职能。具体的职责包括授予或更新广播执照,变更和撤销许可事项。

二、通信办公室的定位与职能

《2003年通信法》对通信办公室的定位是一个新的公共实体(body corporate),其性质属于"公事业"(public corporate)。这里的"公事业"并不是指"公共事业""公营事业"或"公法人"。20世纪80年代起,英国公共部门开展去官僚化改革,设计了诸多类型的自主性、非机关性的公共体,公事业就是其中的一种。① 通信办公室在内部组织和运作上具有高度的自主权,政府无权干涉其监管工作,它的工作人员也不具有公务员身份。②

通信办公室是一个法人实体,具有独立的法人资格,采取公司式的管理模式,拥有完全独立的财产,只接受英国全国审计局(National Audit Office)的审计监督。如果被监管对象不服通信办公室的裁决,当事人可向竞争上诉法院(the Competition Appeal Tribunal,CAT)提出上诉③,如果对于竞争上诉法院的裁决仍然不服,可以上诉至上院的上诉委员会(Appellate Committee of the House of Lords)寻求进一步裁决。④

通信办公室直接向国会负责,并且与政府有着松散的关系。这种关系主要体现在与贸易产业部及文化、媒体和体育部的联系中:通信办公室的董事会主席要经贸易产业部及文化、媒体和体育部两位部长的共同任命,他有义务向两位部长提交年度报告,再由部长向国会提交。国会特别委员会和审计委员会(Parliamentary Audit Committee)可以要求通信办公室对报告做出解释或提交证据。《2002年通信办公室法案》第5条规定,基于监管措施废除等原因,若主管部长认为通信办公室已无存在之必要,可以命令其解散或废除通信办公室,但这个命令必须得到国会两院的决议承认才能生效。

这种松散的联系有利于确保通信办公室的独立。在制度设计之初,设计者就采取了一切办法杜绝政府对通信办公室业务的干涉。《董事会成员行为准则》

---

① 刘孔中.通讯传播法:数位汇流、管制革新与法治国家[M].台北:台湾本土法学杂志有限公司,2010:40.
② 《2002年通信办公室法案》第1条第9项规定,通信办公室不得被认为代表政府(crown)行使职权,其员工也不得被视为公务员(servant of the crown)
③ 当有关争议涉及价格控制时,竞争上诉法院在做出裁决前须向竞争委员会(CC)征询意见。竞争上诉法院承接原竞争委员会上诉法庭(Competition commission Appeal Tribunal,CCAT)的功能,其成员包括法律、经济学、商业和会计等方面的专业人士。依据《2005年宪制改革法案》(Constitutional Reform Act 2005),2009年正式运行的英国最高法院承袭了议会上院的司法职能。
④ 刘孔中.通讯传播法:数位汇流、管制革新与法治国家[M].台北:台湾本土法学杂志有限公司,2010:41.

(Members' Code of Conduct)①第 7 条规定：除非通信办公室同意个别董事为其代表人，否则通信办公室与部长之间的通信，原则上必须由董事长负责。若董事长认为重要议题与自己职责有关，他有权诉诸部长，但要征得其他董事的同意。《董事会成员行为准则》第 8 条规定：通信办公室与政府两部门间的日常事务的主要联系人原则上应由首席执行官担任，或是经通信办公室授权的人。从《2003 年通信法》的相关条文也能够看出，只有涉及国家安全和须由国家出面保护的公共利益（比如对 BBC 进行处罚）时，政府部门才有指导其业务的权限。②《董事会成员行为准则》第 9 条规定：部长应就通信办公室的表现向国会负责，部长也不得罢免董事会主席的职务。财务上，通信办公室的运行资金主要来源于向通信和广电业收取的监管服务费以及政府部门的资助。通信办公室只接受国家审计办公室的审计和监督。

这样的设置使通信办公室独立于政府，工作高度透明，政策具有延续性。政府无权干涉通信办公室的监管工作，仅在涉及无线电频谱的国际事务时，通信办公室需要与贸易产业部一起处理有关事务，如出席国际无线电大会。这些规定既限制了政府的触角伸入通信办公室的管辖范围，又让政府不能甩手把全部事情推给通信办公室。

关于通信办公室的职能表述，主要来自《2003 年通信法》和其他九个法案以及欧盟的相关指令。③《2003 年通信法》在第 1 章开宗明义，以 31 个条文对通信办公室的职能、权力做出明确规定：建立通信办公室的目标是"使英国成为世界上最富有活力和竞争力的通信和媒体市场，确保普遍接入最高质量和多样化选择的服务，确保公民和消费者的利益受到保护"。这些目标也可以看作通信办公室的一般义务，同时通信办公室还有一些特别义务，比如鼓励对电磁频谱的最佳利用，关注儿童和其他需要特别保护的弱势群体，照顾老年人和残疾人的需要以及英国不同地方之间的差异。通信办公室在执行其所有职责的过程中，都必须履行一般义务，

---

① 通信办公室董事会制定的行为规范规定，为了通信办公室追求的最佳利益，董事应时刻以诚实信用的方法，遵守本规范。具体参见 http://www.ofcom.org.uk/about/annual-reports-and-plans/annual-reports/ofcom-annual-report-2008-09/corporate-governance/。
② 《2003 年通信法》第 5 条规定，凡涉及国家安全、外国、国际组织、公众安全的无线电频谱和网络方面的事项，通信办公室须根据贸易工业大臣的指令行事；第 198 条规定，通信办公室涉及英国广播公司的职能需遵照《英国广播公司皇家宪章》及英国广播公司与政府的协议来确定，或者要经文化、媒体和体育部长的授权；英国广播公司违规需被处罚时，由通信办公室确定罚金数额，文化、媒体和体育部长有权发布指令改变罚金数额。
③ 例如《公司法》《广播电视法》《竞争法》《无线电法》以及 2017 年颁布的《数字经济法》都向通信办公室赋予了一定的权限。

《2003年通信法》有意不在这些一般义务中设定优先项,目的是给予通信办公室依据具体情况自由裁量的空间。如果通信办公室在执行个案审查时发现这些义务之间存在冲突,它将根据案件的实际情况,在这些目标之间找到合理的平衡。

概括起来,通信办公室的主要职能集中在以下七个方面,通信办公室的所有工作也是围绕这七个方面进行的。

(1)确保在英国范围内,所有人都可以获得广泛多样的电子信息服务,包括高速数据服务;

(2)确保广泛多样、高质量、满足观众需求的电视和广播服务;

(3)保持电视和广播节目提供者的多元化,保障电视和广播节目内容的多样性;

(4)保护人们在接触媒体时免受有害的或有攻击性的内容的伤害;

(5)保证无线电频谱无论在出租车公司、轮船还是移动通信公司都能得到最有效的应用;

(6)保护广大受众,使他们免受不公平待遇或隐私侵扰。

(7)确保为英国公民提供普遍的邮政服务。

同时,通信办公室在其官网上明确指出一些事项不在其监管职能的范围,包括:解决用户与电信服务商之间的争议,但通信办公室可以向投诉者提供建议以及提出相应的争议解决方案供他们参考;优惠费率服务,包括移动电话短信服务和手机铃音服务;电视和广播的广告内容监管(此项由专门组织——广告标准管理局负责);BBC的收视费;报纸和杂志。[1]

作为新成立的、职能强大的传播媒介监管机构,通信办公室为自身制定了如下监管原则:

(1)根据一个统一协作并公开审议的年度计划来进行管理,有明确的政策目标;

(2)仅在有明确法令规定的前提下,单独靠市场调控无法达到一个公众政策目标时,才采取必要的干预措施;

(3)在不需要对信息领域进行任何人为干预的前提下开展各项工作,但是要具备在必要时进行坚定、及时和有效干预的能力;

(4)努力确保干预自始至终是证据充分、程度适中、连贯一致、公开透明的;

(5)始终努力寻求用牵涉面最小的管理机制来达到政策目标;

(6)不断地研究市场,努力保持对最前沿的技术的理解;

---

[1] OFCOM. What is Ofcom? [EB/OL]. (2015-02-01)[2018-01-02] https://www.ofcom.org.uk/about-ofcom/what-is-ofcom.

(7) 在向市场引入管理规定前，要广泛征询相关单位的意见，要详细评估管理行动所带来的影响。①

第三节　通信办公室对传媒的监管

无论对内还是对外，通信办公室一直强调其核心任务是通过促进竞争以进一步确保公民和消费者的利益，其一切活动，诸如履行法定职责、制定政策、执行决策及运行委员会，都是围绕这一个目标展开的。正如时任董事会主席戴姆·帕特丽夏·霍奇森(Dame Patricia Hodgson)所说，一个动态的、竞争激烈的市场远比一个依赖政府监管的市场更能实现服务消费者的目的，但当市场无法自行调整的时候，通信办公室又需要非常果断地介入，根据独立的判断和充分的证据进行决策和行动。到目前为止，我们的机构在这方面做得很好，相比于其他欧洲国家，英国的电信服务更加质优价廉……所以服务于消费者和公民——个人客户和企业以及更广泛的公众——是通信办公室工作的核心，在通信办公室工作的每个人都有强烈的消费者和公民服务意识。② 通信办公室的监管范围可以划分为三大块：一块是提供信息服务的"电信"，一块是提供内容服务的"传媒"，还有一块是提供邮寄服务的"邮政"(2010年增加)。

媒体融合肇始于技术，但监管的难点却在内容。广播电视向公众提供的服务不同于电信服务，除了是一种消费产品，更重要的是它向公众提供精神产品，担负着传承文化及形成与维护社会价值观念的职能，这与电信业将其服务对象当作消费者有很大的不同。从历史上看，英国社会有很强的言论自由认同、对广播电视的公共利益属性十分珍视，任何对媒体内容的审查和监管都会引起公众的极大关注，这是人们对这种融合性的监管机构是否能在媒体监管上保持独立性和多元化产生关注和怀疑的原因。另外，内容监管的另一个难点在于是否要对广播电视和网络传播的内容给予不同程度的监管。

相较于放松对电信市场的监管以促进竞争的积极态度，通信办公室在媒体监管方面的态度要审慎得多。在该领域，通信办公室更强调公共利益而不是市场竞

---

① OFCOM. What is Ofcom? [EB/OL]. (2015-02-01)[2018-01-02]. https://www.ofcom.org.uk/about-ofcom/what-is-ofcom.
② OFCOM. Into the future: where are communications heading? [EB/OL]. (2017-03-02)[2018-01-02]. https://www.ofcom.org.uk/about-ofcom/latest/media/speeches/2015/the-consumer-and-citizen-at-the-heart.

争,服务的对象是英国公民而不是消费者,监管的目标是保障英国电视节目的高品质、多样性,保护受众免受来自媒体内容的侵害和冒犯,保障言论自由等那些单靠竞争与市场无法实现的公共利益。

一、通信办公室对媒体的监管方式

前述,通信办公室的监管对象不包括报刊,通信办公室的监管主要针对广播(广播节目服务的提供者,包括地方和社区广播服务及社区数字声音节目服务)、电视(电视节目服务的提供者,包括受限制的电视服务等本地服务)以及数字媒体,也包括于 2017 年纳入通信办公室监管范围的 BBC。

对一个媒体监管对象采取何种方式,即自我监管(Self-Regulation)、共同监管(Co-Regulation)还是法定监管(Statutory Regulation),通信办公室通过 5 个问题进行评估:监管对象在争议问题上是否具有集体利益?产业可能采取的方案是否符合公民和消费者的最佳利益?个别公司是否有不参与约定的自我监管方案的诱因?参与的公司是否会搭约定行为规范的便车?产业是否能够为该项自我监管方案建立明确的目标?除此之外,通信办公室在选择监管方案时还会参考如公共意识、透明度、适当的资源投入、程序与结构的明确性、广泛的产业参与、执行方案的措施、对方案成员及方案的稽核、救济制度、设置独立成员、定期检讨目标和不构成勾结的行为等因素。

表 3-2 监管对象与监管形式

监管对象	自我监管	联合监管	法定监管
报纸(文本和广告)	独立新闻标准组织、铭刻组织(编辑性内容) 广告标准局(广告)		
商业广播,包括 BBC 商业频道		广告标准局(广告)、电话支付服务局①(付费语音服务)	通信办公室
BBC 公共频道		电话支付服务局(付费语音服务)	BBC 信托(BBC Trust, 2017 年之前) 通信办公室(2018 年之后)

---

① 电话支付服务局(Phone Pay Plus)于 2016 年更名为"电话支付服务监管局"(Phone-ipad Services Authority, PPSA)。

续表

监管范围	自我监管	联合监管	法定监管
视频点播（编辑和商业内容）		视频点播管理局（编辑性内容，2016年起由通信办公室独立监管） 广告标准局（广告）	通信办公室
电子游戏	泛欧游戏信息	视频标准委员会	
网站	网络观察基金组织		

通信办公室对在互联网上传输的内容和广播电视节目内容均有管理的权限，但会实行不同程度的监管，相对来说还是更尊重互联网的特征，主要通过行业组织网络观察基金组织（IWF）进行约束。而其对于广播电视内容依然以公共利益为原则进行较为严格的监管，如商业广播和视频点播业务的编辑内容，因为这部分与公共利益和言论自由更相关，对其他的媒体内容尽可能通过自律和联合监管的方式进行监管，但也有例外。快速发展的网络视频使越来越多的人通过网络收看电视，其中也包括儿童和青少年，因此通信办公室协调视频点播管理局（ATVOD）将实行了6年的联合监管过渡到法定监管，从2016年起，视频点播业务的编辑内容将执行与广播电视一致的标准，即网上网下一样管。

根据《2003年通信法》，通信办公室有义务促进媒体机构培训制度的完善，并要求持有广播电视许可证的媒体机构（雇员少于20人或获得许可证不足30天的媒体机构除外）安排人员培训，这种法定培训也是通信办公室在继承前监管机构的义务之外的新职能。2004年通信办公室与视听产业部门技能委员会共同创建了一个工作组，设计了一个共同监管制度，使通信办公室能够满足《2003年通信法》规定的要求，并且更加重视行业本身的需求，通过评估产出而不是投入来衡量培训的有效性，关注重点是绩效和培训活动对个体、企业的影响，而不是关注活动数量和投资水平。2005年7月，通信办公室在与行业和其他利益相关者进行公众咨询和广泛讨论之后，建立了一个新的共同监管体系，创建了一个新的组织——广播培训和技能监管机构（BTSR）。这个共同监管体系的参与者是通信办公室、英国视听创业技能理事会、广播中心（前身为商业无线电广播公司协会）、卫星和有线广播组织（SCBG）、BBC、独立电视台ITV网络、早安电视台GMTV、第四频道、第五频道、天空电视公司BSkyB和威尔士语电视台S4C。

除在法定监管职责上加强合作，实现监管效果最优化之外，通信办公室也加强与其他监管机构的合作与配合，如通信办公室是欧洲视听媒体服务监管小组（European Regulators Group for Audiovisual Media Services，ERGA)的成员，还是英国儿童网络安全委员会(UKCCIS)下属社交媒体工作组的主持者。在这些角色中，通信办公室关注青少年和儿童在接受广播电视内容方面的利益和保护措施，为社交媒体运营商编写了一份英国儿童网络安全委员会指南，提供对在线儿童安全领域的建议，并向政府提交了专业的、有关保护儿童的互联网安全措施的报告。

二、通信办公室的内容监管守则

通信办公室对广播电视等的内容监管主要依靠根据《2003年通信法》的授权制定的一系列广播电视内容准则，其监督准则执行，并对违规行为施以处罚。《2003年通信法》还要求通信办公室起草一部涵盖节目、赞助、电视植入广告、公平与隐私等方面的标准守则，以达成如下监管目标：

(1)确保18岁以下的未成年人得到应有保护；

(2)制定广播电视内容可普遍接受的标准，以便保护公众免受冒犯性和有害内容的侵扰；

(3)防止广播电视中出现有可能导致误解或有害的、有冒犯性的广告；

(4)保证广播电视服务内没有不合适的节目赞助行为；

(5)确保广播电视服务中没有可能鼓励或煽动犯罪、违反秩序的行为；

(6)坚持新闻的公正性，且符合公平要求；

(7)坚持广播电视新闻报道的正确性；

(8)把握有关宗教节目内容的适当的责任程度；

(9)禁止在广播电视服务内置入违反禁止政治广告规定的广告；

(10)遵守广播电视服务中有关广告的国际义务；

(11)对于广播电视服务内的广告机会，不得对广告商有不正当的差别待遇；

(12)不得使用可能使受众在不知情或未完全知情的情况下，足以影响其心智的技术。[①]

应《2003年通信法》的要求，通信办公室根据以上目标、结合他们对英国广播电视业的了解与规划制定出一系列监管守则(统称"广播电视守则")，包括作为内容

---

① 内容来自英国《2003年通信法》第319条。

标准的《通信办公室广播电视守则》(The Ofcom Broadcasting Code)[①]、《媒体促销准则》(Cross-Promotion Code)、《电视广告编排准则》(Code on the Scheduling of Television Advertising)和《广播电视广告业务准则》(Broadcasting Committee of Advertising Practice Code)。这些守则是在《2003年通信法》和《1996年广播电视法案》的基础上制定的,还参考了《1998年人权法》和《欧洲人权公约》(以下简称《公约》)。特别是《公约》第10条:言论自由权包括听众获得创造性材料、信息和思想而不受干涉的权利,但行使权利要受法律规定和民主社会所必需的限制;第8条:关于个人的私人和家庭生活、家庭和通信的权利;第9条:关于思想、良心、宗教信仰自由的权利;第14条:在性别、种族、宗教等方面,享有享受人权的权利。

通信办公室强调,不应孤立地阅读这些规则(包括标题、交叉引用和其他链接文本),而应考虑整部守则的上下文语境。除非另有明确说明,否则该守则适用于所有通信办公室许可的广播和电视内容服务,BBC资助了许可费的英国广播服务和点播节目服务。所有广播电视执照申请者都必须遵守广播电视守则,而通信办公室对媒体内容发布的任何政策和指令以及发起的调查,也都是对守则的解释和运用,当广播公司故意违反规定,以及严重、反复或不顾一切地违反规定时,通信办公室就会对广播公司施加法定制裁,包括批评、罚款甚至吊销执照。

对于守则,通信办公室表示:

(1)该守则不寻求解决每一个可能出现的情况。广播电视公司可能面临一些该守则没有涉及的情况。虽然守则列举的情况并不详尽,但是守则各节所述的原则能应清楚地说明如何帮助广播电视公司做出必要的判断。

(2)若将守则应用到BBC的视频点播服务,应该考虑到服务的需求特性。英国广播公司有关视频点播服务的某些规定制定了具体条款。

(3)为了进一步帮助那些在广播电视机构工作的人,以及希望了解广播电视守则的观众和听众,通信办公室的网站上会发布关于该规范的指导意见,通信办公室将定期进行审查。

(4)广播公司应该熟悉他们的受众,并确保节目内容总是可以根据节目的背景和编辑需求来调整(此处的"节目"一词指的是电视节目和广播节目),以及BBC点播节目服务提供商提供的节目。

---

① OFCOM. The Ofcom broadcasting code(with the cross-promotion code and the on demand programme service rules)-Ofcom. [EB/OL]. (2017-04-01)[2018-02-01]. https://www.ofcom.org.uk/tv-radio-and-on-demand/broadcast-codes/broadcast-code.

(5)广播公司可以就他们所选择的任何主题制作节目,但通信办公室期望广播电视公司随时确保其节目遵守一般法律和该守则。

(6)关于守则的一般性指导。遵守守则是广播公司的责任。广播公司被要求遵守此守则,节目制作人员如需要就适用守则的情况提供进一步咨询意见,应首先与负责该节目的编辑及广播公司法律人员进行探讨。

(7)通信办公室可以提供理解守则的一般指南。然而,任何这样的建议都是基于对守则严格的理解,不会影响通信办公室对案件的自由裁量权以及通信办公室的监管职责的行使。广播电视公司应对任何合规问题有自己的法律判断。对于非正式的指导造成的任何损失或损害,通信办公室将不会承担责任。

三、通信办公室对 BBC 的监管

2016 年年底,新的皇家宪章——《2017 年关于 BBC 继续运营的皇家宪章》(*Royal Charter for the Continuance of the British Broadcasting Corporation* 2017)颁发之后,运行 10 年的 BBC 信托退出历史舞台。根据新的皇家宪章,将成立一个统一的 BBC 董事会(BBC-Borad)独立承担对 BBC 的运营和管理,通信办公室作为 BBC 的第一个外部监管机构,对 BBC 的内容标准、公平竞争、政治内容以及实现公共利益的一般职责等方面的表现负有责任,董事会要在通信办公室监管范围内支持并遵守此决定。

新的皇家宪章为 BBC 制定了明确的目标:为观众服务,将重点放在特色鲜明、有创意、高品质的节目上。它还赋权通信办公室制定和执行 BBC 电视、广播和点播节目的内容标准。为了让内容标准能够反映通信办公室新承担的职能,并保证这个准则为所有的电视广播机构(包括视频点播服务提供商)提供清晰明确的指引,从 2016 年 9 月新的皇家宪章草案发布后,通信办公室就开始对现有的广播电视准则的规定进行审查,修订了其中关于公正性、客观性、选举和投票节目标准及投诉的处理和执法等方面的规定,并扩大其监管的范围,以便能够全面适用 BBC 的广播业务及 BBC 点播节目服务。通信办公室还修订了在处理有关 BBC 节目的投诉以及进行调查和制裁时通常遵循的程序。通信办公室发布了对其他广播电视公司和点播服务提供商的调查和制裁程序所做的更改,以确保在相同情况下与 BBC 的处理程序一致。通信办公室承认:BBC 有特殊地位,与 BBC 相关的职能事务在通信办公室高度优先,但不会给予其特殊待遇。"就像我们所有的工作一样,从我们的主要职责出发,目标是进一步维护公民和消费者的利益。"通信办公室的管理者在发言中指出,通信办公室是 BBC 的监管者,但 BBC 主要还是由 BBC 董事会实施监管,通信办公室将在几个方面①发挥作用,以确保 BBC 能完全实现其作为公共广播的宗旨和使命。

除了确保 BBC 完成新的皇家宪章所载的使命和维护公共利益的目的,保证 BBC 参与有效竞争和公平竞争是新的皇家赋予通信办公室的职能。通信办公室认为公平有效的竞争会使受众和媒体机构都受益,公平的竞争可以刺激投资和创新,确保媒体机构为受众提供广泛的高质量和多样化的内容,增加观众的选择。因此,通信办公室规定,BBC 及其下属的商业化公司应避免公共服务活动与公司的商业利益出现交叉和捆绑。

《2003 年通信法》第 3 节规定的通信办公室的一般职责适用于履行皇家宪章和框架协议所确定职能。新的皇家要求通信办公室进行以下工作,并对这些工作的完成情况做出年度报告。

(1)制定和发布一个有效的操作框架(Operating Framework),以保证 BBC 能够履行其维护公共利益的使命并得到有效的监管。

(2)依据这个操作框架,通信办公室要制定一个有关英国公共服务的经营许可,包含通信办公室认为 BBC 应该遵守的监管条件:

①实现维护公共利益的目标;

②确保为英国观众提供独特的内容和服务;

③确保苏格兰、威尔士、北爱尔兰和英格兰的观众获得良好的服务。

(3)通信办公室可能会制定一些关于评估 BBC 在履行使命和实现目标方面的表现的政策,但这主要是董事会的职能,最终由 BBC 董事会确定。

(4)通信办公室必须在操作框架中设定一些要求以保护英国媒体的公平、有效的竞争。

(5)通信办公室必须在操作框架中设定要求,确保 BBC 与其商业活动没有享受影响公平竞争的待遇,是按照正常的市场原则进行的。

(6)通信办公室必须确保 BBC 的活动符合《广播电视守则》的要求。

通信办公室有权对 BBC 完成其公共服务使命及遵守操作框架的活动进行调查(要求每年不少于两次),就违反守则的行为或观众投诉的情况要求 BBC 提供材料,

---

① 这几个方面包括:(1)充分利用知识和经验深度,制定 BBC 在内容标准、竞争和绩效等关键领域的管理框架;(2)广泛咨询以确保公民、消费者和利益相关者的意见能参与到通信办公室对 BBC 的监管实践中;(3)制定对 BBC 投诉和问责的制度,明确当 BBC 出现与自身定位不相符的行为时,通信办公室应该怎么办。

指示 BBC 做出承诺及进行处罚。

在通信办公室制定的 BBC 监管框架中，对 BBC 的内容标准做了如下描述：

满足观众和听众对高质量、有娱乐性、有意义节目内容的期待，使观众信任自己在广播电视中听到和看到的内容，而且他们相信 BBC 已经将内容制作成了符合最高标准的节目，采取了适当的步骤来避免播放有可能导致无理冒犯的内容，并为观众和听众提供了足够的保护，使他们免受有害内容的伤害。

根据新的皇家宪章和协议，通信办公室对 BBC 内容涉及的所有领域负有监管责任，包括新闻的准确性和公正性，任何涉及政治或商业争议的节目，以及与现行公共政策有关的问题的公正性。

通信办公室确保 BBC 的所有内容符合依据《2003 年通信法》要求制定的广播电视守则，且自 2017 年 4 月 3 日起，该守则会全部应用于 BBC 的授权收费广播电视服务，并酌情适用 BBC 按需节目服务，如 BBC iPlayer。

BBC 需对观众的初次投诉做出处理，如果投诉者不满 BBC 的最终处理结果或者 BBC 未在时限内做出处理，投诉者有权转向通信办公室，并且通信办公室也有权让 BBC 提供处理投诉的定期报告。[①] 即便没有收到投诉，通信办公室也有权在认为 BBC 违反了广播电视守则的情况下自行开展调查，并有执行处罚的权力。

通信办公室在新的皇家宪章和协议的授权下可以就 BBC 的内容标准问题发表观点，并在合适的时候对内容标准进行专题审查。

通信办公室也可以对 BBC 的在线内容进行投诉审查和处理。

通信办公室还要确保 BBC 的内容能够被听力或视力障碍者轻松获得。

为了履行监管 BBC 的职责，通信办公室设置了各种监管方式，包括：

（1）在 BBC 的运营执照中设置若干与 BBC 公共服务有关的可执行的监管条件；

（2）如果不能满足这些监管条件的话，BBC 可能会受到财政处罚；

（3）除了评估 BBC 对这些监管条件的遵守情况，通信办公室还将通过一个新的绩效衡量框架来研究 BBC 的更广泛的绩效。

四、通信办公室对媒体投诉的处理

根据《2003 年通信法》的要求，通信办公室根据法定的内容监管目标、结合自己及前身对英国广播电视业的研究与规划制定出一系列监管准则，所有广播电视执

[①] 通信办公室对投诉的处理不包括 BBC World Service，且除了对公平和隐私的投诉，通信办公室可以直接接受观众对 BBC 的投诉。

照申请者都必须以遵守这些准则为前提,当然如果违反准则,就会受到相应的处罚甚至吊销执照。

由于英国不对媒体内容进行事前审查,政府除制定内容标准外,对内容的监管主要通过处理投诉实现,因此,通信办公室制定了高效透明的投诉处罚机制:制定详细的程序和指南,在其网站首页醒目位置设立了对不同服务的投诉窗口,包括对通信办公室本身的投诉。公众遇到任何电话通信、邮政服务、媒体内容或网络宽带等方面的问题时可以联系通信办公室以寻求进一步的解决。这些投诉和建议也是通信办公室研究市场、了解受众,以及制定、修订监管政策的第一手材料。

通信办公室不处理个人对电信和网络运营商的投诉,但它可以提供建议与指导,并提供一个非诉解决框架。通信办公室官网公布的投诉窗口包括:电信和宽带投诉,骚扰电话和短信投诉,邮政业务投诉,对广播电视、网站、App 等的投诉以及对通信办公室的投诉。对广播电视违反内容守则或侵犯公民隐私、不公正报道等方面的投诉,通信办公室会根据特定的内容标准进行评定,如果涉及广告内容,会将投诉转给广告标准局(Advertising Standards Authority, ASA)处理,通信办公室内部的广播电视委员会广告小组(Broadcasting Committee of Advertising Practice, BCAP)负责对广告标准局的处理进行监督与配合。

通信办公室关于媒体投诉处理的程序非常清晰,如果受众认为广播电视节目内容有违反《通信办公室广播电视守则》或申请执照时要满足的条件的情况,可在节目播出后的 20 个工作日内投诉,这也包括 BBC 的节目和点播节目,观众可以先向广播电视机构投诉,若没有获得满意答复可再向通信办公室投诉,也可以直接向通信办公室投诉(除了与公平和隐私相关的投诉),需提供节目名称、播出时间、播出频道、投诉性质,是否向广播机构投诉过以及何时投诉过,投诉人的联系方式等信息。如果投诉人对广播电视机构的回复不满意,仍需在收到最后回复后的 20 个工作日内向通信办公室投诉。通信办公室收到投诉之后,会向投诉人进行确认并进行初步的评估,评估投诉的事项是否违反了相关的内容规定的实质性要求,并根据投诉问题的严重程度决定是否展开调查,比如侵权是否还在持续,是否侵犯了未成年人的利益以及是否会造成经济损失等。通信办公室如果决定进一步调查,就会要求被投诉的广播电视机构在 5 个工作日内提供相关节目的录音录像拷贝,也会要求其提供相关的背景材料等,但在这个阶段一般不要求对方答辩。通过初步评估,通信办公室就能判断被投诉的内容是否违反了内容标准,如果是,就会要求广播电视机构在 10 个工作日内提供证据并进行答辩,如果判断没有违反,则会将投诉和处理结果一并公布在广播电视和视频点播电子公告栏(Broadcast and On-demand

Bulletin)中。

若通信办公室评估后认为被诉节目违反了广播电视守则,其会向广播电视机构发出通知,请其进行答辩。除非一些特殊的情况,如违反守则的行为非常好判断的情形,就像广播机构超时播放广告等这些非常客观的问题,一般情况下,调查的时间限定在 50 个工作日内,复杂事项会引入第三方进行评估,不受这个时间的限制。通信办公室在调查之后会形成一个初步决定并提交内容委员会审议,其将这个初步决定发给广播电视机构或相关的第三方之后,会要求他们在 10 个工作日内提交书面意见。通常通信办公室通过书面答辩就可以做出一个公平和正确的决定,但如果广播电视机构提出口头答辩的要求,且这个投诉事项具有一定的复杂性的话,通信办公室会与其进行面谈。通过对被投诉机构的回复进行再次审议,内容委员会作出最后的决定,并告知广播电视机构结果将会在 1 个工作日之后发布在网上。调查期间任何参与调查的机构或个人,包括通信办公室、广播机构、相关第三方、投诉者都不能向外公布与调查相关的信息,违反此项规定的话将导致通信办公室取消考虑违反规定一方的意见。

关于公正和隐私的投诉处理会相对复杂,初步评估的时限是 25 个工作日,如果进行调查,将在 90 个工作日内结束程序。这类投诉是基于投诉人就是受影响人这一情况的,通信办公室也专门设置了公正委员会,委员会的职责是决定是否接受、处理、审议和裁决由行政部门或不满行政部门决定的当事人所提出的关于公正或隐私的案件;举行关于公正或隐私检举的听证会,决定是否指示通信办公室将关于公正或隐私检举案件的摘要及其决定进行公告。公正委员会的决定即为终局,不再接受内部的审议或申诉。公正委员会最多有四名成员,均来自内容委员会,公正委员会的主席或代理主席可以决定通过电话、网络或邮件等方式进行投票,如果委员们无法达成共识,该次会议的主席享有决定票(a casting vote)。

通信办公室同样拥有对这些决定的执行权,《2003 年通信法》赋予通信办公室对被裁定违反了内容标准的广播电视提供者进行处罚的权力,当通信办公室确定有节目(无论是处理投诉还是主动发现并启动调查,程序是相同的)违反广播内容规定的标准时,就可以执行处罚。处罚的方式一般包括停止播放该电视节目或广告、公开更正内容、处以罚款(罚款全部转入财政部 GBS 账户,成为国家的财政收入),或者撤回执照,但撤回执照的处罚不适用于 BBC、S4C 或第 4 频道。当然,只有当内容提供者严重地、故意地或经常性地违反内容准则或执照条件时,才会被施以重罚。

通信办公室制定了执法的操作指南以确保能对具体的违法行为进行适当的处

罚,制止违法行为并成为之后对相似违法行为进行处罚的标准和参照。通信办公室一直强调执法要有一致性,但如果这种违法行为持续发生,从执法的角度讲,通信办公室可能会根据每个案件的情况,对新出现的此类违法行为处以更加严厉的处罚,以增强对之后同类潜在违法行为的威慑,比如骚扰电话这类可能持续出现的违法行为。

通信办公室努力使所有的工作都以公正透明为目标,它始终在一个明确的监管目标之下设置机构和订立标准,相信独立性对确立监管地位和权威性是非常必要的。当它在处理投诉时,拥有获得调查所需信息的权力、要求被调查者做出解释的权力,以及发布警告、要求违规者适当赔偿、征收特定的罚款和收回颁发的执照的权力。它强调这些权力应该按照一个透明的程序有效实行,并使其他的相关人参与决策制定的过程,最后,公众可以通过通信办公室的年报、议会质询答辩对机构的监管行为进行了解和监督。

五、对通信办公室的评价

英国通信办公室是在媒介融合的大潮中建立的,它是对技术融合的回应,但绝不仅仅是技术发展的产物,它的孕育、诞生、成长无不渗透着英国政府对传播媒介的深刻理解和英国本身的文化、政治、社会动因。

通信办公室是为了应对媒介融合时代的监管需要而建立的。其核心是建立和发展各传输体系间的持续有效竞争机制,确保按照竞争规则监管竞争行为。通信办公室的成立大大减少了监管机构间的协商成本,提高了工作效率,统一了监管行为,维护了公众利益。从目前来看通信办公室的努力已取得较大成效,这种监管模式也被公认为是融合监管的成功案例,得到其他国家的关注和效仿。

(一)法制先行,高效透明

通信办公室从孕育、诞生到成熟,每一步都有专门法律的保驾护航。依法行政是国家行政管理的首要原则,法律不光赋予监管部门职权和依据,也为监管部门的行为和政策设置了一条红线,以保障监管主体既不侵害广大公众的基本权益,同时也不受更庞大的机关——政府的干涉。

每年,通信办公室都会在自己的网站上公布各种年报、财政审计报告、对国会质询的答辩、工作计划、研究报告,等等,专业且透明地向英国和世界展示自己努力工作的成果。现在,英国的信息化建设的确取得了很大成效,无论是电信服务还是网络宽带、数字电视,都处在世界领先水平。

业务发展的同时,广播电视媒体的文化特性也得到了保护和发扬。尽管英国政府放宽了对媒介所有权的限制,允许更多的外国资本进入媒体行业,但对此始终保持一种谨慎的态度。为了避免通信法对媒体所有权松绑之后可能对媒体多元化造成的不当影响,《2003年通信法》第391条同时要求通信办公室必须每3年向文化、媒体和体育部(DCMS)大臣提交媒体所有权规则检视报告,以确定现行的媒体所有权规则是否适宜,通信办公室也可根据自己的观察提出修改或废止的建议。在2009年7月所提交的报告中,通信办公室即建议英国政府考虑放宽对地方媒体所有权规则的限制,这一建议在经过公开咨询程序后,得到了14个回应意见,大致上获得了支持。①

(二)轻微监管促进竞争

正如《英国政府通信白皮书》指出的,通信办公室必须确保其监管保持在最低、必要限度之内,这意味着通信办公室被期望保护消费者和公民,确保公共政策目标的实现,但是要使用最低水平的监管,即这种监管对实现结果是必不可少的,否则都要放权给市场那只看不见的手。通信办公室在其宣示的原则中提出有义务保证轻微监管,定期审查,以确定哪些监管不再需要或哪些领域的监管不适当,并出版一个年度声明陈述它计划如何满足"轻微监管"的要求。当监管不再必要时,通信办公室就应当从竞争市场中退出,通信办公室还有义务考虑其透明度、效率性、均衡性、一致性和目标性等原则。

通信办公室的轻微监管换来的是行业的快速发展,市场更加活跃,消费者从融合中获得了实实在在的利益。在电信产业方面,随着英国电信公司垄断电信服务的局面不断被打破,越来越多的英国运营商,乃至国际知名运营商进入了英国电信市场,在固定网络、移动网络等多个领域开始了激烈的自由竞争。仅就英国固话、移动通信服务而言,形成英国电信公司、O2、Orange等服务商七分天下的市场格局。在广播电视方面,激烈的市场竞争具体体现在不同服务平台之间。在英国广播电视发展初期,服务形态只限于利用地面模拟广播网络提供的以BBC为代表的公共广播电视服务,形式单一,用户可选择的服务内容较少。随着准许国外企业参与英国媒体经营,英国的广播电视市场逐步开放,竞争也日益激烈。目前,英国的广播

---

① 陈人杰.英国媒体集中化管治架构与实务分析[C].数位汇流法制政策学术研讨会暨高峰论坛(台湾)研讨会手册,2011(4).

电视业已经形成了模拟地面广播电视、数字地面广播电视、模拟有线电视、数字有线电视、免费数字卫星电视、模拟卫星电视和付费卫星电视等 7 种广播电视服务平台。①

(三)秉持实用主义的灵活监管

自成立以来,与利害关系人以合作伙伴关系共同改进监管规范,一直是通信办公室偏好的方法。通信办公室认识到自我监管和共同监管是在适当的情况下能够满足公民及消费者利益的最有效的手段,通信市场的快速变化以及技术的复杂性会使依法监管欠缺弹性,因此就需要根据不同监管对象的特点灵活使用监管手段。比如在下列情况下,自我监管最可能发挥作用:产业整体具有与待解决争议一致的利益,能够为该项自我监管建立明确的目标,产业可能采取的方案符合公民及消费者的正当利益。反之,当这个产业中个别公司因为自身的利益不参加自我监管,或参与的公司有诱因不遵守约定的行为规范,就不适合采取自我监管了。一旦发现自我监管不可能成功,就应当采取共同监管以协调不同的利益,当自我监管和共同监管都不适当而仍有必要进行监管时,就必须采取依法监管。对于通信办公室来说,有 4 种监管方式可以选择,即不监管、自我监管、共同监管和依法监管,每一种监管方式都有其利弊。监管的目的是确保公共目标的实现,但这仅限于市场无法自行满足公共目标的情况,许多情形下政府的介入是没有必要的,比如在充分竞争的市场,消费者的选择增加而价格降低,企业的利益与消费者的利益是一致的,他们就会尽最大的努力使消费者满意。自我监管是在没有政府正式监督的情形下,由产业组织自己管理并执行其解决特定议题方案的监管形式,并且没有确定的法定补漏机制(legal backstop)可以确保该方案的落实。各界对此的普遍看法是,产业自我监管比政府直接介入更有弹性和针对性,可以节约费用,而且这种监管能因产业组织本身所具备的专业知识获益。

英国将传播领域原本分散的管理权统一在一个监管机构之下,体现了英国政府改革的实用主义传统,即让产业界交涉的窗口单一化,减少机构间的协调、沟通成本,使政策形成更容易,也增加政策的稳定性。

---

① 常颖. 英国"三网融合"市场研究(上)[EB/OL]. (2010-07-25)[2017-07-02]. http://news.xinhuanet.com/eworld/2010-07/25/c_12369780_4.htm.

第四章
英国广播电视监管研究

第一节 英国广播电视监管的历史及概况

一、英国广播电视事业的发展历程

英国的广播电视核心——公共广播电视自诞生之初起,就未以盈利为最主要的目标,这与美国等国家以商业广播电视为核心的广播电视发展路径有着较大的区别。英国广播电视事业的发展主要经历了三个阶段。

(一)20世纪20年代—20世纪50年代的公营垄断体制

英国广播电视事业的发展是从英国广播公司的建立开始的。1922年12月,伦敦六家大型无线电器材公司联合成立了英国广播公司(British Broadcasting Company,BBC),并于1923年1月获得了政府颁发的广播许可证。由于英国政府认为广播相对于报纸等其他媒介不仅是一种娱乐手段,更是一种影响社会的强大工具,所以经相关委员会调研讨论后,英国政府于1926年12月正式收购了BBC,并以此为基础成立了新的英国广播公司(British Broadcasting Corporation,BBC)。新的BBC以收听者缴纳的广播收听费为资金来源,并以此为基础建立了公营广播的模式。1936年,英国广播公司又经政府授权独家开办了电视业务。从这时起直至第二次世界大战之后一段时间,英国广播公司的垄断既满足了战时的对外广播宣传需要,也使广播电视业得到快速恢复和发展。在这一阶段,英国广播电视业实现了初步的发展,广播电视的公营体制也得到了正式的确立。

(二)20世纪60年代—20世纪80年代形成的二元体制

在这一时期,英国社会的经济得到了较快的恢复和发展。经济的发展使私营资本注入广播电视行业的要求越发强烈。另外,由于垄断的广播电视媒体缺乏竞争,公营广播电视已无法满足受众日益增长的娱乐、信息方面的需求。各方面因素都促使英国广播电视行业打破垄断,增强竞争,建立商业性的广播电视公司。1954年6月,英国议会通过了《1954年电视法案》,准许开办商业电视机构,并于1955年设立了独立电视台(Independent Television)。1972年,议会又通过了《1972年无线广播法》,准许开办商业广播机构,并将独立电视台改组为独立广播电视公司,统管全国的商业性广播电视机构,英国广播电视业中的一个重要组成部分——商业性公共广播电视正式出现。英国的广播电视体制也由原先的公营垄断转变为公营和商营媒体并存。但在市场上占有主要地位的仍是公营广播电视机构。

(三)20世纪80年代之后的广播电视多元发展

自20世纪80年代开始,放宽媒体管制的浪潮席卷了世界各国,与此同时,卫星技术、数字技术、信息通信和互联网技术迅速发展,这些都为广播电视的多元发展提供了政策和技术上的保障。在这一时期,英国商业性公共广播电视领域出现了更多的公司和频道,卫星电视、有线电视以及更多的商业广播电视机构也开始了迅速发展和扩充。自2000年开始,广播电视逐步进行数字化的转变。面对广播电视的多元发展,英国建立了独立监管机构——通信办公室以简化监管层次,颁布了新的《广播电视守则》来取代原来的节目管理六项法令,从而为公共广播电视和商业广播电视建立了统一的节目标准,这些都使英国广播电视的监管走向了统一和协调。下面将对英国广播电视监管的现状进行论述。

二、英国广播电视监管机构

在英国,涉及广播电视监管的主要机构为政府部门中的文化、媒体和体育部(Department for Culture, Media & Sport)和独立的监管机构——通信办公室(Ofcom)。

(一)文化、媒体和体育部

文化、媒体和体育部脱胎于1992年4月11日成立的国家遗产部。1997年7月

14日,国家遗产部更名为文化、媒体和体育部,隶属于政府和首相,简称为 DCMS。

文化、媒体和体育部在艺术、广播(包括英国广播公司)、互联网和国际 ICT 政策、电信和宽带、文明社会、慈善事业、创意产业、广告、艺术市场、设计、时尚、电影、音乐、出版、历史环境、建筑设计、文化遗产、数字经济、娱乐许可、赌博和赛车、出版自由和监管、图书馆、博物馆和画廊、国家彩票、旅游、运动、奥运遗产等 20 余个领域负责政府政策的制定和推行。除此之外,文化、媒体和体育部对历史建筑物列表的制作、古迹的保护、文化产品的出口许可以及政府艺术收藏(GAC)的管理也负有一定的责任。

在广播电视领域,文化、媒体和体育部主要负责制定有关广播电视的法规和政策,监督法规政策的实行情况,对广播电视机构的运行进行监察,对 BBC 的《皇家宪章》进行审议并与 BBC 签订附属协议等,它还有权对公共广播电视机构和商业广播电视机构的特定广播进行控制。

(二)通信办公室

2003 年之前,英国对公共广播电视机构和商业广播电视机构实行分别管理,BBC 由其管理董事会来进行监管,而商业广播电视机构则由无线电管理局(Radio Authority)和独立电视委员会(ITC)来进行管理。随着广播电视业的快速发展,对广播电视的监管出现了一些混乱和紧张。同时,为了适应广播、电视媒体和信息通信产业之间日趋融合的趋势,英国国会于 2002 年 3 月正式通过了《2002 年通信办公室法案》,又于 2003 年正式通过了《2003 年通信法》。依据以上两部法律,英国正式于 2003 年 12 月成立了通信办公室,以此全新的机构取代了原有的无线电管理局(Radio Authority)、独立电视委员会(Independent Broadcasting Commission)、广播标准委员会(Broadcasting Standard Commission)、无线电通信局(Radio Communications Agency,负责分配和管理非军用广播频率)和电信办公室(Office of Telecommunications,负责管理电信业)。2003 年成立之后,通信办公室负责许可和监管所有英国商业性公共广播电视、商业广播电视服务,对 BBC 的许可证费用和资金等方面负有监管责任,并与广告标准局(Advertising Standards Authority)一起对广告内容点播服务的相关机构和领域进行监管(co-regulation)。在 2016 年,BBC 的《皇家宪章》在下议院审议并获通过后,新的宪章规定自 2017 年 4 月 3 日开始,通信办公室正式成为 BBC 完全的外部监管机构。

经过上述的调整,通信办公室成为英国广播电视媒体、电信、邮政和无线电通信行业统一的独立法定监管机构。通信办公室的资金部分来自政府的拨款,部分来自行业内机构所缴纳的管理费用。通信办公室直接对议会负责,只接受国家审计办公室的审计和监督,与政府之间保持一定的距离以维持自身的独立性。

在与广播电视业务相关的方面,通信办公室主要负责许可证颁发、竞争和经济监管以及内容监管。《2003年通信法》规定了通信办公室的权力和职责,其两项基本职责是:"促进公民在通信事务上的利益"和"通过促进竞争适当地进一步扩大相关市场消费者的利益"。[1]

通信办公室在对传播内容、基础设施以及行业的监督与管理上,有六大具体任务:

(1)确保电波资源得到最佳利用;
(2)确保全国都可获得包括高速数据服务在内的广泛的电子通信服务;
(3)确保广播电视服务丰富多彩,具有高质量和广泛吸引力;
(4)确保广播电视服务及其内容的多样化;
(5)保护受众免受不良内容的危害;
(6)使受众免受不公平对待,使其隐私免受侵犯。

三、广播电视监管的主要法律法规

(一)《1990年广播法》(*Broadcasting Act* 1990)

《1990年广播法》作为广播电视领域"放松管制"的代表对商业广播电视体制进行了重大改革。根据《1990年广播法》,英国建立了独立电视委员会和无线电管理局,这两个部门分别对商业电视和商业广播进行管理,现均已被通信办公室取代。在该法案之下,英国建立了第5频道,推动了多频道卫星电视的发展。该法案还规定了与英国广播公司相关的节目定额比例。在广播方面,英国依照该法案建立了3个独立的国家广播电台,并对频率等相关方面进行了规定。此外,该法案还制订了关于地方广播、社区广播的相关计划。

(二)《1996年广播法》(*Broadcasting Act* 1996)

《1996年广播法》主要对数字广播电视的授权、竞标、发放许可证等进行规范,并对数字广播电视传输系统的技术标准做出规定。此外,该法案还针对英国广播公司出售传输网络的情况做出了规定,同时对《1990年广播法》进行了相应的补充

---

[1] 英国《2003年通信法》第3条第1项。

和修改。《1990年广播法》和《1996年广播法》目前仍是英国现行的广播电视专门法。

(三)《2003年通信法》(Communications Act 2003)

《2003年通信法》是目前英国广播电视监管体系中最主要的一部法律,对广播电视和通信产业的监管进行了较完善的制度设计。《2003年通信法》共分为6个部分。第一部分规定了通信办公室的职能,第二部分主要涉及对通信网络服务和无线电频率的管理。对广播电视的规定主要集中在后面四部分内容中,其中第三部分主要规定了电视和广播服务中的各项要求(这些服务包括BBC、C4C、威尔士、盖尔语媒体服务)和独立电视和独立广播服务的监管结构,还有对广播电视机构的各项监管规定,如公共服务电视(除有线电视和卫星电视以外的电视服务)的公共服务职责,公共服务电视的新闻时事节目要求、节目定额,对广播的各项要求,对广告和赞助的要求、公平标准和对媒体所有权的要求、控制,等等。第四部分主要是对电视接收许可的各项要求。第五部分主要涉及传媒市场中的竞争问题,对媒体的并购进行了详细的规定。第六部分主要对其他杂项的规定进行了补充。除了以上六部分内容,《2003年通信法》还附有19项附录,对本法的内容和规定进行了补充说明。

(四)通信办公室的《广播电视守则》(Broadcasting Code)

2005年,通信办公室在《2003年通信法》的要求下,以《人权法案》和《欧洲人权公约》保护公民权利的理念为指导,制定了一部广播电视节目内容的准则,即《广播电视守则》。

《广播电视守则》是通信办公室对广播电视内容进行监管的依据,经过了多次修订,总体框架由原则、规定和意思解释三个部分组成。其中原则部分划定了节目的客观标准,规定部分主要指导广播电视机构具体的实践操作,意思解释部分则用来帮助广播电视机构理解条例中使用的词语或短语的具体含义和特定指向。除此之外,《广播电视守则》还在每章的起始部分列出了该章规定所依据的上位法,以供广播电视机构参考。2018年,实行的《广播电视守则》共包括10个章节,分别为"保护18岁以下未成年人""伤害与冒犯""犯罪""宗教""准确与不偏不倚""选举与全民公决""公正""隐私""电视节目中的商业内容""广播节目中的商业交流"。

(五) BBC 的《皇家宪章》(Royal Charter for the continuance of the British Broadcasting Corporation) 及附属协议 (An Agreement Between Her Majesty's Secretary of State for Culture, Media and Sport and the British Broadcasting Corporation)

以上介绍的法律和条例对所有的广播电视机构均具有监管的效力,而 BBC 的《皇家宪章》及其附属协议则只针对 BBC 的管理。《皇家宪章》及附属协议是 BBC 建立和运行的法律基础。《皇家宪章》(以下简称《宪章》)由英国皇室颁布,由文化、媒体与体育部进行审议,《宪章》规定了 BBC 的公共广播性质、资金来源、公共使命和组织架构等主要的核心问题。而《宪章》的附属协议则是由 BBC 与文化、媒体与体育部部长签订,主要按照《宪章》的要求,对 BBC 如何履行其公共使命、应该达到的内容标准和内容定额、如何界定与外界监管机构的关系、如何开展商业经营等问题做出了进一步的详细规定。

BBC 现行的《宪章》于 2016 年正式通过,并于 2017 年 1 月 1 日开始实施。在此次更新之前,《宪章》的审议更新周期为 10 年,而在此次《宪章》的更新中,将审议更新的周期延长为 11 年,目的是与英国大选的时间错开,以更好地保护 BBC 的独立性。所以,本次的《宪章》有效期至 2027 年 12 月 31 日。在《宪章》的有效期内,对其附属协议的任何修改都需要由 BBC 与文化、媒体与体育部部长共同商议决定。

(六) 其他法律法规

此外,还有许多与广播电视监管相关的法律法规。在内容方面,凡涉及隐私、犯罪、宗教、政治等方面的广播电视报道,必须符合相关国际条约、欧盟法律,如《欧洲人权条约》(the european convention for the protection of human rights and fundamental freedoms)、《电视无国界指导原则》(television without frontiers directive 1989) 〔后改为《视听媒体服务指令》(audiovisual media services directive 2010) 〕等;还不得违背其他国内法律法规的规定,如《1978 年儿童保护法》《1983 年人民代表法》《2000 年政党、选举和公民表决法》等。在广播电视经营等方面,必须遵守《公平贸易法》《广告法》《2002 年企业法》等相关的法律法规。

第二节　公共广播电视监管

一、公共广播电视构成

英国的公共广播电视机构包括著名的BBC,以及其他小规模的公共广播电视机构,如威尔士频道(Welsh Channel)和盖尔语媒体服务(Seirbheisnam Meadhanan Gaidhlig)。

（一）威尔士频道

威尔士频道也被称为S4C(Sianel Pedwar Cymru)。威尔士频道于1982年开始播放节目,早期由于公共服务责任的要求,S4C大部分的节目为威尔士语节目,英语节目只能在非黄金时间播放。随着威尔士频道于2010年3月31日完成数字化转换,目前该频道提供的节目全部为威尔士语节目。《2003年通信法》附录12表明,S4C负有传统的公共服务职责,这要求S4C播放高质量和多样化的节目。S4C由威尔士管理局(通常称为"S4C管理局")管理,管理局负责确保S4C履行其法定责任。虽然管理局对S4C的节目播出负责,但它不直接委托制作节目或是做出编辑决定,而是将这些职能纳入S4C的日常管理。自成立开始,S4C的资金就是一部分来自其广告收入,另一部分来自文化、媒体与体育部的固定年度拨款。从2013年起,对S4C的拨款责任开始向BBC转移。[①]

（二）盖尔语媒体服务

盖尔语媒体服务,运营名称为MG Alba。MG Alba最初是依据《1990年广播法》第183条设立的,后根据《2003年通信法》第208条更名并扩大了职责范围。依据《1990年广播法》第183条的要求,该机构的成员由通信办公室任命,并经国务大臣和苏格兰部长通过。盖尔语媒体服务由通信办公室管理,资金由苏格兰政府资助,其职责是确保用盖尔语向苏格兰民众广播和传送"广泛而多样化的高质量节目"[《1990年广播法》第183条(3B)]。盖尔语媒体服务还与BBC合作运营数字盖尔语频道"BBC Alba"。

---

① BBC. S4C brings 90m to Welsh economy, finds new research[EB/OL]. (2010-11-05)[2017-03-01]. http://www.bbc.com/news/uk-wales-11696905.

二、英国对 BBC 的监管

(一)BBC 的监管历史

1. 1927 年—2007 年

依据英国政府授予的许可证,BBC 于 1922 年开始提供广播服务,这时它的名称为 British Broadcasting Company。BBC 建立之初是一家由英国无线制造公司持股的垄断的私营公司,其建立广播公司的主要目的是推广新技术并刺激无线电设备的销售。1927 年,BBC 成了一个依据《皇家宪章》而建立的公共广播机构,并更名为 British Broadcasting Corporation。

从 BBC 于 1927 年正式成为公共广播机构开始直至 2007 年的《皇家宪章》更新,BBC 都使用一种偏向"自我监管(self-regulation)"的模式。在这一时期的绝大多数时间里,BBC 的监管机构都是其内部的管理董事会。

2. 2007 年—2016 年

然而,对于 BBC 长期的自我监管,英国国内一直都颇有争议。特别是在 2003 年的凯利事件[①]后,外界多认为 BBC 管理董事会没有起到应有的监管作用,从而出现更多要求加强对 BBC 的监管的声音。为此,英国政府于 2004 年任命了一个由伯恩斯勋爵领导的独立小组,并责成其就 BBC 未来的资金、组织和管理模式等提出建议。之后,在经过调查和研究后,伯恩斯小组在建议中提出取消 BBC 的管理董事会,而以一个独立的公共广播电视委员会(Public Service Broadcasting Commission)来取代它。最终,英国政府采取了折中的方案,取消了 BBC 的管理董事会并同时成立了彼此独立的 BBC 信托(BBC Trust)和执行理事会来对 BBC 进行管理和监管。

在这次改革之后,BBC 信托成了 BBC 新的主要监管机构,代表英国电视执照费缴纳者的利益来对 BBC 的运营团队进行监管。作为 BBC 的监管机构,BBC 信托的主要监管职能包括:定期对 BBC 所有的内容平台进行评估,以确保其内容符合相应的定位和标准;确保 BBC 的各项花费是"物有所值"(value for money);处理受众对

---

① 戴维·凯利曾是英国国防武器专家。2003 年 5 月 29 日,BBC 记者安德鲁在 BBC 4 频道的一篇报道中说,一名"高级情报官员"告诉他,倒萨战争的情报是捏造出来的。这引发了英国民众对当时布莱尔政府的批评,政府要求 BBC 道歉。2003 年 7 月 15 日,凯利称自己不是向 BBC 提供情报的人,并于 7 月 17 日自杀。2003 年 7 月 20 日 BBC 的报道宣称,凯利就是向他们提供有关英国政府篡改伊拉克情报信息的"主要来源"。这一事件引发了 BBC 严重的声誉危机。

BBC 的各项投诉。①

《2003 年通信法》颁布之后,在内容标准方面,通信办公室也对 BBC 行使一定的监管职能,BBC 需要遵守通信办公室的《广播电视守则》中的"保护 18 岁以下未成年人""伤害与冒犯""犯罪""宗教""公正"和"隐私"这几个部分的相关规定。一旦通信办公室认为 BBC 的节目内容严重违反了相关规定,通信办公室可以要求 BBC 播出道歉声明,并同时对 BBC 处以最高不超过 25 万英镑的罚款。虽然 BBC 接受了这样的外部监管,但其遵守的内容标准主要还以 BBC 内部的《编辑指南》为主,且在"准确与不偏不倚""选举与全民公决""赞助""植入广告"这四个方面,BBC 面向英国国内的各个内容平台只需遵守《编辑指南》中的相关规定。对于涉及这几部分内容的投诉,BBC 信托委员会是终审机构。所以,通信办公室对 BBC 的监管不会过多地影响 BBC 的监管模式,但 BBC 的监管模式已更多地转向以自我监管为基础的共同监管。

3. 2017 年之后

新的宪章规定自 2017 年 4 月 3 日开始实施,通信办公室正式成为 BBC 的外部监管机构。原有的监管机构——BBC 信托委员会被正式取消,通信办公室接手其对 BBC 的监管职能。而 BBC 还在其内部设立了一个新的董事会,对其内部事务进行管理。

通信办公室承担的有关 BBC 的新责任主要分为三个方面:

第一是对 BBC 执行内容标准进行监督,包括评估 BBC 新闻和时事节目的公正性和准确性;

第二是对 BBC 的竞争行为进行监督,包括对有关 BBC 提供的新服务或对现有服务的重大更改的最终决定权,确保 BBC 的商业服务不会因其收取执照费导致不公平的交叉补贴;

第三是对 BBC 的使命完成情况和涉及公共利益的表现进行评估。

在通信办公室开始承担对 BBC 的全面监管责任后,之前《广播守则》中 BBC 无须遵守的关于"准确与不偏不倚""选举与全民公决""电视节目中的商业内容"的相关规定也将适用于 BBC。对这些内容的投诉也将交由通信办公室进行裁定。

在此次关于监管机构的改革之后,BBC 的自我监管大幅度减少,更加突出外部监管的作用,其监管模式也几乎成了完全的"他律"。

---

① 王菊芳. BBC 之道:BBC 的价值观与全球化战略[M]. 北京:生活·读书·新知三联书店,2013:95.

(二)BBC 的监管基础

在理解 BBC 的监管时首先要明确的是,公共广播电视(Public Broadcasting)的概念不应与国家广播电视的概念混淆。事实上,如果公共广播机构要履行公共服务的任务,那么它不仅仅要面对商业上的压力,还要接受来自国家政府的控制和影响。因此,公共广播机构在政治、经济多方面因素的作用之下保持独立性是其突出的特征。

《皇家宪章》第 3 条就确立了 BBC 的独立性,该条规定 BBC 在履行使命和促进公共目标方面的一切事宜,特别是在有关编辑和创造性的决定,提供节目播出和服务的时间、方式以及事务的管理上,都必须保持独立。

在独立性得到确立的前提之下,《皇家宪章》也对 BBC 的公共目标进行了比以往更加细致的规定。《皇家宪章》第 6 条要求,BBC 的公共目标包括以下五点。

1. 提供公正的新闻和信息来帮助人们了解、参与他们周围的世界

BBC 应提供正确、公正的新闻,时事和事实节目,以促进人们对英国各地和更广阔世界的了解,节目内容应符合最高的编辑标准要求。BBC 应提供具有广度和深度的分析。BBC 要聘请最高素质的主持人和记者,倡导言论自由,使所有的观众都可以充分参与当地的、区域的、民族的、英国的乃至全球性的问题,并作为积极和知情的公民参与各级民主进程。

2. 支持各年龄段人士的学习

BBC 应帮助每个人学习各种知识,并以他们觉得容易获得的、有吸引力的、有启发性和挑战性的方式来学习。BBC 应提供专业的教育内容来帮助、支持英国儿童和青少年学习。它还应通过与教育、体育和文化机构的合作,鼓励人们探索新课题、参与新活动。

3. 展示最具创意的、最高品质的、独特的节目产出和服务

BBC 应提供多种不同类型的高品质节目以及能够在英国和国际上作为标准的一系列服务和平台。其服务应与其他机构提供的服务区别开来。BBC 应积极开发新的路径,推出创新性的内容,即便要因此承担风险也在所不惜。

4. 反映、代表和服务英国所有民族和地区的不同社区,并支持英国的创意经济

BBC 应反映出英国在节目产出和服务上的多样性。BBC 应该准确而真实地描

绘当下英国人的生活,并提高人们对构成社会的不同文化和非传统观点的认识。BBC应提供满足英国各民族、地区和社区需求的节目和服务。此外,BBC应将人们聚集在一起分享经验,并为英国的社会凝聚力和福祉做出贡献。在委托和交付节目方面,BBC应投资每个民族和地区的创意经济,并为其发展做出贡献。

5. 向世界输出英国的文化和价值观

BBC应该以准确、公正和公平的英国价值观为基础,为国际观众提供高质量的新闻报道。其国际服务应使英国处于世界的环境内,从而协助世界范围内的受众了解英国,包括其各民族和各地区等。同时BBC应该确保它提供的节目和服务能够被英国及全球受众所喜爱。

我们从《皇家宪章》提出的公共目标中能够体会到这是与BBC长期以来的告知、娱乐和教育的传统理念一脉相承的。

(三)BBC的一般责任

首先,《皇家宪章》对BBC做出了与公共利益相关的要求。《皇家宪章》第6条规定:BBC必须符合公共利益,在此前提下应确保公司的商业效益,同时也要考虑到经济、社会和文化的利益和成本。

其次,在开放度、透明度和问责制度上,《皇家宪章》第12条也提出了相应的要求:BBC应遵守高标准的公开性,并尽量提高透明度和可问责性;BBC需及时公布董事会会议记录,向社会汇报所有关于对英国公共服务、非服务活动和商业活动的创造性职责、工作计划和重大更改的重要决定(以及背后的原因和支持它们的证据摘要),还包括董事会各委员会会议记录在内的其他资料等;在涉及第20条所规定的职能时,BBC还必须考虑与利益相关人士进行协商,此外根据《2000年信息自由法》(*Freedom of Information* ACT 2000)不需要披露的信息,BBC可以不予公布。

最后,在对公共资金的管理上,《皇家宪章》的第16条也做出了安排。最基础的规则就是BBC对所有资源的管理都必须符合《皇家宪章》及其附属协议和BBC与政府部长达成的其他协议。此外BBC对资源的管理水平也应符合公共行为的高质量标准。在使用资金,实现资金价值(value for money)的过程中,BBC必须对采购、项目和程序进行系统性的评估,以提供关于适用性、有效性、审慎性、质量、价值以及避免错误和其他浪费的信息,同时要考虑到更广泛的公共利益。使用公共资金的提案应当得到连贯、准确的实施。

如果 BBC 要变更一项提议，通信办公室必须评估这项变更是否属于重大变更。通信办公室如果判定该变更属于重大变更，则必须通知 BBC，并根据《皇家宪章》附属协议第 11 条做出决定，以及根据协议第 10 条进行竞争评估，或者在考虑协议第 10 条第 3 款(a)至(d)涉及的要素的情况下进行时间更短的评估(少于 6 个月)。通信办公室必须迅速采取行动，通常应立即开始评估。在有合理理由的情况下，通信办公室可能会推迟评估。如果通信办公室通知 BBC 他们不认为提议的变更属于重大变更，或在 BBC 发布提议变更 6 周后通信办公室尚未通知 BBC 他们的决定，则 BBC 可以开始执行变更。通信办公室如果认为 BBC 根据协议第 8 条第 3 款发布的信息无法进行评估，则必须尽快要求 BBC 提供其他必要的信息。此外，如果通信办公室认为 BBC 有关公共服务的一项未公布的提议变更属于重大变更，通信办公室可能会要求 BBC 进行公共利益测试，如果测试通过，则公布拟议的变更，如果未通过，则按照通信办公室认为适当的指示停止变更。

(四)对 BBC 的监管条件

在新的《皇家宪章》生效之后，通信办公室也发布了针对 BBC 的许可证征求意见稿。在草拟的许可证中，通信办公室规定了一系列要求 BBC 履行使命和促进其公共目标达成的监管条件。虽然 BBC 所提供的服务既包含为英国国内受众提供的英国公共服务(UK Public Service)，也包含为世界其他国家受众提供的世界服务，还包括一系列商业服务，但本部分内容主要关注其作为公共广播电视机构所提供的服务，所以以下仅关注与英国公共服务相关的监管要求。许可证对 BBC 的监管要求以《皇家宪章》提出的前四个公共目标为基础，对节目的独特性、相关节目的数量和比例做了细致的规定。

1.提供公正的新闻和信息来帮助人们了解和参与他们周围的世界

在 BBC 的 8 个主要面向全国的电视频道和 10 个主要面向全国的广播频道中，共有 12 个广播和电视频道必须播出一定量的新闻或时事节目，有些还需要在高峰时段播出(见表 4-1)。BBC 应保证新闻和时事节目的播出能够使受众接触到广泛的国内、国际信息，同时也可以使受众作为一名积极和知情的公民参与国内、国际各个层面的民主活动和进程。

表 4-1　对 BBC 各个广播电视频道中的新闻和时事节目的数量和时间安排的要求

频道	BBC 需要确保达到的标准
BBC 频道	每天间隔播出新闻节目
	每年必须播出不少于 1520 小时的新闻节目①,其中在高峰收看时段(Peak Viewing Time)②的播出时间不少于 280 小时
	每年时事节目在高峰收看时段的播放时间不少于 45 小时
BBC 第 1 频道和 BBC 第 2 频道(的总和)	每年分配给时事节目的时间不少于 450 小时,其中高峰时段播出时间不少于 106 小时
CBBC	每天间隔播出新闻节目;每年播出新闻节目的时间不少于 85 小时
BBC 新闻频道	要比英国其他主要持续播出的新闻频道播出更多的国际新闻及本地/地区新闻和观点
BBC 广播 1 台	每个工作日的白天必须播放不少于 1 小时的新闻,其中需包含至少 2 个扩展新闻简报,且至少有 1 个需在高峰收听时段(Peak Listening Time)③播出
	周末的白天需播放常规的新闻简报
BBC 综合广播 1Xtra	每个工作日的白天必须播放不少于 1 小时的新闻,其中需包含至少 2 个扩展新闻简报
	周末的白天需播放常规的新闻简报
BBC 广播 2 台	每周的新闻和时事节目播放时间不少于 17 小时,其中有不少于 3 小时在高峰收听时段播出
	提供常规的新闻简报
BBC 广播 3 台	每天间隔播出新闻节目
BBC 广播 4 台	每年播出的新闻和时事节目(包括重复播放)时间不少于 2750 小时
	当议会召开会议时需提供议会会议记录的每日报告
BBC 广播第 5 现场频道	新闻和时事节目必须占每年节目播出总量的 75%
	广泛报道英国地方选举、大选及地区选举,并定期报道欧洲和国际政治局势
BBC 广播第 6 音乐频道	每周分配给新闻的时间不少于 6 小时
BBC 亚洲网络	每周分配给新闻和时事节目的时间不少于 24 小时
BBC 在线	必须提供与第三方材料有关的详细链接

---

① 为了达到这一要求,"新闻节目"不包括在 BBC 新闻频道上进行同时播放的节目。

② 高峰收看时段:对于除 BBC 第 4 频道以外的 BBC 英国公共电视服务频道,高峰收看时段为 18:00 至 22:30;BBC 第 4 频道的高峰收看时段为 19:00 至 24:00。

③ 高峰收听时段为周一至周五的 6:00 至 10:00 和 16:00 至 19:00 以及周末的 7:00 至 11:00。

2. 支持各年龄段人士的学习

表 4-2　对 BBC 各个广播电视频道的文化、学习内容节目的数量要求

频道	BBC 需要确保达到的标准
BBC 第 1 频道	每年分配给音乐和艺术节目的时间不少于 45 小时,其中一部分需在高峰收看时段内播放(包括重复和购买的节目)
BBC 第 1 频道和 BBC 第 2 频道(的总和)	每年分配给宗教节目的时间不少于 115 小时,其中一部分需在高峰收看时段内播放(包括重复和购买的节目)
BBC 第 2 频道	每年分配给音乐和艺术节目的时间不少于 175 小时,其中一部分需在高峰收看时段内播放(包括重复和购买的节目)
BBC 第 4 频道	每年分配给新制作的艺术和音乐节目的时间不少于 175 小时(包括购买的节目)
儿童频道(CBeebies)	每年必须提供一系列支持学龄前儿童学习的内容
儿童数字频道(CBBC)	每年分配给戏剧的时间不少于 1000 小时(包括重复和购买的节目)
	每年分配给事实性节目的时间不少于 675 小时(包括重复和购买的节目)
BBC 盖尔语频道	每周分配给针对盖尔语学习的原创制作节目的时间不少于 5 小时,这些原创制作节目包括 BBC 下属其他英国公共服务机构中首先播放的节目,但不包括新闻
BBC 广播 1 台	每年首次播放的纪实节目时间不少于 40 小时(首次播放的纪实节目包括已在 1Xtra 上首播的纪实节目)
BBC 综合广播 1Xtra	每年的纪实节目播放时间不少于 40 小时(包括重复播放的节目)
BBC 广播 2 台	每年分配给艺术节目的时间不少于 100 小时(包括重复播放的节目)
	每年分配给纪实节目的时间不少于 130 小时(不包括重复播放的节目)
	每年分配给宗教类作品的时间不少于 170 小时,并且应涵盖广泛的宗教信仰(包括重复播放的节目)
BBC 广播 3 台	每年播出的电台音乐至少 45% 需由现场或特别录制的音乐组成
	每年需播放至少 440 场现场或特别录制的表演
	每年需委托制作并播放至少 25 个新的音乐作品(不包括重复的作品)
	每年需播放新制作的至少 35 部关于艺术和文化话题的纪实节目(不包括重复播放的节目)
BBC 广播 4 台	每年分配给不同主题的原创纪实节目的时间不少于 375 小时(不包括重复播放的节目)
	每年分配给原创宗教节目的时间不少于 200 小时(不包括重复播放的节目)
BBC 广播第 6 音乐频道	每个星期分配给基于演讲的专题节目、纪实节目和散文的时间平均不少于 10 小时
BBC 在线	需在英国各地提供支持儿童和青少年的正式学习的内容

BBC大部分的广播、电视频道都需要播出一定数量的有教育意义的节目,其中既包括音乐、艺术类节目,也包括针对儿童和青少年的教育类节目以及宗教类节目,等等。播出具有教育意义的节目能够降低大众传媒中娱乐内容对受众的消极影响,提升公民的文化素养,还可以帮助受众学习自己感兴趣的内容,参与新的活动。

3. 生产最具创意、最高品质的和独特的节目

(1)原创作品

表 4-3　对 BBC 电视频道的原创作品比例的要求

频道	原创作品占所有节目时间的百分比	在高峰收看时段播放的原创作品占高峰收看时段所有节目时间的百分比
BBC 第 1 频道	75%	90%
BBC 第 2 频道	75%	90%
BBC 第 4 频道	75%	60%
BBC 议会频道	90%	—
BBC 新闻频道	90%	—
BBC 儿童数字频道	72%	—
BBC 儿童频道	70%	—
BBC 盖尔语频道	75%	—

这部分要求规定大多数的 BBC 电视频道播出的节目中原创节目都要占到 75%。其中 BBC 第 1 频道和第 2 频道在高峰收看时段 90% 的节目和 BBC 第 4 频道在高峰收看时段 60% 的节目都应为原创作品。

(2)首次播出的英国创作作品

表 4-4　对 BBC 电视频道首次播出的英国创作作品的数量要求

频道	BBC 需要确保达到的标准
BBC 第 1 频道	每个日历年在白天和高峰收看时段分配给首次播出的英国创作作品的播放时间不少于 4000 小时
BBC 第 2 频道	每个日历年在白天和高峰收看时段分配给首次播出的英国创作作品的播放时间不少于 2200 小时
BBC 儿童数字频道	每个日历年在白天和高峰收看时段分配给首次播出的英国创作作品的播放时间不少于 400 小时
BBC 儿童频道	每个日历年在白天和高峰收看时段分配给首次播出的英国创作作品的播放时间不少于 100 小时

首次播出的英国创作作品是指由英国公共电视服务机构委托制作的并且之前从未在英国电视上播出的节目。表 4-4 中的"白天"指 6:00 至 18:00。

(3)独特性

表 4-5　对 BBC 广播频道播出的节目中具有独特性的内容的数量要求

频道	BBC 需要确保达到的标准
BBC 广播 1 台	每年在白天播出的音乐应至少有 45% 来自英国的表演者
	每年在白天播出的音乐应至少有 50% 是"新音乐",其中大部分必须来自英国新兴艺术家
	每周需播放至少 60 小时的"专业音乐"
	每年需播放至少 175 首近几月内新录制的音乐(不包括重复播放的作品)
	本电台应比同类服务提供者播放内容更多样的音乐,需考虑高峰收听时段和白天的播放次数、播放列表的总量
BBC 广播 2 台	每年在白天播出的音乐应至少有 40% 来自英国的表演者
	每年在白天播出的音乐应至少有 20% 是"新音乐",其中大部分必须来自英国新兴艺术家
	每年需播放至少 260 小时的现场音乐
	每年需播放至少 1100 小时的特别音乐节目
	本电台应比同类服务提供者播放内容更多样的音乐,需考虑高峰收听时段和白天的播放次数、播放列表的总量
BBC 广播第 5 现场频道	每年需为至少 20 场运动会提供现场评论、新闻和其他节目

表 4-5 中的"白天"指周一至周五的 6:00 至 19:00 及周末的 8:00 至 14:00。这部分要求主要针对广播频道中的音乐节目和体育节目。通信办公室要求 BBC 广播频道在保证音乐节目播出数量的基础上,还要对各类本国新兴音乐艺术、现场音乐持鼓励的态度。

4.反映、代表和服务于英国所有民族和地区的不同社区,并在此情况下支持英国的创意经济

(1)电视节目的节目制作区域要求

为了保证伦敦以外的地区同样能拥有制作节目的能力,实现拉动各地区创意产业的目标,通信办公室规定了各地区生产中心应承担的生产节目的比例。各地区生产的节目要表现其特色文化内容。

表 4-6　BBC 电视节目的全国和地区节目制作比例要求

国家和地区	相应的要求
英国全国 （M25 区域之外）①	每个日历年英国制作的广播电视网节目（Network Programme）②总时长的至少 50% 应在 M25 区域以外的地区进行制作，在 M25 区域以外制作的广播电视网节目应构成适当的一系列节目
	BBC 在英国制作的广播电视网节目的支出中，至少 50% 应花费在 M25 区域之外的不同生产中心
英格兰地区 （M25 区域之外）	每个日历年英国制作的广播电视网节目总时长的至少 34% 应在英格兰地区（M25 区域以外）制作
	BBC 在英国制作的广播电视网节目的支出中，至少 34% 应花费在英格兰地区（M25 区域之外）的不同生产中心
苏格兰地区	每个日历年英国制作的广播电视网节目总时长的至少 8% 应在苏格兰地区制作
	BBC 在英国制作的广播电视网节目的支出中，至少 8% 应花费在苏格兰地区的不同生产中心
威尔士地区	每个日历年英国制作的广播电视网节目总时长的至少 5% 应在威尔士地区制作
	BBC 在英国制作的广播电视网节目的支出中，至少 5% 应花费在威尔士地区的不同生产中心
北爱尔兰地区	每个日历年英国制作的广播电视网节目总时长的至少 3% 应在北爱尔兰地区制作
	BBC 在英国制作的广播电视网节目的支出中，至少 3% 应花费在北爱尔兰地区的不同生产中心

(2) 广播服务的节目制作区域要求

在英国公共广播服务方面，BBC 必须确保每年至少有 1/3 的相关支出是在 M25 区域以外进行的。相关支出包括首次播出创作节目（first-run originated programming）③的支出，但不包括新闻或体育节目的支出。

关于广播 3 台，BBC 必须确保每年至少有 40% 的相关支出是在 M25 区域以外产生的。相关支出包括首次播出创作节目的支出和本台对中央管弦乐队的补贴，

---

① M25 区域是英国的一个区域，特指外边界为 M25（一条环形高速公路）的区域。
② 广播电视网节目（Network Programme）是指能够在任何英国公共电视服务上查看的节目，而不是仅针对北爱尔兰地区、苏格兰地区、威尔士地区、英格兰地区的节目。
③ 首次播出节目创作是指由/为了英国公共广播服务委托进行的节目制作，且节目之前未在英国的广播服务中进行过播出。

但不包括新闻或体育节目的支出。

(3)国家和地区的节目制作要求

表 4-7　BBC 的广播和电视频道应满足的节目制作要求

BBC 第 1 频道和 BBC 第 2 频道	必须确保在每个日历年中,分配给代表国家或地区利益的节目时间不少于 6300 小时,这些节目包括适当范围的节目,如地区新闻节目,且不少于 95% 的节目是由国家或地区制作的节目组成的,这些节目代表着国家或地区的利益。其中,在高峰观看时段播放的非新闻节目要不少于 700 小时,在高峰观看时段之前或之后播放的非新闻节目要不少于 335 小时
BBC 第 1 频道	必须确保在每个日历年中,分配给代表国家或地区利益的节目时间中,要包含不少于 4300 小时的代表国家或地区利益的新闻,以便在 BBC 第 1 频道上每日间隔播放,其中不少于 2200 小时必须在高峰观看时段播放
BBC 议会频道	每年分配给苏格兰议会、北爱尔兰议会和威尔士议会的会议记录时间不少于 300 小时
英国公共广播服务: BBC 本地广播服务 BBC 苏格兰广播 BBC 盖尔语广播 BBC 威尔士广播 BBC 威尔士语广播 BBC 阿尔斯特广播 BBC 福伊尔广播	每年谈话内容所占的时间平均不低于核心时间(Core Hours)①的 60% 和早餐高峰时间(Breakfast Peak)②的 100%

①英格兰地区

对于每个 BBC 本地广播电台,BBC 必须确保其全天候间隔提供与其服务的地区和社区特别相关的新闻和信息,且还应提供与其服务的地区和社区特别相关的其他内容。

每个 BBC 本地广播电台应做到每周分配给本地原创制作节目的时间不少于 95 小时。本地原创制作节目包括在 6:00 至 19:00 点之间播放的、与邻近地区广播电台共享的节目。

此外,通信办公室还对以下 BBC 本地广播电台的本地原创制作节目规定了最短播放时间。

---

① 核心时间是指星期一至星期五的 6:00 至 19:00。
② 早餐高峰时间是指星期一至星期五的 7:00 至 8:30。

表 4-8　英格兰地区本地广播频道对本地原创制作节目播放时间的要求

BBC 本地广播电台	本地原创制作节目的最低要求
BBC 根西广播（Radio Guernsey）	80 小时
BBC 泽西广播（Radio Jersey）	80 小时
BBC 萨然塞特广播（Radio Somerset）	70 小时

②苏格兰地区

表 4-9　苏格兰地区电视和广播频道对本地区相关内容的节目播放要求

BBC 第 1 频道苏格兰频道	每个日历年分配给新闻和时事节目的时间不少于 290 小时，分配给非新闻节目的时间不少于 155 小时，非新闻节目包括重复和购买的节目，不包括新闻和时事节目
BBC 第 1 频道苏格兰频道和 BBC 第 2 频道苏格兰频道	需提供一系列反映苏格兰文化的节目
BBC 第 2 频道苏格兰频道	每年分配给包括盖尔语节目在内的非新闻节目的时间不少于 200 小时，非新闻节目包括重复和购买的节目，不包括新闻和时事节目
BBC 盖尔语频道	提供的服务需包括每周工作日晚上的实时新闻节目（包括高峰观看时段），以及周末更长的新闻回顾
BBC 苏格兰广播	每周分配给新闻和时事节目的时间不少于 50 小时（包括重复的节目）
	每个工作日提供一些非区域性的新闻、体育和信息节目，并在晚间提供若干非区域性的社区节目
	需提供与苏格兰特别相关的内容和音乐
BBC 盖尔语广播	需在全天提供新闻，特别是周一至周五的 7：00 至 8：30 和 16：00 至 19：00，周末的 7：00 至 11：00
	需提供与苏格兰相关的内容和音乐
BBC 在线	需提供盖尔语的内容
	需在苏格兰地区提供专门的体育报道

③威尔士地区

表 4-10　威尔士地区电视和广播频道对本地区相关内容的节目播放要求

BBC 第 1 频道威尔士频道	每个日历年分配给新闻和时事节目的时间不少于 275 小时,分配给非新闻节目的时间不少于 65 小时,非新闻节目包括重复和购买的节目,不包括新闻和时事节目
BBC 第 1 频道威尔士频道和 BBC 第 2 频道威尔士频道	需提供一系列反映威尔士地区文化的节目
BBC 第 2 频道威尔士频道	每年分配给非新闻节目的时间不少于 175 小时,非新闻节目包括重复和购买的节目,不包括新闻和时事节目
BBC 威尔士广播	每周分配给新闻和时事节目的时间不少于 32 小时(包括重复和购买的节目)
	需提供与威尔士地区特别相关的内容和音乐
BBC 威尔士语广播	每周分配给新闻和时事节目的时间不少于 23 小时(包括重复的节目)
	需提供与威尔士地区特别相关的内容和音乐
BBC 在线	需提供与威尔士地区相关的内容和威尔士地区的体育专业报道

④北爱尔兰地区

表 4-11　北爱尔兰地区电视和广播频道对本地区相关内容的节目播放要求

BBC 第 1 频道北爱尔兰频道	每个日历年分配给新闻和时事节目的时间不少于 310 小时,分配给非新闻节目的时间不少于 90 小时,非新闻节目包括重复和购买的节目,不包括新闻和时事节目
BBC 第 1 频道北爱尔兰频道 BBC 第 2 频道北爱尔兰频道	需提供一系列反映北爱尔兰地区文化的节目
BBC 第 2 频道北爱尔兰频道	每年分配给非新闻节目的时间不少于 60 小时,非新闻节目包括重复和购买的节目,但不包括新闻和时事节目
	需提供爱尔兰语和阿尔斯特苏格兰语的节目
BBC 阿尔斯特广播 BBC 福伊尔广播	每周阿尔斯特广播分配给新闻和时事节目的时间不少于 35 小时(包括重复的节目)
	每周福伊尔广播分配给新闻和时事节目的时间不少于 20 小时(包括重复的节目)
	需提供与北爱尔兰地区相关的内容和音乐
	每年分配给包括爱尔兰语和阿尔斯特苏格兰语的土著民族语言节目的时间不少于 240 小时(包括重复和购买的节目)
BBC 在线	需提供爱尔兰语和阿尔斯特苏格兰语的内容以及北爱尔兰地区的体育专业报道

除了对各地区的节目制作的区域和内容的要求,通信办公室还规定了 BBC 节目的多样性。许可证(licence)要求 BBC 必须每年报告英国公共服务部门在过去一年中是如何反映、代表和服务于英国的不同社区的,特别要展示 BBC 是如何考虑到全英国不同的社区元素(包括年龄、残障人士、性别重置、种族、宗教信仰、性别、性取向和社会经济背景)的,是如何为全英国不同的社区提供和交付内容的,是如何准确地代表全英国的不同社区的,是如何真实地描绘全英国的不同社区的,是如何提高对全英国不同社区的不同文化和非传统观点的认识的。

第三节　商业性公共广播电视和商业广播电视监管

在英国,除了最重要的公共广播电视,也存在着数量、种类众多的商业性广播电视。与 BBC 依靠《皇家宪章》及其附属协议更新来延续广播电视服务的制度不同,商业性广播电视机构往往需要获得相应的许可证来为受众提供服务。

商业性公共广播电视和商业广播电视的监管机构都是通信办公室。除非获得许可证,否则在英国提供广播或电视服务属于刑事犯罪。根据服务性质的不同,对许可证持有人的要求也不尽相同,许可证持有人获得许可证的程序也可能会有所不同,但是他们需要遵守同样的初步许可规定。这项要求主要集中在"谁可以持有(并保留)许可证"的问题上。

《1990 年广播法》的第 3 条第 3 款第 5 条第 1 款(对电视领域)、第 86 条第 4 款、第 88 条(对广播领域)规定了三项测试:

第一,许可证的持有人必须是适当的人;

第二,某些特定人群可能会被取消许可证的持有资格。取消资格的原因包括持有人实施了某种行为或处于某种关系之中。[①] 但每一类许可证资格取消的标准是不一样的;

第三,媒体的所有权或市场控制的规则将阻止某些人持有许可证或是限制可以持有的许可证数量。[②]

对此,通信办公室需要承担的职责是持续使许可证持有人满足正确、适当的要求。例如,Bang Media(伦敦)有限公司和 Bang Channel 有限公司多次违反许可证规定,通信办公室认定他们为不适当的许可证持有人,于 2010 年吊销了其许可证。

---

① 英国《1990 年广播法》附录 2 第 2 部分。
② 英国《2003 年通信法》附录 14。

2012年,在新闻集团报业公司旗下的某些报纸涉嫌电话窃听后,通信办公室依然认定属于新闻集团的英国天空广播有限公司为合适且适当的许可证持有人。

一、商业性公共广播电视的监管

为了提升英国广播电视服务的质量,增强 BBC 在市场中的竞争力,英国自 20 世纪 50 年代中期开始,逐渐推出了更多的广播电视服务。这些广播电视服务可分为两类,一类为商业性公共广播电视,包括第 3 频道(Channel 3)、第 4 频道(Channel 4)和第 5 频道(Channel 5);另一类为商业广播电视,包括电视许可内容服务和数字电视节目服务,等等。二者的区别主要在于是否需要承担公共服务广播(public service broadcasting)的义务。

(一)第 3 频道的监管

第 3 频道承袭了独立电视台(ITV)在 1956 年建立的服务结构。尽管第 3 频道提供的是全国性服务[①],但实际上它是通过由 15 个区域性许可证和 1 个全国性许可证组成的电视网来传送节目的。

1. 许可证授权程序

《1990 年广播法》为第 3 频道引入了一项竞争性招标制度,以取代过去在很大程度上自由分配节目合同的做法。新制度与当时政府的政策方针一致,赞成以市场为基础的制度和客观分配。但是,这个招标不仅仅以价格为基础,因为在招标过程中投标方的财务可行性和服务质量也需要达到一定的标准。所以,在一些"异常情况"下(例如拟议服务的质量出现问题),招标也可以绕过最高的投标价格。除了这些自由裁量因素,由于投标价格从 2000 英镑到 4300 万英镑不等,因此投标的拍卖系统可能无法真正体现许可证的市场价值。以较低的投标价格获得许可证更多是因为持有人在投标时准确地预测不会有其他人一起参与竞标。

第 3 频道的许可证在 2002 年续订,当时的监管机构——独立电视委员会(ITC)没有再次运行竞争性招标程序,而是部分依据对每个许可证的市场价值的评估,所以对该次的许可证续订没有进行拍卖。后来,根据《2003 年通信法》第 215 条,作为广播电视数字切换进程的一部分,英国为第 3 频道的许可证持有人提供数字许可证以替代模拟许可证。

---

① 英国《1990 年广播法》第 14 条。

2. 公共服务职责(public service remit)

商业性公共广播电视机构具有特定的公共服务职责。《2003年通信法》第265条第2款a项规定了第3频道的公共服务职责,即提供一系列高质量和多样化的节目。并且,《2003年通信法》第266条要求许可证持有人每年编制一份节目政策声明,并对其业绩进行审查。这些要求也与《2003年通信法》第264条中规定的公共服务职责有关系。

3. 额外的具体义务

除了公共服务职责,第3频道(以及其他商业性公共广播电视机构)也需要承担一些额外的具体义务。其中某些义务是第3频道、第4频道和第5频道所共有的,而有一些仅适用于某个特定的频道。

(1)对原创作品(original production)的要求

原创作品是指为了在英国获得许可证的公共服务电视频道进行首次播放而委托制作的作品。《2003年通信法》第278条要求在高峰收看时段和其他时段,原创作品要得到适当比例的播放时间。这项原则同时适用于第3频道、第4频道和第5频道,但是通信办公室对每个广播机构设定的配额是不同的。其中,第3频道具有最高的义务,其配额为总体时间表的65%以及高峰收看时段节目时长的85%。合格的节目包括运动类节目、纪实类节目、戏剧及艺术类内容。

(2)对独立制作(independent production)的要求

《2003年通信法》第277条规定了所有的商业性公共广播电视都要承担的关于独立制作的义务,其中要求不少于25%的合格的原创作品应为独立制作。独立制作的生产者不得受雇于任何广播电视机构、不得持有超过25%的广播电视机构的股份,同时任何一家英国广播电视机构持有独立制作机构的股份超过25%,或任何两家及以上的英国广播电视机构持有独立制作机构的股份总数不得超过50%。除此之外,与独立制作机构有联系的任何人也不得受雇于广播电视机构,不得持有超过25%的广播电视机构股份,或由任何一家英国广播电视机构持有该相关联系者的股份不得超过25%。以上细致的规定是为了尽量降低节目生产者的"独立性"受到的影响。

(3)对区域节目制作(regional programming)的要求

对区域节目制作的要求是对商业性公共广播电视机构的另一项规定,每个频道承担的义务略有不同,第3频道也负有相关的额外义务。根据《2003年通信法》第286条,通信办公室必须设定许可证条件以确保适当比例的节目在M25区域之外制作。通信办公室还要求节目制作地点需分布在适当的地区。

(4)节目内容的相关要求

《2003年通信法》第287条要求第3频道必须播放适量的区域新闻和非新闻节目。《2003年通信法》还要求每个公共服务电视频道有义务提供涵盖国内和国际事务的、高质量的新闻和时事节目。第3频道的许可证持有者每年应播放365小时的国内和国际新闻,其中有125小时必须在高峰收看时段播出;每个日历年应播放43小时的时事内容,其中有35小时必须在高峰收看时段播出。

(二)第5频道的监管

第5频道与第3频道一样旨在提供主流的地面商业性公共广播电视服务,它具有与第3频道相似但较轻的义务。

1.许可证授权程序

与第3频道不同,第5频道的服务仅包含一个许可证。第5频道于1997年开播,最初的许可证授权使用的是竞争性招标程序,该程序需要2轮的竞争,并在最后进行司法审查。第5频道的许可证也同第3频道一样,在2014年底经国务大臣同意后续期10年。

2.公共服务职责

根据《2003年通信法》第265条第2款6项的规定,第5频道具有与第3频道相同的公共服务职责,即提供高质量和多样化的节目。

3.额外的具体义务

(1)对原创作品的要求

各频道由于服务不同,在量化义务上也各有差异。第5频道也具有一定的特定义务。在与原创作品有关的要求上,通信办公室要求第5频道播出的节目中只需包含总共50%的原创作品,原创作品需要占高峰收看时段的40%。通信办公室最初将此义务设定得更高。

(2)对独立制作的要求

由于第5频道在业务上更像是发行者,而不是节目制作部门,因此对于独立制作的节目要占到原创作品的25%的要求,它通常都可以满足甚至超额完成。

(3)对区域节目制作的要求

第5频道与区域节目制作相关的义务也远远少于第3频道,仅需要将10%的节目经费和10%的节目时长在M25区域范围之外花费和制作。

4.节目内容的相关要求

在与新闻和时事内容相关的要求上,第5频道每年必须播放不少于260小时的新闻,其中应有100小时在高峰收看时段播放。每年必须播放不少于130小时的时事节目,其中应有10小时在高峰收看时段播出。在时事节目的义务上,对第5频道的要求要高于第3频道。

(三)第4频道的监管

第4频道的体制处于公共广播机构和私营商业广播机构之间。它属于公有机构,并作为非营利性公司进行运作,资金来源于广告赞助的收入。《2003年通信法》第295条禁止第4频道制作自己的节目,因此它更像是一个节目的发行者而不是制作者。

第4频道于1982年开播,并根据《1990年广播法》成立了第4频道有限公司(C4C)。根据《1990年广播法》第23条第4款和第24条的规定,C4C的董事经国务大臣批准后由通信办公室任命,由通信办公室对其发放许可证,以保证第4频道能持续提供节目。C4C现行的许可证自2015年1月1日起生效,有效期为10年。①

1.公共服务职责

第4频道的公共服务职责与第3频道和第5频道类似,但更为广泛、具体。《2003年通信法》第265条第3款介绍了第4频道的公共服务职责,它要求第4频道提供广泛的高质量的和多样化的节目,特别是要展示节目形式和内容方面的创新、实验和创意;满足文化多元化社会的品位和兴趣;要为满足作为获得许可条件的公共服务的需要,做出重大贡献(包括提供具有教育意义的课程和其他具有教育价值的计划);要具有与其他频道不同的特色。

经过《2010年数字经济法》(*Digital Economy Act 2010*)的修订,第4频道的职责已经从以电视为中心扩大到包含数字媒体。这不仅是对当时多平台环境的认可,也是对未来从电视平台向其他媒体形式转移的一种尝试。

2.额外的具体义务

关于量化的具体义务,第4频道需承担的义务与第3频道和第5频道的义务相

---

① OFCOM. Renewal of the Channel 4 licence statement[EB/OL]. (2013-07-25)[2018-04-05]. https://www.ofcom.org.uk/search?query=+Renewal+of+the+Channel+4+licence+Statement&site-search-submit=.

似,不过程度不尽相同。

(1) 对原创作品和独立制作的要求

第 4 频道的许可证要求其电视服务中至少要包含 56% 的原创作品,原创作品在高峰收看时段至少要占到 70%。在独立制作方面,第 4 频道也要达到统一要求的 25% 的独立制作配额。

(2) 对区域节目制作的要求

《2003 年通信法》第 288 条也规定了第 4 频道的区域节目制作配额,它要求至少 35% 的节目时长和 35% 的节目经费要在 M25 区域范围外的制作和花费。

(3) 节目内容的相关要求

每个日历年,第 4 频道须在高峰收看时段内播放不少于 208 小时的新闻内容,全年应播出不少于 208 小时的时事节目,其中有 80 小时必须在高峰收看时段播出。

第 4 频道还有额外的教育方面的义务。根据《2003 年通信法》第 296 条的规定,第 4 频道的许可证要求该频道要确保适当比例的适合学校播放的节目。在受众对媒体的关注逐渐从电视转向网络的情形下,通信办公室在 2010 年同意将这项配额稍微降低一些,这也源于第 4 频道开始重视对互动在线教育内容的开发。

二、商业广播电视的监管

(一) 商业电视服务的监管

在商业电视领域,许多商业电视提供的服务需要事先获得监管机构的许可,领取许可证,许可证上会载明服务者的权利和义务。

1. 电视许可内容服务 (Television Licensable Content Services, TLCS)

《2003 年通信法》第 232—240 条规定了电视许可内容服务 (TLCS),它取代了授权的节目服务许可证(通过有线电视网络播放的节目)和《1990 年广播法》颁发的卫星电视服务许可证。基本上,电视许可内容服务是由传统电视节目或电子节目指南组成的服务,可以通过免费播放或订阅服务以供公众使用。电视许可内容服务通过卫星、电子通信网络(如电缆或互联网)或无线电多路复用 (radio multiplex) 来传送。

电视许可内容服务的许可证发放程序非常简单,关于许可证的申请可以随时提交,许可证通常会在 25 个工作日内发放。[①] 只有当申请人未能达到基本的许可要求时[②],通信办公室才会拒绝发放许可证。此外,通信办公室必须确认该服务不太可能违反节目和广告标准。[③]

虽然电视许可内容服务的许可证只有一种形式,但是通信办公室在许可证下划分了三种不同类型的服务:编辑性内容、电话购物和自我推销(self-promotional)。不同的服务类型对应不同的广告量化规则[④],且服务类型也会影响许可费用。

2. 数字电视节目服务(Digital Television Programme Service,DTPS)

数字电视节目服务(DTPS)与数字地面电视复用(digital terrestrial television multiplexes)的平台相联系。数字电视节目服务是为普通公众提供的,由传统电视节目组成的服务。[⑤] 数字电视节目服务中合格的服务(qualifying services)不需要获得许可。合格的服务是指最初作为数字化转换的一部分,通过多路复用传输的传统电视服务,如 BBC 和第 3 频道。

和电视许可内容服务一样,数字电视节目服务的许可证发放也十分简单:关于许可证的申请可以随时提交,只有当申请人未能达到基本的许可要求时,通信办公室才会拒绝发放许可证。除非遭到撤销或是被移交,许可证将一直有效。数字电视节目服务同样根据指定的服务类型被划分为三类,包括编辑性内容、电话购物和自我推销。

虽然有很多类似的要求,但数字电视节目服务许可证和电视许可内容服务许可证之间还是有一个区别。电视许可内容服务是数字电视节目服务的提供者,根据《2003 年通信法》第 362 条第 2 款,数字电视节目服务的提供者是对该服务中的节目、服务和设施进行普遍控制的人员,不管他是否控制个别节目的内容或服务的广播或分发。电视许可内容服务虽被授予了许可证,但它不像是一种实际的服务,这也意味着一个数字电视节目服务的许可证可以涵盖一种或多种服务。

3. 本地数字电视节目服务(Local Digital Television Programme Services,LDTPS)

2012 年,英国政府通过立法引入了本地电视(local television),并为本地电视提

[①] 英国《2003 年通信法》第 235 条第 6 款。
[②] 英国《2003 年通信法》第 235 条第 3 款第 1、2 项。
[③] 英国《2003 年通信法》第 235 条第 3 款第 3 项。
[④] 英国《电视广告安排规则》第 6 章第 6 条、第 5 条第 3 项。
[⑤] 英国《1996 年广播法》第 1 条第 4 款。

出了一项新的多路复用服务。该服务最初提供了 21 项本地电视服务,后期又逐渐发出了 25 个许可证发放邀请。通信办公室在 2012 年 9 月发放了第一个本地数字电视节目服务许可证,并规定每个地区只允许授权一个许可证。本地电视许可证的形式是具有播放本地内容特定义务的本地数字电视节目服务许可证。

英国政府非常关注本地电视的商业可行性,规定这些服务可以附带广告,但不得对服务收取费用。此外,政府还采取了另外两个策略。首先,鼓励本地数字电视节目服务相互制定网络安排,以便开发节目内容、分摊成本并协调国家广告销售。其次,要求 BBC 将结算的许可费的一部分提供给本地电视,作为在启动阶段为本地数字电视节目服务提供收入的一种手段。BBC 在 2010 年提供了 2500 万英镑的启动资金以协助发展地方电视基础设施,并在 3 年内继续提供 1500 万英镑。作为交换,BBC 可获取并播出来自本地数字电视节目服务许可证持有者制作的本地内容。

根据《2012 年本地数字电视节目服务订单》(LDTPSO)规定的标准,通信办公室对本地数字电视节目服务许可证的期限有一定的自由裁量权,现确定的期限为 12 年,以便配合多路复用许可证的 12 年期限。

(二)商业广播服务的监管

与电视不同,商业广播机构不受公共服务广播(PSB)义务的约束。在广播机构中,只有 BBC 提供公共广播。当 1972 年本地商业广播服务开始推行时,那些服务机构预测他们也要承担一定程度的公共服务广播义务。但到 20 世纪 80 年代后期时,对商业广播机构的监管出现了放松的趋势。审查商业无线电广播未来发展的政府绿皮书对广播业的财务可持续性和节目水平提出了一些质疑。文中表示,独立地方电台的财政压力已经在节目中体现出来——戏剧和教育节目产出比较有限,对资金的需求也对本地新闻的报道产生了一定的影响。

在这样的背景下,《1990 年广播法》显著地放宽了对广播行业的监管。

1. 模拟商业广播——全国服务

1990 年的改革为英国引入了全国商业广播服务,因为频谱的限制比较严格,所以共设定了 1 个 FM 和 2 个 AM 共 3 项服务,不过现在这些服务已经以数字化的方式提供。《1990 年广播法》第 85 条第 2 款 a 项阐述了可以获得许可的全国广播服务类型。在满足各种各样的品位和兴趣的基础上,第一种是主要提供口头对话材料的广播服务,第二种是完全或主要提供音乐(在通信办公室看来不是流行音乐)的广播服务。

古典 FM(Classic FM)于 1992 年 9 月开始广播,属于上面的第二种"非流行音乐"类别。回答英国(Talk Back UK)于 1995 年开播,属于上面的第一种"口头对话"服务,2000 年更名为聊体育(talkSPORT)重新开始播放。维珍广播(Virgin Radio)于 1995 年开播,后更名为绝对广播(Absolute Radio)。

《1990 年广播法》第 98—100 条规定,申请全国服务的商业广播许可证也要采取竞争性招标程序,许可证授权一直没有使用这项程序。最初,通信办公室确定的全国服务商业广播的许可证使用年限为 8 年,并在 1999 年/2000 年进行了更新,将许可证授权继续延长了 8 年。为了将广播进行数字同步播放,《2010 年数字经济法》对《1990 年广播法》进行了修订,并又将许可证授权时间延长了 7 年。

2. 模拟商业广播——本地服务

英国大约有 296 个持有许可证的本地商业广播服务,大部分通过 FM 传输广播。所以,本地商业广播是英国广播部门中占比最大的一部分,不过每个广播的听众人数差异较大。近年来,广播业也在发展中进行了较大的整合。全球广播(Global Radio)拥有所有模拟信号许可证的 24.2%,而排名第二的鲍尔广播集团(Bauer Radio Group)占 14%。产业整合也引发了广播服务之间广泛的节目共享。本地服务的许可证授权不需要通过竞争性投标。通信办公室可以对此行使自由裁量权。

除了自由裁量过程,通信办公室还采用了一个评分系统来作为指导,但这个评分系统并不会起到决定性的作用。针对每项法定标准,通信办公室会打击 0 到 10 的分数,但不提供总体评分。通信办公室的指导意见也强调许可证委员会(licensing committee)可能会将许可证授予非最高得分申请人。并且,虽然所有的法定标准都必须被考虑在内,但通信办公室可能会根据许可证的种类赋予一个或多个标准以更大的权重。根据《1990 年广播法》第 86 条第 3 款 a 项,本地服务商业广播的许可证最初授权期限为 8 年,但只要广播同时提供数字服务,许可证就可以续期 12 年[①],之后再延长 7 年[②]。

在内容方面,因为"地方性"是本地广播业务的重要主题,所以根据《2003 年通信法》第 314 条的规定,通信办公室负有法定义务确保本地广播服务提供适当数量的本地内容和本地制作的节目。但是,由于在不确定的广播业环境中关注本地内容和本地制作的广播服务会承受很大的压力,所以《2010 年数字经济法》也对"本地义务"进行了修订,以减轻本地广播节目的费用负担。

---

① 英国《1990 广播法》第 104A 条。
② 英国《1990 年广播法》第 104AA 条。

根据通信办公室重新制定的政策,许可证持有人可以要求更改其许可证格式,以便在批准的范围内进行节目共享。广播电台也可以申请与批准的范围以外的广播电台共同制作节目。在考虑这些申请时,通信办公室可能会关注广播电台的规模、文化亲和力和财务状况。《1990年广播法》第106条还允许许可证持有人申请对广播电台的许可证进行其他更改,条件是服务的性质不会出现显著的改变。通信办公室有权决定该申请是否能获得批准。通信办公室在对此行使酌情处置权时需要考虑一系列事项,如原始的许可证格式在初始授权中的重要性、变化对服务品质的影响程度、许可证获得后经过的时间、能否避免"格式蠕变"(Format creep)和电台是在 FM 上播放还是在 AM 上播放。通信办公室认为随着时间的推移,对许可证格式进行小的更改可能会使服务性质产生很大的改变。因此通信办公室会在已经为该服务批准的其他任何更改的背景下来考虑新的更改请求。

3. 社区广播

《2003年通信法》第262条引入了社区广播,《2004年社区广播法令》对社区广播制度的实施做出了具体规定。"社区"的含义比简单的地理区域意义更为丰富。

根据《2004年社区广播法令》第 2、3 条规定,"社区"是指在特定区域或地点生活、工作、接受教育或培训的人们,或具有一个或多个共同利益或特征的人群。面对社区中要服务的个人或群体,社区广播要向那些全国线区域性广播服务获取不足的个人提供广播服务;为人们讨论和表达意见提供便利;向未就业的个人提供教育或培训(不论是通过节目还是其他方式);使公众更好地了解特定的社区并加强其中的联系。社区广播还要播放由地方当局和其他社会服务性质的机构提供的节目,更加广泛地传播关于这些节目和本地设施的知识;促进经济和企业发展;促进就业;向人们提供获得工作经验的机会;促进社会融合;促进文化和语言的多样性;促进公民参与和志愿服务。

社区广播服务的目的是为了公众成员或特定社区的利益,且其提供服务是为了社会收益,而不是出于商业原因、资金或提供服务的个人的其他物质利益。社区广播服务的特点是主要服务于一个或多个社区(不论其是否还为其他公众服务),提供服务者不为获取经济利益,且广播服务所产生的利润全部用于确保、改善未来服务,或为公众成员提供社会效益,或服务所要服务的社区。社区广播还会为所要服务的社区成员提供参与运营和管理服务的机会。与此同时,提供服务者也要对服务的社区负责。

第一个社区广播许可证是在 2005 年颁发的,到 2018 年共颁发了 254 个许可证,不过有些已被取消。至 2012 年 5 月底,共有 198 个社区广播电台播出节目,大部分是通过 FM 传输的。社区广播的收入主要来自赠款(例如社区广播基金和本地当局)、广告和赞助。到了 2018 年 7 月,社区广播电台达到了 258 家。①

只有当通信办公室宣布发放许可证时,才能在"特设"的基础上申请社区广播的许可证。社区广播许可证由英国各地区组织发放,许可证申请人不应该期望服务覆盖整个地区,可申请要服务的位置和社区。许可证的发放模式在本地广播许可证的发放过程的基础上有所调整,通信办公室会在考虑法定甄选标准的前提下授予许可证。②

在许可证的发放上,除了法定甄选标准,通信办公室还要考虑社区广播电台对任何其他本地(非社区)广播服务经济可行性的潜在影响。③

对此有两项旨在保护本地广播的措施。第一,社区广播的许可证持有人的广告和赞助收入是受到限制的。通信办公室需要将允许的广告和赞助收入数额规定为许可条件。④ 第二,若社区广播电台与本地商业广播的广告业务重叠,当社区广播电台的潜在听众(15 岁及以上)人数达到 15 万时,则禁止社区广播收取广告费和赞助费。⑤ 社区广播的许可证有效期限为 5 年,到期后可续期 5 年。

4.广播许可内容服务

与电视许可内容服务一样,英国也引入了广播许可内容服务(RLCS)来取代卫星(satellite)广播服务和有线(cable)广播服务的许可证。遵循与电视许可内容服务相似的模式,《2003 年通信法》第 247、248 条规定了广播许可内容服务的标准。同电视许可内容服务类似,通信办公室也为广播许可内容服务的每个服务提供者授予许可证,许可证发放过程简单直接,可以随时进行,⑥而且广播许可内容服务的许可证没有限期,可使用至撤销或移交许可证⑦。但与电视许可内容服务不同的是,广播许可内容服务只有一种形式的许可证。

---

① OFCOM. Radio broadcast licences[EB/OL]. (2018-06-07)[2018-07-09]. https://www. ofcom. org. uk/manage-your-licence/radio-broadcast-licensing.
② 英国《1990 年广播法》第 105 条,经《2004 年社区广播法令》(CRO 2004)修订,附表第 5 段。
③ 英国《1990 年广播法》第 105 条第 3 款,经《2004 年社区广播法令》(CRO 2004),附表第 5(2)段。
④ 英国《1990 年广播法》第 105 条第 4 款第 3 项、第 6 款,经《2004 年社区广播法令》(CRO 2004)修订。
⑤ 英国《1990 年广播法》第 105 条第 4 款第 2 项,经《2004 年社区广播法令》(CRO 2004)修订。
⑥ 英国《2003 年通信法》第 250 条。
⑦ 英国《1990 年广播法》第 86 条第 1 款第 1 项。

5.数字广播节目服务

数字广播节目服务(DSPS)遵循与数字电视节目服务(DTPS)相似的模式,也就是说,数字广播节目服务是通过数字广播多路复用传输的服务。数字广播节目服务分为全国性和本地性服务,分别通过全国性的和本地方的渠道传输。[①] 数字广播节目服务的许可证发放过程也比较简单[②],且没有限期,可使用至许可证撤销或移交。[③] 通信办公室须为国家和本地数字广播节目服务颁发单独的许可证,但是可以将一个以上的服务附加到许可证上。[④]

三、英国广播电视监管中的公共利益内容

(一)与个人权利相关的公共利益内容

1.表达自由与个人权利的平衡

(1)思想基础

对英国而言,表达自由是公民权利的一个重要组成部分,近代英国有关表达自由思想的基本论点是:"假如个人自由不意味着有权采取和呼吁不受大多数赞成的行动和观点,它就是毫无意义的。"这种观点着眼于个人表达观点的权利,但是同时也忽视了当个人表达意见时,其他个体可能会受到的影响。在英国表达自由思想的发展中,就出现过类似的情况,这促使思想家开始思考类似的问题。

詹姆斯·密尔在其著作《论自由》中[⑤],阐述了他对于表达自由的权利保障、公民诉求与社会责任的看法。他同时也提出了关于表达自由限度的见解,并认识到表达自由在道德与法律问题上存在着一些冲突和对立。尤其是在新闻出版行业中,密尔认为新闻出版业是一种实现表达自由的工具,但不应仅仅被看作一种工具。就个人权利而言,新闻出版业不仅可以保护个人权利,同时也可能侵犯个人权利,并且这种侵犯是无处不在的。基于这种考虑,他提出了对出版自由进行限制的观点,但他认为被限制的言论不应包括公共范围内的言论,即涉及必须由公民决议的公共问题的"政治性言论"。在要求真实性的基础上,在公共范围内的表达应是

[①] 英国《1996 年广播法》第 60 条第 1 款。
[②] 英国《1996 年广播法》第 60 条。
[③] 英国《1996 年广播法》第 61 条第 1 款。
[④] 英国《1996 年广播法》第 60 条第 2 款。
[⑤] 密尔.论自由[M].顾肃,译.上海:译林出版社,2010.

完全自由和开放的,而在个人空间范畴,新闻出版则应当受到一定的限制,以帮助政府更好地保护个人权利。

詹姆斯·密尔认为,出版自由和言论自由不得损害他人与社会的利益,即使是一项个人不得出售和转让的权利,在其造成侵犯的情况下,侵犯方也应受到法律的制裁和道德舆论的谴责。自密尔之后,英国关于表达自由的主流思想一直认为表达自由应当受到限制,其理论的分歧在于限制的性质与程度。

英国对各种媒体都有限制,每种媒体能够获得的言论自由也各不相同。其中,对平面媒体的限制最轻,而由于早期的频谱限制以及后期社会舆论对广播电视媒体巨大影响力的担忧,广播电视媒体受到的表达上的限制也更加严格。下面我们将通过一个案例来分析英国在言论自由和个人权利之间所做的平衡。

(2)案例介绍:乔恩·冈特诉通信办公室(Gavnt v Ofcom)

本事件的大体情况是TalkSPORT广播电台的广播主持人乔恩·冈特(Jon Gaunt)诉通信办公室干涉其言论自由。事件的起因是英国雷德布里奇区地区议会儿童服务部门发表了一份有争议的报告,报告中提出应禁止吸烟者成为寄养父母,理由是被动吸烟会影响寄养儿童健康。2008年11月7日TalkSPORT广播电台的主持人乔恩·冈特在报纸上发表了一篇题为《辛苦的工作没有阻止养母对我的关心》的文章,他以曾经的寄养儿童的身份,强烈地反对该项建议。并且,乔恩·冈特在文章中批评该议会为"健康和安全的纳粹"。

同日上午11时许,乔恩·冈特在TalkSPORT广播电台对该议会的议员迈克尔·斯塔克(Michael Stark)进行了现场采访。在访谈中,乔恩·冈特称斯塔克先生为"无知的猪""健康法西斯"和一个"无知的白痴"。广播后约1小时,乔恩·冈特在广播中道歉,说:"议员先生要我为称他纳粹而道歉,我对称你为纳粹而感到抱歉。" 2008年11月17日,乔恩·冈特被要求停止广播播出,广播电台也在没有信件通知的情况下终止了与他的合同。

在收到53名听众的投诉后,通信办公室被要求调查该节目是否违反了《广播电视守则》。通信办公室于2009年6月8日发布了一份文件,指出乔恩·冈特违反了守则的第2.1和2.3条规定。通信办公室也对TalkSPORT的处理程序提出疑问,认为电台没有采取足够的措施以应对现场直播时出现的有问题的内容。通信办公室建议广播机构应保留对所有节目的控制权,以确保演讲者采用普遍接受的标准,并保护公众免受有害内容的影响。

随后,乔恩·冈特对通信办公室提出了法律诉讼,声称其决定违反了《欧洲人权公约》的第10条,即通信办公室非法干涉他的言论自由。他的主张得到了"自由"

组织的支持。该组织代表原告提出，通信办公室的调查结果是"不成比例地干涉索赔人的言论自由"，对此没有迫切的社会需要，而且通信办公室的理由不足以证明其决定符合《欧洲人权公约》第10条第2款的规定。他认为，没有多元化、宽容和宽恕，就没有民主社会。因此，限制必须与追求的合法目标相称。

通信办公室的安德森表示，监管机构的裁决并没有干涉原告的人权，因为他的雇主允许广播者拥有相当强大的言论自由，所以乔恩·冈特才能够在现场广播中表达自己的观点。安德森提到了科林斯（Collins）法官在利文斯通（Livingstone）案中的判决意见：当利文斯通在市政厅接待处外持续恶意滥用记者权利时，他的行为不能被视为表达政治观点，他也不能接受更高水平的保护。这两个案件的事实虽然是不同的，但总的来说，无端地恶意滥用表达的权利不能被视为表达政治观点。

高等法院同意了通信办公室的观点，认为通信办公室的决定不是对乔恩·冈特言论自由的干涉，法院也裁定"无知的猪"的评论以及对议员持续的欺凌和侮辱已经是冒犯的滥用行为，因此违反了《广播电视守则》。法官驳回了乔恩·冈特的司法审查申请，指出监管机构有理由得出结论：

> 广播无疑对斯塔克先生非常具有攻击性，并且很有可能对广播观众造成不利影响……至关重要的是，广播的进攻性和滥用是无理由的，没有事实的内容或理由去证明它。

后来，乔恩·冈特的上诉被驳回。通信办公室首席执行官爱德·理查兹（Ed Richards）在判决之后表示：

> 我们非常高兴将这一案件提交法院，由其审查我们解释法定职责的方式。我们非常高兴高等法院承认我们在这件事上做出了正确的决定。这是对我们在困难的情况下判断的彻底认可。议会授予了通信办公室将广泛接受的标准应用于电视和广播服务的职责，我们一直致力于尊重表达自由的重要原则，同时保护观众免受不合理的冒犯和有害内容的侵害。①

---

① OFCOM. High Court backs Ofcom's judgment in Jon Gaunt case[EB/OL].（2010-07-13）[2018-02-01]. http://www.ofcom.org.uk/about-ofcom/lafest/media/media-releases/2010/high-court-backs-ofcoms-judgment-in-job-gaunt-case.

同时，尽管乔恩·冈特在报纸上发表的文章使用了"纳粹"这一词语和其他攻击性言论，但高等法院并没有把这篇文章认定为冒犯。

(3) 广播电视监管中的表达自由

从该案例中可以看出，英国对于广播电视中言论的监管无疑是比较严格的，如在没有事实依据的基础上发表个人意见及一些情绪化言论，将会被裁定为对《广播守则》的违反，并接受相应的处罚。而在类似的情况下，平面媒体则不需承担等量的责任。

广播电视监管的核心是"公平"价值，其中就包括了广大公众的表达自由的普遍实现。但是在广播电视监管的制度设计中，对个体价值的重视同样十分重要。所以英国广播电视的监管机构要求广播机构和广播从业者在表达自由上做一定的让步，以求更好地保护采访对象的个人权利，同时也能够保证普通受众在观看和收听节目时免受没有事实依据的消息的侵害。

2. 对未成年人利益的保护

在西方各国的广播电视监管过程中，有一项公共利益是各国都十分重视的，即未成年人的利益。在这一点上，英国的广播电视监管也不例外。对未成年人利益的保护是英国广播电视监管中非常重要的内容，就像通信办公室在其《广播守则》的前言中阐述的那样："我们的职责是与家长一起履行保护18岁以下的人的责任。"对未成年人利益的保护，主要集中于通信办公室的《广播守则》的第一部分要求中。《广播守则》要求如下：

> 不得播放可能严重损害18岁以下的未成年人身心健康发展的资料。在提供服务时，广播电视公司必须采取一切合理的措施来保护18岁以下的未成年人。必须合理地安排节目日程从而保护儿童免受不适合他们的节目内容的影响。电视台必须遵守晚间"分水岭"时间要求。"分水岭"是指英国晚间允许成人电视节目播放的起始时间，不适合儿童观看的时间段通常为晚间9点至早间5点30分。广播电台必须格外注意儿童特别可能会收听的时间段（儿童特别可能会收听的时间段指儿童上下学的时间和早餐时间，但也可能包括其他时间）。当过渡到更多的成年节目内容时，电视台不得在"分水岭"的时间马上播出，广播电台不得在儿童特别可能会收听的时间段后马上播放。对于电视节目来说，过于成人节目应该在节目日程的晚些时间出现。在"分水岭"前播放的电视节目，或在儿童

特别可能会收听的时间段前播放的广播节目中,对于一些可能会使儿童不安的内容,应该考虑到节目的背景,并给予受众清楚的信息。

(1)细节要求

①涉及18岁以下未成年人的性和其他冒犯的节目范围

规定禁止呈现能识别个人的信息情形中,广播电视公司应该格外小心,不能提供可能引导观众识别,是或可能是刑事、民事或家庭法院诉讼中的性犯罪的受害者、证人、被告人或其他犯罪案件中的未成年人的线索(对未成年人的年龄界定在英国国内不同地区是不同的)。报道的有限的信息也可能与其他信息拼凑在一起,比如报纸报道中的拼图效应,或是无意的报道,例如通过描述"乱伦"的犯罪行为使个人信息泄露,或是通过其他任何间接的方式。即使法院没有专门发出命令,广播电视公司也应该知道可能有相关的法定限制。

在英国,任何涉及刑事罪行的审前调查报道中,在报道作为目击者或是受害人的未成年人的姓名、地址、学校身份或教育机构、工作地点,以及他们的静止和动态的影像时,广播电视公司应特别注意他们的脆弱处境。报道关于被告或是潜在被告的未成年人的身份信息时,广播电视公司尤其需要提供正当的理由。

②涉及毒品、吸烟、溶解物嗅物吸毒和饮酒

关于使用非法药物、滥用药物、吸烟、滥用溶解物嗅物吸毒和滥用酒精的节目,除非有强有力的编辑理由,否则节目不得主要为儿童制作。在"分水岭"前播放的电视节目中,或在儿童特别可能会收听的时间段播放的广播节目中,必须避免相关节目内容。在其他可能会被未成年人广泛地收看收听的节目中,不得纵容、鼓励、美化相关行为,除非有正当的理由。

③涉及暴力与危险行为

无论是口头还是身体的暴力行为、暴力后果和暴力描写,在"分水岭"前播放的电视节目中,或在儿童特别可能会收听的时间段播放的广播节目中应受到限制,并需要通过节目背景证明播放是有正当理由的。无论是言语还是肢体的暴力,都容易被儿童以有害或是危险的方式模仿,所以除非有强有力的编辑理由,否则节目不得主要为儿童制作;不得在"分水岭"前的电视节目中,或在儿童特别可能会收听的时间段的广播节目中播放该类节目,除非有正当的理由。

对危险行为的表现很容易被儿童以有害的方式模仿,所以这类内容除非有强有力的编辑理由,否则不得主要为儿童制作;不得在"分水岭"前的电视节目中,或在儿童特别可能会收听的时间段的广播节目中播放这类内容,除非有正当的理由。

④涉及攻击性语言

最具攻击性的语言不得在"分水岭"前的电视节目中,或在儿童特别可能会收听的时间段的广播节目中播放。除非在最特殊的情况下,否则儿童节目中不得使用攻击性语言。除非节目背景证明播放此类内容是有正当理由的,否则攻击性语言不得在"分水岭"前的电视节目中,或在儿童特别可能会收听的时间段的广播节目中播放。在任何情况下,"分水岭"之前的节目都需避免经常使用这样的语言。

⑤涉及性和裸体的内容

在任何时间都不能播放属于英国电影分级委员会(BBFC)认定的 R18 级别的节目内容。"成人性内容"是指包含强烈的性内容的图像和/或语言的节目内容,且该内容传播的主要目的为性唤起或性刺激,这种内容不得在晚间 9 点至早间 5 点 30 分以外的时间播出,该内容应为额外的订阅服务和强制限制访问①的按次付费/夜间服务。此外,相关措施必须实施到位以确保用户为成年人。

广播电视机构必须保证在"分水岭"之后播出的,包含强烈或明确的性内容的图像和语言的节目(非"成人性内容")是在合理的背景下播放的。对性行为的表现不能在"分水岭"之前(电视的情况)或是在儿童特别可能会收听的时间段内(广播的情况)播放,除非有认真的教育目的。在"分水岭"之前或是儿童特别可能会收听的时间段内,对性行为的任何讨论或是描绘都必须经过合理的编辑并被适当地限制。在"分水岭"之前播出的裸体内容必须是在合理的背景下播放的。

⑥涉及驱魔、神秘和超自然的内容

广播电视机构不得在"分水岭"之前或是儿童特别可能会收听的时间段内展示驱魔、神秘与(号称是真实的)超自然现象。出于娱乐目的的超自然现象内容不得在一定数量的儿童可能会观看、收听的时间段进行播放(本规则不适用于戏剧、电影或喜剧)。

⑦在节目中涉及 18 岁以下未成年人

当未成年人参加或以其他方式参与节目时,必须小心地注意其身体、情绪上的健康和尊严。这不受任何参加者、家长、监护人或是其他代替父母承担责任的成年人给出的许可的影响。不能使 18 岁以下的未成年人因为参与节目或是因节目的播出而产生不必要的苦恼或焦虑。针对儿童的奖品应与目标受众和参与者的年龄范围相适应。

---

① 强制限制访问是指用一个用户无法移除的 Pin 保护系统或其他等效保护来限制访问,从而使内容只能被授权的用户观看。

(2)案例介绍

本案例是关于天空电视台体育频道的一档一级方程式(F1)赛车比赛转播节目违反《广播守则》中有关未成年人的要求的。

在 2017 年 7 月 12 日 18 时播出的 F1 赛车比赛中,表演歌手 Ricky Wilson 在其发言时不当地使用了冒犯性的语言"fucking"。尽管歌手立刻纠正了用词,但其表演已经被直播。随后,在 7 月 13 日 11 时该频道重播了此节目,然而没有对相关的冒犯性语言进行剪辑,因此通信办公室方面接到了相关投诉。

针对投诉,天空电视台表示对播出冒犯性语言感到后悔,尤其是在重播中不应未经编辑地播出。关于两次播出的情况,天空电视台也给出了不同的解释。

对于 7 月 12 日播出的节目,天空电视台表示,过去的 4 年中在此 F1 赛车节目中任何攻击性的语言都是极为罕见的,因此电视台没有预料到直播中会出现类似言辞。并且此次冒犯性语言是"随意的"而不是"攻击性的",它不针对特定的人,没有恶意,发言的歌手也立即道歉并纠正了自己。

对于 7 月 13 日播出的节目,天空电视台表示所有 F1 赛车比赛的直播节目都由其制作团队在重播之前进行内部审查。然而由于人为的错误,本次节目中的冒犯性语言被忽略了,在审查时没有按照要求消音。电视台已经采取了一些措施来保证本次未能消除冒犯性语言的"非正常监督"不会再次出现:该期节目将不会再次播放,电视台将会向节目制作团队说明问题情况,也会组织专题研讨会并对所有天空电视台制作团队成员进行培训。

对此,通信办公室表示根据 2016 年通信办公室的一项研究,观众认为"fuck"及相关的变化词属于最有攻击性的语言。而《广播电视守则》第 1 条第 14 款规定,最具攻击性的语言不得在"分水岭"前的电视节目中播出。所以,7 月 12 日播出的 F1 赛车比赛直播节目中出现的冒犯性语言明显违反了《广播电视守则》第 1 条第 14 款规定。然而考虑到语言发生的语境、发言的方式以及发言的歌手立即进行了自我更正并致歉,通信办公室认定该问题已得到了解决。

而该节目在 7 月 13 日的播出时间为 11 时,此次重播明显是在"分水岭"之前进行的,由于电视台表明此次是审查期间的一次人为疏忽,所以通信办公室判定此次节目违反了《广播电视守则》第 1 条第 14 款的规定。

(3)未成年人权益保护中的公共利益

从以上案例可以看出,通信办公室对英国广播电视机构的内容监管十分细致,在需要对未成年人进行保护的时间段内,即使使用一个攻击性词语也会被认定为违反了《广播电视守则》的规定。

而从《广播电视守则》的细则要求中也可以看到,英国广播电视监管体系对未成年的保护较为全面,规定了未成年人的个人权利不受冒犯,还对有关毒品、吸烟、饮酒、暴力、攻击性语言、性和裸体的内容、神秘和超自然的内容都进行了适当的规定,以保证这些可能会对未成年人有害的内容尽量少地影响未成年人。除此之外,《广播电视守则》对未成年人参加节目时的身心健康状态也做了相应的规定,以保证参与节目的未成年人的健康成长。英国广播电视的监管体系较好地完成了自身的积极义务,即保护未成年人的利益不受损害,从而达到了监管中的一项重要的公共利益目标。

(二)与媒体多元化相关的公共利益内容

1. 节目内容的多样化

英国在监管过程中通过许可授权标准及节目制作和内容标准两方面的手段来实现节目内容的多样化,以达到保证公众可通过广播电视传递的信息及时充分知晓政府各项事务、各种社会问题、各种公共事项以及帮助国民提升知识文化素养,使其成为富有见识、理性的、合格的公民这两项重要的公共利益目标。

(1)许可授权标准

在本节中,我们详细地梳理了商业性公共广播电视和商业广播电视的许可授权标准。对于商业性公共广播电视而言,大多是采用竞争性招标程序和通信办公室对其进行评估审查这两种方式。这种安排保证了服务的质量,以求能够最好地履行商业性公共广播电视的公共服务职责,即提供高质量和多样化的节目。

而对于商业广播电视而言,大部分电视和广播机构的许可证都是在满足基本许可要求的基础上自由发放的。对广播电视从业者的宽松要求也使得英国的广播电视业为公众提供了多样性的服务。

(2)节目制作和内容标准

前文介绍的许多节目制作上的规定,主要集中在BBC的英国公共服务部门和商业性公共广播电视的节目制作方面。无论是对BBC各广播电视频道还是对ITV等商业性公共广播电视的关于原创作品、独立制作和区域节目的要求,都有助于英国的受众接收到更多的面向本国和本地区的节目,且对大伦敦地区以外的节目生产的鼓励也能够促进英国的文化产业的发展,从而带动内容生产和消费的多元化。

而内容标准则主要着眼于新闻时事类、音乐艺术类、宗教类和对少年儿童具有教育功能的节目方面,以及英格兰、苏格兰、威尔士、北爱尔兰等地区的具有地方特色的广播电视节目,各地的本地电视、广播和社区广播的服务。各类节目的量化标准,有助于公众通过广播电视传递的信息及时充分地知晓各项政府事务、社会问题、公共事项和国际事务,同时提升自身的知识和文化素养。而各类本地、社区的广播电视服务则有益于受众关心和参与本地、社区的事务,以促进受众了解和承担作为公民的责任和义务。

2. 媒体机构的多样化

英国在广播电视发展中逐渐建立了媒体组织的多元结构,并通过媒体所有权的相关规定限制广播电视媒体的垄断和集中,从而促进媒体机构的多样化,进而实现节目内容的多元化。

(1) 媒体组织的多元结构

前文叙述了英国广播电视业目前的媒体组织结构,包括公共广播电视、商业性公共广播电视和商业广播电视三种类别。三种不同的广播电视部门使具有公共服务职能的节目和为受众提供娱乐的节目在媒体市场中得到了较好的平衡;并且BBC的《皇家宪章》授权制度、商业性公共广播电视的许可授权制度、广播电视节目原创内容制播分离的制度都能够使媒体尽量少受政治和商业力量的影响,从而较好地保持广播电视组织的独立性。

(2) 对媒体垄断和集中的限制

①对广播电视媒体所有权的限制

20世纪90年代,为了使英国广播电视市场的竞争环境进一步走向自由化,防止广播电视产业中垄断现象的出现,《1990年广播法》严格限制了广播电视媒体所有权的集中。该法规定,广播电视许可证的持有者只能拥有两个地方性ITV许可证(但不能同时拥有两个伦敦ITV许可证),或是一个全国性ITV许可证,或是一个第5频道的许可证。单一的广播电视经营者不能拥有商业广播电视系统15%以上的覆盖率。[①]

之后,为了放松对广播电视媒体的限制,《1996年广播法》对所有权规定做出了部分调整和修改。该法案规定在不考虑经营者传播方式和许可证数量的基础上,商业电视的受众覆盖率可以是商业广播电台受众覆盖率的2倍,但是商业电视的受众覆盖率不能超过全国观众(包括BBC受众)的15%。

随着英国社会对放宽或取消媒体所有权限制的呼声越来越高,《2003年通信

---

① 刘锦宏,王欣,刘永坚.英国媒体所有权的集中与规制演变[J].传媒.2013(3):60-62.

法》进一步放宽了对广播电视媒体所有权的限制。《2003年通信法》首次允许非欧洲共同体居民、广告代理公司、宗教组织和地方拥有广播许可证,并规定媒体公司可以同时拥有ITV和第5频道的许可证,外国企业可以收购英国商业电视台,有线电视和卫星广播电视经营者可以收购第5频道。自此开始,其他国家的大型媒体集团开始进入英国广播电视业,这也使英国广播电视行业的竞争变得更加激烈。

②对跨媒体所有权的规制

在跨媒体所有权集中的问题上,《1990年广播法》明确规定拥有广播许可证所有权的媒体组织在英国任何一家地面广播公司中只能拥有不超过5%的股份,任何一家全国性报纸的所有者不能同时拥有一个ITV许可证或是第5频道许可证,但在报纸、有线电视或非国内卫星广播业务上进行跨媒体经营将不会受到限制。

在跨媒体持股方面,《1990年广播法》规定全国性报纸所有者最多只能拥有地面广播公司20%的原始股份以及不超过5%的追加投资,地方报纸和无线电广播公司所有者不得拥有同地区的地方电视台,地方电视台也不得拥有本地区的地方报纸和无线电广播。①

之后,《1996年广播法》对跨媒体市场份额也进行了一定的限制,该法规定一家媒体公司可以同时拥有全英国15%的广播市场份额(BBC听众除外,且不能拥有多于1个的全国广播许可证)、全英国20%的报纸市场份额和全英国15%的电视市场份额(包括BBC观众,但不能拥有超过1个的全国ITV许可证或第5频道许可证)。针对地方媒体,该法要求地方媒体不能同时拥有同一地区的地面电视和广播电台许可证。但是,地方媒体市场中的跨媒体市场份额上限有所提高,该法要求地方媒体所有者可以拥有不超过目标市场50%的市场份额。

《2003年通信法》本着"放宽限制,提升竞争力和投资"的目的对跨媒体所有权的限制给予了一定程度的放松。该法规定媒体公司可以通过采取"2+1"的模式拥有地方广播许可证和进行跨媒体经营,但拥有地方报纸50%以上市场份额或已经拥有与地方广播许可证覆盖范围相同的ITV许可证的公司不能再拥有地方广播许可证。拥有全英国超过20%市场份额的报业所有者可以持有第5频道许可证,但该报业所有者不能持有任何ITV公司20%以上的股权,且不得单独拥有ITV许可证。②

总的来说,虽然对媒体所有权的法定限制有逐渐放宽的趋势,但是英国依然对广播电视媒体的所有权和报业、广播电视的跨媒体所有权从市场份额、许可证持有

---

① 刘锦宏,王欣,刘永坚.英国媒体所有权的集中与规制演变[J].传媒,2013(3):60-62.
② 刘锦宏,王欣,刘永坚.英国媒体所有权的集中与规制演变[J].传媒,2013(3):60-62.

量和持股份额几项因素上做了较为严格的限定。这些规定保证了英国广播电视媒体不能由于占有过多的市场份额而形成垄断。由此形成的多元媒体组织形态也对确保媒体市场中内容的多元化大有裨益。

3. 媒体并购中的公共利益争议

当英国广播电视业出现大规模的媒体并购时，政府往往会要求通信办公室进行一个公共利益测试(Public Interest Test)。在进行这项测试时，首先需要参考的是《2002年企业法》第58条中的规定。

在广播电视合并或跨媒体合并的情况下，公共利益考虑因素是如下3项：

(1)需要有足够的人员控制媒体企业为英国或英国特定民族/地区的每一个不同受众提供服务；

(2)在整个英国范围内能满足提供高质量的服务，并且可以满足各种各样的品位兴趣的需求；

(3)媒体公司的工作和控制人员需要承诺达到《2003年通信法》第319条规定的标准(例如准确性、公正性等)。

这些规定的目的是使英国的媒体内容能够保持一定程度的多样性和质量。而且，在较为宽泛的标准下，通信办公室可行使一定范围的监管酌情处置权。

虽然给出了以上的考虑因素，但是从通信办公室发布的公共利益测试报告中能够看出，通信办公室在进行测试时，较多关注的是监管对象所服务地区的多样性和并购对市场的影响。在媒体市场上，通过监管所有权来进行经济上的管理也一直是政府干预的首选方法。这是由于政府担心会被指控不当地干涉言论自由。

所以，也有一些学者认为在媒体市场多样性的问题上缺乏一个明确的带有公民性期望的公共利益原则。迈克·费恩塔克认为虽然英国竞争法一般以对市场垄断的担忧和保护消费者的利益为主要考量因素，但针对媒体行业的特殊措施的合法性基础实际上是以有关公民的民主利益的考量为前提的，且这种民主利益的重要性远远超过消费主义。[①] 所以，在媒体市场并购中缺乏与公民性期望相关的公共利益原则无疑会对监管领域中的公共利益产生一定的影响。

对此，监管机构方面也有一定的回应。在2006年BskyB对ITV进行股份收购之后，通信办公室进行了首次公共利益测试，2008年1月国务大臣要求BSkyB将其对ITV的股份持有量降至7.5%以下，且要求其根据在ITV内的剩余股份做出行

---

① FEINTUCK. Regulating media markets in the public interest: principles beyond competition [J]. Journal of media business studies, 2009(03): 63-67.

为承诺。之后 BskyB 上诉,2008 年 9 月由上诉法院裁定取消相关决定。关于本次的股份收购问题,上议院通信调查委员会(Inquiry of the House of Lords Select Committee on Communications)也于 2008 年 6 月出具了一份名为《新闻所有权》的报告。在报告中,委员会建议,当通信办公室考察媒体兼并的公共利益因素时,应该要求公民的需求高于消费者的需求,且为了避免不同利益的混淆,报告也建议在政府进行"公共利益干预"的情况下,公民利益应明确优先于消费者利益。

结　语

在英国公共服务广播理念的长期发展过程中,产生了公共利益的理念,然而对公共利益的具体内涵一直缺乏明确的定义。概括说来,广播电视监管中的公共利益通常包括以下 4 项目标:第一,要利用这一平台保证表达者表达的自由,表达者既包括广播电视业主,也涵盖利用广播电视表达的社会公众;第二,基于民主社会的要求,保证公众通过广播电视传递的信息,能够及时充分地知晓各项政府事务,各种社会问题、公共事项;第三,广播电视须履行一定的积极义务,发挥其教育职能,以帮助国民提升知识文化素养,使其成为富有见识、理性的合格公民;第四,广播电视还要承担一定的消极义务,不得传播损害青少年、少数族裔、弱势群体权益的节目。[①] 达成以上公共利益目标的路径即为实现广播电视节目的"多元"。

从实现情况来看,英国广播电视业较好地实现了内容与媒体组织的"多元",并以此为基础达到了广播电视监管中的公共利益目标。从更为宏观的视野来探究英国广播电视监管中的公共利益问题,则可以得出如下结论:尊重个体价值和权益的自由主义思想、宪政制度和法治文化是英国广播电视监管中公共利益因素发展的思想条件和社会基础。

尽管在一些英国学者和民众看来,英国的广播电视监管仍存在一些问题和不足,但它始终处在不断调整和完善的过程之中。其对广播电视的监管也基本上做到了对公民性期望的实现,即以多元的传播手段和多元的传播内容,确保公民的表达自由、儿童权益等个人权利的普遍实现,从而达到公共利益目标的要求。

英国广播电视监管体系中权力划分较为清晰,监管对象及范围都较为明确,监管手段科学、严谨,监管目标与手段高度匹配。这种体系化的监管思路,能够对我国广播电视体系的构建和监管有所启发。

[①] 李丹林.媒介融合时代传媒管制问题的思考——基于公共利益原则的分析[J].现代传播,2012(5):10-14.

第五章
英国视频点播监管研究

第一节 英国视频点播监管概况

一、视频点播服务及监管的理由

1. 何为视频点播

视频点播(Video On Demand,VOD 或 VoD)是一套可以让使用者通过网络选择自己想要看的视频或音频内容的系统。用户选定内容后,视频点播系统可以用流媒体的方式进行即时播放,也可以将内容完全下载后再播放。视频点播是一种根据观众的要求播放节目的系统,随时提供交互式视频服务,主要用于实现多用户对网络多媒体文件的共享播放。[1]

英国对于视频点播服务的定义主要根据《欧盟视听媒体服务指令》[2](*The Audiovisual Media Services Directive*, AVMS)。该指令将视频点播服务(on-demand audiovisual media service)定义为:用户可以按照服务商提供的节目分类自由选择观看对象并选定观看时间的视听媒体服务。

---

[1] 林国庆,王静,王新梅,等.基于网络编码的 P2P 视频点播数据传输方案[J].东南大学学报(自然科学版),2008(S1):348-352.
[2] 《欧盟视听媒体服务指令》在 2007 年正式生效,欧盟委员会要求各成员国最晚于 2009 年 12 月 19 日前将指令内容转化为国内立法,该指令是英国视频点播服务规制的重要法律文件。

视频点播服务可以通过电视网、电信网、互联网等多种渠道传播。比如电视网传输的数字电视视频点播、电信网传输的IPTV视频点播和手机视频点播,等等。电视用户可以通过互联网接入电视,也可以通过机顶盒接入电视,获得视频点播服务。

2.视频点播服务与广播电视服务的关系

视频点播服务在传播属性、市场价值等方面与广播电视服务有极为密切的关系,二者有高度的类似性:视频点播与电视一样,也是提供动态图像节目,视频点播节目在内容、形态方面,均与广播电视节目类似。

但是,在传播属性方面,视频点播服务与广播电视服务有明显区别。

(1)传播方式不同。视频点播节目是一种非线性的传播,而广播电视节目则属于线性传播。广播电视节目只能直线传播,不能被暂停,无法快进,而视频点播节目则不同,用户可以对节目随时停止,随时快进。这样的传播方式就决定了视频点播用户有更大的自主选择权。传统广播电视的受众仅能决定是否收听或观看某频道,而视频点播节目的观看者不仅有权选择使用某一服务,也有权决定看某个特定的节目,即不仅可以决定观看频道,还可以决定观看频道的内容。"受众是在积极地寻找信息,还是在很大程度上只是一个消极的接收者?"①这是美国法院衡量媒介限制力度大小的重要标准。视频点播与广播电视在用户权利上的差异,决定了对二者监管手段的差异。

(2)视频点播服务具有非侵入性。监管广播电视的重要理由就在于广播电视具有主动侵入性。与广播电视不同,视频点播服务并不具有主动侵入性,它是一种用户有更强主导权的视听服务类型。视频点播无疑为人们提供了接触视频内容的新途径,那就必须考虑它对儿童的影响,而正是由于它的非侵入性,它对儿童的影响从理论上看要小于广播电视。这决定了二者有关儿童保护方面的要求也不尽相同。

(3)视频点播服务不具有频谱稀缺性(spectrum scarcity)问题。频谱稀缺曾是对广播电视进行监管的重要理由之一,但随着多媒体技术的发展,广播电视频道数量增多,"频谱稀缺论"日渐式微。有学者提出,电子媒体的监管依据主要是频谱资源稀缺性和广播电视的视觉冲击性,但是由于网络资源的无限拓展性和视听媒体的草根性,政府监管的合法性受到了前所未有的质疑和挑战。② 在网络环境中传输

---

① 陈绚.对新闻传播限制的规则探讨[J].国际新闻界,2007(7):40-44.
② 周庆山,李彦篁.欧美各国信息传播中的内容规制政策研究[J].出版发行研究.2014(1):88-91.

的视频点播内容服务,由于网络资源可拓展,自诞生之日起便不具有资源稀缺的问题,这一点明显区别于广播电视。所以"资源稀缺"这一监管原因不适用于对网络视频点播服务的监管。

就广播电视与视频点播的产业关系而言,视频点播服务与广播电视服务间存在强竞争关系,视频点播产业给广播电视产业带来了巨大冲击。2007年《欧盟视听媒体服务指令》甚至认为,视频点播服务在将来很可能会取代原有的广播电视。人们花在观看上的时间是有限的,人们花在视频点播节目上的时间多了,自然花在广播电视节目上的时间就会减少。这种对观众有限观看时间的竞争是某种程度上的零和游戏。视频点播发展之初,传统广播电视机构的点播服务最受用户青睐,因此有观点认为,视频点播仅是广播电视的一种补充。但是,视频点播服务与广播电视服务之间的激烈竞争关系说明视频点播服务并非广播电视的补充,而是独自构成了一种视听服务形式,对广播电视市场形成竞争压力。视频点播服务是广播电视服务的替代品而非补充。

视频点播服务与广播电视节目的高度类似与差异,决定了对视频点播服务进行监管的必要,同时也决定了针对广播电视的监管方式并不能完全适用于视频点播服务,视频点播服务需要符合其媒介特性、产业特性的监管方式。

二、英国视频点播服务的发展历程

英国视频点播服务的发展需以《欧盟视听媒体服务指令》为分水岭来考察。在《欧盟视听媒体服务指令》生效前,视频点播服务在欧盟各成员国中刚刚出现,规模很小,发展较慢,英国也不例外,其视频点播产业作为媒介融合的新型产业当时也处在"婴儿时期"。《欧盟视听媒体服务指令》极有预见性地指出视频点播产业的发展会对传统广播电视产业形成冲击,于是将视频点播等新型视听服务纳入监管范畴。英国通过立法将该指令转化为国内法,并建立了视频点播监管体系。随着技术的发展,媒介融合程度的不断加深,英国视频点播服务蓬勃发展,服务商数量和视频点播种类的增长呈井喷状态。

1.《欧盟视听媒体服务指令》生效前的英国视频点播服务

1999年,金士顿通信公司(Kingston Communications)成为英国首家提供视频点播服务的公司,该公司第一个将电视和网络通过机顶盒连接在一起,向用户提供互动电视(Interactive TV)服务。维珍传媒(Virgin Media)的前身——有线电视服务提供商泰利威斯(Telewest)和英国全国跨媒体传播有限公司(National

Transcommunication Limited,NTL)也于 2005 年开始提供视频点播服务,和传统电视的付费节目提供商天空电视公司(BSkyB)竞争。天空电视公司的视频点播服务于 2006 年 1 月上线,随后改名为"天空电脑随时看"(Sky Anytime on PC)。"天空电脑随时看"提供高质量的视频内容下载服务。

2007 年初的欧洲视听媒体观察站(The European Audiovisual Observatory,EAO)发表了一份报告——《欧洲的视频点播》(*Video on demand in Europe*)[①],对欧洲 24 个国家中的 142 家提供视频点播服务的提供商和平台进行了观察与分析。结果发现:英国有 13 家视频点播服务商,通过网络、IPTV、有线、卫星、地面数字电视等途径传输,到 2007 年底,又出现了 3 家。冰岛、法国、德国和英国的视频点播服务总数加起来有 65 家。当时,只有四个国家拥有超过 10 家的视频点播服务,因此被认为是"发展良好"。[②] 2007 年英国视频点播市场中,最大且最重要的事件之一就是 BBC iPlayer 的上线运营。在其正式运营第一天就有 100 万的下载量,到了 2008 年 4 月下载量达到了 2000 万。BBC iPlayer 是一种基于 BBC 广播频道内容的播客服务,用户可以点播过去 7 天里播出的电台节目。[③]

在视频点播产业发展之初,鉴于视频点播服务商一般不会对外公布下载数字(涉及商业秘密),因此对其产值的评估比较困难。通信办公室的一份市场情况报告称,2006 年整个英国市场的视频点播服务的估值为 6600 万英镑,这比 2005 年增长了近 50%。[④]

但需要注意的是 2005 年英国手机娱乐市场产生了 6 亿英镑的收益,可见那时视频点播所占的市场份额并不高。

2.《欧盟视听媒体服务指令》生效后的英国视频点播服务

2007 年《欧盟视听媒体服务指令》生效,并要求成员国两年内将其转化为国内法。2009 年、2010 年,英国两次立法修改《2003 年通信法》以实施该指令。在实施指令前,英国对国内的视频点播市场进行了细致的考察。

---

① 欧洲视听媒体观察站于 1992 年通过欧盟成员国协议,该协议的签订和履行,旨在对欧盟成员国的电影、电视、视频点播等视听媒体发展状况及各国媒介政策进行调研,提供实证调研数据和分析结论。
② EAO. Video on demand in Europe[EB/OL]. (2007-05-04)[2018-06-15]http://www.obs.coe.int/documents/205595/264625/VOD+2007+EN.pdf/4d2bd6f9-98ca-40b3-ae36-00fa009ffc41.
③ OFCOM. Impact assessment-regulation of on-demand services[EB/OL]. (2016-03-01)[2017-07-01]. https://www.ofcom.org.uk/cymru/search?query=Regulation+of+on-demand+Services.
④ OFCOM. Proposals for the regulation of video on demand services [EB/OL]. (2009-09-14)[2018-06-15]. https://www.ofcom.org.uk/consultations-and-statements/category-2/vod.

2007年之后,视频点播服务的发展较为迅速。欧洲视听媒体观察站的报告数据显示,2008年12月,欧盟共有696家视频点播服务,其中英国视频点播服务数量最多,达145家。① 2008年通信办公室的市场分析也认为,在英国大约有150种视频点播服务。这些服务中,大多数是由传统广播电视机构提供的。在2008年之前的英国,主要由既有的广播电视机构提供视频点播服务,2008年之后,单纯提供视频点播服务的服务商开始出现。

通信办公室的调查显示,从2010年到2014年,15岁以上人群接触视频点播服务的比例从27%上升到了57%,而其中15到24岁、25岁到34岁的群体使用视频点播服务比例更高。② 2014年,英国可进行视频点播的设备在之前3年中迅速增加,个人电脑成为最流行的视频点播播放设备。各类视频点播节目的观看时长平均每天近20分钟,占英国人均观看视频内容(含电视、视频点播等)总时长的8%。通过电视屏幕观看的视频点播内容的数量超过使用其他屏幕观看的视频点播内容,而视频点播内容中电影和电视剧最受欢迎。③

网速提高、带宽技术进步促进了视频点播的发展。英国视频点播的运营方式主要包括:免费观看、订阅观看、按点播付费观看、下载观看。

英国视频点播服务商不仅包含传统的电视平台运营商,也包含许多非传统的内容提供商。视频点播服务的商业模式是多样的,给消费者提供了获取视频内容的多种方式。④

第二节 英国视频点播监管的立法演变

《欧盟视听媒体服务指令》生效前,英国视频点播服务尚在初步发展阶段,政府并未将视频点播产业纳入监管范畴,当时几个视频点播服务商共同成立了一个自律机构——视频点播协会(the Association for Television on Demand,ATVOD)负责

---

① OFCOM. Impact assessment-regulation of on-demand services[EB/OL]. (2016-03-01)[2017-07-01]. https://www.ofcom.org.uk/cymru/search?query=Regulation+of+on-demand+Services.
② OFCOM. Ofcom brings regulation of "video-on-demand" in-house[EB/OL]. (2015-10-14)[2017-07-01]. https://www.ofcom.org.uk/about-ofcom/latest/media/media-releases/2015/15203332015-10-14/2017-7-1.
③ OFCOM. The communications market 2014[EB/OL]. (2014-08-07)[2018-10-15]. https://www.ofcom.org.uk/research-and-data/multi-sector-research/cmr/cmr1.
④ OFCOM. List of regulated on-demand services[EB/OL]. (2016-03-07)[2017-07-01]. https://www.ofcom.org.uk/__data/assets/pdf_file/0021/67710/list_of_regulated_video_on_demand_services.pdf.

处理用户投诉,进行自我监管。《欧盟视听媒体服务指令》生效后,英国通过两次修改《2003年通信法》,将《欧盟视听媒体服务指令》内容国内化,并于2014年对《2003年通信法》进行了第三次修改。《欧盟视听媒体服务指令》及2009年、2010年、2014年三次修订的英国国内法,共同构成了英国视频点播监管的法律依据。

一、《欧盟视听媒体服务指令》

《欧盟视听媒体服务指令》的前身是《电视无疆界指令》。1989年,欧盟通过《电视无疆界指令》,随后又在1997年对其进行修改。该指令确立了欧盟对广播电视媒介的超国家监管规则,旨在构建欧盟的统一电视市场,但该指令不包括视频点播服务。

随着技术进步、时代发展,以视频点播为代表的视听媒体服务兴起,与广播电视一起竞争。欧盟在2007年通过《欧盟视听媒体服务指令》取代原有的《电视无疆界指令》,新指令旨在促进传统媒体与新兴视听媒体的公平竞争、确保实现政府监管的公共政策目标并保障公民的信息传播权利。该指令要求各成员国用两年时间将指令内容转化为国内法,即成员国最迟于2009年12月19日之前以国内立法形式实施新指令。

该指令中的两点内容对视频点播监管起到了极为重要的影响。

第一是将视频点播纳入监管范畴。指令在概念界定上将原本游离于政府监管之外的视频点播纳入"视听媒体"范畴,由此视频点播服务与广播电视服务一同构成指令所称的"视听媒体服务"。在此之前的欧盟法律法规中,视频点播仅在商业和技术层面受到一定的监管。

指令对视听媒体服务的界定是:一个节目由服务商承担编辑责任,节目的主要功能是告知、教育或娱乐,通过电子网络向大众传播的,这样的视听服务可以由广播电视提供,也可以由视频点播服务提供。广播电视被视为"通过线性方式传播的视听服务",变成了视听媒体的一个分支,而视频点播服务则是视听媒体的另一分支。

指令对视频点播服务的定义的核心是那些"类似电视"的服务,将监管范围扩大到与广播电视竞争同样观众群的那部分视频点播服务,指令规定视频点播不应超出必要限度。指令中也对排除在监管体系之外的一些网络服务形态做了非封闭式的列举,比如搜索引擎、报纸电子版不属于指令监管范畴。

指令认为,因为这种服务"类似电视",与广播电视存在强竞争关系,所以用户也会期望这种服务受到一定监管。基于此,《欧盟视听媒体服务指令》对视频点播服务监管设定了一系列标准,同时强调各成员国在进行监管时要施加"最小限制"。

第二是力推"共同监管"(co-regulation)的新型监管模式。《欧盟视听媒体服务指令》要求欧盟成员国自行构建其国内的视频点播服务监管体系。指令鼓励成员国采用共同监管或自我监管方式,其中对共同监管的强调与推荐着墨较多,而将自我监管视为实施指令的一种补充方式,不能替代国家层面的立法。

该指令中有如下论述:"以往经验表明,共同监管或自我监管方式在保护消费者利益上起到过比较重要的作用。"同时提出,"指令并不要求各成员国破坏现有的已得到有效实行的自律或共同监管举措……自我监管可能是实施该指令的补充方式,它并不能替代国家监管者的责任。"①

指令强调,监管模式的选择和实施要和各个成员国不同的法律传统相适应。各个成员国应当结合本国的法律传统选择监管模式。但该指令同时提出:"本指令鼓励成员国采用这两种监管方式,但这并不是说要求成员国成立共同监管或自我监管机构,也不是要求破坏成员国现有的共同监管或自我监管的激励手段,毕竟这些手段可能运行良好且十分有效。"②

二、《2003 年通信法》的 3 次修改

为了将《欧盟视听媒体服务指令》转化为国内法③,英国于 2009 年、2010 年两次修改《2003 年通信法》,从国内立法层面构建起英国视频点播监管体系,2014 年的修改则侧重完善英国视频点播监管体系。

(一)2009 年的修法④

本次修改的法案于 2009 年 12 月 19 日生效,这也是欧盟要求各成员国实施《欧盟视听媒体服务指令》的截止日期。

---

① European Council. Audio visual meadia service directive[EB/OL]. (2007-12-18)[2018-02-01]. https://www.ofcom.org.vk/-data/assets/pdf-file/0018/12942/av-media-services.pdf.
② European Council. Audio visual meadia service directive[EB/OL]. (2007-12-18)[2018-02-01]. https://www.ofcom.org.vk/-data/assets/pdf-file/0018/12942/av-media-services.pdf.
③ 欧盟法律体系中,指令需要由成员国立法机构执行才有效,但如果成员国不履行或拒绝将指令转化为国内法的一部分,该成员国就会受到欧洲法院的处罚。
④ 2009 年的修法显然是为了实施《欧盟视听媒体服务指令》的内容,《欧盟视听媒体服务指令》中提出的要求不仅涉及视频点播,还涉及广播电视业。本文囿于主题,仅集中探讨本次修法所涉及的视频点播监管问题。

本次修法中针对视频点播监管的内容主要有：(1)规定了纳入监管体系的视频点播服务的构成要件；(2)规定了监管模式为共同监管，共同监管的监管机构是既有的通信办公室和一个被通信办公室任命的机构；(3)被任命机构应该具备的条件；(4)对于被点播的视频节目的内容方面的要求；(5)监管机构的处罚权限以及处罚方式等。① 这次修改侧重于整体构建视频点播监管体系，但是还有一些方面未能予以规定，于是有了 2010 年的法律修订。

(二)2010 年的修法

2009 年之后，英国政府再一次对《2003 年通信法》进行修订，这次修订的内容于 2010 年 3 月 18 日生效，这也是共同监管者——视频点播协会获得通信办公室任命的日期。

此次修订针对一些需要进一步规定的问题做了补充，主要增加了视频点播服务商应承担的一些义务，包括通知义务与付费义务。关于通知义务，法律规定监管范畴内的视频点播服务商负有通知义务，需要在提供视频点播服务前通知共同监管机构，如果停止提供服务同样要通知该监管机构，法律同时规定了违反该通知义务所要受到的处罚。关于付费义务，法律规定视频点播服务商要向该共同监管机构付费，并详细规定了收费所要遵循的原则，比如可以根据不同情形收取不同费用。此外，这次修订还包含其他一些内容，比如要求视频点播服务商在停止提供节目 42 天内要保留节目复件。②

这次修法使得视频点播服务商的法定义务更加细致明确，修订内容侧重于规定服务商应承担的行政性义务。

(三)2014 年的修法

针对视频点播监管立法中存在的对色情内容规定不明的问题，英国政府再一次对《2003 年通信法》进行了修改。修改的内容于 2014 年 12 月 1 日生效，对视频点播服务中禁止传播、限制传播的内容做出了更为具体的规定。

这些规定是：视频点播服务不能含有禁止传播的内容，禁止传播的内容包含分级机构拒绝分级的内容以及虽未经分级机构认定，但有理由认为会被分级机构拒

---

① The audiovisual media services regulations 2009[EB/OL]. (2009-12-19)[2018-06-15]. http://www.legislation.gov.uk/uksi/2009/2979/contents/made.
② The audiovisual media services regulations 2010[EB/OL]. (2010-03-18)[2018-06-15]. http://www.legislation.gov.uk/uksi/2010/419/contents/made.

绝分级的内容,除非这些内容采取了特定方式,确保18岁以下群体不能观看到,视频点播服务不能含有限制传播的内容。限制传播的内容包含：R18的内容或者会被分级为R18的内容,以及其他可能严重损害18岁以下群体身心健康的内容。①

第三节　英国视频点播服务的监管主体

英国对视频点播服务的监管经历了从自我监管到共同监管,再演变为法定监管的变迁。在此过程中,各监管主体扮演了不同的角色,采取了不同的监管方式。

一、早期的自我监管主体

视频点播服务在英国出现后,是否对其进行必要的监管就成了摆在英国社会面前的一个问题。

在英国《2003年通信法》制定和颁布生效之前,一些符合广播电视服务定义的视频点播服务由通信办公室监管。而《2003年通信法》排除了对这些服务的监管要求。当时,英国没有一个法定机构对视频点播服务中的内容负有监管义务。②

英国协会有着依靠媒介自律解决问题的传统,2002年五个曾经推动视频点播服务发展的服务商在英国政府的指导下成立了一个自我监管机构,这就是最初的视频点播协会。这五个服务商分别是Video Networks、Kingston Communications、The On Demand Group、NTL和Telewest。随后,英国电讯集团(BT)、英国第4频道(Channel 4)及英国维珍传媒(Virgin Media)等在视频点播市场上有较大影响力的服务商也加入其中,成为当时视频点播协会的成员。③

作为一个自律系统,视频点播服务提供商依据自愿原则决定是否加入,因此当时并非所有服务商都是其成员,视频点播局仅对自愿加入其中的成员有处罚的权力。但是,直到英国实施《欧盟视听媒体服务指令》、2009年修订《2003年通信法》,确立对视频点播服务进行共同监管前,作为自律机构的视频点播局并未真正处罚过它的成员。

---

① OFCOM. The audiovisual media services regulations 2014[EB/OL]. (2014-12-01)[2018-06-15]. http://www.legislation.gov.uk/uksi/2014/2916/contents/made.
② DCMS. Public consultation on implementing the EU audivisual media services[EB/OL]. (2008-10-24)[2018-02-01]. https://culture.gov.uk/reference-library/consultations/5309.aspx.
③ OFCOM:Proposals for the regulation of video on demand services[EB/OL]. (2009-09-14)[2017-09-10]. https://www.ofcom.org/corlsultation-and-statement/categorg-2/vod.

当时的视频点播协会成员签署了一个行为准则,确立了两项原则。其一是保护儿童免受不良信息的侵扰;其二是针对可能引起用户不安的内容,向用户提供准确、及时的提示信息。

二、视频点播协会的转变:从自我监管者到共同监管者

英国政府在将《欧盟视听媒体服务指令》转化为国内法的时候,在视频点播服务监管上选择了共同监管模式,这种模式不同于自我监管的自律模式,也不同于政府直接监管。这一监管模式在英国运行5年之后,2016年1月被法定监管取代。在此,我们重点阐释曾经实施的共同监管模式。

(一)共同监管的含义与实践

1.共同监管的含义

共同监管是近年来西方各国普遍探索的一种新型监管方式,被视为法定监管和自我监管之间的中间路线。根据通信办公室的定义,共同监管是指一个法定的监管机构授权给一个相关的机构来制定、实施行为准则,该准则需获得法定监管机构的批准,该相关机构在共同监管的环境下被监督,法定监管机构保留必要的权力。[①]

有学者这样概括:共同监管这一术语的意涵包含着一系列复杂的监管现象,作为一种监管体制包含着复杂的总体立法与自律机构之间的互动……共同监管就是指并不完全属于政府立法监管,而又带有一定公共政策属性、不能被视为自律的那一部分。

2.媒介监管领域的共同监管实践

共同监管是伴随着政府治理职能的讨论,于20世纪80年代后期在政治语境中出现的,随后西方各国兴起了对共同监管的讨论。到了90年代中期,共同监管开始走向实践,最初是澳大利亚酒类广告守则[②]的制定程序用共同监管替代了行业

[①] OFCOM: Identifying appropriate regulatory solutions: principles foranalysing self-and co-regulation. (2008)[EB/OL].(2008-12-10)[2017-09-10]. https://www. ofcom. org. vk/-data/assets/pdf-file/0019/46144/statement. pdf.

[②] 该守则由澳大利亚消费者协会(Australian Consumers Association)与澳大利亚竞争和消费者委员会(ACCC)共同颁布实施,根据1974年澳大利亚商法(*Trades Practices Act*)而制定。在共同监管的模式下,酒精生产商可以进行积极的自律,但其行为同时也要符合一些政府或行业外部制定的行为准则。因为受到许多批评,这个准则在2011年6月被修订。

自律。

欧盟在互联网领域关于共同监管的立法实践始于2002年。2003年12月欧盟通过了《关于制定更好的法律的跨机构协定》(Inter-Institutional Agreement on Better Law-making 2003),这使得推进共同监管成为欧盟的立法政策。这份文件写道:共同监管意味着实行一种委托立法机制,由政府设定立法目的,并将监管权力委托给该行业内被认可的组织,如经济团体、非政府组织等。该文件规定了这种机制的使用准则及限定条件,比如在哪些问题上立法,如何减少政府行政负担,如何使其职能更集中,等等。

随后共同监管很快变成欧盟各国的立法实践。德国的电视自我监管机构(FSF)和荷兰的视听媒体分级研究所(NICAM)都以共同监管的模式对媒体内容实施了比较有效的监管。[1]

共同监管模式在英国也有较为丰富的实践经验。英国在对视频点播服务采取共同监管模式前,对一些领域已经采取了共同监管模式。特别是在广播电视领域,通信办公室出台了专门评估是否采用共同监管模式的文件,广告标准局(Advertising Standards Authority)、英国广播电视培训与技术局(the Broadcast Training & Skills Regulator)都是英国媒介实践共同监管的典型代表。

广告标准局是英国较早实践共同监管的机构。广告标准局成立于1962年,最初是一家自律机构。2004年,通信办公室将广播媒体广告监管职能外包给广告标准局。2010年广告标准局又获得通信办公室新的授权,除了能对广播电视范围内的广告进行监管,还可以对视频点播服务中的广告进行监管。

2005年,英国广播电视培训与技术局成立,负责协调和评估广播者的表现,这也是英国实践共同监管的一个例子。英国广播电视培训与技术局负责评估广播者的表现,通信办公室负责审查整个评估体系。

此外,视频点播局也是典型的共同监管机构,它于2010年获得授权,和通信办公室携手对英国视频点播服务进行监管。

3. 共同监管的价值分析

共同监管因有制度层面的优势,近年来逐渐受到欧盟各国的青睐。它是一种扬长避短的中间路线,既可以规避自律监管与直接监管两种方式的突出弊端,又可以充分利用这二者的优势,将自律元素和政府直接监管的元素进行调和。

---

[1] 张文锋.英国广告规制中的替代性规制及启示[J].青年记者.2015(8):85-86.

通信办公室认为,共同监管结合自律和法定监管,将产业和政府的行动结合起来。它的目的是在需要政府监管的情况下,由政府行使某些权力,同时充分利用自律的便利。①

(二)对共同监管主体的选择

为了实施《欧盟视听媒体服务指令》,英国选择了共同监管模式来监管视频点播服务。在这种模式下,要首先确立监管主体。确立监管主体需要考虑的因素比较复杂。具体包含:共同监管者会被赋予哪些权力,授权体系决定包括哪些内容,谁来起草行为准则,谁来应对投诉,谁有保留权力(backstop powers),等等。对这些问题的不同考虑可催生不同的监管方式。英国政府为了实施《欧盟视听媒体服务指令》,曾提出三种方式,其中两种属于共同监管,一种属于法定监管。

1. 三种方式

政府认为根据《欧盟视听媒体服务指令》的监管思路,仅靠自律规范视频点播服务不足以达到指令的要求。政府因此制定出三种监管方式(见表5-1),并明确向公众表示政府倾向于方式二中的共同监管的思路。②

方式一:共同监管,即立法直接规定共同监管机构的权力和义务。该共同监管机构负责和行业联合起草服务商准则,制定上诉、执行程序等。通信办公室对视频点播监管保留一定的权力。政府有权力修改对这个机构的任命。

方式二:共同监管,即通信办公室授权给共同监管机构。这种模式下政府授权通信办公室作为法定监管机构。英国文化、媒体和体育部③(DCMS)和通信办公室一起选定共同监管机构,确定监管协议。在这种模式下,法律授权给通信办公室,至于选择谁为共同监管者、共同监管协议的具体内容是什么,还有待商议。共同监管机构负责起草视频点播服务商的行为准则,这个准则需由通信办公室批准。共同监管机构负责处理投诉,并保有一些执行权力。同样,通信办公室也有部分监管

---

① OFCOM: Identifying appropriate regulatory solutions: principles foranalysing self-and co-regulation (2008)[EB/OL]. (2008-12-10)[2017-09-10]. https://www.ofcom.org/corlsultation-and-statement/categorg-2/vod.
② DCMS. Public consultation on implementing the EU audivisual media services[EB/OL]. (2008-10-24)[2018-02-01]. https://culture.gov.uk/reference-library/consultations/5309.aspx.
③ 文化、媒体和体育部是英国广播电视规制系统中现有的立法机构,是1997年英国工党政府上台后建立的,其前身是保守党政府领导下的国家遗产部。2017年又更名为"数字、文化、媒体和体育部(Department for Digital,Culture,Media & Sport,DCMS)"。

权力,用来对严重违反行为准则的行为进行处罚,或者在共同监管机构没能有效发挥作用时进行干涉。

方式三:由立法直接规定任命通信办公室为监管机构。服务商行为准则由通信办公室起草,它也负责处理投诉等。这种模式下,视频点播服务商可能会被要求遵守视频点播领域的专门准则和通信办公室的一般性规定,比如视频服务商可能要获得通信办公室执照,才能提供服务。这不是共同监管模式。

表5-1 不同监管方式及其特征

监管方式	权力分配	监管范围	行为准则	处理投诉	执法权	权力保留
共同监管	立法授权给共同监管者	立法规定	共同监管者和行业协商制定	共同监管者	共同监管者(包含罚款等)	通信办公室和政府
共同监管	立法授权给通信办公室	法律和共同监管者的指南共同确定	共同监管者和行业协商制定,经通信办公室同意	共同监管者	共同监管者(包含罚款等)	通信办公室
直接监管	立法授权给通信办公室	立法	通信办公室和行业、政府协商制定	通信办公室	通信办公室	无

英国政府的出发点是保护消费者利益和行业利益。政府认为,对视频点播进行监管,无论选择上述哪一种方式,都将有利于消费者。至于如何保护行业利益,这是要审慎考虑的问题。英国政府表态将会严格限制针对视频点播的监管范围,不会扩大《欧盟视听媒体服务指令》中所指的视频点播服务的概念。政府强调《欧盟视听媒体服务指令》对视频点播的定义是很狭窄的,只涵盖提供类似电视内容的大众传播媒介。

在监管方式的选择上,英国政府首先排除了方式三,因为方式三属于政府直接监管,缺少独立性和灵活性。方式一和方式二都属于共同监管模式,共同监管者与行业有密切联系,这种模式显然对行业利益更有利,行业可以参与到整个监管体系的设计中。尽管跟已有自律机制相比,采用方式一和方式二都会导致双重监管,增加监管成本,但是共同监管的方式更符合行业的长远利益。比较方式一和方式二,英国政府认为方式二更有利,因为在方式二的情境下,共同监管者的权力并非法律直接授予的,一旦监管体系出了问题,通信办公室可以直接对其进行修正而无须修改法律。在方式一的情境下,共同监管机构要由政府来任命,这就会失去一些灵活性,如果监管出现问题,就无法进行快速调整。

2. 社会各方意见反馈

英国政府将自身的考虑和意见向社会公开并征求意见。征求意见的结果显示,大多数反馈意见都接受共同监管的模式,但也存在一些争议。行业倾向于授权通信办公室来任命共同监管机构,但是部分消费者和公民团体则对该方式表示怀疑,他们倾向于由通信办公室直接监管或者新设一个独立机构。

三种方式都有支持者。比如微软(Microsoft)认为方式一更有利于建立一个合适的监管体系,有更强的灵活性;英国传媒和娱乐工会(UK's Media and Entertainment Trade Union,BECTU)、英国全国受众协会(National Viewers' and Cisteners Association,NVLA)则支持由通信办公室直接监管;儿童食品安全运动组织(The Children's Food Campaign,CFC)则认为政府应成立一个独立机构,政府进行直接监管更有效,这种方式可以排除行业相关利益的影响。

也有一些机构要求政府说明为什么排除了自律模式,为什么自律不足以满足指令的要求。比如英国电讯(British Telecom)就提出,自律机制在英国运行得很好,对它的改变会带来不确定性、增加成本,新方式的有效性也有待评估。探索频道(Discovery)强烈推荐根据视频点播局或 IMCB 的经验建立自律机制,由行业主导制定必要的行为准则和投诉处理机制。①

最终政府提议的方式二获得了大多数反馈者的认可。

3. 最终决定

2009 年 3 月,英国文化、媒体和体育部大臣发表实施《欧盟视听媒体服务指令》的政府声明,确定选择授权通信办公室的共同监管路径。声明中规定:"需要通过共同监管协议的方式来让视频点播行业保证对内容承担一定的责任。指令不允许行业依靠自律方式,但是允许和鼓励行业尽可能多地参与监管方式的制定,就像 2003 年开始视频点播行业就在做的一样。基于这些,政府敦促视频点播服务商参与合作来最终完成新监管方式下的协议制定。"至此,英国视频点播领域的监管制度设计与主体选择初步完成。

---

① DCMS consulation on proposals for the implementation of The EU audiovisual media services directive in the United Kingkom, summary of responses(2009)[EB/OL]. (2008-10-24)[2018-03-01]. https://www.culture.gov.vk/refernce-library/consultations/5911.aspx.

随后,通信办公室公布了影响评估报告(the impact of the proposed co-regulatory framework)。在这份报告中,通信办公室指出对视频点播领域开展共同监管不会产生负面影响,而且不会使行业增加成本负担。这种方式能够保障消费者利益和公民利益,帮助政府实现《欧盟视听媒体服务指令》中的公共政策目标。

4. 确定视频点播协会为共同监管者

在英国视频点播监管模式确定后,视频点播自律组织视频点播协会向通信办公室提交了请求任命自己为共同监管者的申请。视频点播协会提议将自己从行业自律组织转型为共同监管者,并提交了逐步完成转型的详细时间表。视频点播协会为此做出了许多努力,比如它改变了原有的委员会结构,选择新的独立主席和执行官,以确保其独立性。

视频点播协会的转型提议得到了视频点播编辑同盟①(the VOD Editorial Steering Group, VESG)的大力支持。视频点播编辑同盟还为视频点播协会提供了信用证明,支持它获得通信办公室的任命。可见,视频点播协会的申请任命有广泛的行业基础。

通信办公室需要评估视频点播协会是否为合适的共同监管者。通信办公室的评估标准有两个,一是即将生效的《2003年通信法》修改案,二是通信办公室的规范性文件《确定适当的监管解决方案:分析自我监管还是共同监管的原则》(*Identifying Appropriate Regulatory Solutions: Principles for Analysing Self-and Co-regulation*)。这份文件确立了判断自律还是共同监管的五项影响因素,即行业成员是否有意愿去解决该问题,行业的解决办法是否符合公民和消费者利益,单个公司是否参加该监管体系,单个公司是否倾向于搭行业解决办法的便车,行业是否有清晰、直接的目标。②

当时,2009年修改的《2003年通信法》法案尚未生效,这份法案授权通信办公室监管视频点播服务的权力,并具有任命其他机构作为共同监管者的权力。该法案也规定了"适合的共同监管机构"所应具备的条件:机构合适,该机构同意被任命,该机构能够获得维持其运行的资金来源,该机构与视频点播服务商之间彼此独立,

---

① 视频点播编辑同盟是一个由行业服务商等众多利益相关主体组成的团体,它代表行业利益与通信办公室进行协商,推动视频点播共同规制机制的建立。当时英国国内较大的视频点播服务商都是VESG的成员,在推动视频点播规制体系确立的过程中,它发挥了重要作用。
② OFCOM: Identifying appropriate regulatory solutions: principles for analysing self-and co-regulation. (2008)[EB/OL]. (2008-12-10)[2017-09-10]. https://www.ofcom.org.vk/-data/assets/pdf-file/0019/46144/statement.pdf.

该机构的监管行为应确保透明、负责、符合比例、公正一致。

通信办公室评估后认为：视频点播行业明显有意愿通过行业主导的方式构建监管体系，这种方式可以将监管给行业带来的行政负担控制在最小；任命视频点播局为共同监管者能够确保对公民利益和消费者利益的保护，并且符合《欧盟视听媒体服务指令》中对视频点播服务施加较轻监管的要求；视频点播编辑同盟的高度参与，行业对新的监管体系有较高参与度，确保了有比较容易理解的目标体系，而且视频点播服务商需要履行的通知、付费义务是法定义务，不履行该义务的服务商应该较少，搭便车的服务商应该也不会多。所以其认为视频点播协会是合适的共同监管者，并向英国社会广泛征求意见。2009年12月18日通信办公室公布征求意见的结果。结果显示，绝大多数反馈者都认为对视频点播的监管可以通过共同监管的方式完成，支持通信办公室任命视频点播局作为共同监管机构。当时视频点播协会很希望能在2009年被任命，因为这样视频点播协会就可以多3个月的时间来准备接受服务商的通知。但在当时，授权通信办公室监管视频点播服务的法案尚未生效，法律体系构建尚未完成，通信办公室并未马上进行授权。直到2010年3月18日，对《2003年通信法》的第二次修改生效，通信办公室决定将部分职能交给视频点播协会，便于当天发布了授权文件。

2010年3月18日，视频点播协会最终获得通信办公室的授权，期限为10年，但同时通信办公室有权随时终止授权，随后视频点播协会正式成为英国视频点播服务的共同监管者，并更名为视频点播局（The Authority for Television On Demand，ATVOD），完成了从自律机构到共同监管机构的转型，与通信办公室共同担负起对视频点播服务的监管职责。通信办公室的授权文件，详细规定了视频点播局的职权与义务。①

(三)共同监管的积极价值探讨

英国的媒介市场经历了许多改变，市场结构日益复杂，商业模式层出不穷，消费者的媒介习惯不断变化……通信办公室提出，融合时代和全球化给传媒市场带来了很多变化，比如：新产品和服务层出不穷，其中很多是融合在一起提供的或打包提供的，或者是之前未受监管的服务；新的服务商进入市场，传统媒体服务商开

---

① OFCOM. Review of the Ofcom designation of the authority for Television on demand [EB/OL]. (2012-08-15) [2018-02-01]. https://www.ofcom.org.uk/-data/assets/pdf-file/0016/41263/statement.pdf.

始向新领域拓展服务;更多英国境外的公司为英国提供服务;电子通信设备正在改变人们的传播需要和传播行为。①

媒介环境的改变、技术的发展都给监管带来了新挑战。"媒介融合在技术变革的推动下发生,并以一种自下而上的方式,在其发展过程中不断催生着新的制度需求和政策需求,推动着媒介制度的创新与变革。"②

与此同时,英国媒介监管的政策环境也在发生改变。新的自律和共同监管体制在英国出现,两种体制越来越为人们所熟知。共同监管日益受到关注,通信办公室认为,纯粹的自律其实很少。"实现更广泛公共目标的路径要依靠各种方法的结合,有政府监管的要素,也有可能依赖自律的要素。"③

英国对视频点播服务的监管采用了共同监管的方式,这种方式很好地借鉴了两种方式的优势,将政府监管和自律的优势加以融合,扬长避短,进行灵活监管。通信办公室选择了视频点播局作为共同监管者,这个从行业自律机构转型而来的共同监管者与行业间有着千丝万缕的联系,最熟悉行业的情况,也能够代表行业利益。而通信办公室作为政府的直接授权对象,则代表了共同监管方式中的政府监管因素,保留部分权力。这种方式具有突出的自律特征,在重大问题上,又能保证政府权力的介入。

在英国,视频点播服务的特性决定了要采用不同于广播电视监管的共同监管方式。它要有灵活性,与行业间有着天然紧密的联系,能够规避自律方式的缺陷,同时也不至于沦为行业利益保护伞。

"在媒介融合的背景下,媒介制度的改革和设计不能简单地以'市场'代替'政府',更重要的是同时面对国内市场发展和全球化趋势时,合理界定政府和市场的边界。"④笔者认为,共同监管的路线选择代表了未来媒介融合时代对媒体服务监管的趋势⑤,符合未来媒介监管的规律,而且会具有较强的普适性。在共同监管方式下,自律和政府权力介入因素的比重可以调节,从而建立起多种不同权力配比的关

---

① OFCOM:Identifying appropriate regulatory solutions:principles for analysing self-and co-regulation. (2008)[EB/OL].(2008-12-10)[2017-09-10]. https://www.ofcom.org.vk/-data/assets/pdf-file/0019/46144/statement.pdf.
② 王润珏.媒介融合的制度安排与政策选择[M].北京:社会科学文献出版社.2014:2.
③ OFCOM:Identifying appropriate regulatory solutions:principles for analysing self-and co-regulation. (2008)[EB/OL].(2008-12-10)[2017-09-10]. https://www.ofcom.org.vk/-data/assets/pdf-file/0019/46144/statement.pdf.
④ 王润珏.媒介融合的制度安排与政策选择[M].北京:社会科学文献出版社.2014:116.
⑤ 近年来欧盟各国都对共同监管进行探索,但是共同监管理论在美国遇冷,并未受到广泛关注。

系。媒介融合背景孕育了许多迅猛发展的新兴产业,实践证明,具备大众媒介属性的服务产业大多需要被监管,无论采用何种监管方式,共同监管都具有很强的适用性。政府站在行业组织的背后,当行业组织自律失效时,政府发挥作用,如此便可确保在新兴产业里也能最大限度地保护公共利益。因此,在视频点播服务还未大规模发展的时代,共同监管在保护公共利益、维护消费者利益和促进产业发展方面都发挥了很好的作用。

三、共同监管机构退出监管"舞台"

视频点播局在英国顺利运行了 5 年,其间,它不断摸索对视频点播的监管方式,包括如何定义、如何精细划定监管范畴、如何制定视频点播领域监管细则,等等。

直到 2015 年,视频点播迅猛发展,逐渐成为可与广播电视比肩的媒介形态。在通信办公室看来,视频点播与传统广播电视的区分越来越小,通信办公室开始思考未来应如何监管视频点播。通信办公室认为,由自己来监管更为有效,能使广播与视频点播的监管尺度更加统一;而且视频点播局作为一个较小的机构,无法保障负责作出决定的人员和负责复核的人员能够分开,自己直接监管就可以解决这一问题;另外,在实践中,许多提供视频点播的服务商同时也提供广播电视服务,将二者一起监管,更有利于提高效率。从法律规定来看,通信办公室是法律授权的监管机构,同时法律许可通信办公室就这部分职权进行转授权。转授权的规定并非强制性的,通信办公室对此有选择权。通信办公室承诺,收回授权后并不会因此扩大它的监管权力,而且它吸收视频点播局的部分工作人员加入通信办公室,帮助它一起进行视频点播领域的监管。①

最终通信办公室作出决定,收回对视频点播局的授权,由它来接替视频点播局这一合作伙伴对视频点播领域进行监管。从 2016 年 1 月 1 日起通信办公室开始作为独立的监管机构监管视频点播服务。在英国视频点播领域,共同监管正式退出舞台。从此,通信办公室作为独立监管机构,将视频点播与广播电视纳入统一的监管体系,尽管对视频点播与广播电视在具体监管内容(如投诉处理等要求)上有差异,但从监管体系中看,二者在通信办公室眼中的地位趋于一致。

通信办公室随即更新了有关视频点播监管的许多细则,但这些监管细则大多是以视频点播局的监管细则为蓝本的,不仅未抛弃视频点播局之前的监管实践,而

---

① OFCOM. Future regulation of on-demand programme services [EB/OL]. (2016-03-01)[2017-02-01]. https://www.ofcom.org.uk/consultations-and-statements/category-1/vod_procedures.

且基本沿用了视频点播局的监管思路,对细则的更新主要集中在原有共同监管的相关内容上,比如:原本视频点播服务商需要通知视频点播局,现改为通知通信办公室;原本服务商对视频点播局作出的有关情形是否属于其监管范围的决定不满,可以上诉到通信办公室,现改为通信办公室直接作出决定,对决定不满的服务商有权诉至法院。

第四节 英国视频点播监管对象研究

视频点播服务监管机制建立后,所有提供视频点播服务的组织都被纳入了监管范围,成为被监管的对象。它们作为被监管对象,要履行相应的义务,并对所提供的视频服务的内容负责。但是,在实践中,一个网络环境下出现了一个可供点播的视频,这是否就算在提供视频点播服务,该提供者是否就是视频点播服务的提供商?这并不是一件一目了然的事情。在监管视频点播服务的过程中,对于被监管对象的确定问题产生过争议。

尽管最终通信办公室结束了对视频点播局的授权,把视频点播监管完全纳入原有媒介监管的体系中,但不可否认的是,视频点播局对视频点播监管做出了重要的贡献。在完成从无到有的监管时,视频点播局对监管对象的判断标准决定了日后的监管范围。通信办公室收回授权后,视频点播局最初的判断标准仍很有价值。本文从该判断标准着手,展现英国对视频点播监管对象的划定过程。

一、英国纳入监管范围的视频点播服务

(一)英国法律中规定的视频点播服务(ODPS)

在《欧盟视听媒体服务指令》中,使用"on demand service"的概念表述纳入监管范围的视频点播服务。《欧盟视听媒体服务指令》将视频点播服务定义为非线性视听媒体服务的一种,媒体服务商提供的节目可以让用户在选定的时间观看并按照服务商提供的节目分类自由选择但并没有以列举的方式展现视频点播服务的构成要素,视频点播服务的构成要素散见于《欧盟视听媒体服务指令》的诸多论述中,指令对于"节目""编辑责任""媒体服务提供商"作出了概念界定。

《欧盟视听媒体服务指令》认为,视频点播服务的核心特征是"类似电视"的,它们与广播电视竞争同样的观众群,视频点播服务的特性让用户产生监管期待。《欧盟视听媒体服务指令》认为，基于视频点播服务与广播电视服务在用户选择权上的不同，应当对视频点播服务采用程度更轻的监管，并且要求"最小限度"的监管。①

此外，《欧盟视听媒体服务指令》采用非封闭式的列举方式，划定了排除在该指令监管范围以外的服务类型：主要目的不是经济性的且不与广播电视竞争的服务，用户自行上传的用户生产的内容（UGC）服务，私人通信和电子邮件服务，视频内容仅为附带提供的服务，赌博类服务，在线游戏，搜索引擎以及报纸杂志的网络版。②

英国在实施《欧盟视听媒体服务指令》时，需要回答具备哪些要素可以被视为视频点播服务、谁是该服务的提供者等问题，判断方法直接关系到能否满足《欧盟视听媒体服务指令》的要求。

在将《欧盟视听媒体服务指令》转化为国内立法的时候，英国将其中的"on demand services"转化为"on demand programme services"（ODPS）。在此我们将"ODPS"译为"视频点播服务"。

英国2009年修订的《2003年通信法》对一个服务是否为视频点播服务做出了规定：（1）这个服务的主要目的是提供类似电视节目的服务，该服务在形式、内容上都和电视节目相似；（2）这个服务是一种点播服务；（3）有人对此节目负有编辑义务；（4）不特定数量的公众可以获得该服务；（5）负有编辑责任的主体属于英国的管辖范畴。一个服务要满足上述五个条件才会被认定为纳入监管范畴的视频点播服务，而提供这种服务的主体才是视频点播服务商，才是视频点播监管的对象。③

很显然，英国对于视频点播的法律定义没有突破《欧盟视听媒体服务指令》中的概念，英国政府在立法之初就强调对视频点播监管的范围不能超过指令所要求的必要限度，这与前述立法目标相一致。

（二）英国监管实践中对于界定标准的细化

尽管英国法律中对于视频点播服务的认定已经有了比较明确的规定，但是在媒介融合的背景下，网络视频节目类型多样，商业模式层出不穷，这些都增加了判断一个服务是否构成视频点播服务的难度。如何适用法律的问题就被交到了视频

---

① European Commission audiovisual media services Directive[EB/OL]. (2007-12-18)[2018-03-01]. https://ec.europa.eu/digital-single-market/en/audiovisual-media-services-directive-avmsd.
② European Commission audiovisual media services Directive[EB/OL]. (2007-12-18)[2018-03-01]. https://ec.europa.eu/digital-single-market/en/audiovisual-media-services-directive-avmsd.
③ The audiovisual media services regulations 2009[EB/OL]. (2009-12-19)[2017-02-01]. http://www.legislation.gov.uk/uksi/2009/2979/contents/made.

点播局和通信办公室手中。根据通信办公室的授权,视频点播局拥有界定何为视频点播服务的权限,而视频点播服务商如不认可视频点播局的认定,则有权向通信办公室申请重新认定。[①]

在共同监管模式下,相关行为主体自行判断自己是否属于视频服务提供商,如果是那就加入监管系统,履行应尽的义务和责任。视频点播局也表示,通常判断一个服务是否为视频点播服务并不是很容易。为此视频点播局制作了相关指南,以帮助业界和社会来衡量和判断究竟什么样的服务是视频点播服务。在认定是否为视频点播服务这一问题上,有着5年监管实践经验的视频点播局拥有极大的话语权,它对视频点播服务的认定奠定了英国视频点播服务认定的实践基础。即便在通信办公室收回对它的授权后,通信办公室更新了相关判定规则,但并未对视频点播局确立的判断方法进行实质性改变,另外,视频点播局的部分员工加入了通信办公室,协助通信办公室处理对视频点播服务的监管。

1. 视频点播局提供的判断途径

视频点播局专门制定了详细的指导性文件——《关于视频点播申请和监管范围的指南——申请者须知》[②],用以指导服务商自行判断一个服务是否为视频点播服务。这份文件展示出视频点播局的判断方法,对服务商也有积极的指导意义,但是该文件并不具有法律的强制性。

视频点播局认为判断是否为视频点播服务需要考虑两大问题:第一,该服务是否与广播电视竞争一样的观众群;第二,用户是否会对这项服务产生监管预期。这两个问题也是《欧盟视听媒体服务指令》中强调的。

视频点播局进一步解释说,在进行判断时,需要从服务商所提供的服务整体来看,如果所提供的部分或全部服务是与广播电视竞争的,会让观众产生监管预期,那这很可能就是在提供视频点播服务。一个服务商所提供的部分服务也可能单独作为视频点播服务。比如一个服务商在提供在线零售的同时,也提供电视节目和电影的下载服务,那他的行为就可能构成视频点播服务。

在该指导性文件中,视频点播局采用非封闭方式列举了一些可能是视频点播服务的服务类型:①视频服务提供商使用同步复制设备,将电视频道的节目录下

---

① 这里说的是在共同监管模式下通信办公室与视频点播局的分工,在通信办公室收回授权后,通信办公室成为唯一有权对此作出认定的主体。
② ATVOD. Guidance on who needs to notify:application and scope of the regulations for Video On Demand(VOD) services[EB/OL].(2015-12-18)[2018-03-02]. https://atvod.co.uk/uploads/files/Guidance-on-who-needs-to-notify-Ed-4.0-Feb-2014.pdf.

来，在自己的网站上播放，或者在一个在线融合式播放平台上播放，或者通过机顶盒在电视平台上播放；②电视节目档案服务。若干个广播者或者节目制作公司近期的节目被放在一个内容集成平台上，平台控制者负有编辑责任，不管其内容是通过网站、媒体集成播放平台还是通过电视平台播放；③电影点播服务。其通过在线网站或者其他传输技术播放，提供商对内容负有编辑责任；④音乐视频点播服务；⑤类似电视的自我推广节目或软文广告类 VOD 服务；⑥非主流的点播服务中包含的一些类似广播电视中的节目类型(比如宗教、政治、体育、成人节目等)。[①]

2. 判断是否为视频点播服务的关键问题

在判断一个服务是否符合法定视频点播服务的含义时，"类似电视""节目主要目的""编辑责任"等核心问题需要特别厘清，《欧盟视听媒体服务指令》与英国国内法对于这些问题仅给出了一些概念性解释，不足以回答实践中如何判断的问题。这些问题在视频点播局的指导性文件中可以找到一些更为明确的答案。

(1)"类似电视"(TV-Like)的节目

《欧盟视听媒体服务指令》提出，纳入监管的视频点播服务与广播电视相类似，竞争同样的观众群，这是欧盟监管视频点播服务的基本出发点。

视频点播局认为，与电视节目的对比要考虑到电视频道的所有类型，包括低成本频道、成人频道和其他特殊频道，判断的标准是两者具有可类比性，不是两者是否一致。这里的"节目"的含义要用动态的方式解释，充分考虑电视行业的发展。节目的类型，包含剧情片、运动赛事、情景剧、纪录片、儿童节目和原创喜剧等。视频点播局强调，一个服务必须和电视存在竞争关系才能被视为视频点播服务。[②]

视频点播局提出，在比较视频内容和电视节目时，需要考虑下列内容：是否有与电视节目相似的片头片尾；节目中出现主持人、评论员的，被认为类似电视的可能性更大；长的视频节目更可能是类似电视的节目，但是节目时长不是决定性的因素，短的节目也可能是；节目中包含广告更容易被认为是类似电视的节目；点播的

---

① ATVOD. Guidance on who needs to notify: application and scope of the regulations for Video On Demand (VOD) services [EB/OL]. (2015-12-18) [2018-03-02]. https://atvod.co.uk/uploads/files/Guidance-on-who-needs-to-notify-Ed-4.0-Feb-2014.pdf.

② ATVOD. Guidance on who needs to notify: application and scope of the regulations for Video On Demand (VOD) services [EB/OL]. (2015-12-18) [2018-03-02]. https://atvod.co.uk/uploads/files/Guidance-on-who-needs-to-notify-Ed-4.0-Feb-2014.pdf.

在电视上播放过的节目会被认为是类似电视的节目。①

这样的解释性规定使"类似电视"的含义变得丰富且能够落到实处。

(2) 主要目的

如果一个服务在提供类似电视的服务的同时还提供其他内容,视频点播局就要考虑提供类似电视的服务是其主要目的还是附带目的。视频点播局会考虑:在点击进入的时候,这个服务是否有自己独立的识别区域;视频内容是否被集合在一个独立的区域,并且有组织地排列呈现,作为一个整体的服务提供;视频内容和其他内容之间的联系程度;视频内容和其他不同于电视内容的内容之间的联系等。服务的呈现、组织方式,类似电视的特征是否突出,也是视频点播局的考量因素。②

(3) 编辑责任

英国在报刊监管和广播电视监管领域均强调编辑责任,只有经过编辑后传播的内容才能被纳入大众媒介监管的范畴。视频点播服务也不例外。

谁承担编辑责任的问题很关键,编辑责任意味着主体对视频点播服务的控制权,拥有控制权的主体需要承担对视频点播服务的法定义务。也就是说,在判断一个服务是视频点播服务之后,必须判断出谁是该服务的提供商,从而明确谁来具体承担法定的系列义务。

视频点播局提出,视频点播服务中负有编辑责任的主体(像电视节目的导演)要对该服务中的每个节目拥有控制权或安排权(如转播给消费者)。整体控制节目选择意味着决定个体节目是否被包含在内。此外,由编辑责任主体决定哪些信息应与视频内容一同在节目中提供,比如分级信息、内容警告等。③

视频点播局认为,编辑责任意味着整体控制,具体地说,就是选择哪些节目放在点播服务中,并决定这些节目的组织排列方式。没有控制者的服务不属于本监管体系,这也就能解释为什么"用户自产内容"(Users Generated Content, UGC)不属于本监管体系。但这并不是绝对的,如果某商业主体使用用户自产内容平台提

---

① ATVOD. Guidance on who needs to notify: application and scope of the regulations for Video On Demand(VOD) services[EB/OL].(2015-12-18)[2018-03-02]. https://atvod.co.uk/uploads/files/Guidance-on-who-needs-to-notify-Ed-4.0-Feb-2014.pdf.

② ATVOD. Guidance on who needs to notify: application and scope of the regulations for Video On Demand(VOD) services[EB/OL].(2015-12-18)[2018-03-02]. https://atvod.co.uk/uploads/files/Guidance-on-who-needs-to-notify-Ed-4.0-Feb-2014.pdf.

③ ATVOD. Guidance on who needs to notify: application and scope of the regulations for Video On Demand(VOD) services[EB/OL].(2015-12-18)[2018-03-02]. https://atvod.co.uk/uploads/files/Guidance-on-who-needs-to-notify-Ed-4.0-Feb-2014.pdf.

供视频点播服务,其就可能属于监管范畴。

在媒介融合的环境下,编辑责任的问题更加复杂。通常视频点播内容的传播,不只有一个主体参与其中。视频点播局意识到,在实践中可能有多个主体扮演编辑角色。这时谁来对该服务承担编辑责任？英国法律清楚规定,只有一个主体承担编辑责任。可见,编辑责任在法律上不能分担。

多种多样的视频点播商业模式增加了判断责任主体的难度。以视频点播服务的集成平台为例,集成平台间的商业模式也各有不同。集成平台上有多种视频点播服务,如果每个服务都有控制者,那究竟由谁来承担法律责任？一些视频点播服务通过第三方平台对外发布,那到底是服务提供方还是第三方平台来承担法律责任？

针对内容集成平台上的编辑责任认定问题,视频点播局提出,如果集合服务通过提供大量的资源构成一个新的服务,那么这个集成平台负责方就有编辑责任。如果集成平台上有很多服务商提供的内容,那么每个服务商都对自己的内容有编辑责任,确保其内容符合法律规定。但是,有时候集成平台负责方可能对部分服务有编辑责任,对另外一部分服务没有编辑责任。在实践中,具体合作模式总是千变万化的。

因此,视频点播局建议双方或多方在合同中对编辑责任进行约定。视频点播局在判断编辑责任时会重点查看合同,其判断方法为：首先考虑合同中是否有词语表达了编辑责任的意思,表明合同双方之间对编辑责任的划分；如果没有这样的内容,再看合同的其他条款；如果其他条款也没有解决这个问题,看双方之间的实际行为；最后看实践中的其他相关证据。[1]

一个服务商一旦被认为提供了视频点播服务,负有编辑责任,就要承担相应的法律责任。判断服务商是否为视频点播服务提供商,在整个监管体系中十分重要。但不管是通信办公室还是视频点播局均认为作出上述判断绝非易事。视频点播局结合英国的监管实践提出的细化判断标准,对服务商而言具有较强的指导性,也为视频点播局的判断提供了直观、公开、透明的的依据。通信办公室在收回相关授权后,未对视频点播局设计的相关判断标准进行大幅度的变更或修改,而是基本沿用了视频点播局的判断标准。

---

[1] ATVOD. Guidance on who needs to notify:application and scope of the regulations for Video On Demand(VOD) services [EB/OL]. (2015-12-18) [2018-03-02]. https://atvod.co.uk/uploads/files/Guidance-on-who-needs-to-notify-Ed-4.0-Feb-2014.pdf.

二、个案分析——新闻集团诉视频点播局

在英国视频点播服务监管过程中,曾有一个案例,即新闻集团诉视频点播局案。这一案例揭示出判断服务商是否提供视频点播服务,相关行为人是否属于视频点播服务提供商等视频点播监管问题在实体方面和纠纷解决程序方面的复杂性。

2011年2月,《电讯报》(*The Telegraph*)、《太阳报》(*The Sun*)、《世界新闻报》(*News Of The World*)和《星期日泰晤士报》(*The Sunday Times*)等多家报纸因在报纸网络版上提供视频内容,被视频点播局处罚,视频点播局认为,上述报纸网站中的视频内容为视频点播服务。[①] 其中,《太阳报》(网络版)的服务商新闻集团向通信办公室提出申诉,成为首个就网站视频内容是否为视频点播服务提出申诉的报纸网站。在新闻集团的申诉得到通信办公室的支持后,视频点播局撤销了对其他数家报纸的处罚决定。

(一)案情经过

2010年《太阳报》网站上已经开始出现视频内容,该网站中有专门的"Sun TV"部分,其中含有一些视频内容。共同监管者视频点播局认为这可能是视频点播服务。2010年10月视频点播局初步通知新闻集团,《太阳报》网站上的"Sun TV"部分可能单独作为视频点播服务,视频点播局在初步通知中并没有详细说明原因或提供证据。[②]

新闻集团随后做出了答辩:《欧盟视听媒体服务指令》和《2003年通信法》都没有将一个服务的一部分单独视为视频点播服务的明文规定;该网站没有提供"类似电视"的内容,视频内容是《太阳报》(电子版)的附带内容,提供视频内容不是其主要目的。《太阳报》网站上主要是文字内容,以及作为补充的图片、声音等各种交互式内容。视频元素只是一部分,绝不是主要部分。尽管视频栏目是众多导航栏中的一项,但整个页面的风格、内容能够让用户知道他是在观看报纸的电子版而非广播电视类节目。

---

① 英国VOD管理部门裁定22家在线服务机构违规运营[EB/OL]. (2011-04-05)[2018-06-05]. http://tech.sina.com.cn/i/2011-04-05/20565369995.shtml

② OFCOM. Decision in the appeal by Sun Video decision dated 11 February 2011[EB/OL]. (2011-02-11)[2011-04-05]. http://stakeholders.ofcom.org.uk/enforcement/on-demand-standards/scope-appeals/sun-video-decision-appendices/

此外，新闻集团还将"Sun TV"部分改名为"Sun Video"。

2011年2月11日，视频点播局考虑了新闻集团的答辩，公布了它的最终决定："Sun Video"服务是视频点播服务。视频点播局搜集的证据涉及《太阳报》（网络版）的三部分视听材料，并且抓取了屏幕上的内容。视频点播局认为，该部分视频从形态到内容都是类似电视的，其主要目的就是提供视频点播内容。一个网站可能包含多种服务，"Sun Video"是独立的服务，不同于报纸电子版的内容，观看者不会认为这部分内容是电子报纸的补充；这部分内容可以独立观看，不用参考电子报纸的内容，尽管部分视频内容链接到电子报纸，但不足以说明这些都是统一的内容。而且节目的内容使用了类似电视的编辑方法，有字幕、音效等。[①]

2011年3月22日，新闻集团上诉到通信办公室。

(二)争议焦点

新闻集团与视频点播局争议的问题在于《太阳报》网站上的视频内容是否为视频点播服务。双方就此问题的争议集中于以下两点。

1. 主要目的是不是提供视频点播服务

新闻集团在给通信办公室的上诉理由中提出，《太阳报》网站的视频部分不构成《2003年通信法》所称的服务，即使构成服务，其主要目的也不是提供视频点播服务。新闻集团认为，《2003年通信法》关于视频点播服务的规定并不是为了限定某一服务的一部分，或者将一个整体服务拆分成无限个部分来判断，而是要对所提供的服务整体进行判断。视频点播局认为网站上的视频节目可以脱离电子报纸来观看，这是一种理想状态，忽略了现实中相关视频内容是不能与电子报纸分开的。[②]

视频点播局认为，如果《太阳报》网站设置专门的区域提供类似电视的节目，而且节目跟报纸内容之间没有清晰、直接的联系，则可能单独作为视频点播服务。[③] 本案中，《太阳报》（网络版）提供的视频点播内容可以单独作为视频点播服务，而不

[①] OFCOM. Decision in the appeal by Sun Video decision dated 11 February 2011[EB/OL]. (2011-02-11)[2017-04-05]. http://stakeholders.ofcom.org.uk/enforcement/on-demand-standards/scope-appeals/sun-video-decision-appendices/.

[②] OFCOM Decision in the appeal by Sun Video decision dated 11 February 2011[EB/OL]. (2011-02-11)[2017-04-05]. http://stakeholders.ofcom.org.uk/enforcement/on-demand-standards/scope-appeals/sun-video-decision-appendices/.

[③] ATVOD. Guidance on who needs to notify: application and scope of the regulations for Video On Demand(VOD) services[EB/OL]. (2015-12-18)[2018-03-02]. https://atvod.co.uk/uploads/files/Guidance-on-who-needs-to-notify-Ed-4.0-Feb-2014.pdf.

是电子报纸的附带部分,这部分内容的目的就是提供视频。视频点播局认为它所作出的决定已经充分说明了"Sun Video"是一个视频点播服务。[①]

2. 是不是属于类似电视的节目

新闻集团认为,除非《太阳报》网站整体具有电视节目属性,否则就不属于类似电视的视频点播服务,就不是视频点播服务。该网站视频内容最短的仅有5秒钟,最长的是一个具有网络属性的网络访谈。新闻集团认为,网站上相关的视频内容不属于《欧盟视听媒体服务指令》所规定的节目范畴。

视频点播局提出,"Sun Video"在《太阳报》网站上是一个独立的部分,由视频内容构成,排列和呈现方式也符合类似电视的特征,并且最初这部分的名称不是"Sun Video"而是"Sun TV";这些视频仅包含少量跳转至非视频内容的链接,向公众提供内容的方式也能够让公众产生这部分内容符合《欧盟视听媒体服务指令》的监管的预期。因此这部分内容具有"类似电视"的属性。

(三)通信办公室的最终决定

通信办公室认为上诉的新闻集团是视频点播局处罚的一系列报纸、杂志网站中的个例,在新的监管体系与法律环境下,新闻集团的上诉反映了重要问题。因此,除了双方提交的证据,通信办公室还主动在《太阳报》网站上寻找其他证据。通信办公室于2011年12月作出最终决定:支持新闻集团的上诉,认为《太阳报》网站上的视频内容不构成视频点播服务。[②]

通信办公室认为,在这个案件中,要一起考虑该网站上的文字内容和视频内容,判断其主要目的是否是提供类似电视节目的内容,从《欧盟视听媒体服务指令》的角度来看视频内容与电视节目是否有竞争关系,是否会让受众产生监管预期。

通信办公室的判断基于以下三点考虑[③]。

第一,《太阳报》网站上的相关视频比较短,与网站的其他内容关系密切。视频

---

① ATVOD respond to Ofcom appeal decision regarding Sun website[EB/OL]. (2011-11-22)[2017-04-05] http://www.atvod.co.uk/news-consultations/news-consultationsnews/20111221-sun-appeal-verdict

② OFCOM. Decision in the appeal by Sun Video decision dated 11 February 2011[EB/OL]. (2011-02-11)[2018-02-01]. http://stakeholders.ofcom.org.uk/enforcement/on-demand-standards/scope-appeals/sun-video-decision-appendices/.

③ OFCOM. Decision in the appeal by Sun Video decision dated 11 February 2011[EB/OL]. (2011-02-11)[2018-02-01]. http://stakeholders.ofcom.org.uk/enforcement/on-demand-standards/scope-appeals/sun-video-decision-appendices/.

点播局提交的证据中,该网站于 2010 年 10 月 25 日提供了 名为"*Harry Hill's Little Internet Show-Episode 2*"的视频内容。但调查发现,这个视频在当天还是被插入电子文章的。通信办公室认为,《太阳报》网站上的大多数视频内容都是与文字内容链接在一起的,但无论怎么呈现,视频内容在网站上呈现时通常会被集合到一起。

第二,提供《太阳报》电子版才是该网站的主要目的,视频内容是附带提供的。通信办公室最后认定,《太阳报》网站上的视频部分并不是以提供视频服务为主要目的的。判断评估时,需要整体考虑很多要素,如整体的特征、内容、链接方式和呈现方式等。尽管网站上并非所有的视频都与电子文章相关,且"Sun Video"的呈现方式很像电视,但是整体看网站的内容会发现,这部分视频内容的确处于附属地位。

通信办公室认为,视频点播局的决定考虑了网站视频部分及这部分与网站其他内容的关系;但是这种考虑还不够深入,对网站的整体分析还不够。综合网站整体考虑,提供《太阳报》电子版才是网站的主要目的。大多数网站用户都会将该网站上的所有内容视为一个整体。

第三,通信办公室认为,本案中《太阳报》网站用户不会有像电视节目那样的监管预期,他们会认为他们在看报纸的电子版。

《欧盟视听媒体服务指令》的初衷就是监管与广播电视有竞争关系的视频点播服务。基于此,本案要看电视节目的观众是否会把在《太阳报》网站上观看视频材料视为看电视的替代选择;是否会意识到这个节目是电视节目的竞争对象;如果是,那么用户是否期望他所观看的内容和电视节目一样受到监管。实际上,《太阳报》网站上出现的视频内容不足以让观众产生监管预期。

基于以上三点可以看出,视频点播局作出决定所依据的理由是不充分的,视频点播局过多关注了"Sun Video",没有将《太阳报》网站作为一个整体考虑,没有考虑到这些材料的主要目的并非提供类似电视的节目。

在新闻集团申诉期间,视频点播局提出,《太阳报》网站在此期间发生了较大变化,弱化了若干可能被认定为视频点播服务的元素。通信办公室表示,该网站在新闻集团上诉期间确实发生了一些变化,网站具备一些视频点播服务的特征,比如一些视频内容很像是以提供视频为主要目的的,视频内容也是集合呈现的,呈现方式也比较像电视,但是这些元素的强度不够。通信办公室仍然认为这些特征不足以将其定性为视频点播服务。

通信办公室提示新闻集团,尽管该网站的服务不构成视频点播服务,但如果日后它给用户呈现更直接的电视服务,视频内容与文字内容联系较少,且作为一个视频内容的集合独立存在就很可能构成视频点播服务。

随后,视频点播局撤销了它的关于英国《电讯报》《太阳报》《世界新闻报》《星期日泰晤士报》在报纸网站提供视频内容服务的处罚决定。

第五节 英国视频点播服务的色情内容监管

视频点播服务与广播电视服务有极高的相似性且竞争同样的观众群,观众自然会对视频点播监管产生合理的监管期待。英国监管视频点播内容的法律规定表现在:服务商保证节目中不含煽动针对种族、性别、宗教、国籍的憎恨情绪的内容;确保18岁以下群体不会接触到可能对其身心造成严重伤害的内容;确保在广告、赞助等领域有限制规定等。① 这其中,对色情内容的监管成为重中之重。视频点播服务的发展扩宽了观众获取色情内容的渠道,网络传播环境的改变使得对视频点播中的色情内容进行监管的问题更加复杂。在英国视频点播监管方式的演变中,无论是作为自律组织的视频点播局,作为共同监管者的视频点播局,还是作为独立监管机构的通信办公室,都格外关注对视频点播中色情内容的监管。

"在法律上控制出版违反公共道德标准的有关性和暴力的描写或影像的行为在英国已经存在了若干世纪。"② 色情内容会对儿童产生消极影响,西方各国对色情内容的传播均加以限制,英国亦有通过监管色情内容的法律规定保护儿童的传统。

一、监管视频点播中色情内容的立法演变

(一)《欧盟视听媒体服务指令》与2009年修订的《2003年通信法》

《欧盟视听媒体服务指令》中规定,成员国要适当采取措施,确保本国境内视频点播服务商传播的内容中不含可能严重损害未成年人身心健康的内容,确保这部分内容不会被未成年人收看或收听。③ 该指令没有对"可能严重损害"的含义给出

---

① ATVOD. Rules & guidance: statutory rules and non-binding guidance for providers of On-Demand Programme Services(ODPS)[EB/OL]. (2011-05-11)[2018-03-10]. https://www.ofcom.org.uk/-data/assets/0023/39173/a2.pdf.
② 唐亚明,王凌洁.英国传媒体制[M].广州:南方日报出版社,2007:46.
③ OFCOM. European commission audiovisual media services directive[EB/OL]. (2007-12-18)[2018-03-01]. https://ec.europa.eu/digital-single-market/en/audiovisual-media-services-directive-avmsd.

界定或说明。

《欧盟视听媒体服务指令》在广播电视领域进行了"可能严重损害"和"可能损害"的区分,但没有在视频点播领域进行这样的区分,只涉及"可能严重损害"。

英国2009年修订《2003年通信法》时,援引了《欧盟视听媒体服务指令》的规定:视频点播服务中如含有可能严重损害18岁以下群体的身心健康的内容,那服务商就要采取措施,确保18岁以下群体不会收看、收听到这些内容。①

英国2009年修订的《2003年通信法》只在保护儿童方面做出了符合《欧盟视听媒体服务指令》要求的一般规定,并未对监管视频点播服务中的色情内容提出具体的要求,其中"可能严重损害"的含义不清晰。尽管当时的共同监管者视频点播局在其发布的《服务商行为指南》中对"可能严重损害"的含义做了分类解释,但该指南不具有强制性。英国对色情内容的监管存在立法不明确的问题,这一问题直到2014年修订《2003年通信法》时才得到解决。

(二)2014年修订《2003年通信法》的缘起与改变

1. 缘起

2011年,英国文化、媒体和体育部让通信办公室来评估对视频点播领域色情内容的监管状况,以便判断当时的监管是否足够。当时,英国对视频点播中的色情内容的监管效果存在争议。

通信办公室在给DCMS的报告中提出"可能严重损害"的定义和内涵不够明确。当时的法律中并没有明确禁止R18+级内容在VOD中传播的内容。②

对于"可能严重损害",通信办公室做了分类评估,考察的重点是被英国电影审查委员会(British Board of Film Censors, BBFC)③列为R18级和R18+的内容。通信办公室认为,被列为R18+的内容可能会对儿童产生不良影响。R18+的内容是不应该在电影中传播的,它可能含有淫秽内容或其他非法内容。这对成人有害,对儿童也有害。

---

① The audiovisual media services regulations 2009 [EB/OL]. (2009-12-19)[2017-02-01]. http://www.legislation.gov.uk/uksi/2009/2979/contents/made.
② OFCOM. Sexually explicit material and video on demand services[EB/OL]. (2011-08-04)[2018-03-20]. http://www.ofcom.org.vk/-data/assets/pdf-file/0020/117713/explicit-material-vod.pdf.
③ BBFC,英国分级机构。R18级在英国分级机构BBFC的划分中指含有色情内容;R18+指的是分级体系之外,比R18级程度更强或者其他没被分进R18级的影片,这些影片不能在英国通过电影、碟片等方式传播,但也不必然是违法的。

因此,通信办公室建议政府完善立法,禁止这类内容,即含有 R18＋的内容的传播;严格限制 R18 级内容在英国视频点播服务中传播,除非采用了有效的强制限制措施,确保 18 岁以下群体不能看到,否则禁止传播。[①]

2014 年,英国再次对《2003 年通信法》进行修订,这是 2009 年、2010 年后的第三次修订,本次修订于 2014 年 12 月生效。

2. 改变

2013 年,英国政府发布了《政府白皮书:连通、内容和消费者:英国数字平台发展》(*The Government Strategy paper*: '*Connectivity,Content and Consumers*': *Britain's digital platform for growth*),确定了修法计划,要将等同于 R18 级的内容排除在视频点播播放范围之外(相对禁止传播),禁止 R18＋级内容在视频点播领域的传播。通信办公室的建议得到采纳,通过 2014 年的《2003 年通信法》修订成为法律的一部分。

此次修订带来的结果是对色情内容的分类和范围划定在法律层面更加明确:明确了在视频点播领域禁止传播和限制传播的内容,指出视频点播中不能含有任何禁止传播的内容;除非采用特定技术措施,视频点播中不得含有任何限制传播的内容。

二、对视频点播中色情内容的监管实践

2014 年视频点播局的调查数据能够直观地说明问题:"3％的英国小学生在最近 1 个月内通过互联网观看过色情作品,这个人数大概在 4.4 万人左右(按照 6—11 岁的小学生来计算的话)。视频点播局也表示,此次仅仅调查了桌面电脑用户的习惯,并没包括如今流行的平板和手机。所以,实际观看的人数可能会更多。"[②]

另外,父母对网络的监控严重不足。通信办公室调查数据显示:不到一半的家长使用互联网控制方式,1/3 的家长对电视内容加以控制,1/8 的家长会使用家长 PIN 控制方式,47％的家长知道这种方式却不使用它。英国儿童经常在父母的视线

[①] OFCOM. Sexually explicit material and video on demand services[EB/OL]. (2011-08-04)[2018-03-20]. https://www.ofcom.org.vk/-data/assets/pdf-file/0020/117713/explicit-material-vod.pdf.

[②] 英国 3％的孩子在互联网上看过色情内容[EB/OL]. (2014-04-18)[2017-09-01]. http://digi.163.com/14/0418/06/9Q3IGCRA00162OUT.html.

之外使用各种媒体。①

作为自律组织的视频点播协会发布的行为准则就将保护儿童免受不良信息的侵扰列为两大原则之一。转变为共同监管主体的视频点播局更加关注视频点播的色情问题。依据《欧盟视听媒体服务指令》和英国的《2003年通信法》，监管机构需要对色情内容的传播加以限制。对视频点播中禁止及限制传播的内容的界定初期并不明确，视频点播局为此制定了一些细化的操作规则，但其不具有强制效力。处罚违反法律规定提供色情内容的服务提供商，是视频点播局的处罚重点。

对网络色情内容的监管也面临管辖范围的制约，对于服务器设在境外的色情网站进行监管存在较大难度，这也是各国都面临的问题。视频点播局特别强调技术措施的使用，要求提供R18级及等同于R18级内容的服务商需要有一个有效的内容介入控制系统（Content Access Control System，简称CAC系统），当用户登录时它可以鉴别用户是否年满18岁，或者强制采用技术工具来验证年龄。如果不是每次登录都要进行验证，就需要使用强制安全控制措施，比如密码或PIN码来验证。视频点播局大力支持改善由家长控制网络的软件数字电视，年龄验证是最普遍的强制性保护措施。视频点播局认为可使用的技术方式包括：验证信用卡或者其他支付方式，这可以证明用户年满18岁；使用独立且可靠的数据库提供可信的公民电子身份管理服务，比如说使用选民名册；其他可以证明用户年满18岁的账户。

通信办公室结束对视频点播局的授权后，保持了对色情内容监管的关注。通信办公室认为，符合广播电视准则的内容，以及分级低于R18级的内容，可以不加限制地在视频点播服务中传播，而相当于R18级的内容，则必须采取方式确保18岁以下人群接触不到。这一规则适用于视频点播节目中出现的非视频内容。同样，通信办公室也强调CAC系统的使用。由此可见，通信办公室延续了视频点播局应对视频点播色情问题的监管思路。

在色情内容的自由传播与儿童利益之间，英国政府在视频点播领域明确做出了倾向儿童利益的选择。通信办公室认为，视频点播服务提供商提供的色情内容体现的是商业言论的表达自由，相比政治权利，应当受到更多限制。它认为商业言论通常会受到更大的限制是西方社会的惯例与共识。

我们应当看到，英国对视频点播色情内容的限制传播，并不是为了妨碍或限制

---

① OFCOM. Sexually explicit material and video on demand services[EB/OL]. (2011-08-04)[2018-03-20]. https://www.ofcom.org.vk/-data/assets/pdf-file/0020/117713/explicit-material-vod.pdf.

表达自由。视频点播局就对此做出过表态：并非绝对禁止色情内容在视频点播中传播，而是限制其传播范围。视频点播局主席也曾表示，他们不支持审查制度，因为含有色情内容的视频点播服务是一种专为成人设置的产品，而不是以儿童为目标的。

第六章
英国广告监管研究

第一节 英国广告监管的理念及其与编辑性内容的差异

在英国,通过媒体传播的内容信息,被区分为两大类,一类是商业信息,也就是广告(advertisement),另一类是非商业信息,被称为"编辑性内容"(editorial content)。

广告与编辑性内容都是传媒生存的重要因素,编辑性内容是吸引受众的法宝,而广告却是各类传媒最主要的经济来源,是支撑传媒运行的经济源泉,如果没有足够的广告投放,大部分传媒都将难以存续。拿报纸来说,通常一份报纸的运营经费来自广告收益以及报纸销售收益,其中报纸收取的广告版面费是经费的主要来源。再如私营的广播和电视频道,正是因为有了广告收益,这些频道才能制作节目并将其免费提供给受众。在卫星电视和有线电视的运营中,除去观众订阅节目的订阅费外,广告是电视台最大的经济来源。虽然编辑性内容,如报纸社论、新闻报道、谈话节目等,决定了一个媒体的质量和它的社会评价,但如果没有广告收益来支撑传媒的生存,编辑性内容则很可能放弃对节目高质量和高水准的追求,转而去迎合大众口味。广告对传媒以及编辑性内容的重要性可见一斑。

广告与编辑性内容相比,有自己的特点和目的。首先,广告的内容一般都比较精简,一则报纸广告通常只有十几个字,一则广播广告或电视广告通常只有十几秒甚至几秒的声音或画面,广告在受众眼前的存留时间非常短;其次,广告中传递的是商品或服务的相关信息,希望通过展示商品或服务的优点和特别之处吸引消费者进行消费,因此相对于充满文化及艺术性的言论或政治言论等高价值言论来说,广告通常被认为是一种低价值言论。

在英国,广告被划分为两个大的类别,分别是广播电视广告(broadcast advertising)和非广播电视广告(non-broadcasting advertising)。广播电视广告即出现在广播和电视媒介上的广告;非广播电视广告则包含甚广,指一切以广播电视为媒介载体的广告之外的广告,譬如报纸广告、杂志广告、宣传册、电影广告、网络广告、电子邮件广告、户外广告、楼宇广告等。英国对非广播电视广告从1961年开始即采取行业自律的监管模式,这是监管模式中最简单宽松的一种;而对广播电视广告,在2004年以前采取法定监管,由于没有取得良好成效,英国转变了对广播电视广告的监管理念,针对广播电视广告既有公共利益性又有市场商业性的特点,采取了共同监管的模式。

第二节 英国广告监管体制

英国是世界上第一个完成工业革命的国家,此后无论是经济、科技还是文化都发展迅速,广告行业也随之发展壮大。到19世纪,英国已成为世界三大广告中心之一,广告的类型和表现形式也多种多样、丰富多彩。众所周知,广告行业是与市场息息相关的行业,涉及竞争、垄断等各种冲突。二战之后,伴随着广播电视业的发展,英国广告行业也进入高速发展的时期,与此同时各种各样的广告问题也开始出现,因此对广告行业的监管引起了社会各界的关注。

一、英国广告监管的历史演进

1961年,英国广告协会(Advertising Association, AA)因广告业飞速发展带来的各种问题,同时也为了避免广告行业受到政府的直接控制,召集了一些行业主体讨论解决方案。参会者一致同意非广播电视广告虽然不像广播电视广告那样与公共利益有很大关系,但也应遵守规则,取得消费者的信任和喜爱,不能超越社会道德和法律的底线。因此,诸多行业机构聚集在一起,创办了广告实践委员会(Committees of Advertising Practice, CAP),并发布了第一版《非广播电视广告和直销、促销守则》(*The UK Code of Non-broadcast Advertising and Direct & Promotional Marketing*,简称《CAP守则》)。也称《广告实践委员会守则》,1962年,又创立了广告标准局(Advertising Standards Authority, ASA),其作为《广告实践委员会守则》

的独立评判机构,负责从公共利益出发监督 CAP 守则的执行情况。

在非广播电视广告的自我监管系统运行到 1974 年时,英国公平交易局的官员批评广告标准局和广告实践委员会,认为这两个机构没有为公众所熟知,从而降低了监管效果。为了回应这一质疑,诸行业机构再次汇聚在一起,并创办了广告经费标准理事会(Advertising Standards Board of Finance,ASBOF),将它作为自我监管机制中的经费机构,通过征收非广播电视广告发布费用的 0.1%,来为广告标准局和广告实践委员会提供充足和稳定的资金。这样广告标准局便不再需要为经费发愁,避免了监管机构受行业机构的影响和支配,从而得以保持较高的独立性。此外,广告经费标准理事会征收的费用还使广告标准局和广告实践委员会有足够的资金向公众宣传自己,极大地提高了自身的知名度,进一步提升了监管效果,从而使非广播电视广告的自我监管系统成功运行至今。

相较于非广播电视广告长期稳定和有效的自我监管机制,英国广播电视广告的监管道路则相对坎坷。1955 年,随着独立电视台的设立,商业电视开始在英国出现。[1] 英国政府担心电视广告任意进入人们的家庭生活中会产生十分不利的影响,因此将电视广告与电视节目编辑性内容一起纳入了法定监管体系中。1973 年英国出现商业广播广告时,广播广告也采用了同样的法定监管模式。广播电视广告监管的法定职能分别由独立电视委员会(Independent Television Commission,ITC)和广播管理局(Radio Authority,RA)行使,其中 ITC 负责监管电视广告,RA 负责监管广播广告。

将广播电视广告纳入法定监管体系,这显示了英国对广播电视广告的重视。政府认为,广播电视广告相较于其他类型的广告来说,显然与公共利益更具相关性。然而,根据实际情况来看,由 ITC 和 RA 分别对电视广告和广播广告进行法定监管的效果并不理想,原因之一在于人们对监管机构不了解。在《广播电视广告监管的未来》[2](The Future Regulation of Broadcasting Advertising)这一报告中,通信办公室阐述道:"对广播电视广告的法定监管,使得人们对于谁是主管机构以及向谁投诉这种问题感到非常困扰。"譬如,在 2002 年,ITC 进行了关于公众意见的独立调查,该调查的结果显示那时仅仅 9% 的人知道 ITC 是电视广告的监管机构。在现实生活中,公众遇到关于电视或广播广告的困扰时,也总是忽略 ITC 和 RA,直接

---

[1] GOLDBERG D,SUTTER G,WALDEN I. Media law & practice[M]. Oxford:Oxford University Press,2009:230.

[2] OFCOM. The future regulation of broadcasting advertising[EB/OL]. (2004-01-09)[2017-04-05]. https://www.ofcom.org.uk.

向广告标准局提交投诉,理所当然地认为广告标准局是监管主体。例如,2003 年的 1 月至 6 月,广告标准局一共收到了公众提交的 1898 件关于电视广告的投诉和 622 件关于广播广告的投诉,由于广告标准局实际上并没有权力监管广播电视广告,它只能将这些投诉移交给 ITC 和 RA 处理。由此可见,公众对于法定监管机构的认知是非常模糊的,法定监管模式在广播电视广告领域造成了效率低下、成本增加、监管结果公信力较低的后果。

除此之外,原有的法定监管模式还容易导致监管结果的不确定。媒介融合时代,同样的广告创意和内容,既可以做成视频在电视上播出,也可以制成海报、传单等印刷品,还可以互联网上进行展示。但是,这些基于同一个创意的广告经不同媒介展示后,得到的由 ITC、RA 和广告标准局做出的裁决结果却可能大相径庭。这种媒介不同但广告内容相同的情况经常让广告主面临双重处罚,这显然与法律的公正性相违背。种种问题表明,原有的对广播电视广告的法定监管不再适应媒介融合时代的广告行业。

2003 年,通信办公室成立并接管了监管广播电视的职能,其认真考虑了广播电视广告法定监管的弊端,以及广告从业者们关于更透明、更公正的监管和有权申请复审的呼声,决定作出改变,采用更适合广播电视广告的监管模式,即共同监管模式。2004 年 11 月,通信办公室将监管广播电视广告的职能正式授予广告标准局,由广告标准局作为共同监管机构执行具体的监管行为,而通信办公室则作为法定后盾,监督和评估共同监管机构的工作。自此,广告标准局由一个只监管非广播电视广告的行业组织变成了广告行业"一站式"的监管机构,统一对非广播电视广告和广播电视广告进行监管,承担起了保护消费者利益和促进广告行业发展的重大责任。

二、英国非广播电视广告监管体制

英国非广播电视广告的自我监管已经实施了 50 多年的时间,形成了非常成熟的运行模式,监管主体由广告实践委员会、广告标准局和广告经费标准委员会三个机构组成。

广告实践委员会是行业参与者们于 1961 年创立的主体,它负责制定了非广播电视媒介上的广告、促销和直接营销应遵循的实践守则——《非广播电视广告和直销、促销守则》。1961 年,广告实践委员会刚成立就发布了该守则的最初版本,此后的 50 多年间,该守则已被广告实践委员会修订了多次,每一次修订都会进行完全公开的咨询，吸引大量的社会群体参与，包括消费者、行业从业者、政府以及慈善团体等，以吸收来自社会各界的意见和诉求，不断进行完善。① 从广告实践委员会的描述中可以看出，CAP对这份《CPA守则》感到自豪，认为："这份守则是对法律的补充，甚至填补了法律所没有触及的空白，并且提供了一个比民事诉讼和刑事指控更简便的争议处理方法……实际上，遵守这份守则将对保护不触犯法律法规的从业者们大有帮助。"②除编写发布《CAP守则》外，CAP还负责编写和提供具体建议和指南，针对一些特定的广告内容编写广告制作和发布的建议，帮助广告公司审视他们所制作的广告。③ 譬如，2017年4月13日，CAP发布了《限制媒介植入广告的指南》，要求广告公司不得将有年龄限制的产品广告或服务广告（如香烟和赌博等）植入到儿童或青少年所能接触的媒介中。④

《CAP守则》不适用于编辑性内容、电话销售以及广播电视广告等类型，但其监管的媒介广告范围仍然非常广泛，包含报纸广告、海报、新媒体广告、互联网广告、利用个人数据传送的电子邮件广告和直销行为等。⑤ 这份守则一共有3个部分，其一是对22条规则的介绍，其二是对2个自我监管机制的介绍，其三是3个附录。22条规则涵盖了非广播电视广告可能涉及的所有内容，它们分别是：遵守，营销传播（广告）的识别，误导性广告，伤害和冒犯，儿童，隐私，政治广告，营业推广促销，远程销售，数据库应用，环保声明，药品、医疗设备、疗法及健康，体重控制和减肥，金融产品，食品、保健品及有关健康或营养的声明，赌博广告，彩票广告，酒精广告，机动车广告，雇用、居家办公及商业机会，烟草、卷烟及吸入滤器广告，电子烟广告。

在每一条规则之下，CAP都列出了有关该部分的背景和原则，方便广播电视机构了解该部分的监管精神。譬如，在"伤害和冒犯"中，CAP表明制定该部分规定的原则是"广告主体必须考虑社会的一般标准以及上下文的语境，将广告中可能出现的伤害或严重/大范围的冒犯性信息最小化"。⑥ 为了让这份守则发挥出实际作用，

---

① SMARTT U. Media & entertainment law[M]. London: Routledge Press, 2011: 446.
② CAP. The CAP code[EB/OL]. (2010-03-16)[2017-03-11]. https://www.asa.org.uk/codes-and-rulings/advertising-codes/non-broadcast-code.html.
③ CAP. Advertising guidance[EB/OL]. (2011-04-15)[2017-05-12] https://www.asa.org.uk/advice-and-resources/resource-library/advertising-guidance.html.
④ ASA. New guidance on placing non-broadcast ads[EB/OL]. (2017-04-13)[2017-05-12]. https://www.asa.org.uk/news/new-guidance-on-placing-non-broadcast-ads.html.
⑤ CAP. The CAP code. para 1.1[EB/OL]. (2010-03-16)[2017-05-12]. https://www.asa.org.uk/codes-and-rulings/advertising-codes/non-broadcast-code.html.
⑥ CAP. The CAP code: principle of harm and offence[EB/OL]. (2010-03-16)[2017-05-12]. https://www.asa.org.uk/codes-and-rulings/advertising-codes/non-broadcast-code.html.

给广告主体提供真正的建议和指导,它的规定尽量做到了具体细致。譬如,在"误导性广告"的规定中,有关于"免费"这一词的使用规定,CAP要求广告主体要慎重使用"免费"一词,并规定了三种不可使用"免费"一词的情形,以避免误导消费者。这三种情形分别是:如果消费者需要支付包装费、处理费等费用;如果消费者为享受该优惠而需要购买的其他产品的价格有上涨;消费者享受优惠而购买到的产品的品质下降。从上述例子可知,这份守则除了一般规定外,也重视实践性和操作性,以便更容易被从业者接受。

这份守则不仅为行业从业者提供了参考,也是广告标准局处理公众投诉、监督广告发布的最终依据。广告标准局作为独立的《CAP守则》遵守评判机构,首要任务就是确保行业从业者们遵守《CAP守则》。广告标准局不断强调:"我们的工作就是确保广告行业从业者承担起其责任,这意味着广告必须是合法的、得体的、正直以及真实的。"[1]一旦广告被发布到各媒介,广告就正式进入了广告标准局的监管范围。

广告标准局的官方网站在首页的显著位置标明了投诉方法,方便消费者投诉,不管是不是消费者本人被广告伤害,只要消费者认为广告有不合理的地方,都可以投诉。广告标准局还为消费者提供了匿名投诉选项以增强消费者的参与积极性。广告行业从业者或竞争者也可以投诉其他广告,但是为了避免行业之间的不正当竞争,从业者和竞争者在投诉时必须实名。一般而言,广告标准局收到投诉后,会按照以下几个步骤来处理投诉。[2]

(1)评估投诉。广告标准局收到关于一则广告的投诉后,会收集尽可能多的信息,并根据《CAP守则》来进行初步评估。如果评估显示该广告可能有问题,广告标准局会确认处理该投诉;如果评估显示该广告没有问题,则广告标准局会向投诉者解释不采取措施的理由。不管是确认处理还是驳回投诉,广告标准局都会第一时间反馈给投诉者。

(2)如果被投诉的广告有问题,但问题没有严重到需要调查,广告标准局会向广告主体提供合适的建议。广告标准局表明他们更倾向于通过说服和协商来解决问题,因此大部分投诉都能通过这种方式快速解决。

(3)如果被投诉的广告问题比较复杂、严重,或广告标准局认为可能存在严重

---

[1] ASA. 2014 Annual report[EB/OL]. (2015-04-01)[2016-07-01]. https://www.asa.org.uk/advice-and-resources/resource-library/annual-reports.html.

[2] ASA. Non-broadcast complaint handling procedures[EB/OL]. (2015-01-01)[2017-07-05]. https://www.asa.org.uk/uploads/assets/uploaded/22729d2b-4c46-4a66-93aadf4c0e7ba931.pdf.

违反《CAP 守则》的情况,则广告标准局会发起调查程序。其中非正式调查的时间期限为 35 天,标准调查的时间期限为 85 天,而复杂调查的时间期限为 140 天。① 广告标准局决定进行调查时,将通知广告主体和相关利益方,包括媒介、广告代理商,或者广告预审机构等。必要时广告标准局还会要求暂停播发该广告。

(4)广告主体收到广告标准局的通知后,需在 7 个工作日内回复,如果被投诉的广告涉嫌伤害和冒犯,则广告主体需在 5 个工作日内回复。在广告主体进行回复答辩后,广告标准局会视情况要求广告主体提供证据以支撑他们的观点。

(5)广告标准局会根据广告主体的回复答辩再次评估,并可能进一步收集证据或独立专家的意见,形成一份包含投诉、答复、评估意见和建议的报告,将其发给相关利益方进行讨论,之后这份报告会被发送至广告标准局委员会以便其作出最后的决定。

(6)广告标准局委员会收到报告之后会在一周内作出最终决定,并将决定发送给所有相关利益方。广告标准局每周都会在网站上发布投诉处理结果,并且会公开所有相关的细节和证据。

(7)独立复审机制。广告主体和投诉者如果不满意处理结果,且能够提出实质性的程序性错误或拿出新的相关证据,则可以在知道处理结果后的 21 天内向独立复审员提出申请,要求对投诉结果进行复审。独立复审员可决定是否复审,并有权要求广告标准局委员会再次裁决。

(8)惩罚机制。如果广告主体在接到不利于他们的处理结果后没有及时修正或撤回广告,广告标准局可以采取一系列惩罚措施,包括公开警告、取消贸易特权、进行常态化的广告预审,等等。

广告标准局对非广播电视广告的自我监管并没有法律力量的支撑,广告主体也没有法律义务去遵守《CAP 守则》。但在实际执行中,如果广告主体公然违抗广告标准局的处罚,他们很快就会发现自己很难购买到广告位置或媒介空间来发布广告,甚至可能很难找到设计人员等专业人士来帮助他们制作广告。② 因此,虽然广告标准局的裁决没有强制力,但广告从业者们还是会迫于社会舆论压力或出于商业利益遵守广告标准局的裁决,这使得广告标准局能够达成保护消费者利益的愿景。可以说,广告标准局对非广播电视广告的自我监管是世界范围内较为成功

---

① ASA. 2011 annual report[EB/OL]. (2012-05-30)[2016-07-01]. https://www.asa.org.uk/advice-and-resources/resource-library/annual-reports.html.
② GOLDBERG D,SUTTER G,WALDEN I. Media law & practice[M]. Oxford:Oxford University Press,2009:235.

的自我监管模式。

　　广告标准局自我监管的成功主要得益于以下几点:首先,广告标准局和 CAP 虽然是行业机构,但他们对待监管非常严肃和认真,会定期召开行业大会进行广泛磋商、发表行业报告,等等。① 譬如,在 2010 年,关于网络广告的投诉只有 2648 个②,但到 2011 年,由于广告标准局对网络广告的监管范围放宽,其收到的针对网络广告的投诉量猛增至 10123 个,增长率高达 282.3%③,2012 年④和 2013 年⑤收到的针对网络广告的投诉同样保持了这样的增长速度。为了进一步了解网络广告主体对守则的遵守程度,广告标准局特别组织了针对网络广告的调查,并发布了《2012 网络广告调查报告》,分析了抽查的网站样本以及对网络广告的监管效果等情况。⑥ 首先,正是广告标准局这种对待工作严肃认真的态度保障了消费者的利益,使他们免受误导、伤害和冒犯,这反过来维持了消费者对广告行业的信心,有利于广告行业的发展;其次,这个自我监管系统为广告主、广告公司等各种商业机构提供了一个公平的竞争市场,并且实行了完全和充分的信息公开,确保大家都遵守同一种规则,不会被一种随意性的监管束缚;再次,对于广告主和广告公司来说,他们不愿意受到政府的法定监管,行业的自我监管比法定监管或者诉讼仲裁等方式更方便、更快捷并且成本更低,因此在行业中深受从业者们的拥护;最后,也是最重要的原因是,这个自我监管系统保持了自己的独立性。广告标准局和 CAP 的经费来源于广告经费标准委员会按每个广告发布费用的 0.1% 所收取的费用,并且广告经费标准委员会不得向广告标准局报告任何经费的收取细节,这样一来,广告标准局就无从得知哪个广告主对经费的贡献最大,也就不会出现任何偏袒或不公正的现象,如此便避免了来自行业的干涉。此外,由于广告标准局也不接受来自政府的任何财政支持,因此更无须受到政府的钳制,能够完全独立地为消费者和行业的健康发展

---

① ASA. Research, reports and surveys[EB/OL]. (2016-06-06)[2016-07-01]. https://www.asa.org.uk/advice-and-resources/resource-library/research-reports-surveys.html.
② ASA. 2010 annual report[EB/OL]. (2011-05-01)[2016-07-01]. https://www.asa.org.uk/advice-and-resources/resource-library/annual-reports.html.
③ ASA. 2011 annual report[EB/OL]. (2012-05-30)[2016-07-01]. https://www.asa.org.uk/advice-and-resources/resource-library/annual-reports.html.
④ ASA. 2012 annual report[EB/OL]. (2013-04-01)[2016-07-01]. https://www.asa.org.uk/advice-and-resources/resource-library/annual-reports.html.
⑤ ASA. 2013 annual report[EB/OL]. (2014-04-01)[2016-07-01]. https://www.asa.org.uk/advice-and-resources/resource-library/annual-reports.html.
⑥ ASA. Online advertising survey 2012. [EB/OL]. (2013-03-22)[216-07-01]. https://www.asa.org.uk/search.html? q=Online+adverting+Survey+2012.

服务。

广告标准局对非广播电视广告领域的自我监管的成功令消费者和行业从业者都比较满意,同时也引起了政府的反思。在广播电视广告的法定监管越来越不尽人意的时候,英国开始思考对广播电视广告采取新的监管方式,并最终形成了现在运行的共同监管体制。

三、英国广播电视广告监管体制

2003 年,通信办公室成立以后,接管了原本属于独立电视委员会和广播管理局的对广播电视广告的法定监管职能,但通信办公室并没有盲目地继续开展监管工作,而是开始考虑更适合广播电视广告领域的监管模式。这不仅因为原有的法定监管已经被证明效果欠佳,也因为英国提倡新型的监管模式,倡导减轻政府负担,走"去监管"(deregulation)的道路。2002 年 11 月,英国文化、媒介和体育部大臣泰莎·乔韦尔在一次讲话中提到,通信办公室成立后虽然将肩负最主要的监管责任,但是在未来的媒介融合中,通信办公室的角色要稍做改变,主力确保自我监管系统和共同监管系统的有效性。① 可见,英国政府很早就对传媒领域的融合所带来的重要变化作出了回应并提出了解决方案。

2003 年 10 月,通信办公室提议根据《1994 年去管制与外包法》(*Deregulation and Contracting Out Act 1994*,DCOA)的授权,以合同外包的形式,将广播电视广告的部分监管职能转移给广告标准局②,由广告标准局(广播电视部)[ASA(Broadcasting),ASA(B)]、广播电视广告实践委员会(Broadcasting Committee of Advertising Practices,BCAP)和广播电视广告经费标准委员会(Broadcast Advertising Standards Board of Finance,BASBOF)来接收原本属于通信办公室的广播电视广告监管职能,而通信办公室的角色则转变为广告标准局的支持监管机构和法律后盾。该提议在英国进行了广泛的公众讨论,由通信办公室回收了 78 份重要反馈意见,这些反馈意见的提交者包括"英国家庭和育儿研究会""英国期刊出版商协会""英国国家消费者协会""英国电视购物协会",等等。在这些反馈意见中,有 70 份认可通信办公室的提议,支持通信办公室对广播电视广告采取共同监管的模式,5 份反馈

---

① OFCOM. The future regulation of broadcasting advertising[EB/OL]. (2004-01-09)[2016-07-01]. https://www.ofcom.org.uk.
② 根据通信办公室和广告标准局相关文件的精神,广告标准局用在此种情况下是一个涵盖性术语,不仅指广告标准局这个机构本身,还指广告标准局(B)、CAP、广播电视广告实践委员会、广告经费标准委员会和广播电视广告经费标准委员会等机构,这些机构在广告标准局的名义下共同工作。

意见表示反对,还有 3 份反馈意见对通信办公室的提议持保留态度。① 从这些反馈意见中可以看出,大部分广告行业从业者认为由广告标准局监管所有媒介中的广告使广告标准局成了一个"一站式"的广告监管机构,让从业者在多媒体平台上策划和执行广告创意变得更加容易。但是,也有一些反馈意见者表达了他们的担忧。譬如,全国消费者委员会(National consumer council,NCC)认为广播电视广告的公共利益比其他广告要大得多,但通信办公室的外包提议中却没有给予消费者足够的重视,消费者可能更容易受到广播电视广告的伤害,而又无法与强大的行业相抗衡。为此,通信办公室采纳了全国消费者委员会的意见,要求广播电视广告实践委员会必须设立一个"广告顾问委员会"(Advertising Advisory Committee,AAC),这个委员会由广告行业之外的专家组成,为广播电视广告实践委员会提供代表消费者的意见;此外,通信办公室还会设立一个全职的经理职位,专门负责监督这个共同监管体系的运行。经过对该提议的一番修改后,通信办公室正式将广播电视广告的监管职能授予广告标准局。2004 年 11 月 1 日,英国广播电视广告的共同监管系统正式生效,并开始运行。

广播电视广告的共同监管系统就像是广告标准局对非广播电视广告自我监管系统的复制。其中,广播电视广告实践委员会负责编制针对广播电视广告内容的守则,而广告标准局(广播电视部)负责处理公众针对广播电视广告内容提交的投诉,广播电视广告经费标准委员会则负责按照每个广播电视广告的发布费用收取其 0.1% 的费用以维持共同监管机构的运转并保障能对其进行充分的监管、研究和培训。但是,该共同监管系统与非广播电视广告的自我监管系统相比,特殊性也非常明显,这首先表现为广告标准局虽然得到了监管广播电视广告的授权,却没有拿到全部的监管职能,通信办公室基于法律的要求和广播电视广告公共利益性较强的考虑,保留了以下三个特殊的监管职能。

第一,通信办公室将负责广播电视广告非内容方面的监管,包括广告时间的安排以及广告与节目的区分。但是有关广告时间的具体投诉仍由广告标准局(广播电视部)负责。

第二,通信办公室将负责监管电视频道和广播频道自身的节目预告、片花或频道宣传以及节目赞助,原因在于这些监管对象与节目内容的关联性比较强。如果广告标准局(广播电视部)收到关于赞助广告的投诉,需要把该投诉移交给通信办

---

① OFCOM. Responses of the consultation[EB/OL]. (2003-02-01)[2016-07-01]. https://www.ofcom.org.uk.

公室进行处理。

第三,通信办公室将负责监管政治广告。政治广告比较敏感,与公共政策和国家稳定息息相关,是需要重点监管的内容,由公共机构通信办公室自己来监管会更加合适。因此,通信办公室自己制定关于政治广告的条款,并将其汇总到广播电视广告实践委员会的守则中。在实践中,如果广告标准局(广播电视部)或广播电视广告实践委员会发现一则广告可能包含政治内容,要尽快将该问题移交给通信办公室,由通信办公室来调查和决定这则广告是否为政治广告以及是否要被禁止。如果通信办公室认为这不是一则政治广告,则该广告将继续由广告标准局(广播电视部)进行处理。

广播电视广告共同监管系统的特殊性还表现在:通信办公室、广播电视广告实践委员会以及广告标准局(广播电视部)在职能上互相补充、互相协同,且通信办公室作为共同监管系统的法定后盾,仍然具有主导地位。

表 6-1　英国广播电视广告共同监管系统

广播电视广告共同监管系统	广播电视广告实践委员会	广告标准局(广播电视部)	广播电视广告经费标准委员会
	制定和修改守则	处理投诉	经费支持
	通信办公室保留特殊职能,并监督和评估共同监管机构的工作		

具体来说,通信办公室与广播电视广告实践委员会和广告标准局(广播电视部)的协同关系主要体现在以下三个方面。

第一,广播电视广告实践委员会在任何情况下想要修改守则,都需要经过通信办公室的同意。在与公共政策和公共利益有关的问题中,通信办公室还可以主动提出让广播电视广告实践委员会对守则进行修订,或要求广播电视广告实践委员会将调查和研究结果反映到守则中,回顾并检查守则的某个部分以便及时更新。如果广播电视广告实践委员会不愿意这么做,则通信办公室可以自行修订。譬如,在 2005 年,通信办公室就要求广播电视广告实践委员会对酒精广告的有关条款进行审查,考虑酒精广告中是否可以包含宣称对健康有益的内容。在广播电视广告实践委员会的修订完成后,通信办公室还要求广播电视广告实践委员会发布一份关于此次修订的文件,供广播电视机构参考。

第二,广告标准局(广播电视部)对违反守则的广播电视机构只能施以停播或修改广告等处罚,而无权以任何形式收回广播电视机构的执照。因此,当广告标准局(广播电视部)对一则广播电视广告做出裁决,而广播电视机构不愿服从甚至屡教不改时,广告标准局(广播电视部)可以将与该广告有关的所有证据和相关材料一并呈交给通信办公室处理。通信办公室可以采取的处罚包括:正式的斥责、罚款、警告撤销其执照,直至最终撤销其执照。举例来说,在 2013 年 5 月,广告标准局(广播电视部)发现 Sit-Up 公司在遭到 27 次处罚后,仍然我行我素,在广告中发布误导消费者的价格声明和产品描述,因此广告标准局(广播电视部)将其移交给通信办公室,以便使 Sit-Up 公司受到进一步的严格处罚。①

第三,通信办公室的一位经理将负责检查整个系统的运行。该经理可以自行代表通信办公室对受众和广告行业从业者进行调查,以得到关于共同监管系统工作表现的反馈。经理一旦发现这个系统的工作存在问题,就可以向广告标准局(广播电视部)或广播电视广告实践委员会申请年度常规报告之外的数据和信息。如果通信办公室根据现实情况认为共同监管系统已经失效,它将收回之前授予广告标准局(广播电视部)和广播电视广告实践委员会的职能,把对广播电视广告内容的监管纳入法定监管体系,结束共同监管关系。

根据通信办公室与广告标准局的权责分配,广播电视广告实践委员会整合了此前与广播电视广告有关的 4 部守则,并添加了新的内容,于 2009 年发布了一部统一守则——《广播电视广告守则》(The UK Code of Broadcast Advertising),也称《BCAP 守则》。② 广播电视广告实践委员会对这份守则颇感自豪,它在一份声明文件中说道:"尽管广播电视广告实践委员会是一个行业机构,只要符合《2003 年通信法》的一般要求就可以,但广播电视广告实践委员会也是广告标准局的一部分,如果广告标准局要保护消费者利益,确保广告合法、庄重、诚实和可信,那么仅仅依靠一份只求达到这一法定目标最低限度的守则是不够的。"③所以,广播电视广告实践委员会尽可能地对消费者进行全面的保护,甚至超过了法律所规定的限度,因此造就了这份更完善、更进步的守则。④《广播电视广告实践委员会守则》的进步性体现在以下几个方面:第一,《BCAP 守则》由原本的 4 部守则整合而成,是一部统一的守

---

① ASA. ASA refers Sit-up Ltd to Ofcom[EB/OL]. [2016-07-01]. https://www. asa. org. uk/News-resources/Media-Centre/2013/ASA-refers-Sit-Up-Ltd-to-Ofcom. aspx#. VwNQZ3qEClU.
② BCAP. The new advertising codes:an overview[EB/OL]. (2009-09-01)[2016-07-01]. https://www. asa. org. uk/asset/8E8E02C0C0%2D790F%2D4254%2D9F9C33F41FC86B92/.
③ BCAP. BCAP code review consultaion and regulatory statement[EB/OL]. (2010-09-01)[2016-07-01]. https://www. asa. org. uk/resource/bcap-code-review-consultation-andregulatory-statement html.
④ BCAP. The new advertising codes:an overview[EB/OL]. (2009-09-01)[2016-07-01]. https://www. asa. org. uk/asset/8E8E02C0C0%2D790F%2D4254%2D9F9C33F41FC86B92/.

则,更方便广播电视机构和公众阅读及使用;第二,《BCAP 守则》与《CAP 守则》保持了一致性,在诸如误导性广告、伤害和冒犯等关键性内容上采用了相同的规则和条款,且其编写方式也与《CAP 守则》一样;第三,《BCAP 守则》增加了许多新的内容,譬如,监管广告主对儿童个人数据的获取,监管过度宣扬产品对环境的保护程度的广告以及有关传统中草药的广告,等等,在内容上更加符合现实情况的改变。

《BCAP 守则》由 2 部分构成,第一部分是规则,有 33 条,第二部分是附录,有 3 个。其中规则部分规定了广播电视机构在播放广告时应注意的事项,几乎覆盖了广播电视广告可能涉及的所有内容。这 33 条规则分别是:遵守,广告的识别,误导性广告,伤害和冒犯,儿童,隐私,政治和有争议性的问题,远程销售,环保声明,禁止的广告类别,药品、医疗设备、疗法及健康,体重控制及减肥,食品、保健品及有关健康或营养的声明,金融产品、服务及投资,信仰、宗教及类似的信念,慈善组织,赌博广告,彩票广告,酒精广告,汽车驾驶广告,投注情报服务,电话预付费服务,基于通讯方式的性娱乐服务,居家办公方案,教学课程,对个人问题提供建议的服务,婚介服务,比赛,私人调查机构,色情,其他需要预检的广播广告类型(如脱衣舞广告),广告时间安排,电子烟和吸入剂广告。

在每一条规则里,《BCAP 守则》都列出了与该规则有关的背景和原则,方便广播电视机构了解该部分的监管精神,所规定条款也同《CAP 守则》一样细致具体。举例来说,在"环保声明"部分中,第 9 条第 4 款规定:"绝对化的声明必须被强大的证据支撑,否则将不被允许。比较性的声明诸如'更绿色'或'对环境更友好'等则可以是正当的。比如,如果一个产品或服务比之前的版本更有利于环保,或比竞争对手的产品或服务更有利于环保,则在清楚对比的基础上,使用比较性的声明就是正当的。"[1]这种具体形象的规定能够对广播电视机构起到具体指导作用,正如广播电视广告实践委员会自己所说,这是一部"更便于使用"[2]的守则。

为了及时掌握共同监管的效果,通信办公室在授权文件中明确要求共同监管机构必须定期向通信办公室汇报关键业绩指标(KPI),KPI 包括量化和质化两个维度的内容。在量化维度中,广告标准局要整理汇报的 KPI 包含以下两个方面:第一,投诉响应时间;第二,支持投诉方的数据变化趋势。在质化维度中,广告标准局要整理汇报的 KPI 包括以下七个方面,分别是:第一,广告标准局(广播电视部)和

---

[1] BCAP. The BCAP code:rules 9. 4[EB/OL]. (2009-09-01)[2016-07-01]. https://www.asa.org.uk/codes-and-rulings/advertising-codes/broadcast-code.html.

[2] BCAP. The new advertising codes:an overview[EB/OL]. (2009-09-01)[2016-07-01]. https://www.asa.org.uk/asset/8E8E02C0C0%2D790F%2D4254%2D9F9C33F41FC86B92/.

广播电视广告实践委员会就社会敏感问题开展的一些倡议或活动;第二,广告标准局(广播电视部)和广播电视广告实践委员会对于一些有争议领域的守则遵守情况的评估和分析;第三,广告标准局(广播电视部)和广播电视广告实践委员会对消费者满意度的调查及关于消费者态度和认知方面的研究;第四,广播电视广告实践委员会对守则所进行的任何回顾和修改;第五,广告标准局(广播电视部)和广播电视广告实践委员会每季度的内部工作状况;第六,外界对该监管模式的典型评价;第七,广告标准局(广播电视部)和广播电视广告实践委员会需整理呈现本年度中通信办公室为其提供的信息和报告。

根据广告标准局的年度报告,不管是从量化维度看,还是从质化维度看,广告标准局都可以说是较好地完成了指标。譬如,从2004年至2014年,广告标准局(广播电视部)接收的投诉数量比法定监管时期增加了,但是最终被判定违反守则的广告却变少了,这表明支持投诉方裁决的比例越来越少,也就意味着实际违反规则的行为越来越少、监管越来越成功。2014年5月1日,通信办公室正式提议在未来十年中继续采用共同监管的模式对广播电视广告进行监管,这一次提议轻松地通过了各项法定议程,并得到了来自社会各界的支持。2014年10月,通信办公室与广告标准局(广播电视部)、广播电视广告实践委员会和广播电视广告经费标准委员会签订了新的合作备忘录并发布了授权文件,宣布至少到2024年,通信办公室将与共同监管机构一起,继续为广播电视广告的健康发展和公众利益而努力。

第三节 英国广告监管的实践

广告标准局每年都要处理上万个广告投诉案件,投诉内容涉及各种媒介上的广告和各种各样的问题。譬如,2014年,广告标准局共收到37 073件投诉,平均每天收到101件。① 在这么多的投诉中,被投诉最多的广告是互联网上的广告,有13 477件,其次是电视广告,有11 926件。在被投诉的广告内容方面,在非广播电视媒介上,被投诉最多的是误导性广告,有12 719件;在广播电视媒介上,被投诉最多的为冒犯性广告,有6882件。2016年,广告标准局收到的投诉数量有所下降,但

---

① ASA. 2014 annual report[EB/OL]. (2015-04-01)[2016-07-01]. https://www.asa.org.uk/advice-and-resources/resource-library/annual-reports.html.

依然有26 521件,平均每天收到72件。① 以下分析几个典型案例,以便我们更好地认识和了解英国的广告监管实践。

一、非广播电视广告监管实践

案例1:网络广告违规典型:American Apparel 网站广告

American Apparel 由 Dov Charney 创建,经营服装和箱包等时尚用品,是深受年轻人喜爱的服装品牌,但时常因为不合规的广告而被人诟病。

2015年3月,广告标准局公布了对 American Apparel 网站上一则广告的裁决。这则广告共有4张图片,图片展现了一名女模特身穿一件无袖丁字紧身连衣裤的形象,其中一张图片是从女模特背后拍摄的,清晰展现了女模特的臀部。投诉者认为这则广告使用了一个看起来不满16岁的年轻女孩的性感图片,极其没有社会责任感而且具有冒犯性。

广告标准局接到投诉后进行了初步评估,认为这则广告可能违反了《CAP 守则》,于是向 American Apparel 公司发送了通知,又听取他们的答辩。American Apparel 公司认为,这些图片中的模特已经20岁了,并不是一个未成年的模特,而且这则广告从不同的角度对模特和衣服进行了表现,这种多角度的拍摄是展现衣服所必需的,因此并没有违反《CAP 守则》的内容。

广告标准局听取 American Apparel 公司的答辩后对该广告再次进行了分析。广告标准局认为,虽然广告从各种角度展示了模特和衣服,但是这个模特拥有非常年轻的面孔,以至于很多消费者认为她可能还不满16岁。此外,模特转过头来越过自己的肩膀望着屏幕,并裸露着臀部,这种姿势在消费者看来很明显具有性表达的含义。因此,广告标准局判定这则广告会造成严重的冒犯,违反了《CAP 守则》的第1条第3款(社会责任)和4条第1款(伤害和冒犯)。广告标准局裁决这则广告须马上下线。

American Apparel 的被投诉广告是网络广告未遵守《CAP 守则》的典型。网络广告突破了传统广告在空间和时间上的局限,使广告能够在受众打开页面的瞬间呈现出来,且不限于受众所处的时间和地点,从而拥有前所未有的覆盖面。现在,网络广告已经成为主流的媒介广告,深受广告主的青睐。但是,由于网络是一片辽阔的、虚拟的疆土,各种信息在网络上都可找到生存空间,因此网络广告中的问题

---

① ASA. 2016 annual report[EB/OL]. (2017-04-21)[2017-09-19]. https://www.asa.org.uk/advice-and-resources/resource-library/annual-reports.html.

也比较多。自 2013 年起,网络广告在广告标准局所接收的被投诉广告中都处在前几位的位置,广告标准局表示对网络广告的监管差不多已经占据了他们监管工作的一半,甚至广告标准局的 2016 年年度报告都是以网络广告为核心展开论述的[1],可见网络广告已成为广告标准局重点监管的领域。

案例 2:调查与研究:2012 网络广告调查报告

为了更好地监督守则的实施情况,广告标准局在处理投诉之外,还会根据实际情况和社会公众的需求进行一些调查和研究,以明确监管现状和未来方向。

2011 年,广告标准局决定扩大网络广告的监管范围:由公司、组织或个体营业者在他们自己的网站或在线空间上发布的广告,同样受《CAP 守则》的约束并且属于广告标准局受理投诉的范围。广告标准局表示:"广告合法、正当、诚实和真实的原则,需延伸到那些在自己网站上做广告的公司。"[2]该决定发布后,广告标准局的"守则遵守小组"随即开展了调查,来观测上述类型的网络广告对守则的遵守程度。

广告标准局评估了 2012 年 9 月 15 日至 10 月 15 日之间英国的 120 个网站的广告内容,这些网站是从不同的行业类别中随机筛选出的,涵盖小、中、大各种规模的企业。广告标准局在每个网站上抽取 5 个网页来观测,每个网页至少包含 1 个广告内容。经过观测,广告标准局发现:120 个网站中有 6 个网站包含违反《CAP 守则》的广告内容,遵守《CAP 守则》的比例为 95%;600 个网页中有 13 个网页包含违反《CAP 守则》的广告内容,遵守《CAP 守则》的比例为 97.8%。在 6 个违反《CAP 守则》的网站中,有 2 个网站来自娱乐和媒介行业,2 个网站来自化妆和美容行业,还有 2 个网站来自技术行业,大部分违反守则的广告都与误导性声明或内容有关。

这份调查结果表明,明显违反《CAP 守则》的广告内容是比较少的,同时也表明网站遵守《CAP 守则》的程度根据企业所处的行业不同而变化,广告标准局在日后不仅要多注意容易出现违反守则情况的行业,而且要关注与误导性内容相关的广告,做好保护消费者的监管工作。这样的一份调查报告虽然篇幅不长,但能以数据说话,反映实际问题,可以帮助广告标准局更好地改进工作。

广告标准局的调查研究涵盖许多方面,譬如 2017 年 7 月,广告标准局发布了一个关于广告中性别刻板印象和性别歧视的研究报告,并认为自身还需要采取更强

---

[1] ASA. 2016 annual report[EB/OL]. (2017-04-21)[2017-04-21]. https://www.asa.org.uk/advice-and-resources/resource-library/annual-reports.html.

[2] ASA. Extending the digital remit of the CAP code[EB/OL]. (2011-03-01)[2016-07-01]. https://www.asa.org.uk/resource/Extending-the-digital-remit-of-the-CAP-Code.html.

有力的措施来监管那些由于性别刻板印象而对消费者造成伤害的广告。类似这样的调查研究已成为广告标准局监管实践中重要的组成部分，且能够充分帮助广告标准局保持进步，当然也维持了公众对广告标准局的信心。

案例 3：广告行业的名誉：Paddy Power 广告

2014 年，一则报纸广告在英国引起了轩然大波，广告标准局收到的关于这则广告的投诉多达 5525 个，这是广告标准局成立以来收到的投诉量最多的一则广告。①

被投诉广告由爱尔兰博彩公司 Paddy Power 刊登在全国性报纸《星期日太阳报》上，广告展示了一个类似奥斯卡小金人的图片，但小金人的脸换成了南非著名的残疾运动员 Oscar Pistorius，当时该男子因被指控在家中谋杀女友正面临法庭审判。此外，广告中还写着"现在是奥斯卡时间""如果他能走，你将赢得本次投注"等，显然 Paddy Power 发布这则广告的意图在于吸引人们对审判结果进行投注。②

这则广告的投诉者不约而同地认为这起刑事案件的审判涉及了一名年轻女性的死亡，也涉及了一名残障者的未来。在这种严肃的情况下，该博彩广告却对此表现得满不在乎，非常具有冒犯性。广告标准局也主动针对这则广告发起调查程序，认为这则广告可能会毁掉整个广告行业的名声。

Paddy Power 进行了辩解，表示这则广告是一次性的，在审判过后便不会再次发布，而且向公众提供审判结果的赔率，只是反映了这个审判已经引起国际范围内公众的兴趣，这种赔率并不是对死亡和暴力行为的评价。此外，Paddy Power 并没有在广告中提及被杀女子或死亡等信息。至于"如果他能走"这句话，也不是对残障者的冒犯。Paddy Power认为自己只是考虑了语言的双重性和字眼使用上的技巧，用"如果他能走"来指代 Oscar Pistorius 被判无罪这种情况，并不是在讽刺他的残疾。

广告标准局对该广告的评估非常慎重。广告标准局表示，这则广告涉及一个引起广泛关注的谋杀案件，而与该谋杀案件扯上关系很容易让读者联想到关于一名女子被杀的事实。《CAP 守则》中明确规定了广告如果涉及任何人的死亡，必须小心处理图片和字眼。我们根据该广告的广告语可以看出，Paddy Power 淡化了一名女子被自己男朋友杀害的可怕情况，并且用"如果他能走，你将赢得本次投注"等

---

① ASA. 2014 annual report[EB/OL]. (2015-04-01)[2016-07-01]. https://www.asa.org.uk/advice-and-resources/resource-library/annual-reports.html.
② ASA. ASA adjudication on Paddy Power plc[EB/OL]. (2015-05-27)[2016-07-01]. https://www.asa.org.uk/rulings/paddy-power-plc-a14-261396.html.

话语对一个严肃的审判程序和审判结果显示出一种轻蔑的态度,因此广告标准局认定该广告具有冒犯性。此外,"如果他能走"虽然指的是 Oscar Pistorius 被判无罪,但是很容易令读者联想到 Oscar Pistorius 的残疾,这是对残疾人士的一种冒犯,也被认定为具有广泛和严重的冒犯性。

广告标准局认为,在 Oscar Pistorius 的谋杀案审判已经被各大媒体广泛报道而具有较大公共利益的情况下,Paddy Power 在报纸上刊登广告并借助审判结果谋取商业利益,是一种有损广告行业名誉的行为,将影响整个行业在公众心目中的形象。广告标准局的主席为此专门采取了特别行动:根据《CAP 守则》和投诉处理程序的相关条款,第一时间要求 Paddy Power 在等候正式调查期间先行撤下广告。

最终,广告标准局在官网上发布了对 Paddy Power 这则广告的处罚决定。广告标准局认为这则广告违反《CAP 守则》的 1.5 条、4.1 条和 4.3 条,未尊重广告业的声誉,并且对公众具有伤害和冒犯性,因此裁定这则广告不得再以这种方式呈现,并且 Paddy Power 必须确保其未来的广告不得造成如此恶劣的影响。

二、广播电视广告监管实践

案例 1:广告可以不优雅:Moneysupermarket 广告

广告标准局每年都会公布投诉量最多的 10 个广告,展现这些广告的争议焦点,并警示广告从业者不要再犯。① 广告标准局在 2015 年年度报告中,特别提到了 2015 年投诉量排名第一的广告。② 这则广告的广告主是 Moneysupermarket 公司,该公司经营一个以提供经济信息服务为专长的网站,该网站可以让消费者比较各个金融机构抵押、信用卡和贷款等经济产品的价格。

2015 年,Moneysupermarket 在电视和网络上同时投放的一则广告收到了1513 个投诉,在投诉量上排名第一。③ 这则广告展现了一个上半身穿衬衣和西服外套,下半身穿紧身短裤和高跟鞋的男子在路上边走边跳舞的场景,他的舞蹈动作都比较开放。投诉的理由基本上大同小异,认为这名男子的衣着和扭动臀部的舞蹈动作过于色情,具有冒犯性。

---

① ASA. 2015's most complained about ads[EB/OL]. (2016-02-23)[2016-07-01]. https://www.asa.org.uk/news/2015-s-most-complained-about-ads.html.
② ASA. 2015 annual report[EB/OL]. (2016-04-01)[2016-07-01]. https://www.asa.org.uk/advice-and-resources/resource-library/annual-reports.html.
③ ASA. 2015's most complained about ads[EB/OL]. (2016-02-23)[2016-07-01]. https://www.asa.org.uk/news/2015-s-most-complained-about-ads.html.

令人惊讶的是,尽管这则广告是整个年度收到投诉最多的广告,广告标准局却判定这则广告没有违反《BCAP守则》,甚至专门发布了一篇文章来解释做出这种判定的理由。广告标准局表示:"收到最多投诉的广告并不总是需要被禁止的那个。"[1]消费者的审美是多种多样的,每个人都有权利对同一个广告发表观点,但只认可同一个观点的情况不应该受到鼓励。有的人可能认为一则广告登不上大雅之堂,有些人却可能喜欢它的世俗和幽默,而广告标准局在判定一则广告是否具有冒犯性或是否违反守则时会非常认真地考虑相关因素,包括广告针对的潜在受众特征、广告出现时的语境、广告宣传的产品特征以及当下的流行趋势,等等。就被投诉的Moneysupermarket广告来说,这则广告在一些受众看来确实不够有品位,但它严格遵照了通信办公室设定的"分水岭"限制,没有在儿童可能观看的时间播放该广告,广告标准局表示其作为监管机构,不能只因广告不够优雅就认定广告具有冒犯性。

广告标准局的这种做法正是一个负责任的监管机构的表现,它拥有自己独立的评判标准和程序,杜绝对广告的任意性监管,更杜绝"寒蝉效应"的发生,这对广告行业来说是一大幸事;而它针对投诉量最多的广告进行的报道和阐释,也使公众能最大限度地理解广告标准局的监管理念。

案例2:理解独立复审机制:苏格兰骑行组织广告及Jamster彩铃广告

在广告标准局的投诉处理程序中,有一个程序是独立复审,这是一个针对广告主、广播电视机构和投诉者的救济程序,给予他们纠正不公正待遇的机会。同时,这个程序也是监督广告标准局裁决的一项重要措施。如果广告主、广播电视机构或投诉者认为广告标准局的裁决存在问题,他们可以在收到广告标准局裁决后的21天内,向独立复审员提出复审要求。

独立复审员是一个特设的职位,由行业外的人士担任,此人不仅要代表中立的立场,而且要具有丰富的工作经验。2010年以来,独立复审员由希顿·菲利普爵士担任,他曾是国家剧院的主席及多家公司的董事,在公共服务方面也有很多经历和经验。[2] 在接到复审申请后,如果独立复审员认为广告标准局的裁决没有问题,他会立刻通知申请者并关闭该申请。如果独立复审员认为存在极小的错误,则他可

---

[1] ASA. The ads that attract the most complaints aren't always the ones that need banning[EB/OL]. [2017-01-19]. https://www.asa.org.uk/news/the-ads-that-attract-the-most-complaints-aren-t-always-the-ones-that-need-banning.html.

[2] ASA. Independent reviewer[EB/OL]. [2017-09-19]. https://www.asa.org.uk/Rulings/Independent-review-process/Independent-Reviewer-biography.aspx.

以不通知广告标准局委员会或不进行深入的调查，直接对其进行改正。如果独立复审员认为需要重新考虑裁决结果，他可以寻求各方面的帮助并展开调查，提交给广告标准局一份新的裁决提案；他也可以请求广告标准局重新展开调查，并重新考虑裁决结果。①

2014年，独立复审员希顿·菲利普爵士收到了一份来自广告主的复审请求。所涉广告是一则电视广告，广告目的是呼吁驾驶汽车的人在路上给骑自行车的人留出足够的安全距离。广告的最后一幕是一名没有戴头盔的女性骑行者在一条沙漠公路上骑车，路过的一辆汽车在经过她身边时特意留了很宽的安全距离。广告标准局委员会在之前的裁决中认为，这则广告中的女骑手在距离路缘石1米以外的道路中央骑车是错误的行为，而且她没有戴头盔，会对公众尤其是未成年人造成不好的影响，因此这则广告违反了《广播电视广告实践委员会守则》。广告主对此提出了异议，理由是根据《公路法》第163条规定，广告中的女骑行者在沙漠道路的中央骑车是正确且值得提倡的。独立复审员收到广告主的复审请求后，对骑行位置的有关规定进行了调查，并认为广告标准局的裁决确实有误。因此，独立复审员向广告标准局提交了新的证据，并就头盔问题向广告标准局建议道："这则广告针对的是驾驶汽车的人，不是骑自行车的人。此外，虽然戴头盔骑自行车是应该提倡的，但在英国却并不是强制的。"广告标准局接受了独立复审员的建议，在重新考虑后撤销了原本的裁决，恢复了该广告的播出。②

在上述案例中广告标准局最终作出了对广告主有利的裁决，然而独立复审程序并不意味着违反守则的广告主或广播电视机构有机会摆脱对其不利的裁决。独立复审员是中立的，只会公正公平地进行复审，而不会让违反守则者有可乘之机。譬如，在2005年时，有一则电视广告裁决。③ 这则广告的广告主Jamster是一家专门提供手机彩铃和手机游戏等产品服务的公司。它在一则电视广告中宣传了一首手机彩铃，诱使许多公众进行了消费。然而，当公众以为他们只是购买了广告中出现的这一首手机彩铃时，实际上却是长期订阅了Jamster的彩铃服务。此外，还有33个公众投诉他们的孩子由于误购了Jamster的彩铃而收到数额巨大的话费账单。

---

① BCAP. Broadcast complaint handling procedures [EB/OL]. (2015-01-01) [2016-09-11]. https://www.asa.org.uk/uploads/assets/uploaded/e40c182a-fc90-4cad-869e0c7da65c3aa5.pdf.
② ASA independent reviewer report [EB/OL]. (2015-05-27) [2017-11-12]. https://www.asa.org.uk/News-resources/~/media/Files/ASA/Annual%20reports/Annual%20Report%202014_FULL.ashx.
③ ASA. Jamster upheld in court [EB/OL]. (2005-09-21) [2017-11-12]. https://www.asa.org.uk/News-resources/~/media/Files/ASA/Annual%20reports/ASA_Annual_Report_2005.ashx.

广告标准局支持公众的投诉,并裁决这则广告违反守则。但Jamster向独立复审员申请独立复审程序,在等待独立复审员的调查时,还向法院申请禁令,禁止广告标准局在公告栏中公布裁决结果。最终,独立复审员在调查过后,认为该广告确实对消费者产生了误导,进而导致了消费者的财产利益受损。广告标准局在独立复审员的支持下,维持对该广告原本的裁决。法院也认可广告标准局公布裁决结果有充分的公共利益基础,于是驳回了Jamster的禁令申请。可见,独立复审程序尽管是针对广告主、广播电视机构和投诉者的救济程序,能够监督广告标准局委员会的工作,但同时也是广告标准局裁决的保护者。只要广告标准局的裁决是正确和公平的,独立复审程序就将进一步保证广告标准局裁决的公信力。

结　语

从英国广告监管的实践来看,英国广告监管能够取得较为成功的局面,关键的原因有以下几个。

第一,明确了非广播电视广告和广播电视广告之间的界限,而且将这种划分延续到了监管模式上,在"一站式"监管机构的内部打造了两个不同的系统。其中,自我监管系统监管非广播电视广告,以行业间的自律和公众的监督保障非广播电视广告的健康发展;共同监管系统监管与公共利益相关的广播电视广告,加之广告标准局和通信办公室之间明确的权责分工,奠定了共同监管模式有效运行的基础。

第二,有行业外的独立人员监督监管机构的工作。任何监管模式都需要另一种力量的监督才能避免失灵,自我监管模式和共同监管模式当然不例外。在守则的制定过程中,不管是CAP还是广播电视广告实践委员会,都需要咨询行业外的专家,征求其对守则的建议。譬如,当通信办公室将广播电视广告的守则制定权授予广播电视广告实践委员会时,就要求广播电视广告实践委员会建立一个广告咨询委员会,代表公众发声,从而防止广播电视广告实践委员会受到行业的侵蚀。此外,针对投诉处理程序,专门设立独立复审机制,由有经验的行业外人士担任独立复审员,为不同意广告标准局裁决的人或机构提供救济。这些行业外的独立因素,极大程度上避免了监管机构独断专行的可能性,保障了公共利益。

第三,拥有完善的公开制度,确保公众的知情权。公开是形成规范、廉洁和高效的监管体制的要素,广告标准局非常重视公开其工作内容。广告标准局的网站上公布了与其工作有关的几乎所有文件,包括年度报告、共同监管的KPI数据图表、投诉程序、公众咨询以及调查研究,等等,这可以让全社会对其工作进行评估和监督。当然,广告标准局网站上最重要的公告栏就是每周三更新的投诉处理结果,这不仅警示了广告从业者,而且确保了公众的知情权,鼓励公众发挥舆论监督作用。这种完善的公开制度能在很大程度上消除公众的顾虑,帮助广告标准局得到公众的信任和理解,有助于广告标准局监管工作的开展。

第四,拥有独立的经费来源,不受行业和政府力量的影响。非广播电视广告的自我监管系统由广告经费标准委员会独立负责收取经费,广播电视广告的共同监管系统由广播电视广告经费标准委员会独立负责收取经费,而且这两个机构都有完善的运行机制和公开程序,不向广告标准局汇报工作,不接受政府的任何资助,也不接受行业机构的任何赞助。每年的广告标准局年度报告中,广告经费标准委员会和广播电视广告经费标准委员会都需要向公众做财务汇报,罗列本年度的收支情况,接受公众的监督和质询。可以说,财务上的独立性是保证广告标准局成功运行几十年的重要原因。

综上所述,英国广告监管的成功不是偶然的,英国在实践中不断摸索出的监管模式和经验虽然不一定适合每个国家,但其监管模式中的亮点,特别是独立性和公开性,仍然值得我们研究和借鉴。

第七章
英国诽谤法与传媒监管

英国诽谤法历史悠久,从 1275 年第一部成文诽谤法算起,至今已有七百多年的历史。英国诽谤法的影响十分深远,英联邦许多成员国以及美国、爱尔兰等国的诽谤法都源于此。随着社会的发展进步,英国的诽谤法也不断变化,以平衡言论自由权与名誉权两种权益。《2013 年诽谤法》是最近的一次英国诽谤法修订的成果。诽谤法对于言论控制和传媒监管意义重大。

第一节 英国诽谤法的历史与改革

一、英国诽谤法的历史

(一)17 世纪之前的英国诽谤法

英国诽谤法的历史可以追溯到盎格鲁-撒克逊王国(约公元 4 世纪)时期,当时的法律中就包含与侮辱诽谤相关的规定。例如在他人家里称呼某人为伪证者,须向房子所有人赔偿 1 先令;或者以其他言辞羞辱他人的,须向羞辱对象赔偿 6 先令,并向国王交纳罚款 12 先令。[①] 到了阿尔弗烈德大王(Alfred the Great)时期,明显加重了对诽谤者的惩罚,《阿尔弗雷德法典》(*the Law of Alfred*,约公元 880 年编

---

① 李秀清.日耳曼法研究[M].北京:商务印书馆,2005:367.

纂)中规定:如果某人公开发表了书面或口头的诽谤言论,而且此时得到证实,那么他将被处以割掉舌头或者更严重的处罚,但是可以以支付不低于杀人赔偿金的数额作为替代。①

虽有法条明文规定,但由于没有强有力的司法机构去执行,再加上无法吸引那些贵族到法庭上解决问题——他们更倾向于通过决斗的方式来解决诽谤问题,所以收效甚微。直到10世纪中期,对针对农奴的诽谤,一些地方上的庄园法庭会为失去自由的农奴们提供帮助。随着农奴制度的消亡,庄园法庭对诽谤案件的管辖权也消失了。

1066年诺曼人到来,威廉一世宣布教会法庭和世俗法庭分离,英国独立的教会法院自此发展起来,形成了系统的法律规范,其中包括关于诽谤行为的规定,主要处理民事性质的诽谤行为。教会法庭处理的诽谤诉讼有两大类。一类是由教会依照职权提起的公诉,适用于对多人的诽谤和辱骂等,尤其是不具名地诽谤一群人的情形,也包括被诽谤者已经死亡的情形。还有一类是私人的诉讼,由个人向教会法院明确地提起诉讼。② 在这一类诉讼中,诽谤的构成要素包括:(1)诽谤他人犯罪;(2)恶意和虚假性;(3)诽谤内容必须向原被告以外的第三方公布;(4)造成了损害。抗辩事由有:(1)特权;(2)必要的评论;(3)笑话或者俏皮话;(4)宽恕或赦免;(5)真实性。在惩罚手段上,一般是诽谤者被逐出教会,并终止诽谤,公开承认自己的错误,向对方道歉,公开忏悔并进行赎罪的苦行。1855年,教会法庭对诽谤案件的全部管辖权被正式剥夺。③

1275年,为了加强对达官贵人的保护并维护公共和平,王室颁布了《诋毁权贵法》(Scandalum magnatum),④它把针对大人物的诽谤视为一种犯罪。这些大人物包括所有的高级教士、公爵、伯爵、男爵、大臣、法官等权贵。形式主要是言语诽谤,也包括书面诽谤。该法规定:凡传播涉及以上人物谣言的人,一律要被投入监狱,一直关押到捏造该谣言的人被找到为止,然后再按照煽动暴乱的罪名予以处罚。尽管原告可以要求民事救济,但是此条极少被使用。这一法律后来分别于1378年、1388年、1554年和1559年被修订。一直到1659年,英国才有了第一个民事赔偿案

---

① WHITELDCKED D. English historical documents: Vol. 1. [M]. London: Eyre&spothswoode Ltd., 1955:372.
② HELMHOLZ R. The oxford history of the laws of England: Vol. 1: the canon law and ecclesiastical jurisdiction from 597 to the 1640s[M]. Oxford:Oxford University Press,2004:574-590.
③ HELMHOLZ R. The Oxford history of the laws of England Vol. 1: the canon law and ecclesiastical jurisdiction from 597 to the 1640s[M]. Oxford:Oxford University Press,2004:566.
④ 薛波. 元照英美法词典[M]. 北京:法律出版社,2003:1225.

例。1887年,《诋毁权贵法》被废除。

当时对诽谤进行刑事处罚的目的是维护国内和平与秩序。时任首席法官科克勋爵(Lord Coke)曾有一句著名的格言:"越是真实,越是诽谤。"如果不利于权贵的断言是真实的而不是臆想的,那么普通平民就更有可能进行反抗。[①] 直到1843年的《坎贝尔诽谤法》(Lord Campbell's Act),真实才被认可成为一种民事诽谤抗辩事由,但是要构成对刑事诽谤的完整抗辩,还需同时符合公共利益的条件。[②]

事实上,普通法院很早就针对民事诽谤诉讼管辖权进行过争夺,但囿于教会法院的长期抵制,直到1536年普通法院才获得管辖权。经过诸多判例的积累,有关民事诽谤的一系列规则逐渐形成和完善。民事诽谤的构成要素包括:(1)损害他人名誉的行为必须符合可诉性规则的要求,即诽谤内容属于特定的种类,如以行为本身构成的言辞诽谤、因实际损害而构成的言辞诽谤和针对财产所有权的诽谤行为;(2)诽谤必须被证明是与原告有关的;(3)诽谤内容必须向第三人发表;(4)言辞必须被恶意公布。抗辩事由有:(1)内容真实性;(2)法律特权。

民事诽谤诉讼经历了16世纪、17世纪的产生与发展期,基本的框架得以确定,基本的法律原则和制度定型。由于普通法院的案例大多为言辞诽谤,这些判例形成的原则和制度成为后来言辞诽谤诉讼的基本渊源。

(二)17—18世纪:刑事诽谤法的改革和民事书面诽谤罪在普通法院的确立

随着印刷术的发明和印刷品的不断涌现,主要规范言语诽谤的《诋毁权贵法》已经越来越难以适用于关于书面诽谤的诉讼。在这种情况下,星法院(Star Chamber)的教会人士开始将目光看向罗马法。罗马法中的刑事诽谤法规则真正被引入英国的法律体系,始于1606年的一个案例——De Libellis Famosis案。案件起于一份以韵文书写的材料,材料内容中伤和诽谤的对象是已故的坎特伯雷大主教和该教区当时的主教。法庭判决此材料构成诽谤。当时的判决有三点值得注意:法庭认为所有的书面诽谤都是一种刑事犯罪,无论是针对大人物的政治性诽谤,还是针对普通人的诽谤;书面诽谤不需要针对原被告以外的第三人公布;书面诽谤的传播者、发行人和诽谤资料的制造者都要受到严厉的处罚。

1641年,星法院最终被撤销。普通法院将星法院的关于书面诽谤的制度纳入

---

① VEEDER V. The history and theory of the law of defamation:II. [J]Columbia law review,1904,4(1):44.
② E. P. D. Qualified privilege to report legislative and judicial proceedings as a guarantee of freedom of the press[J]. Virginia law review,1950,36(6):770.

自身法律体系。查理二世复辟之后，普通法院成了王室特权的坚定拥护者，努力保障王室免受公众批评和书面诽谤材料批评。随着议会主权的确立，本来是保护王室特权的煽动性诽谤法，在适用范围上受到了一定的限制，即只有那些伤害他人名誉并导致公共和平被破坏的书面陈述才能构成刑事诽谤。刑事诽谤主要是针对官员、政府的批评和讽刺，也包括个别针对普通人的批评和讽刺。

1688年光荣革命胜利后，对王权的限制被加强，言论上自然有所放松。随着时间的推移，对于民事书面诽谤的审判，普通法院建立起一套独立的特殊规则。1792年《福克斯诽谤法》(*Fox's Libel Act*)赋予了书面诽谤诉法中陪审团对言语是否具有诽谤性的审查权，诽谤内容的真实性这时才可以作为抗辩的充分理由。该法规定只能通过陪审团而非法官来决定被告的言论是否属于诽谤言论以及被告是否有罪。在大多数情况下，陪审团与被告在批评政府的立场上是一致的，往往会对被告的言论产生共鸣，这在一定程度上限制了动用煽动性诽谤法对被告定罪，避免被告受迫害。

由此，普通法院形成了三种诽谤诉讼形式：民事言辞诽谤、民事书面诽谤和刑事书面诽谤。由于刑事书面诽谤后来逐渐减少，现在仍延续使用的是民事诽谤制度。18世纪，普通法上的诽谤法已经基本成型，其后主要是通过制定法或判例法进行小的修改。

(三)19世纪之后的诽谤法

《1843年诽谤法》(*The Defamation Act* 1843)是对当时普通法中民事诽谤诉讼内容进行汇编和修正的成果。① 值得指出的是，其一，关于"诽谤"的措辞，仍使用了当时普通法中的"defamatory libel"，即"毁坏名誉诽谤"，且未作新的界定，只是增加了惩罚：任何恶意出版(发表)的"毁坏名誉诽谤"应判罚款、监禁或罚款与监禁。监禁最高期限为1年②。其二，"毁坏名誉诽谤"与虚假诽谤作了区别。对虚假诽谤的处罚是：任何恶意出版(发表)"毁坏名誉诽谤"并知道其为虚假内容的，判狱中监禁，或教改所(correction house)监禁，监禁最高期限为2年，并处以罚款，而"毁坏名誉诽谤"则最高判1年。③

20世纪英国民事诽谤领域出现了两部重要成文法。1939年，波特委员会(Por-

---

① 参见英国《1843年诽谤法》。
② 依据《2009年审判和验尸法》(*Coroners and Justice Act* 2009)，这一处罚规定在英格兰、威尔士和北爱尔兰被废除，随后"毁坏名誉诽谤"这一罪名也被废除。
③ 该款也被《2009年审判和验尸法》废除。

ter Committee)被委任负责审查英国的诽谤法。由于第二次世界大战爆发,这一工作被打断,直至1948年委员会才完成报告。1952年10月30日,《1952年诽谤法》正式颁布,其主要依据就是波特委员会的报告。该法有许多重要的规定,比如将口头诽谤和书面诽谤进行同化处理,包括适用无意诽谤(Unintentional Defamation)、有理可据(Justification)①、公正评论(Fair Comment)②等抗辩事由方面。1952年立法改革的原因在于普通法中的诽谤判例法被认为偏向原告而导致不公正。为改变这种状况,波特委员会和立法者引入多种措施,使天平向另一方倾斜,尤其是在适用无意诽谤和公正评论这两个抗辩事由方面。

《1996年诽谤法》又进一步向被告方倾斜,通过"出版者责任""提议修改""特权"等内容为被告方提供了更多抗辩事由,供其在应对此类纠纷时使用。随后人们发现,这些措施仍然无法满足表达者(尤其是媒体)一方的需求,诽谤法仍需要进一

---

① 在《2013年诽谤法》实施之前,普通法以及《1952年诽谤法》都习惯于将该抗辩称为"有理可据(justification)",有英国律师认为,有理可据的意思就是真实(PRICE D,DUODU K,CAIN N. Defamation Law,procedure and practice:third edition[M]. London:Sweet&Maxwell,2004:57.)不过,确如英国学者指出的那样,有理可据的意思可能在律师看来非常清楚,但是这种说法也可能使一般人误认为发表时必须有某些正当的理由(good reason),尽管事实上恶意发表事实的行为是无法作为诽谤被起诉的[除了依据《1974年罪犯前科消除法》(Rehabilitation of Offenders Act 1974)的特殊规定起诉的情形]。(MULLIS A,PARKS. Gatley on libel and slander[M]. 12th ed. London:Sweet & Maxwell,2013:391.)《2013年诽谤法》第2条采用了"真实(truth)"的表述,《2013年诽谤法解释性注释》指出,这种修改主要是为了反映当前法律(普通法)的实际状况,简化并澄清此种抗辩的某些要素。无论如何,现代英国法基本上认为,原告无权因被告损害其不正当拥有的名誉而获得赔偿,原告正当具有的名誉将由客观事实来决定。(MULLIS A,PARKS. Gatley on libel and slander[M]. 12th ed. London:Sweet&Maxwell,2013:391.)

② 现代诽谤法抗辩事由中的公正评论曾经一直和受约制特权纠缠在一起,直到19世纪才清楚地独立出来。二者的关系在实践中非常复杂。19世纪之前的一些案件中,法官倾向于把公正评论当作一种"特权",把对于公正评论问题的分析与对受约制特权的讨论纠缠在一起。这个术语一度被视为"风格上的故弄玄虚",由此就阻碍了一个清晰状态的形成(LOVELAND I. Political libels:a comparative study[M]. Oxford:Hart Publishing,2000:12-13.)。根据保罗·米切尔(Paul Mitchell)对17世纪以来诽谤法历史的研究,最早被认可的作为公正评论抗辩的判例是1793年的Dibdin v Swan and Bostock[(1793)1Esp 28.],该案涉及一篇发表在报纸上的对原告拥有的一处公共娱乐场所的批评性评论,判决非常清晰地确立了公正评论的主要基础,核心点在于恶意(malice)无法从公正的批评中被推断出来。在19世纪后半叶,公正评论的发展受到两种案件的影响:第一种是19世纪60年代一系列初审法院判决的案件,基本上是对既有法律规则的重述;第二种是1863年的Campbell v Spottiswoode案件判决,该案判决重新定位了公正评论在诽谤侵权中的位置,使其不再被作为受约制特权的一部分,同时使主张公正评论抗辩的人得以提出"诽谤或者不诽谤(libel or no libel)"这一根本性问题。进入20世纪后,公正评论抗辩在19世纪所形成的本质特征得到保留,但保罗·米切尔指出,在法院依然基本上使用之前的标准时,学者们的学理解读却变得不那么符合司法实践(MITCHELL P. The making of the modern law of defamation[M]. Oxford:Hart Publishing,2005:169-191.)。21世纪以来的英国第一部成文诽谤法《2013年诽谤法》对原有的公正评论抗辩进行了较大修改,不但名称变为"诚实意见(honest opinion)",构成要素也发生了较大变化。

步向保护表达自由转向。

1999年上议院终审判决的"雷诺兹案"(Reynolds v Times Newspapers Ltd)①所催生的"雷诺兹特权"具有划时代的意义,对英国诽谤法的走向起到了关键性作用。根据雷诺兹特权,媒体在如下情况下享有"受约制特权"的保护:(1)媒体发表的内容关乎公共利益;(2)媒体报道时是负责任的。这样即使媒体有错误也可以免责,对于确认媒体报道是否负责任,应按照李启新大法官提出的10条标准去考量。他提出,法庭可以考虑以下一些因素:(1)指责当事人(诽谤案件的原告)的严重程度;(2)有关事项受到公众关注的程度;(3)消息来源是否可靠;(4)发表前是否核实过;(5)有关事项所处状态,例如是否正处于当局调查中;(6)发表的迫切性;(7)有没有请当事人回应;(8)有没有报道当事人的意见;(9)行文的风格;(10)报道发表的现实环境和时机。② 总之,雷诺兹案中媒体虽然败诉,但上议院借由本案创设了一种特权——雷诺兹特权。当媒体试图发布事关公共利益的事项,并且展现出一种负责任态度时,即使最后证明所发布的事项并不真实,媒体仍可受特权保护。③

2009年11月12日,英国通过颁布《2009年审判和验尸法》(Coroners and Justice Act 2009)实现了诽谤"除罪化"。至此,在英国延续了几个世纪的刑事诽谤诉讼和侮辱性诽谤罪、淫秽诽谤罪一起被废除。

(四)英国诽谤法现状

虽然英国诽谤法在国际范围内享誉已久,但英国并没有一个具体确认言论自由基本权利的书面形式的宪法性文件,历史上英国议会也没有把言论自由放在重要位置。在英国法律中出现了一种现象,即言论自由受到众多普通法中其他权力的制衡而面临巨大压力,为了平衡这些权力,大量有关诽谤的法律监管内容出现在普通法的判例之中。总体上,英国诽谤法以普通法为主体,以成文法为补充;但是在适用上成文法一般优于普通法。

进入21世纪后,英国政府启动了新一轮的诽谤法修订工作。2011年3月英国司法部公布了诽谤法修正草案,经过长达2年的咨询和审议,《2013年诽谤法》于2013年4月25日经议会上下两院三读通过。此次改革对英国的言论自由和信息传播环境产生了重大影响,备受世界关注。

---

① 本案详细案情请参阅本章第三节相关部分。
② 魏永征,白净. 从沙利文原则到雷诺兹特权:对借鉴外国诽谤法的思考[J]. 新闻记者,2007(8):42-45.
③ REICE D,DUODU K,CAIN N. Defamation:law,procedure & practice[M]. 4th ed. London:Thomson Reuters,2010:113.

英国颁布了《1998年人权法》，通过此法，《欧洲人权公约》在英国落地，使英国法院对言论自由的保护有了直接的成文法依据。这样，英国对言论自由保护的程度有所提升。这些对于传媒来说，至关重要。

《欧洲人权公约》与诽谤和言论自由有关的第10条表述如下：(1)每一个人都有自由表达的权利。此项权利应包括持有意见的自由以及在不受公共机关干预和不分国界的情况下接收并传播消息和思想的自由。本条款不得妨碍各国关于广播、电视或电影等企业的许可证制度。(2)行使这些自由时伴随一定的义务和责任，故应当受制于一定的形式、条件、限制或刑罚。此类制约应该由法律规定，是民主社会所必需的，并且应有利于国家安定、领土完整和公共安全，应服务于防止秩序混乱和犯罪、维护健康和道德、保障其他人的名誉和权利、防止披露保密的消息、维护司法的权威和公正无偏。

二、英国诽谤法的改革

(一)改革的缘由

在雷诺兹特权确立前，英国诽谤法向被告提供了真实、公正评论、特权三项抗辩事由。要想使用这三项抗辩事由，被告需承担繁重的举证责任因而在诉讼中处于非常不利的地位。埃里克·巴伦特(Eric Barendt)等学者在20世纪90年代中期认为英国诽谤法对媒体的新闻自由造成直接性和结构性的寒蝉效应(Chilling effect)，主要表现在媒体记者和编辑因担心诽谤诉讼而对文章内容进行删减或编辑；深层的影响是诽谤法对出版自由的限制已内化在记者和编辑的意识中。这些影响使得许多公共性问题无法进行讨论。①

"雷诺兹案把受制约特权推广到与公共利益相关的新闻报道，这比起传统诽谤法一味要求被告媒体承担严格责任，对媒体自由来说是一个很大的放宽。"②这曾让英国的新闻媒体欢呼雀跃，但在后来的实践中，雷诺兹特权的适用状况却不尽如人意。英国议会和政府关于诽谤法的检讨，以及对媒体从业者、非政府组织、媒体律师、学者和科学界的咨询和调查显示，雷诺兹特权似乎并没有给报刊自由带来多少好处，有时反而使新闻工作变得更加耗时、耗力和耗财。③

---

① 蔡浩明.英国诽谤法改革对我国的启示[J].当代传播，2014(3)：66-68.
② 魏永征，白净.从沙利文原则到雷诺兹特权：对借鉴外国诽谤法的思考[J].新闻记者，2007(8)：42-45.
③ 蔡浩明.英国诽谤法改革对我国的启示[J].当代传播，2014(3)：66-68.

(二)改革的内容

时任英国司法部部长的克拉克在 2011 年公布诽谤法草案时曾说:"政府就诽谤法提出的修改草案,目标是让诽谤法与时俱进,在保护个人权利与言论自由方面取得平衡,让负责任的新闻报道和科学争论免受诽谤法的威胁,同时让那些名誉真正受到损害的人也能够保护他们的名誉。"此外,改革的目标还包括加快诽谤案件审理速度和降低诽谤案件诉讼成本等。[①]

新的诽谤法在程序性方面和实体性方面(尤其是抗辩事由)都做了一些重要修改。

1. 程序方面

首先,涉及诽谤的起诉。以前,原告以诽谤的理由起诉只需证明三点:一是公开发表,二是有损名誉,三是指向原告。新诽谤法要求原告以诽谤的理由起诉,必须证明受到严重损害,只有对名誉造成或足以造成严重损害,方可起诉;如果原告是商业机构,必须证明其遭受财产损失或足以导致财产损失,方可起诉。

其次,确立单一发表原则。这一原则取代了之前长期使用的"多次发表原则"(multiple publication rule)。多次发表原则是指诽谤性材料的每一次发表都产生一个独立的诉因,并单独计算诉讼时效。单一发表原则是指原告针对同一被告发表的同一内容,"从发表之日起一年之内只能起诉一次,不能多次起诉"[②]。但如果内容的刊登方式不同,则根据刊载位置的显著程度和造成影响的严重程度具体考虑。

再次,限制被告所在地域。那些被告并不居住在英国或欧盟成员国或《卢加诺公约》[③]成员国的,除非能充分说明有在英国法庭审理的必要性,否则英国法庭将不再受理此类诽谤案件。新诽谤法希望借此结束"诽谤旅游"的现象。[④] 另外,如果指控的对象并非作者、编辑或出版人,法庭一般不受理诽谤起诉。

最后,取消陪审团。诽谤诉讼一般不采用陪审团,除非法庭认为有此必要,以减少诉讼费用和加快审理速度。

[①] 白净,魏永征. 英国诽谤法改革的趋势[J]. 国际新闻界,2011(6):99-100.
[②] 白净,魏永征. 英国诽谤法改革的趋势[J]. 国际新闻界,2011(6):99-100.
[③] 《卢加诺公约》,也称《卢加诺民商事案件的管辖权及判决的承认与执行公约》,是一项 1988 年订立的国际私法领域欧洲区域性多边国际公约,旨在促进民商事判决的国际承认与执行。
[④] 曾经因英国诽谤案件受理的门槛很低,很多居住在英国之外的原告专程到伦敦提起诽谤诉讼。这种情形被称为"诽谤旅游",伦敦也被称为"诽谤之都"。

2.抗辩事由方面

《2013年诽谤法》对实体性内容的修改主要体现在诽谤的抗辩事由上。如废除《1952年诽谤法》中的"有理可据"抗辩,代之以"真实"抗辩;废除"公正评论"抗辩,代之以"诚实意见"抗辩;废除普通法中的"雷诺兹特权"抗辩,代之以"为公共利益而发表"抗辩(简称为"公共利益抗辩");新增"发表在科学或学术期刊上经同行评议的陈述"抗辩;修订一些绝对特权和受约制特权抗辩等。

(1)"真实"抗辩。被告须证明内容实质真实,内容即使与实际情况略有出入,但没有达到严重损害名誉的程度,则不构成诽谤。

(2)"诚实意见"抗辩。具体含义是:"受指控之陈述为意见";"受控告的陈述表明了意见的基础,无论用一般性还是特定性词语";"意见是基于如下事实的:第一,在受指控的陈述发表之时业已存在的任何事实;第二,在受控告的陈述发表之前发表的存在受特权保护的陈述中被宣称为事实的任何事情"。《2013年诽谤法》同时规定,如果原告可以证明被告本人并不持有这种意见或者被告在宣扬他人意见时知道或应当知道他人并不持有这种意见,则被告以"诚实意见"为由的抗辩不能成立。

(3)"为公共利益而发表"抗辩。《2013年诽谤法》第4条第1款规定:被告如能在诽谤诉讼中证明如下事项,即能成为一种抗辩:受指控的陈述事关公共利益,或者该陈述是一个事关公共利益陈述的一部分;被告发表受指控的陈述是为了公共利益。第2款规定:据本条第3款、第4款的有关规定,在判断被告是否已经证明第1款规定的事项时,法院必须充分考虑与该案件相关的所有情况。第3款规定:如果受指控的陈述自身是一个关于有争议的问题的表述,或者该陈述是关于这个争议表述的一部分,并且原告在该争议问题中作为当事人,那么在判断被告是否有合理的理由相信发表陈述是为了公共利益,对被告采取措施查证由该陈述所表达的责难的真实性可能存在的疏忽,法院可以忽略,不以此为据否认被告是为了公共利益。实际上,第3款确认了普通法已形成的由雷诺兹特权延伸出来的"中立报道特权"。第4款规定:法院在判断被告是否有合理的理由相信发表受指控的陈述是为了公共利益时,在认为合适的情况下,必须对编辑判断权予以认可。第5款规定:为避免疑问,无论受指控的陈述是事实还是意见,本条规定的抗辩都可以适用。第6款规定:废止普通法中的"雷诺兹"抗辩。

(4)"发表在科学或学术期刊上经同行评议的陈述"抗辩。发表在科学或学术期刊上的陈述,如果是关于科学或学术问题的陈述,且在发表前经过编辑和一个或多个同行专家就其科学或学术价值的独立评审,则有关陈述受法律保护,除非能够证明被告发表时含有"恶意"。该抗辩理由同时对科学和学术价值评定过程中的独立评议以及对该陈述和独立评议的全部或部分客观准确报道的行为,提供了一定的保护。

3. 对"报道"类型的特权抗辩(privilege of reporting)范围进行修改

例如,修改了《1996年诽谤法》关于特权抗辩的范围及个别提法,把在世界各地的新闻发布会上关乎公共利益的公正准确的报道,纳入法律保护;对所有上市公司与英国上市公司一视同仁,对这些企业相关事项的公正准确的报道受特权保护;将部分只在英国范围内受保护的特权,放大到全世界;增加对科学或学术争论的保护,对关于世界各地的科学或学术会议的公正准确的报道予以法律保护。

4. 确立了网站运营者(operators of websites)的责任范畴

对于互联网上的诽谤内容,如果网站运营者能够证明争议陈述并非自己发布的,就可以进行抗辩。如果原告能证明以下情形的,则网络运营者的此种抗辩不能成立:第一,原告无法确认诽谤陈述的发布者;第二,原告事先已就诽谤陈述向网络运营者提出了投诉;第三,网站运营者没有依据相关法定机构制定的规则就投诉回复原告。如果原告证明网络运营者在发布有争议陈述过程中存在恶意,则网络运营者的抗辩不成立,不过,网络运营者不会因对争议陈述做了温和化处理而丧失此种抗辩权利。

5. 在经济赔偿之外,增加诽谤救济手段

诽谤诉讼的目的是恢复名誉,而不是求取钱财。新法规定法庭有权要求被告刊登法庭判决概要,虽未要求被告道歉,但一定程度上可以起到恢复原告名誉的作用。另外,新法规定法院可命令网络运营者删除诽谤内容,要求作者、编辑、出版者之外的主体停止散布、销售、展览包含诽谤内容的材料。

长期以来,英国诽谤法被认为是限制言论自由的工具。在世界各国均普遍重视人权保护的大背景下,英国通过判例逐渐强化了言论自由的法律地位,特别在《1998年人权法》将《欧洲人权公约》规定的内容在国内落地后以后,这一过程明显加快。由于受保守主义文化传统的影响,英国的改革历来都是循序渐进的、缓慢的,而此次诽谤法改革,可以说迈出了很大的一步。英国诽谤法的修订显然更有利于保护言论自由。在新的时代背景下,英国适应现代传播科技的发展提出的新要求,[1]使言论自由与名誉权保护达到了一种新的平衡。

第二节　媒体诽谤的司法认定与监管实践

一、媒体诽谤的司法认定

(一)诽谤责任构成要件

英国诽谤法演化至今,已经历数百年,虽然判例法、成文法杂糅其间,但诽谤责任的构成要件大致保持稳定,主要包括以下四项:言论的诽谤性、诽谤性言论已经公布、受害人可以辨认、原告受到了损害。

1. 言论的诽谤性

英国司法实践中,认定言论是否具有诽谤性一般遵循两个步骤:第一,确定言论的意思;第二:判断言论是否具有诽谤性。[2] 英国民事诉讼的一般规则是法官决定法律问题,陪审团决定事实问题,涉案言论一般被认为是事实问题,由陪审团决定,言论是否具有诽谤性属于法律问题,由法官决定,但是法官有权初步认定言论的意思并供陪审团参考。

对于涉案言论的认定,陪审团通常以全部案件的事实为背景,根据言论的含义确定其意思,然后再判断言论是否具有隐含或暗示的意思。难点在于,同样的言论对不同的人可能具有不同的意思,而且言论的背景、表达方式等都可能影响其意思。为了解决这一问题,英国诽谤法发展出"单一意思规则":如果关于系争言论的意思存在两种以上合理的解释,而法院并不知道客观事实时,法院必须在几种相互冲突的理解中选择一种"正确的"理解作为认定事实的依据。这里的"正确的"理解往往是有利于被告的那种解释,这包含"无罪推定"色彩,展现出保护言论自由的强烈意图。

在认定言论是否具有诽谤性时,确定判断标准始终是一个难题,而议会制定的成文法也从未试图界定它。1998年,澳大利亚新南威尔士州最高法院首席大法官

---

[1] 白净,魏永征.论英国诽谤法的改革趋势[J].国际新闻界,2011(6):99-103.
[2] MULLIS A,RARKS R. Gatlay on libel and slander[M]. 12th ed. London:sweet & Maxwell,2013:37.

亨特根据英国权威诽谤法学者帕特里克·米尔莫和罗杰斯的意见,提出了"理性人原则",即"系争言论是否令社会上的一般理性人降低对原告的评价"。这一标准后来被英国司法系统采纳,后经一系列判例确定了"理性人"的两层含义:品行高尚、正派之人;具有正常思维能力之人。就正常思维能力而言,"理性人"是指那些具有正常思维能力,能够辨别系争言论性质的受众。

2. 诽谤性言论已经公布

名誉产生于人类的互动关系和社会交往中,其本质是一种社会评价,因而诽谤言论必须为原告、被告之外的第三人知晓才能损害原告的名誉。也就是说,原告必须证明被告已经将诽谤性言论向至少一个第三人传播或公布,被告行为才能构成诽谤,这就是诽谤法上的"公布"要件。

在英国司法实践中,对"公布"要件的理解一般没有争议,但也有特殊情况。比如,如果 B、C 都在场的情况下,A 同时向二人陈述针对他们的诽谤性言论,这是否构成诽谤就存在争议。美国法院认为不构成诽谤,而英国法院认为构成诽谤。另外,早在 16 世纪英国诽谤法就已经确认,虽然被告向第三人陈述了诽谤性言论,但是第三人若存在听不懂被告所使用语言的情形(如被告使用的是英语,听的人是一个不懂英语的德国人),那么被告的言论即无所谓公布,当然也就不构成诽谤。

还有一种大多发生在媒体记者身上的情况。采访对象向记者或出版者、发行者陈述的诽谤性言论,如果经过后者公布传播,那么采访对象是否负有诽谤责任?这就涉及"重复公布责任"。一般认为,在这种情况下,采访对象应承担诽谤责任,因为他可以预见这些言论将被公之于众。

英国诽谤法关于"公布"的要件还有两个原则需要注意——"多次发表原则"和"单一发表原则"。前者指被告向第三人所做的每一次诽谤性陈述,分别构成一次公布行为,从而产生单独的诉因,也就是说原告可以就被告向不同的第三人公布诽谤性言论的行为分别起诉。而"单一发表原则"主要适用于大众媒体对众多不特定公众传播诽谤性言论的行为,此时仅产生唯一诉因,原告只能提起一件诉讼。随着互联网的兴起,关于对网络上的诽谤言论使用何种原则的问题一直存在争议。《2013 年诽谤法》第 8 条对此明确规定:不再列举具体的传播方式,均适用"单一发表原则"。

3. 受害人可以辨认

诽谤法旨在保护原告名誉,因此原告提起诽谤诉讼,不仅要证明被告言论具有诽谤性,而且必须证明自己是诽谤性言论的受害人。一般情况下,原告很容易证明自己就是受害人,但在诽谤性言论没有明确指向时,原告就需要自己证明:通过该诽谤性言论的内容,一个理性人可以辨别诽谤性言论指向的就是原告,或者该言论的特定受众具有相应的知识和能力辨别原告就是受害人。

这里有一项特殊原则需要注意,就是"意图无关原则"。该原则适用于虽然可以辨别原告就是受害人,但是被告却无诽谤原告意图,甚至根本不知道原告存在的案件。这一原则还适用于被告言论是关于 A 的真实情况,但却不经意地损害了 B 的名誉的案件。英国学者认为,在使用"意图无关原则"时,原告名誉受损是一项客观事实,无论被告在主观上是否存在诽谤原告的意图,都不影响损害后果的产生,被告主观上的认识错误并不影响原告的可辨别的受害人身份。

4. 原告受到了损害

诽谤法的功能在于为受害人的名誉损害提供救济,因此原告名誉受到损害是诽谤成立必须具备的要件之一。普通法中的诽谤分为"当然诽谤"和"推知诽谤"。"当然诽谤"指那些一目了然的言论,"推知诽谤"是那些必须结合相应的背景因素才能判断有无诽谤性的言论。诽谤又根据表达形式分为"口头诽谤"和"书面诽谤"。

根据普通法,"当然口头诽谤"一般包括四种:妄指他人犯罪、患有不可治愈的恶疾或传染病、不具有商业或职务适格(能力、资格、品格或信用)、妇女不贞。其中,第四种在《1891 年妇女诽谤法》中有规定。《2013 年诽谤法》第 14 条第 1 款明确规定废除《1891 年妇女诽谤法》,第 2 款规定指称原告患有难以治愈的恶疾或传染病不再被视为"当然口头诽谤",除非原告举证证明受到"特定损害"。至此,"当然口头诽谤"在普通法诽谤制度中仅限于其他两种情形。

一般来说,除"书面诽谤"和"当然口头诽谤"外,对于一般"口头诽谤",原告须证明其遭受了损害。不过,《2013 年诽谤法》出于扩大言论自由空间以回应各界批评的考虑,于第 1 条明确规定:只有那些已经或者很可能对原告的名誉造成严重损害的言论,才具有诽谤性,才满足诽谤侵权责任的构成要件。至于营利性主体名誉所遭受的损害则不属于此种意义上的严重损害,除非能证明被告的言论已经或者很可能给其造成严重的经济损失。该条款并未明确界定何为"严重损害",但显然赋予了法院以根据具体的案件进行综合认定的自由裁量权。

(二)诽谤诉讼的抗辩事由

如前文所述,英国诽谤法主要的抗辩事由包括以下几项:真实、公正评论、特权。《2013 年诽谤法》几乎涉及了所有抗辩事由,该法第 2 条至第 7 条规定了被告可援引的抗辩事由,包括真实、诚实意见、公共利益、网站运营者抗辩、发表在科学或学术期刊上经同行评议的陈述以及"报道"类型的特权抗辩等。

1. 真实抗辩

名誉受损多由不实言论所致,如果被告能够证明言论属实,那么就意味着系争言论不具有诽谤性,所以真实就成为被告得以援用的最为重要也最为有力的抗辩事由,即"完全或绝对抗辩"。

关于被告言论需要达到何种真实程度,普通法认为一般无须达到完全符合客观事实的程度,只要达到实质真实程度即可。[①]《2013年诽谤法》的第2条第1款采纳了实质真实标准。[②]

这里的实质真实,并不是百分百地符合客观事实,而是将系争言论所陈述的事实区分为核心事实和边缘事实,前者是指那些对于界定系争言论有决定性作用的事实,核心事实大致符合客观事实的整体框架,即符合实质真实标准。至于边缘事实则一般不在法庭考虑之内。

《2013年诽谤法》关于真实抗辩有一个值得关注的修订。针对《1952年诽谤法》第5条,《2013年诽谤法》第2条第2款、第3款增加了"严重损害"要求。[③]《1952年诽谤法》第5条规定:在一个包含两项以上针对原告的涉案言论的诽谤案件中,不能根据被告未能证明每一项言论的真实性,就认定被告援用真实性抗辩不成立,还必须考虑那些未能证明属实的言论是否对原告的名誉造成损害。[④] 虽然被告未能证明系争言论全部属实,但若那些未被证明属实的言论没有严重损害原告的名誉,应认定被告真实抗辩成立。因此,某种意义上说,《1952年诽谤法》第5条在一定程度上已经提出了《2013年诽谤法》第1条规定的构成诽谤须具备"严重损害"这一要件。

2. 诚实意见抗辩

《2013年诽谤法》在第3条第2、3、4款对诚实意见抗辩的适用条件做出了规定:第一,"受指控之陈述为意见";第二,"受控告的陈述表明了意见的基础,无论用一般还是特定词语";第三,"基于以下情形,一个诚实的人可以持有此种意见:其

[①] PRICE D, DUODU K, CAIN N. Defamation: law, procedure and practice[M]. 4th ed. London: Sweet & Maxwell, 2010: 59.
[②] 英国《2013年诽谤法》第2条第1款。
[③] 英国《2013年诽谤法》第2条第4款。
[④] 英国《1952年诽谤法》第5条。

一,在受指控的陈述发表之时业已存在相关事实;其二,在受指控之前发表的陈述是对于这个事实的断定(assert)并认为这样的断定受特权保护"。① 就适用条件而言,《2013年诽谤法》与普通法最为显著的差异是:舍弃了"公共利益"要件,不再一律要求被告证明作为意见基础的事实陈述属实,受特权保护的陈述也可以,不再要求一般性的无恶意条件。

诚实意见抗辩的适用对象是意见和观点表达,因此必须将其与事实陈述区分开,但由于《1952年诽谤法》《1996年诽谤法》和《2013年诽谤法》三部成文法均未有规定,因此仍需适用普通法公正评论抗辩中关于意见表达的认定规则。

3.特权抗辩

特权是普通法上颇具特色的一项法律制度。根据《布莱克法律辞典》的解释,它是指某人或某个群体被授予的一项特殊的法律权利,获得授权者可被豁免特定的义务,或者因此获得从事/不从事特定行为的自由。② 特权分为绝对特权和受约制特权。

(1)绝对特权

绝对特权是指无论行为多么不正当,不论行为动机如何不适当,均豁免行为人的法律责任。"绝对(absolute)"的含义在于不考虑言论者的主观恶意。法律之所以赋予行为人这种权利,"是为了实现国家公务人员管理公共事务(包括立法、行政、司法方面)的积极职能……为了法律、法规、政令的贯彻执行"③。

在绝对特权中,诽谤言论是不会被起诉的,即使那些言论是虚假的或者恶意的。在这种情形下,为了公共利益,个人的名誉要为表达自由让步。法律上规定享有绝对特权的情形如下。

①议员所享有的特权。英国《1689年权利法案》规定:在英国议会辩论中发表的言论、议会委员会听审中的发表言论,在向议会提交的请愿书中发表的言论受保护。该法用立法的形式确定:议会中的发言和争论在法庭或议会之外的任何地方不应该被审问。但是,在地方议会或机构的听审中发表的言论是没有绝对特权的。④

②议会活动报告享有特权。任何对议院命令的公开或者"全部复制",受到

---

① 英国《2013年诽谤法》第3条。
② GARNER B. Black's law dictionary[M]. 10th ed. Amsterdam: Thomson Reuter West, 2015: 1390-1391.
③ 张新宝. 名誉权的法律保护[M]. 北京:中国政法出版社,1997:162.
④ 法学教材编辑部. 外国法制史资料选编:上[M]. 北京:北京大学出版社,1982:322.

《1840年议会文件条例》的保护。①

③司法审判中的陈述享有特权。在普通或者军事司法诉讼程序中,在涉及这些诉讼的活动中,法官、辩护人、陪审团、证人或当事人的陈述享有特权。

④国家官员在履行职责的过程中对另一位官员所做的陈述,享有特权。包括:向上级报告的军事官员,与官员交流的所长,向首相报告的高级委员,但是不包括向上级报告的警察。外国政府官员在英国作出的陈述享有外交特权的保护。纯粹商业交流可能享有绝对特权。如果一项陈述享有绝对特权,那么所有随后的陈述也享有同样的特权。②

⑤配偶之间的陈述享有特权。但是,配偶一方对第三人关于另一方的陈述除外。

⑥审判程序的报告享有特权。《1996年诽谤法》的第14条规定:在审判过程中发布的公平准确的关于审判程序的报告享有绝对特权。如果报告被法庭命令或者法定的条文搁置,那么它可以在得到允许后尽可能及时地发布。这一规定适用于英国任何一个法庭;欧洲法院和与之相关的法院;欧洲人权法院;联合国安全理事会或有英国一方参与的国际协议组织建立的国际刑事法庭。③ 对于这一规定,《2013年诽谤法》的修订只有一条,即于第7条第1款将作为报道对象的法院扩展至任何国家和地区的法院、任何国际法院以及任何根据国际协议而成立的法院。至于绝对特权需满足"同步"和"公正准确"的两项条件,成文法从未明确这两项条件的含义,只适用有关判例法。

(2)受约制特权

根据《布莱克法律辞典》的解释,受约制特权又被称作"条件特权",是指行为人只有在履行法律或道德的义务时,才能获得豁免的一种特权,分为判例法上的受约制特权和成文法上的受约制特权。

解释判例法上的受约制特权,经常援引的是阿特金森勋爵于1917年在Adam案中所做的阐述:"特权情境是指这样一种情形,即某人基于利益或法律、社会、道德上的义务与他人进行交流,他的相对方也基于相应的利益或义务而接受相应的信息。"这种相互性非常重要。这里的限制性体现在三个方面:第一,行为人欲获得此种特权的保护,必须是基于履行法律或道德义务,追求合法利益与他人交流的;

---

① ROSE C. Halsbury's statutes of England:Vol. 19[M]. London:London Butterworths,1970:9-11.
② 徐爱国. 英美侵权行为法学[M]. 北京:北京大学出版社. 2004:183-184.
③ 英国《1996年诽谤法》第14条。

第二,行为人所做陈述的相对人,也就是陈述的接受者,亦必须是基于前述的利益或义务而接收这些信息的;第三,行为人的恶意将阻止受约制特权的援用。

成文法上的受约制特权,如《1996年诽谤法》第15条、《2013年诽谤法》第7条等,都采取列举方式对可以主张"报道"类型的受约制特权做了规定。

(三)网络环境下的媒体诽谤诉讼的责任认定

根据《2013年诽谤法》第5条规定,"网站运营者可以就其并未在网站上发布诽谤性事实"主张抗辩,但是如果原告能证明以下情形,则网络运营者的此种抗辩不成立:第一,原告无法找到和确认诽谤内容的发布者;第二,原告事先已就诽谤内容的情况通知网站运营者并提出了投诉;第三,网站运营者没有依据相关法定机构制定的规则就投诉回复原告。这意味着,在上述情形下网站运营者必须履行"通知—删除"义务,否则将有可能承担诽谤责任。

《2013年诽谤法》同时还对涉及的通知格式做了初步说明。根据第5条第6款,若用户因自己受到诽谤向服务提供商发出通知,其通知必须满足如下条件:指明通知人姓名;列出相关的陈述内容和解释为什么这些内容是诽谤;指明这些内容的详细网络地址;相关规则规定的其他信息。

二、媒体诽谤言论的判断标准

英国知名的诽谤法专家大卫·胡珀(David Hooper)指出"诽谤法是巨大的、硬性的自我审查"。环保主义倡导者乔治·蒙比奥特(George Monbiot)也认为诽谤法"是英国言论自由的障碍,是最佳的统治工具,因为(诽谤法)是依靠(媒体)平时的自我审查而非执法达到其目的的"。从他们的言论中可以看出,因为诽谤法的存在,英国媒体在发表内容时往往先进行自我审查,以避免诽谤带来的不良后果,这在一定程度上影响了言论自由。

作为诽谤诉讼中的一个重要环节,被控言论是否应当被认定为诽谤言论,涉及识别被控言论诽谤含义的依据和原则。随着历史的发展,英国人早已从大量的诽谤诉讼中吸取了足够的经验和教训。很多人,尤其是媒体人在发表涉嫌诽谤的言论时往往采取许多规避手段,使被控言论的含义越来越隐晦,导致法庭难以识别或者难以做出令人信服的判决。

1. 普通读者标准

英国诽谤法首先考虑的是被控言论的基本含义。言论的基本含义,早在《1792

年诽谤法》中就有说明,是指词语的自然意义和普通意义,不限于言论的字面意义,还包括任何具备正常思维的普通读者的推理意义。这就是"普通读者标准"和"自然意义和普通意义"的原则。

这一原则建立在英国法律业界和法院共同认可的基础上。事实上,截至目前,英国法院关于如何确定被控言论中有诽谤含义所达成的共识是:目前尚缺乏关于诽谤含义的确定的全面定义。在确定被控言论是否带有诽谤含义时,一般会考虑四个因素:(1)被控言论关系到某个人的名声;(2)被控言论往往会降低他人对当事人的评价;(3)当事人不得不因此躲避;(4)被控言论使当事人受到嘲笑、蔑视和仇视。这就意味着即使被控言论在一部分人眼中伤害了当事人的名誉,也不能构成诽谤,除非他们关于被控言论伤害名誉的评价与具有正常思维的一般人的看法相同。

2. 温和含义原则

温和含义原则是为了遏制传播绯闻导致的诽谤诉讼事件日益增多的趋势而制定的,也为了引导人们摆脱浮躁的社会心态。这一原则是指原告所指控的诽谤言论应当按照词语的"温和含义"来解释。换句话说,该原则主张法官在解释原告所指控的诽谤言论时,要选取言论词语所指意义范围内最温和的含义,以做出有利于被告的判决。

3. 单一词义原则

由于被控言论中词语所包含的词义范围比较广泛,所以英国诽谤法规定的"单一词义"标准在某种程度上具有高度的人为性质。诽谤诉讼中一旦发生被控言论词义争议时,无论裁决者是法官还是陪审团,必须做出单一词义的判定。

4. 暗示含义原则

暗示含义即"影射含义",包括虚假暗示含义和真实暗示含义。其中,虚假暗示含义是指具有正常思维能力的普通人能从字里行间推断出的暗示含义,其表面意义可能并不具有诽谤性,但其蕴含的意义具有诽谤性。

与虚假暗示不同,真实暗示含义指被控言论表面上对某些人来说没有诽谤意味,但在某些了解特殊知识和情况或了解更多信息的人看来具有诽谤含义。从这里可以看出,要认定真实暗示是否构成名誉损害,单单根据被告的行为是不足以认定的,还要结合特定的客观事实来认定。

5. 修辞意义识别标准

英国法庭在诽谤案审理过程要确定被控词语的含义时,也会考虑词语或言语借助修辞手段所产生的修辞含义。以阿姆斯特朗诉《星期日泰晤士报》案为例,该案法官在评析被控诽谤词语的意义时,指出文章标题中的"la confidential"使用的法语词语"la confidential"中的第一词由两个字母构成,既容易被理解成法语形容词"绝密"的前置定冠词,也容易使人联想到阿姆斯特朗(Lance Armstrong)名字的两个首字母,普通读者可能会理解成"阿姆的秘密",法官认同后一种理解,认为这会对原告的名誉造成损失。这里实际上就考虑了修辞的含义。

6.语境意义识别标准

确定诽谤含义必须要依赖语境剔除歧义和词语同时具有的多项潜在含义,以使被控言论的词义单一化,仅仅限于具体语境赋予的并与之相契合的准确意思。这里的语境不仅指时间、地点、场景以及说话人的身份、年龄等客观因素和主观因素融为一体的社会语境、环境语境、文化语境和心理语境,还应该包括文章或著作自身的上下文语境。

尽管在具体的实施过程中没有明确界定这些原则,但是这能让媒体了解诽谤言论是如何确定的、哪些言论可以构成诽谤,会让其在发表内容时有一些考虑,尽量规避诽谤和诽谤所带来的不利影响。

三、媒体监管中防范诽谤的行业规范

随着大众传媒成为一个行业,几乎所有的诽谤诉讼都与传媒相关。诉讼言论基本上都是通过大众传播的方式发表的。媒体常常成为诽谤诉讼的被告或被告之一。因此,在现代社会,媒体行业为了免除诽谤诉讼带来的风险和责任,往往都会通过相关的行业规范指导媒体组织和相关人员的行为。这些规范在普通的诽谤立法之外,表现为专门的立法、行业规范或媒体自身的内部运行规范。如本书前几章所述,报刊行业、视听行业、广告行业、社交媒体平台的编辑规范都涉及关于内容的标准,其主要目的是避免引发诽谤纠纷和诉讼风险。

(一)行业编辑规范

在报刊行业,英国在1990年报刊投诉委员会(PCC)成立之时,就制定了报刊行业的编辑规范。随着时间的推移,这部规范根据遇到的问题,不断地被修订。在报刊投诉委员会终结之后,新产生的两个报刊业自我监管机构也都制定了自己的编辑守则。此处就有关避免诽谤纠纷和诉讼的相关的守则规定做简要介绍。

1. 独立报刊标准组织的编辑守则

这一守则,要求报刊编辑要做到"报道准确":(1)刊物必须注意不要发布失实、误导公众或歪曲事实的信息或图片,不要发布与正文内容不符的假标题;(2)显著失实、误导公众或歪曲观点的陈述一经确认,必须立即改正,并以醒目字样刊登声明,在适当情况下还应发表道歉声明,若事件涉及独立报刊标准组织,则应强调是按监管机构要求进行纠正的;(3)如果被报道人拥有充分理由认为报道失真,应该有回应此事件的机会以示公平;(4)报刊尽管拥有倾向于竞选中某一方的自由,但必须明确区分评论、推测和事实;(5)任何一家刊物如果涉及诽谤他人事件,除非各方已经达成和解,或者和解结果已经公布,否则刊物必须公平准确地报道该事件的处理结果。

2. 铭刻组织的编辑守则

这一守则,要求报刊编辑要体现"准确性":(1)出版者必须尽最大义务确保出版内容准确;(2)出版者必须在第一时间纠正重大错误信息,一般情况下应以醒目字样刊登声明;(3)出版者必须明确区分事实、推测和评论;(4)尽管出版者拥有倾向某一党派的自由,仍不得歪曲事实。此外,出版者必须采取一切合理步骤来识别并标明第三方消息来源;出版者必须在第一时间以醒目字样纠正错误并标明第三方消息的正确来源。

3. 通信办公室的守则

该守则的第五部分"应有的公正性、准确性及不适当的观点和意见原则"对相关问题做了详细规定。根据守则,新闻中应有的公正性和应有的准确性的具体含义是:(1)新闻,无论以何种形式,都必须以具有应有的准确性和应有的公正性特征呈现;(2)新闻中的重大错误通常应该得到及时的承认和纠正,更正内容应该以适当的方式安排呈现。

(二)记者职业规范

英国有全国性的记者行业协会,即"全国记者联盟"(National Union of Journalists, NUJ),成员遍布报业、杂志、书籍、广播、新媒体等领域。这一组织最早可以追溯到1907年。1936年该组织制定了一部记者行业道德规则——《行为准则》(Code of Conduct)。记者在加入该组织时必须承诺遵守规章制度。以《行为准则》2011年版本为例。准则对记者的职业行为提出了12条规定,具体如下:(1)在任何时候鼓励和维护出版自由原则、言论自由的权利和公众被告知的权利;(2)努力确保发布的信息是真实的、准确的和公正的;(3)会员必须最大限度地纠正有害的信息;(4)区分事实与观点的不同;(5)通过诚实、坦诚和公开的途径获取新闻素材,除非新闻调查的内容符合公众利益且不能通过直接的手段获取证据;(6)不能非法侵入任何人的私生活,除非涉及公众利益;(7)保护秘密提供信息的信息源以及在其工作中收集的材料;(8)抵制任何威胁和诱惑,不得扭曲或掩盖信息;(9)不发表由一个人的年龄、性别、种族、肤色、信仰、法律地位、婚姻状况、身体残疾和性取向等而导致仇恨和歧视的言论和内容;(10)不能为了自己的工作或媒体雇主而通过文字、声音或行为动作为任何商业产品或服务做广告;(11)当记者采访儿童或为其拍照时须获得他/她的监护人的同意;(12)避免抄袭或剽窃。①

第三节 经典案例分析

一、雷诺兹诉《泰晤士报》(Reynolds v Times Newspaper Ltd.)案②

(一)案情简介

1994年11月17日,爱尔兰总理艾伯特·雷诺兹(Albert Reynolds)在议会下院宣布辞职。11月20日,《星期日泰晤士报》英国版和爱尔兰版都刊登了这个事件的长篇调查性报道。此文的英国版标题为《再见了,放高利贷的人》,文章是国际新闻版的头条而且占据了大约整版篇幅,副标题为《为何一个撒谎的人难以证明其作为爱尔兰和平缔造者的重要性》。同一天,此文的爱尔兰版使用了《纸牌搭的房子》这一标题,以此比喻政府的下台,文章长达三个版面。这两篇报道虽然都对雷诺兹持批评立场,但爱尔兰版详细报道了全过程,而英国版则略去了一些重要内容,特别是没有报道雷诺兹在下院的辩护声明。

雷诺兹对英国版的报道极为不满,对《泰晤士报》及文章作者、编辑提起诽谤诉讼。最终上诉法院和上议院的判决与初审判决一样,都是判媒体败诉,被告没有因为政治性报道而赢得传统的"责任—利益"类型受约制特权的保护。但是上议院大

---

① NUJ. NUJ code of conduct[EB/OL]. (2011-02-04)[2017-06-08]. https://www.nuj.org.uk/about/nuj-code/.

② Reynolds v Times Newspaper Ltd. [2000]E. M. L. R. I.

法官们在判决书中提出了一些重要原则,这使得按照普通法在诽谤案中很难胜诉的媒体大受鼓舞。法庭判决肯定了媒体在民主社会的重要地位和功能,以及涉及公共利益、受到公众关注的新闻和言论应当受到特别保护。

(二)法院分析

上议院大法官李启新(Lord Nicholls of Birkenhead)在引用《欧洲人权公约》和欧洲人权法院判例、英国《1998年人权法》等法律文件中有关言论自由的规定后发表了一些重要观点,他指出:"法庭应当格外重视言论自由的重要性。媒体需履行'警报'和'监视'的重要义务,关于媒体报道是否涉及公共利益,公众是否有权知晓问题,特别是当报道涉及政治领域时,应当慎重对待。解决任何疑难应当有利于出版自由。"[①]

他解释说,在很多情况下,基于某种特殊利益,媒体诚实地发表一些言论,即使这些言论不能被证明是真实的,但其发表的重要性高于名誉保护,普通法可以予以特权保护。这种特权有的是"绝对特权",例如在议院、议会上发表的言论以及在司法审判过程中的陈述;但在通常情况下,主要是"受约制特权"。在判决中,他不赞成把政治性报道列为一项新的受约制特权,因为政治性报道的含义很广泛,那些影响英国人民的政治事件以及关于政府的报道、意见和争论都属于这一范畴。只有当报道关乎公共利益且是负责任报道时,报道才受特权的保护。在列举了以往诽谤案判决"受约制特权"保护的一些情况和其他国家的判例之后,他指出:当一个人基于某种利益,或者职责、法律、社会甚至道义的需要发表意见时,比如这种意见关乎公众利益,发表时的态度又是负责任的,它就可以得到"受约制特权"保护。这自然也适用于新闻报道。

(三)案件结果

最后法庭认为,本案的爱尔兰总理下台新闻无疑与公共利益有关,公众有权知悉,但是《星期日泰晤士报》的报道存在缺陷,爱尔兰新闻官员曾告诉记者,雷诺兹要讲的话都会在下议院汇报,他会回击所有对他的攻击。爱尔兰版的报道写了这些内容,而英国版的报道却只字不提,这样的报道既不公正也不准确,会对英国读者产生误导,所以不能免责,不过其只需支付象征性赔偿。

---

① Reynolds v Times Newspapers Ltd. (1999)4 AllER 609 HL.

(四)案件评析

雷诺兹特权是从传统的特权抗辩衍生而来的。传统的受约制特权就包括保护"为完成公共或私人责任所作之言论",当然这样的言论也是有条件的——一方有责任发表而另一方有权利接受。这一原则在当时被称为"责任－利益"标准,诽谤诉讼案中法官判断言论是否享有特权保护就要先考量公开发表的言论是否满足"责任－利益"标准。雷诺兹特权则明确提出公共利益标准,事实上正是对受约制特权的发展和扩充。

1. 雷诺兹特权的积极影响

首先,雷诺兹特权为以后的诽谤诉讼提供了判例。其次,雷诺兹特权拓展了受约制特权的内容,为媒体的表达自由提供了广阔的空间。一直以来,英国诽谤法都是以普通法中对名誉权进行特殊保护的规定为根据的。在严格控制言论的传统背景下,雷诺兹特权允许媒体拥有更多的辩解机会,这是很有意义的。雷诺兹案之前,为了出版,媒体不得不证明事实的真实性或者在认可的特权范围内发表言论。在许多情况下,媒体因为惧怕涉及诽谤而选择不发表某些内容。因为一旦被诉诽谤,媒体很难或者说几乎不可能做出辩解。在雷诺兹特权的保护下,大部分媒体机构可以发表以前不能发表的文章,在诉讼中也可以进行辩解。

2. 雷诺兹特权存在的问题

首先,许多媒体不确定雷诺兹特权所要求的"负责任"的具体条件是什么。媒体也不知道怎样去衡量和评估这些条件。特权里列出许多适用条件,但并没有多少法院在判决中引用。其次,此特权涉及事先审查和全面采访报道对象。再次,如果媒体满足雷诺兹特权中提出的一部分条件而不满足其他条件,这样算满足"公共利益标准"吗?由于对雷诺兹特权所列的10条运用条件存在机械理解,有的法官要求媒体在抗辩时完全满足条件,这导致媒体抗辩成功率很低。另外,为了更加贴近雷诺兹特权的要求,每个新闻从业者都要仔细地分析要报道的事实,这将会导致司法实践中产生新的问题,特别是影响法官的判决和陪审团作用的发挥。法律本来是试图制定一个简单的规定,由法官判定特权是否存在,由陪审团审查是否有恶意。但是,关于特权是否存在的事实争论有很多,陪审团需要在法官作出判决前作出裁决,这就意味着陪审团要应对的问题会很复杂。当然这些问题有可能被解决,这需要法庭对雷诺兹特权的条件作出明确的规定。但是仍有一些问题是很难解决的。比如说,媒体担忧雷诺兹特权控制其出版物的风格。当英国人认为一些情况是恶劣的,出于公共利益的考虑需要公开这些恶劣行径时,实际上很少有媒体会这样做,因为他们害怕失去雷诺兹特权作为抗辩事由。出于同样的原因,媒体也会对文章的内容和标题很谨慎。另外就是诉讼的费用问题。英国媒体雇用律师的费用明显高于雷诺兹案之前。媒体不仅要雇用非诉讼律师和大律师去检查报纸潜在的诽谤材料,而且还要找律师专门研究雷诺兹特权的内容。最后,雷诺兹特权只适用于英国媒体在英联邦国家发表的言论。比如,如果 BBC 在非洲报道新闻,那么它的报道就不受雷诺兹特权的保护。

二、贾米尔和某公司诉《华尔街日报》(欧洲版)[Jameel & Another v Wall Street Journal (Europe)]案①

(一)案情简介

2002年2月,《华尔街日报》(欧洲版)②在头版发表标题为"沙特官员监视某些银行账户"③的报道,报道中提到沙特货币管理局在美国财政部的要求下监视150个银行账户以防止其向恐怖组织输送资金。④ 文章列出了一系列被监视的企业和个人的名字,其中包括贾米尔及其公司的名字。⑤ 文章发表的前一天,记者试图获得贾米尔的回应,其秘书请求记者推迟一天发表文章,以等待身在日本的贾米尔回应,此请求被记者拒绝。其后,贾米尔及其集团旗下一家子公司向法院提起诽谤诉讼。由于信息的高度机密性,该报的消息源不可以在法庭上证明信息的真实性,因而被告不能使用有理可据抗辩,但可以使用雷诺兹特权。

(二)法院分析

2004年1月,高等法院伊迪(Eady)法官裁定该报使用雷诺兹特权抗辩失败。

---

① Jameel & Another v Wall Street Journal (Europe)(No. 2)(HL). [2007] 1AC 359.
② 《华尔街日报》(欧洲版)在比利时首都布鲁塞尔编辑、出版、印刷,并在整个欧洲和中东发行。当时,在全英国的日销售量为18,000份。参照[2007]1 AC 359 at para 2,40。
③ 文章的主标题为:SAUDI OFFICIALS MONITOR CERTAIN BANKACCOUNTS,副标题为 Focus Is on Those With Potential Terrorist Ties.
④ 需要说明的是,报道发表的日期是美国"9·11"事件后5周左右。美国的调查显示,大部分的劫机者来自沙特或与其有联系,同时推测"9·11"事件的策划者获得过一些账户提供的资金。随后,联合国安理会通过第1373号协议,要求所有国家禁止资助恐怖活动。美国当局亦寻求与沙特政府和货币管理局的合作。
⑤ 该集团的全名为 Abdul Latif Jameel Group,是一家总部设在沙特的国际贸易集团,总裁为穆罕默德·贾米尔。集团包括众多子公司,主要业务包括汽车销售、船运、地产和电子产品销售。

首先,在公众利益方面,法官认为:防止恐怖主义和追踪其责任人无疑关乎公众利益,但其报道指名原告为秘密监视对象并不合乎公众利益,因为美国政府已向沙特政府保证不泄露被监视名单,报道应隐去原告姓名,否则将会泄露秘密监视行动。其次,法官亦否定报纸的采编手法,认为:(1)由于报道对原告的指控极其严重,因此应采取足够的步骤核实指控,且应给予原告合理的机会回应指控;(2)尽管记者采取了一定的步骤核实指控,但却因急于发表报道而拒绝推迟一天以等待原告回应,且报道未包含原告的辩解。上诉法院支持了高等法院的裁决,认为记者拒绝推迟一天发表报道以等待原告回应,是使用雷诺兹特权抗辩失败的主要原因。

(三)案件结果

上议院五位大法官[①]一致推翻高等法院和上诉法院的裁决,裁定该报道享有雷诺兹特权。上议院认为:(1)从整体来看,报道的主题与公众利益高度相关;(2)被秘密监视的账户名字是文章的重要部分;(3)记者核实信息采取的步骤是合理的;(4)记者没有推迟一天发表文章以等待原告回应,不足以使该报的雷诺兹特权抗辩失败,因为原告并不知道其是否被秘密监视;(5)对美国外交利益的影响亦不足以击败雷诺兹特权,而美国财政部并不认为该报道损害了美国的外交利益。

(四)案件评析

首先,本案首席大法官宾厄姆勋爵在此案中再次重申了雷诺兹特权的主旨,对各下级法院进一步明确雷诺兹特权适用条件的要求作出回应,但这种"重申"绝非"重复",而是在深刻理解李启新勋爵见解的基础上,实现雷诺兹特权的简化与清晰化,直接将雷诺兹特权的范围限定于公共利益和负责任报道。

其次,本案所传递的最清晰的信息是应当赋予编辑判断权以更大的空间,而且应从总体上对系争文章和言论进行审查。

三、弗勒德诉《泰晤士报》(Flood v Times Newspaper Ltd.)案[②]

(一)案情简介

知名侵权法学者葆拉·季立科(Paula Giliker)对弗勒德案进行了简要描述:"与

[①] 分别为:Lord Bingham of Cornhill, Lord Hoffmann, Lord Hope of Craighead, Lord Scott of Foscote, Baroness Hale of Richmond。

[②] Flood v Times Newspaper Ltd. [2012] UKSCII.

贾米尔案类似，该案也源于上诉法院在判断一篇文章时过于严苛了。2006年6月2日，《泰晤士报》在纸版和网络版上同时发表了一篇文章，指称作为一名警探的弗勒德收受贿赂。最高法院判定，由于涉及警察受贿问题，文章内容与公共利益高度相关，考虑到存在一个对弗勒德非常不利的外部环境（警方正在调查弗勒德是否存在受贿问题），因此，记者有充分理由相信上述断言（弗勒德受贿）的真实性，这是基于合理调查后可以持有的合理信念。曼斯勋爵（Lord Mance）认为，对负责任报道的标准，法院应秉持一种'宽泛且务实'的取向。法院在最后决定这种标准的边界时，应当尊重那些负责任的编辑和记者们对边界所做出的判断。菲利普斯勋爵（Lord Phillips）还引用2008年枢密院在西加（Seaga）案中的判决，再次对雷诺兹特权的适用范围进行了澄清，明确其可适用于诸如博客作者等媒体被告，以及从事公共利益事务的非政府组织等。"

(二) 法院分析

葆拉·季立科对弗勒德案的描述显然过于简略了，虽然我们没有必要对案件的具体细节和法官意见进行一一表述，但鉴于弗勒德案的重要性，还是需要对最高法院在本案中的一致判决意见（Held）进行适当分析。

最高法院指出，当为了公共利益而发表事关整个社会的带有诽谤性的内容时，如果发表者在发表这些信息时以一种负责任的方式行事，那么雷诺兹特权就会为此提供保护。然而，在判断该特权是否成立时，公众获知争议问题的愿望与发表可能带来的潜在伤害之间，必须达致一种平衡。此种标准的试金石就是发表有关争议问题的文章是否是负责任报道的产物。

最高法院指出，在判断是否达成这种平衡时，断言的严重性是一个需要考虑的重要因素。为了判断断言的严重性，就要判断文章的意思，而这也同时事关查证问题（verification）。在本案中，如果警察确实受贿的话，则争议的问题与公共利益高度相关。这是因为它不仅涉及对警察受贿的指控，还在于它所表达出来的对这种指控可能不会得到妥当调查的关注。由于这些指控构成了整个报道，因此如果不明确原告就是那个被指控的对象或者不发表佐证这些指控的相关事实，报道就无法发表。针对原告的指控性报道，包括他的身份以及佐证性事实是为了公共利益而发表的。另外，由于原告的身份很可能会被其同事们辨认出来，因此报道指出其姓名也是正当的。

(三)案件结果

最高法院明确指出,该案无关中立报道特权(Neutral Keportage Privilege)。在中立报道特权适用的情境下,为了公共利益这一理由的成立,在于采用做出断言这一表达方式。相反,本案中的公共利益不在于采取断言的表达方式,而在于断言的内容是真实的。在此种情形下,只有满足以下两个条件,才能与特权建立联系:第一,在发表之前已采取了合理步骤去查证断言的真实性;第二,发表者真诚且合理地相信这些断言是真实的。就本案事实来看,作为被告的记者们以获取的证据为基础所得出的结论被证明是正当合理的。这些证据显示,原告存在很大的涉嫌受贿的可能性。基于上述理由,最高法院认为,负责任报道的要求也已满足,可使用雷诺兹特权。

除了上述一致判决外,各位参审法官也发表了一些重要意见,这些意见被整理进判决意见中。比如,菲利普斯勋爵和布朗勋爵(Lord Brawn)指出,当发表的内容可能有一系列含义时,在决定是否发表以及何时进行查证时,记者需要仔细考虑其全部可能的意义。曼斯勋爵和戴森勋爵(Lord Dyson)指出,在考虑究竟什么才是可以接受的报道范畴这一需法院决定的问题时,记者的判断权和编辑的自由权理应受到尊重,可以对发表诽谤性断言的细节是否符合公共利益提出意见。戴森勋爵指出,当指控涉及某人在履行其公共职务时的犯罪或失职行为,因缺乏适当保护而可能导致媒体审判问题时,只要满足负责任报道标准,发表关于警察受贿指控细节的做法一般是符合公共利益的。

(四)案件评析

关于最高法院在该案中特别强调的编辑判断权问题,有英国学者指出,这与欧洲人权法院1994年判决的杰西尔德案的表述基本一致:"关于媒体记者们应当采纳何种报道手法,这不是各国法院或者欧洲人权法院可以代替其选择的问题。从本质上讲,在采用何种必要细节再现过去的情景以确保报道可信度方面,公约第10条把决定权交给了记者们。"在弗勒德案中,曼斯勋爵在分析《欧洲人权公约》时,也提到了杰西尔德案,虽未展开详细讨论,但该案显然对最高法院的法官们产生了一定影响。

可以说,贾米尔案的判决已经基本解决了对雷诺兹特权的种种疑问,其明确的"公共利益+负责任报道"标准也已深入人心。《2013年诽谤法》之前的几个法案文本都直接移用了贾米尔案所明确的标准(2011年第一次审理)。在贾米尔案6年之后,2012年正值英国诽谤法立法过程,英国最高法院对弗勒德案的审理,雷诺兹特权又一次有机会获得阐述特权。而且,弗勒德案的判决直接影响了诽谤法的最终文本。虽然该案强调了"合理相信"这一主观性的因素,但从其判决主旨来看,还不能被视为重塑雷诺兹特权,至多是结合案情提供了另外一种解释和适用思路。关于弗勒德案对雷诺兹特权的影响,大多数英国学者也都认为该案只是重申了雷诺兹特权,有学者还将其形象地称为"雷诺兹特权的一剂强心剂",并认为其推动诽谤法朝着有利于被告的方向更进一步。①

四、蒂姆·约诉《泰晤士报》(Tim Yeo v Times Newspaper Ltd.)案——《2013年诽谤法》施行后的公共利益抗辩②

(一)案情简介

案件原告蒂姆·约在1983年被选为英国南萨福克议员(MP)并一直担任议员长达32年,至2015年议会解散重新选举后才不再担任议员。在其议员生涯的最后五年里,他一直担任下议院能源与气候变化委员会(ECCSC)的主席。在案件中,蒂姆·约称,2013年6月,在他还拥有这两个职位的时候,他受到《星期日泰晤士报》发表的文章的诽谤(2013年6月9日、6月23日分两次发表)。

文章发表在报纸上,也发表在网站上。原告认为,文章有关于事实方面的诽谤性内容,大意是蒂姆·约违反了议员行为准则,成为一家外国能源公司的"收费议员"(a paid parliamentary advocate)。文章同时还有关于评论的诽谤性内容,大意是蒂姆·约的行为可耻地显示出其滥用议员地位的意图。被告泰晤士报的抗辩理由是,关于事实的断言基本真实,表达的意见属于诚实评论,而且,无论如何,其发表文章的行为属于为了公共利益的负责任发表。

(二)法院分析

沃比法官(Mr Justice Warby)主审该案。他指出,该案的主要问题就是看这些抗辩因素是否能被分辨出来。在案件分析部分,沃比法官引用了菲利普斯勋爵在弗勒德案中对雷诺兹特权所做的概括:"雷诺兹特权保护向公众发表的诽谤性内容,但需要满足两个条件:一是为了公共利益,这些内容应当被发表;二是发表者在

---

① Media Law Resource, Inc. Media libel law 2012-2013[M]. Oxford: Oxford University Press, 2012: 1366-1367.
② Tim Yeo v Times Newspaper Ltd. [2015]EWHC 3375(QB).

发表信息时以负责任方式行事,即符合通常被称为'负责任报道'的标准。"沃比法官指出:"该种特权保护那些不真实或不能被证明为真实的关于事实的诽谤性陈述。"沃比法官认为普通法中并未将这一特权阐述清楚,存在一定争议,所以没有就这个争论性话题做出裁断。关于如何判断是否是为了公共利益的问题,沃比法官引用了霍夫曼勋爵在贾米尔案中的"两阶段"方法:第一阶段,首先分析文章的主旨在整体上是否关乎公共利益,在回答这个问题时,应当将文章作为一个整体考虑,而不能把诽谤性陈述分隔出来;第二阶段,如果文章在整体上事关公共利益,下一个问题就是包含诽谤性陈述的做法是否正当。断言必须是整个报道的一部分,并且对文章的公共利益属性有真正的贡献。

沃比法官紧接着对法律适用问题进行了分析,指出在文章首次发表时,三种抗辩都有效,而2014年1月1日后发表的内容,则因普通法被废止而应适用《2013年诽谤法》第2条至第4条的规定。沃比法官明确指出,当事双方和他自己都不认为《2013年诽谤法》以任何方式改变了相关法律,从而对案件结果有实质性影响。

针对2014年1月1日前发表的内容,在分析"负责任报道"这一由霍夫曼勋爵在贾米尔案中提出的第三个标准时,沃比法官引用了曼斯勋爵在弗勒德案中的有关表述,强调要以记者发表文章时所能合理获取的事实为判断依据。

(三)案件结果

沃比法官认为2013年6月9日发表的文章内容受雷诺兹特权的保护,由此驳回了原告的有关诉求。针对6月23日的文章,沃比法官最终接受了被告所提出的受雷诺兹特权(以及《2013年诽谤法》第4条所规定的抗辩)保护的意见。相应地,原告提出的损害赔偿请求也被驳回,被告最终胜诉。

(四)案件评析

首先,本案就诽谤法实施时间点的适用问题给出了示范,当涉嫌侵权的行为跨实施时间点持续存在时,应当分别适用不同的规定:实施时间点前的适用普通法,实施时间点后的适用《2013年诽谤法》。

其次,在适用普通法时,弗勒德案显然受到更多的重视,但贾米尔案的影响依然很大,在分析雷诺兹特权成立条件时,霍夫曼勋爵的标准仍具有基础性的地位。

最后,该案显示,雷诺兹特权被《2013年诽谤法》成文法化后,并未因表述措辞的变化而给法官、律师或当事人带来"实质改变规则"的印象,这实际上也是立法者所希望看到的结果。

五、凯文·巴伦、约翰·希利诉卡文·瓦因斯案[①]——《2013年诽谤法》施行后的公共利益抗辩

(一)案情简介

这是一起由2015年1月电视转播过程中产生的诽谤而引发的索赔诉讼。原告是两位工党议员,被告是罗姆勒瑟(Rawmarsh)市的议员以及英国独立党罗瑟勒姆首府自治区委员会(RMBC)的领导人。罗姆勒瑟首府自治区委员会就罗姆勒瑟地区的儿童色情影片制作问题进行了一次独立调查。2014年8月,亚力克西·杰伊教授(Professor Alexis Jay OBE)发布了调查报告,称大约1400名儿童遭受过长达16年的性虐待。2015年1月5日,被告和莎拉·钱皮恩议员(Sarah Champion MP)共同接受了天空新闻台的凯尔·波里(Kay Burley)的直播采访。

在接受采访时,被告声称这些儿童受到工党议员的利用,并指名道姓地点出了该议员,也就是原告的名字。1月29日,原告提起诉讼。2月10日,被告做出答辩,但没有委托律师。

(二)法院分析

沃比法官主审该案。关于本案可用的抗辩,他指出,《2013年诽谤法》第2条至第4条规定的真实、诚实意见和为公共利益发表3种抗辩事。由普通法中的有理可据、公正评论和雷诺兹特权这三项事由已被《2013年诽谤法》明确废止。在诉讼中,被告并没有主张《2013年诽谤法》中的公共利益抗辩。沃比法官认为,鉴于被告没有获得相关法律帮助,对新诽谤法并不了解,因此对这个问题进行分析是必要的。沃比法官指出,这种抗辩可以适用于包含不能证实断言的诽谤性陈述,原则上,这种抗辩看起来也能保护关于意见的表述,即使诚实意见的抗辩无法适用。沃比法官紧接着引用了《2013年诽谤法》第4条第1款的内容,并结合案情进行分析。在他看来,被告的情况很明显是满足第1款中的第1个要素的,而对第2个要素的满足情况则要复杂得多。根据具体案情,沃比法官指出,被告不可能合理地相信发表包含多种不同意思的受控告的言论是为了公共利益。受控告的陈述是指所使用的言语,而非这些言语所传递的责难。合理地相信A做出陈述是为了公共利益,是此种抗辩的基础,即使所使用的言语无意地传递了B的意思。这种理解方式看起来

---

① Barron & Healey v Vines [2015] EWHC 1161(QB).

与过去的普通法更为相符。沃比法官指出,他之所以用某种尝试性和暂定性的方式表达这种观点,是基于两个原因。第一,诽谤法第 4 条的抗辩是一个新的成文法抗辩,尚未接受任何判决的检验。尽管诽谤法解释性注释提出这种抗辩建立在雷诺兹特权的基础上,且要反映雷诺兹特权的原则,但针对具体的案情,关于其准确的适用范围,仍然不可避免地存在着争论。第二,在本案中并不存在这种争论,因为被告并没有提出使用这种抗辩事由。

(三)案件结果

在结论部分,沃比法官指出:"受控告言论包括诽谤性的事实陈述,且这陈述与原告所控告的意思基本相同,而被告不能证明其真实性。受控告的陈述还包含关于诽谤性的意见陈述,这也与原告所控告的意思基本相同,被告承认这些意见是站不住脚的,已经撤回。考虑到被告没有委托律师,也没有获得法律帮助,我本可以做出简易判决以支持原告的索赔请求。被告有最后的机会来获得专业帮助,这可以决定他是否根据《2013 年诽谤法》第 4 条提出一个可以讨论的公共利益抗辩,只是他现在没有提出这个要求。我将延期做出简易判决,以便实现前述目的。"

(四)案件评析

该案中,沃比法官结合具体案情首次详细地分析了《2013 年诽谤法》第 4 条抗辩的构成要素,且非常注意与既存的普通法原则进行比照,反映出法院对议会立法原意的遵从。

其次,在涉及与诚实意见抗辩重叠时的适用问题上,沃比法官倾向于为公共利益发表抗辩的适用范围更为广泛。

最后,沃比法官没有立即做出简易判决,而是给被告提供了一个借助律师再次答辩的机会,这反映了法院对这种新抗辩的高度重视,希望被告能提出更有力的抗辩和论证,并借此进一步分析这种新的抗辩在本案中究竟能否成立。

第八章
英国隐私法、数据法与传媒监管

截至2018年,英国尚未出台成文的隐私法,也没有对"隐私"的确切定义,但这并不意味着英国不保护隐私。英国正在从多个层次对隐私进行保护,如通过普通法中的违背保密责任诉因、滥用个人信息诉因,《人权法案》《个人数据保护法》等成文法,以及通信办公室、IPSO、IMPRESS等组织的监管和自律守则。就媒体而言,一方面,它具有满足社会知情权的社会公器的性质;另一方面,它又可能因为公开的信息具有私密性,而在实际上侵犯个人隐私。因此,研究与隐私相关的法律问题,对规范媒体行为、维护媒体权益、保障公众利益都是非常有意义的。随着互联网的发展,个人数据逐渐成为与个人的人格尊严、人身权、财产权相关的一项权利客体。因此,英国和其他国家相比,率先制定了《个人数据保护法》,此法在一定程度上对于媒体的采访报道行为产生了影响。那么,《个人数据保护法》在媒体的采访报道方面,究竟是如何规定的?与隐私法的相关规范和调整有怎样的关联?这是值得研究的问题。

第一节 英国隐私法与相关媒体规范

一、英国隐私法概况

从历史角度考察可知,媒体侵犯个人隐私的事件早在1848年Prince Albert v

Strange[①]一案中即已出现。在该案中,出版商未经皇室成员同意,将其画像制成画册出售,法官认为,这种做法侵犯了个人隐私。19世纪60年代,印刷技术迅猛发展,报纸通过刊登"腥、性、星"的报道博取眼球,以获取利润,这超越了基本的社会道德底线,导致媒体对个人私生活的介入愈来愈深。英国法律在保护隐私方面,与保护名誉方面有极大差异,保护名誉方面很早就有成文法了。虽然没有系统的保护隐私的成文法,但是这并不意味着英国没有与保护隐私相关的具体法律制度。英国历史上曾通过普通法上的诉因制度、相关成文法的规定和一些媒体自律守则等,对侵犯他人隐私的行为追究相应的法律责任,这包括违约责任、侵权责任、刑事责任。普通法中的相关制度,《1998年人权法》《1998年个人数据保护法》及其修订法,《欧洲人权公约》所规定的相关诉讼机制,还有媒体自身的行业自律规范,都努力平衡媒体报道与个人隐私保护之间的权益。

(一)普通法中的隐私保护

在英国,"隐私权"不是一项独立的民事权利,也没有单独的针对隐私保护的成文法。英国的隐私法表现为普通法中与隐私有关的判例。这些判例所涉及的隐私事件包括披露隐私性信息、侵入隐私场所、侵扰他人的安宁等,而这些侵权诉讼的事由也多种多样。在英国,不能单独以隐私受到侵害为由向法院提起诉讼。如果当事人认为自己的隐私受到侵害,需要法律救济,那么只能借助诸如侵入土地、骚扰、侵害版权、侵犯人身权利、诽谤,以及违反保密责任等诉因,向法院提起诉讼。

1. 侵犯土地(Trespass)

被告如果没有充分理由进入原告的土地、在该地停留或放置任何物件,原告便可以土地被侵犯为由提起侵权诉讼。如在 Lincoln Hunt Australia Pty Ltd. v Willesee 一案中[②],电视摄制队在没有得到某地所有者明示或默示的许可下进入其中进行拍摄,即属侵犯土地的行为。

关于侵犯土地的诉因保护一个人的物业和他享用该物业的权利,而并非专门为了保障他的隐私。因此,假如有人窃听时使用的是反射式收音器,没有采用搭线窃听的方法或用实物侵入原告的物业,法律便不能保护原告免被窃听。同样,有人在没有用实物侵入原告土地的情况下偷听他人的电话谈话亦不属侵犯土地行为。[③]

---

① Prince Albert v Strange,[1849]EWHC Ch J20.
② Lincoln Hunt Australia Pty Ltd. v Willesee,(1986)4 NSWLR 457.
③ Malone v Commissioner of Police of the Metropolis(No. 2)[1979]2 All ER 620.

在公共街道上或自己的物业内以相机/摄录机拍摄毗邻物业或用笔将之画出来的人,也没有侵犯他人土地。① 此外,侵犯土地的法律诉因只用于保护对本土地拥有"所有权权益"的原告。对有关土地不享有权益的人无权起诉,例如,宾客、寄宿者、医院病人,及其他身处公共场所的受害者便不能以侵犯土地为由提起诉讼。

2. 骚扰(Nuisance)

骚扰侵权行为的要件是:被告的持续活动或情况干扰了原告享用他的土地,且骚扰必须持续一段颇长时间。例如,房屋所有人因为受到电话骚扰而感到不便及烦扰,以致他不能正常而合理地使用该房屋,那么房屋所有人便可以用骚扰的理由提起诉讼。②

普通法确立骚扰的侵权诉因,是为了在享用土地权方面保护私人物业或物业权益,而不是为了保护住客或访客的隐私及生活。根据上述所述骚扰侵权的构成要件可知,拍摄他人的照片无须负骚扰的责任,监视监听也不承担骚扰责任,因为这些活动都没有实质损害原告所享有的房屋,也没有干扰原告对房屋的正常使用。

3. 侵犯人身权利(Violation to personal rights)

侵犯人身权利的行为包括殴打及袭击。殴打是指以实体干扰他人的身体。未经他人同意而触碰他的身体的人可被其起诉。拍摄照片或用闪光灯不算殴打,不过蓄意向别人的眼睛照射强光使他的视力受损(或在其他方面有损伤)则可能属于殴打③。袭击是指以言语或动作公开表示有意殴打他人,而作出表示的人有能力付诸行动。

4. 诽谤(Defamation)

诽谤是指在没有合法理由的情况下发表损害他人名誉的虚假陈述。例如,有人在他人不愿受干扰的情况下拍摄他的照片,然后发布他穿奇装异服的照片,便有可能被指诽谤。如在一则关于牙齿的广告中加入一帧图片,使一位年轻女演员看起来没有牙齿④;再如报纸刊登的一张照片显示有位男士在酷热天气下的神态,照

---

① Hickman v Maisey [1900]1 QB 752; Re Penny(1867)7 E & B 660. 在 Victoria Park Racing and Recreation Grounds Co Ltd. v Taylor(1937)58 CLR 479 at 494 中,拉咸大法官(Latham CJ)裁定,即使被告将原告人的土地上所发生的事情向其他人描述,甚至向所有愿意听他说话的人描述,也不算对原告做出不当行为。
② Khorasandjian v Bush [1993]QB 727.
③ Kaye Robertson v Sport Newspaper Ltd. [1991]FSR 62.
④ Funston v Pearson[1915]The Times, 12 March.

片的标题暗示他的双脚在完成一天工作后会散发恶臭,必须使用某消毒剂清洗①。上述案例中,原告是以诽谤作为诉因进行侵权诉讼的。

5.违反保密责任(Breach of confidence)

保密责任诉因成立的三要件是:第一,信息本身具有秘密性质;第二,存在保密义务,无论何时,因何目的,具有秘密性质的信息由一人传递给另一人,都构成保密责任,另外,从违反保密责任的人那里获得信息的第三方对此也负有保密责任,只要第三方知道他所收到的信息是秘密的,那么他就有保密义务;第三,未授权使用的信息损害了对方的权益。不论是身体上的伤害,还是精神上的不安,都属于损害的范围。②

然而,以违反保密责任为由而提起的诉讼,目的在于将资料保密和维护原告对守密人的信任,而非消除原告个人隐私被侵犯而遭受的精神痛苦。例如,法院不会保护短暂或商业性的性关系③。在 A v. B plc 一案中,原告与被告是顾客与妓女的关系,他们参与性活动这件事本身不足以令二人产生保密关系。因此,妓女向报刊透露两人性活动的行为,不构成违反保密责任的行为,法律不能据此保护个人的私生活免被他人无理宣扬。④

在报纸披露私人信息方面,原告想要证明"信息是在第三人(报刊)从负有保密责任的人那里获得的",亦有困难。原告必须证明,报纸刊登有关信息前已知提供信息者向报纸披露信息违背了原告对他的信任。换句话说,原告要证明报纸知道提供信息者负有保密义务,并且他违反了这项义务。这项责任在大多数的媒体侵犯隐私的案例中无法找到,因为媒体的消息来源受保护,而且媒体收到的资料很多不知道是谁提供的⑤。

关于违反保密责任的诉因只针对未经许可的资料披露。如果侵犯行为不涉及或不导致资料披露,那这方面的法律便不适用。侵入私人处所或使用视听器材进行监视监听不构成违反保密责任的行为,不能以此为由提起诉讼。⑥

---

① Plumb v Jeyes Sanitary Compounds Co Ltd[1937]The Times,15 April.
② Coco v A. N. Clark(Engineers)Ltd [1969]R. P. C.
③ A v B plc[2002]EWCA Civ 337,[2002]2 All ER 545;Theakston v MGN Ltd [2002] EWHC 137 (QB).
④ PHILLIPAON. Transforming breach of confidence? Towards a common law right of privacy under the human rights act[J]. Modern law review,2003,66:726,744-748,757-758.
⑤ WACKS. Private facts:is naomi campbell a good model? [J] Script,2004(9):428.
⑥ WACKS. Private facts:is naomi campbell a good model? [J] Script,2004(9):429.

6. 侵害版权(Infringement of Copyright)

侵害版权是指复制和发布他人所属的私人信件或家庭照片的行为。只有拥有版权的人,如拍摄照片的人、文章的作者、电视台或报社,才可以就侵害版权一事提起诉讼。因此,版权法对隐私所提供的保障有限。假如某人被另一人拍下照片,而后者未经某人许可便将照片复制和发布,则某人不能以侵害版权为由提起诉讼,因为某人不享有版权,除非他委托另一人拍摄照片,且根据协议拥有版权。如果在报纸、杂志上刊登的某幅照片侵犯了他人的隐私,被拍摄的人也无权申请版权侵害,因为照片的版权通常为报社所有,个人的名字、肖像或影像是没有版权的。又如某人拆阅一封私人信件,然后再以他自己的语言复述信中的内容,也不会侵害该信作者的版权。

(二)成文法对隐私的保护

二战之后,传媒业,尤其是报刊,对皇家私人生活的窥探、报道愈演愈烈。在这种背景下,1961 年,曼克罗夫特(Mancroft)勋爵向国会递交了《隐私权法》议案,目的是保障个人私事不被他人在没有充分理由的情况下发布。尽管该议案得到大法官丹宁(Denning)勋爵和上议院的支持,但由于议案缺少政府支持,在委员会审议阶段,议案被拒绝。此后,亚历山大(Alexander)勋爵和布莱恩·瓦尔登(Brian Walden)勋爵分别于 1967 年和 1969 年向议会递交《隐私权法》议案,但这些议案均未能通过下议院二读程序[①]。1972 年,国会任命肯尼思·杨格(Kenneth Younger)为主席并组建委员会,主要任务是考虑是否需要通过立法保护公民个人、商业机构和行业利益免受个人或组织的侵扰。委员会在之后公布的报告书中宣布,在考虑了所有因素之后,其认为当时无须制定具有概括性的隐私法。[②] 鉴于杨格委员会的建议,国会关于隐私权立法的提议被搁置下来,但在 1988-1989 年,又有 2 名议员就隐私权立法递交了议案[③]。正是在这种背景下,1989 年 4 月,国会任命御用大律师大卫·加尔考特(David Calcutt)对隐私及相关问题展开独立调查。1990 年 6 月,加

[①] 在英国,议会的立法程序可分为三个阶段:提案——讨论决议——送请国家元首批准公布。在讨论决议阶段,先由下议院三读,三读通过后,再交上议院进行三读。上、下议院都通过后,进入第三个阶段——送请国家元首批准公布。

[②] YOUNGER COMMITTEE. Privacy [R/OL]. (2010-02-03)[2018-01-02]. http//api. parliament. uk/historic-hausard/written-answers/1972/may/23/privacy-younger-report#column_364w.

[③] CALCUTT D. Review of press-regulation[EB/OL]. (1989-04-01)[2018-03-18]. https://www. gov. uk/governent/publ:ations/review-of-press-self-regulation.

尔考特发表了报告。① 他的结论与杨格委员会的观点一致,认为很难给"隐私"下一个明确的定义,而且没有压倒性的意见支持需将侵犯隐私定为侵权行为。1998年戴安娜王妃车祸身亡事件发生后,媒体对英国皇室隐私的侵犯使社会上对隐私权进行立法的呼声再次高涨起来。下议院的文化、媒体与体育委员会②(Culture, Media and Sport Committee,简称 CMSC)于2003年5月发布了名为《隐私与媒体侵扰》的报告,报告对广播、报刊的运行现状进行了分析和总结,"坚决地建议"英国政府应提出立法议案,保证个人可以期望在私生活免受他人无理侵扰方面获得某些保障③。但英国政府在同年10月作出回应,指出制定特定的隐私法"既非必要亦属不宜"④。2010年,国际汽联总裁 Mosley 诉《世界新闻报》揭露性虐丑闻、侵犯隐私案件出现后,CMSC又发布了《媒体标准、隐私与诽谤报告》⑤,其在报告中写道:"根据现在有关隐私的案例,我们认为应当继续遵循普通法的原则,而不是制定成文的隐私法。"2011年,《世界新闻报》窃听丑闻使隐私权立法又一次被提上日程,保守党议员乔治·尤斯蒂斯(George Eustice)认为制定隐私法对英国媒体的未来发展是至关重要的⑥,尽管报刊行业在其《执业守则》中规定要尊重隐私,但这不具有法律效力,也不能让人信服,现在应当由国会履行职责通过立法来平衡隐私权和表达自由这两项权利;这虽然非常困难,并且会饱受争议,但国会不能藏在法官背后。然而,尤斯蒂斯议员的建议并没有得到社会各界的积极回应和支持。

1998年,英国《人权法案》被通过,这使隐私保护取得了重大进展,它将《欧洲人权公约》第8条"尊重私生活和家庭生活"纳入英国国内法的保护范畴,这是英国首次以成文法形式承认公民享有隐私权,结束了没有以成文宪法或人权文书形式对公民权利进行积极保障的历史,标志着英国人权保护进入了新的阶段。公约权利之一是尊重私人生活和家庭生活权利,随着《人权法案》的实施,英国对隐私的保护

---

① CALCUTT Report of the committee on privacy and related matters[R/OL]. (1990-07-21)[2017-12-03]. https://api. Par Liament. uk/hiatorical-hansard/commons/1990/jun/21/calcutt-report.
② 1997年更名,取代原来的"国家传统遗产委员会"。
③ Privacy and media intrusion (fifth session), 2002-2003. [R/OL]. (2003-06-16)[2017-12-13]. htps://publications. parliament. uk/paloc200304/cmselect/mcumeds/cmcumeds. htm.
④ DCMS. Goverment's response to the fifth report of the Culture, Media and Sport Committee on privacy and media intrusion[EB/OL]. (2003-10-14)[2017-12-13]. https://www. gov. uk/government-respones-to-the-fifth-report-of-the-culture-media-and-sport-select committee-session-2002-to-2003.
⑤ Privacy and media intrusion (fifth session), 2002-2003. [R/OL]. (2003-06-16)[2017-12-13]. htps://publications. parliament. uk/paloc200304/cmselect/mcumeds/cmcumeds. htm.
⑥ THE GUARDIAN. A privacy law is vital for the future of the British media[EB/OL]. (2012-04-08)[2016-07-01]. http://www. guardian. co. uk/media/2012/apr/08/privacy-law-vital-media-future.

也有了新的进展。在《人权法案》的22个条款中,对媒体侵犯隐私诉讼可能产生影响的主要有如下几个。

该法第1条列出了受保护的"公约权利"。在这些公约权利中,有2项权利与媒体侵犯隐私具有特殊关系,即尊重私人、家庭生活权利和言论自由权。关于隐私权的内容体现在第8条规定之中。

第8条第1款规定:人人有权使其私人和家庭生活及通信受到尊重。第2款规定:公共机关不得干预上述权利的行使,但是依照法律的干预以及在民主社会中为了国家安全、公共安全或国家经济福利的利益,为了防止混乱或犯罪,为了保护健康或道德,或为了维护他人的权利与自由,有必要进行干预者,不在此限。

《人权法案》将公约权利纳入国内法,并不代表英国在法律上承认对隐私的侵犯是独立的侵权行为,也不能表明英国至此有了《隐私权法》[①],因为《人权法案》规定本法仅适用于国家机关和公共机构(BBC属于公共机构),普通人、商家(大多数媒体是企业)是不能以《人权法案》为依据进行诉讼的。实际上,英国其他一些成文法对个人信息、个人生活和私人场所等方面都有相关规定。这些规定既有民事性质的,也有刑事性质的,具体如下:

第一,保护个人信息,包括个人姓名、肖像、住址等信息。《1974年前科消灭法》(Rehabilitation of Offenders Act 1974)规定:一个犯有一般罪行并且受到惩处的人,在一定时限内只要再没有任何严重违法行为,应该被看成是清白的。过去受到的惩处已经"过时",应该作从未违法论,他的一切权利和地位即已恢复。前科消失的时限根据罪行轻重而定,一般是3—7年不等。但这项法案不适用行为人从事关于儿童或者弱势群体的工作,这种情况下,他们需要公开所有的记录。《1992年性侵犯法》(Sexual Offences Act 1992)规定,在媒体的报道中,受侵犯的一方应该匿名,包括其姓名、住址、肖像、任何照片或视频拍摄到的,都不被允许公开报道。《1999年青少年审判和犯罪证据法》(Youth Justice and Criminal Evidence Act 1999)规定,在法庭审理案件和调查的过程中出现的任何18岁以下的青少年都不应该被公开报道,包括他的姓名、地址、学校和教育机构、工作环境以及照片和视频等任何足以证明他身份的资料,以免公众以为他就是犯罪嫌疑人。[②] 2018年颁布的《数据保护法》明确规定了应保护隐私。

---

① Calture, Media and Sport Committee. Press standards, privacy and libel. [EB/OL]. (2010-02-24) [2017-10-11]. https://publication parliament. uk palcm200910/cmselect/cmcumeds/362/362i. pdf.
② 英国《1999年青少年审判和犯罪证据法》第二章第二节。

第二，保护个人生活和场所，包括恋爱、婚姻、家庭生活、个人通信、住宅等。《1997年防骚扰法》(Protection from Harassment Act 1997)用于保护个人免受邻里争吵、种族骚扰、工作骚扰、跟踪及电话骚扰。《2000年调查权力监管法》(Regulation of Investigatory Powers Act 2000)制定的基础是《1985年拦截通信法》(Interception of Communications Act 1985)。该法案主要监管公共机构为保护国家安全、侦查犯罪、防止骚乱、维护公共安全、保护公民健康和国家经济利益时，所行使的监视、调查及获取通信信息等行为的合法性，保护个人或公共机构正当通信免受拦截和侵扰。

第三，对政府信息持有者在隐私和信息方面的权力规范。《2000年信息自由法》旨在解决政府如何处理他们所掌握的个人信息的问题，以改善国家与个人隐私的关系。《2003年广播法》(Broadcasting Act 2003)是在《1996年广播法》的基础上发展起来的，该法案的主要目的在于调解个人隐私与言论表达自由之间的矛盾。这项议会制定的法律反映出，在初期阶段，英国政府立足于对媒体的监管，借此来实现对隐私权的保护。它是当时英国议会立法中唯一直接使用"隐私"一词的法案。

《1998年个人数据保护法》中对于"个人敏感数据"的规定，实际上也在很大程度上发挥着保护个人隐私的作用。

英国《1977年刑事法》(Criminal Law Act 1977)和《2000年调查权力监管法》(Regulation of Investigatory Powers Act 2000)都有对窃取他人通信信息行为的相关惩罚。如《2000年调查权力监管法》规定："在英国任何地方，未经合法授权，通过公共邮政服务或公共电信系统，故意窃取他人通信内容，都是犯罪。"与此相关，最典型的案件就是《世界新闻报》的窃听丑闻事件。

依据上述法律的规定，可追究在窃听事件中犯罪行为严重的记者和媒体主管人员的刑事责任。① 在英国，由于统一的隐私权保护立法的缺位，其他法律从自身的调整目标和保护对象出发，对保护隐私的规定有各自的侧重点。这导致对隐私的保护覆盖不全，同时又存在现行法律在很多地方出现重复和冲突，如：隐私权在

---

① 2011年7月4日，英国《卫报》头条报道称，《世界新闻报》在2002年非法窃听失踪少女米莉·道勒(Milly Dowler)及其家人的电话，当道勒家人和朋友的留言占满了语音信箱后，《世界新闻报》雇用的侦探擅自删除了部分留言，这导致受害者家人以为道勒还活着，同时也干扰了警方的侦破工作。《卫报》披露的这则消息让英国全国上下一片哗然，也使民众产生了前所未有的恐惧感和不安感：任何一个普通人都可能成为窃听目标，隐私已经死亡。之后，伦敦警察厅对此展开了调查，发现至少有6000人成为《世界新闻报》的窃听对象。调查结果公布后，该报被迫于2011年7月9日停刊，结束了168年的历史，同时，一些涉案人员也开始受到刑事追责。最后，皇室新闻记者古德曼(Clive Goodman)被判入狱4个月，独立调查员格伦·穆尔凯尔(Glenn Mulcaire)被判入狱6个月。

《1996年诽谤法》中有所涉及,同时也体现在《2003年广播法》中。这两项法案在保护隐私权时,前者侧重于是否构成诽谤,而后者则强调言论自由。

二、传媒行业监管中的隐私规范

英国对于隐私的法律保护,在普通法上的局限性很明显,成文法的保护也散乱且不系统。但是这并不意味着英国是一个不重视隐私保护的国度。在法律至上、强调权利保护的有效性的英国,司法还是能够提供切实有效的隐私保护的。英国传媒行业在自律、共律、法定监管中,也有大量针对涉及他人隐私的职业活动的规范要求。从发展的趋势来看,传媒自律规范过去是把避免引发诽谤纠纷和诉讼的标准放在首位,比如开头都是"真实性""准确性"的要求,现在有关电视避免引发侵犯隐私方面的规定越来越多,通信办公室的《英国广播电视守则》甚至把有关保护儿童、保护隐私的部分放在了首位。行业监管规范中也都有针对媒体侵犯隐私的投诉制度。

(一)报刊行业关于隐私保护的自我监管

1.报刊投诉委员会时代

在新闻传媒业中,报业先于广播和电视问世,出版自由理念随着报业的发展,在英国已经根深蒂固,成为民主社会不可缺少的一部分。20世纪中期,报业商业化和垄断化趋势日益显现。商业化的报业受到广告商、赞助商的严重影响,赢利至上的思想使报纸不惜以色情、暴力、隐私为卖点争取读者,践踏了新闻道德,给社会道德造成严重危机。20世纪80年代,英国公众要求颁布隐私和申辩权法的呼声又高涨起来。1991年,报刊投诉委员会成立(简称PCC),并首次制定和发表了《执业守则》,用来规范英国报纸、杂志的报道行为,该守则对全国性和地方性报纸及杂志都有约束力。

报刊投诉委员会《执业守则》当时有16条,关于隐私的主要是第3条:

(1)每人的私人生活、家庭生活、健康、通信(包括电子通信)都有受尊重的权利;(2)编辑在没有获得他人同意的情况下,对他人私生活的侵犯应当有正当理由。投诉人对信息的自我公开披露应当被考虑在内;(3)未经他人同意,在'私人空间'拍摄他人照片,是不能接受的。

此外,在第6条"儿童保护"和第10条"秘密装置和诡计"中,也有关于隐私的规定。

第6条第5点规定:编辑不能仅以公开报道父母或监护人的声望、恶名或工作为正当理由,而公布儿童的私生活细节。第10条第1点规定:媒介不能寻求或公布用秘密相机或秘密偷听装置获得的材料;也不能寻求或公布通过截取私人移动电话、信息、邮件获得的材料;不能未经他人同意,删除私人文件、照片、电子信息等。

《执业守则》自1991年公布以来,已经有过20多次修改,其中也包括对隐私规定的修改。

1998年,戴安娜王妃车祸身亡事件发生后,报刊投诉委员会重新修改了第3条。该条款第一次完整引用《欧洲人权公约》的表述:"任何人的私生活和家庭生活、健康、通信都有权得到尊重。"该条款还重新修改了关于"私人空间"的定义,"私人空间"包括对隐私有合理期待的公共的和私人的地方。以往对隐私的定义过于严格,不能将教堂、饭店等地方作为私人空间进行保护,使人们在那里免受干扰。同时,修改了第6条,加强了对儿童隐私的保护。

2004年,报刊投诉委员会又对"隐私"条款进行了修改。将通信,包括电子通信也作为隐私内容,予以保护;同时,将原来第8条"监听装置"并入第11条"误传";增加第10条"秘密装置和诡计"。其限制范围扩展到使用暗藏相机、窃听电话和移动电话、截取留言和电子邮件等,而"诡计"则是指诱惑性采访之类的手段。2007年又加上了禁止获取任何以数字形式存储的个人信息的条款,并且要求不得通过代理商和中介机构使用这些手段获取信息。

报刊投诉委员会存续期间,对相关的投诉也做出了相应的处理。举例如下:2011年8月,从报刊投诉委员会网站公告上就可以看到,史密斯小姐投诉《晚上的记录》(Evening Chronicle),此文章报道了她孩子的父亲发生了车祸,却配发了孩子的照片,侵犯了儿童隐私,后者随后将照片从网页撤除;布罗曼局长投诉《每日邮报》关于他的报道配发的肖像是很早以前的,这已属于隐私,后者随后在网页上更换了新肖像;约翰森先生投诉《休息去》(Take of Break),此文章披露了他的全名、居住城镇和街道,随后后者向他发去了道歉信。①

针对涉及公共事务的投诉,就需要作出权衡。2007年英国前教育大臣露丝·凯利(Ruth Kelly)投诉《每日镜报》报道她的儿子被送往私立学校,这违反了"守则"

---

① PCC. Ms Amy Smith v Evening Chronicle [EB/OL]. (2011-08-19) [2018-04-23]. http://www.pcc.org.uk/case/resolved.html(article=NIMXINQ==)

保护儿童隐私的条款。她说儿子有阅读障碍症,进专业私立学校是为寻求更好的帮助。但报刊投诉委员会不支持该投诉,认为报道涉及教育这样一个与公共利益有关的话题。投诉人身为前内阁教育大臣,这样做无异于表示公立学校不能为类似儿童提供合适的帮助,将会引发公众对公立教育的质疑,而且《每日镜报》的报道已隐去孩子的姓名、所在学校等私人信息,避免了对孩子的"不必要的伤害"。因此,报刊投诉委员会认为,报道体现了公共利益和保护儿童隐私两者的平衡。[1]

2. 后报刊投诉委员会时代的报刊业隐私规范

报刊投诉委员会的设立和运行以及报刊投诉委员会执业守则的不断修订,主要是为了应对报刊业,对于公民个体利益、公共利益侵犯加剧的状况,尤其是侵犯隐私权加剧的情况。但是,随着窃听丑闻的爆发和莱韦森报告的意见被议会的采纳,报刊投诉委员会最终于2014年9月1日解散。报刊投诉委员会解散后,英国报刊业出现了两个自我监管组织——"独立报刊标准组织"和"铭刻组织"。

2014年9月,独立报刊标准组织正式开始工作。独立报刊标准组织首先对报刊投诉委员会的《执业守则》进行了一些修改,其中与隐私相关的修改是对公共利益的定义。独立报刊标准组织指出,对公共利益的定义可以援引法律中的定义,应当符合《诽谤法》《数据保护法》《皇家起诉服务指导》中的相关规定。

例如,在2015年10月,一位母亲向独立报刊标准组织投诉 Chester Leader 9月份的一篇报道侵犯了她孩子的隐私权。这位母亲称,文章报道了法院审理的一起交通事故,引发该起交通事故的行为人是她男朋友,法院认为,该起交通事故对孩子的安全有重大危害。文章披露了该男子的姓名、部分住址与孩子的关系,并描述了当时的环境以及出事地点的名字。这位母亲称,报道可以使读者辨识出她的孩子,已经有其他的妈妈当着孩子的面,询问她这件事情。她认为,这篇报道侵犯了孩子的隐私,并且不符合法院要求的媒体报道不得将她本人信息公开的限制。

独立报刊标准组织在接到投诉后,认为此投诉与《执业守则》第3条"隐私"和第6条"公共利益"相关。独立报刊标准组织支持报纸对公开审理的案件进行报道,因为这些案件通过一定的程序已经为公众所知晓,已经进入了公共领域。但是在此案中,尽管报纸没有直接报道孩子的姓名,但是报道了涉事男子的姓名,这导致公众可以推断出这个孩子的身份。同时,法院要求报纸有限制地报道也表明,孩子对涉及自己的事情有合理的隐私期待,期待他的生命曾经处于极度危险状态的事实

---

[1] PCC. Kelly v Mirror Daily [EB/OL]. (2007-03-15)[2018-04-23]. http://www.pcc.org.uk/cases/adjudicated.html?article=NDQ1Ng==).

不会被更多的公众知晓。此外,法院的决定是为了保护孩子的身份不会被公众获知。因此,*Chester Leader* 的做法违反了第 3 条"隐私"的条款,独立报刊标准组织要求 *Chester Leader* 公开刊登更正信息,以及独立报刊标准组织的裁决。

如本书第二章所介绍的,独立报刊标准组织于 2016 年 1 月 1 日开始实施自己重新制定的守则。在全部 16 条内容中,11 条都和隐私保护相关。详细内容请参阅第二章。

同样,铭刻组织的守则第 7 条"隐私"列举了 8 项注意事项,除此之外,在其全部 10 条条款之中还有 4 条与避免侵犯隐私相关。

(二)广播电视监管中的隐私保护

在英国,BBC 作为公共广播电视台,被赋予极高的价值和地位,因此,通过皇家宪章的形式和一套特殊的具体约束机制对 BBC 的行为进行约束,使得 BBC 在节目制作和播出的时候对于内容的把关更为严格,商业广播电视一开始就被置于法定监管之下。所以,就英国广播电视而言,侵犯公众隐私的情况相对于平面媒体来说,要少一些。现行通信办公室的《广播电视守则》是 2017 年 4 月修订的版本,共有 10 条,其中第 8 条是关于隐私的规定,非常细致具体。第 8 条强调这一条适用于广播电视机构如何对待受节目直接影响的个人或组织。这一条不仅包括制作节目的原则和规则,还包括"广播电视节目"在处理涉及参与或以其他方式直接受节目和节目制作影响的个人或组织的问题时所遵循的做法。

该条强调了涉及隐私问题的"同意原则"。"同意"是指相关当事人知情同意。在无法判断节目是否侵犯了当事人隐私的时候,如果获得当事人同意,则会在判断节目是否侵犯隐私时发挥作用。

该条对隐私做出了界定。隐私是对私人生活、私人场所不被打扰的合理期待。判断是否具有合理期待的根据是:信息、活动的性质,或在公共领域的范围位置(如果有的话)以及有关个人是否已经处在公众视线中。一些情况下,即使在公共场所,人们也可以有合理的隐私期待。

该条规定的具体规则有:未经许可,不得泄露他人住所或者家庭所在地的信息;当相关人员被报刊新闻报道的事件掩盖时,他们仍然有权利在节目制作和播出中享有隐私权,除非有必要侵犯它。这既适用于这些事件发生时,也适用于后来重新报道这些事件的任何节目;广播电视公司应确保在公众场合拍摄、录制或播放的文字、图像或动作如果涉及个人或组织,在拍摄、录制或播放之前,要经其同意,否则不得进行。还有突发事件、事故受害者或个人悲剧的受害者的录像和音频,也必须经其同意才能播出。

该条规定了具体需要获得同意的情形:如果节目播出会侵犯个人或组织的隐私,则应在有关材料播出之前获得个人或组织同意,除非侵犯隐私权是正当的(来电显示在节目中被视为相关人员同意公开他们的参与);如果个人或组织的隐私因正遭受侵犯而要求停止拍摄、录制或直播,广播电视公司应按本人或组织的要求做,除非有必要继续播放。在一些机构、组织或其他地方进行拍摄或录音时,拍摄机构应向有关当局或管理部门申请许可。

除非被授权在未经许可的情况下拍摄或录制,工作人员或其他人员偶然或匿名出现在拍摄画面中,通常不需要他们事先同意。但是在潜在敏感地区或场景,如在救护车、医院、学校、监狱或警察局等处拍摄,通常拍摄前需要单独获得处于敏感环境人员的同意。如果节目中个体不能被识别,则不需要单独同意的。

关于秘密拍摄和录音,此条列举了秘密拍摄的表现,包括使用长镜头或录音设备,以及未在所有者或其代理人的充分和知情同意的情况下,在私人财产上留下无人看管的照相机或录音设备。它可能还包括在对方不知情的情况下进行电话录音,或者在对方认为已经结束的时候故意继续录音。

可以使用和播放秘密拍摄和录音的材料的条件是:涉公共利益方面的事项和证据;有合理的理由怀疑只有采取此种方式才可以获得实质性证据;为了节目的可信性和真实性是必要的。

除非有必要,否则不会透露已经死亡或死于意外、暴力罪行的人的身份。

该条还对保护弱势群体的隐私做了细致的规定。弱势群体不仅包括未成年人,还可能包括那些有学习困难的人、有精神健康问题的人、失去亲人的人、有脑损伤或痴呆的人、受过创伤的人、生病的或身患绝症的人等。

虽然该条规则规定得已经非常细致了,但是规则制定者认为:"重要的是,规则并没有也无法列出所有的'应遵循的做法'以避免对隐私的无端侵犯。"

(三)对互联网环境下侵犯隐私权的监管

在对互联网的管理方面,英国目前仅有 IWF 针对网络色情内容成立了自律组织,对其他方面的互联网内容,还是持一种"自由""不加干涉"的态度。对互联网上涉及的隐私问题,也大多是遵循普通法上的规定进行保护的。

除了各大新闻媒体的官方网站,出现了新的媒介内容生产和提供方式,例如博客、网络新闻、时事评论和名人评论等形式。博客和评论的呈现方式不同,但是从本质上而言,它们都属于个人评论,都可以被视为"公民新闻"(citizen journalism)的一部分,是个人分享经历、观点、发布事件的行为。但这些博客等完全没有受到法律的规范。

英国有很多新闻类博客,"赫芬顿邮报"是早期比较有名的一个,经过几年的发展,该博客已经发展为类似的在线新闻网站,主要给读者提供一些新闻故事和观点。另一些博客,如 Guido Fawkes 博客,提供有关国会的闲言碎语等;Jack of Kent 博客,自身的定位是"自由的、富有批判精神的";Popbitch 博客,主要提供名人的八卦、逸事。各个博客所关注的重点并不是单一的,而是多元的。这些博客的类型和受众规模与它们提供的内容有关。例如,Guido Fawkes 博客每日访问用户大约在 5 万至 10 万之间,如果有重大事件或爆炸性新闻发生,博客网站的用户每小时访问量就有 10 万,其中大约有 25%—30% 的用户是通过搜索引擎进入该网站的。相比之下,娱乐性的 Popbitch 博客有 35 万订阅者,提供名人新闻和八卦的 Holy Moly 博客,每月向 160 万用户提供 650 万条消息。

此外,除了上述提到的单独存在的博客网站外,很多纸媒也使用博客,例如《卫报》就针对具体的问题或事件,开设实时博客,以与读者进行互动。很多个人也开设博客讨论新闻、时事和其他读者感兴趣的问题。

社交网站,如脸书、推特,尽管早期提供新闻的比较有限,但是在个人传播或讨论新闻、信息和评论方面已经是不二之选。社交网站发展迅速,10 年前,尚未有社交网站。根据脸书统计数据,2017 年第四季度,脸书月活跃用户有 22 亿[①],推特同样也有巨大的用户量。推特建于 2006 年,截至 2018 年 1 月,每月有 3.3 亿活跃用户,每天大约有 5 亿条消息推送。[②] 报业集团本身也使用社交网站发布和传播新闻,并开发应用程序与读者进行互动。

此外,还有专门提供新闻搜集服务的网站。这些网站通过一定的算法和设计,将新闻聚集起来,直接向读者提供他人生产的新闻信息或新闻链接。但是这些网站的特点是他们对内容几乎没有或很少有编辑,对文章的正确性也不负责任。可以说,这类聚集性网站在新闻制作过程中,不发挥任何作用。

莱韦森勋爵 2012 年在其负责的《媒体文化、执业和道德调查报告》中陈述:"尽管上述所列举的博客网站有大量的读者,但需要指出的是,大部分博客的读者还是非常少的。实际上,大部分博客不是作为新闻或事实来源,而是一种意见表达。"

---

① CLAMENT. Number of Facebook users world wide [EB/OL]. (2017-11-16)[2018-04-24]. https://www.statista.com/statistics/264810/number-of-monthly-active-facebook-users-worldwide/.
② Twitter Company. Twitter by the numbers: states, demographicse fun facts[EB/OL]. (2018-02-20)[2018-04-24]. https://www.omnicoreagency.com/twitter-statistics/.

作为新闻提供者的新兴媒体与传统新闻媒体的区别在于,它们没有统一的执业守则,也没有强大的自律组织。在这些在线新闻网站中,仅有"赫芬顿邮报"自愿加入报刊自律组织,遵守自律组织的执业守则,其他在线新闻网站都是自我管理,如 Popbith 认为其内部管理和人事管理更有效,更适合现在的组织。

负有社会舆论监督责任的新闻媒体,在实践过程中,往往会与新闻当事人利益产生抵触。作为以判例法为主、成文法为辅的普通法系国家,英国的法律往往以处罚道德败坏行为、保护人身自由为目的,管理和限制新闻媒体内容,在判例法和成文法的共同作用下,主要从名誉、隐私、骚扰、版权、藐视法庭等问题入手,规范新闻信息。不论是否为发布在互联网上的信息,这种规范都一律适用。

如 Mosley v News Group Newspapers Ltd 一案中,原告 Mosley 先生为 F1 国际汽联主席,其参加性虐待派对狂欢的视频被被告刊登在自己的官方网站上。该视频在短短几日内就被转载上千次(当事人申请临时禁令的请求被驳回)。法院最终判决该行为对原告构成极大的羞辱和侵扰,侵犯了原告的隐私,被告赔偿原告 6 万英镑。

又如 Trimingham v Associated Newspapers Ltd 一案,原告认为被告不断公开自己性取向的细节,并对自己的每次公开露面进行冒犯性和侮辱性的评价,根据《1997 年防止骚扰法》规定,已对自己构成骚扰侵权。法官认为,像本案中这样重复公开原告个人信息,如果过度,便是对原告的嘲讽,符合此法中所谓的骚扰。

再如在 Re J(A Child)一案中,法院禁止媒体使用英文在网络上报道任何可以确认孩子身份的信息,此举是为防止媒体的报道有意或无意干涉司法公正。英国《1981 年藐视法庭法》(*Contempt of Court Act 1981*)、《1996 年刑事诉讼和调查法》(*Criminal Procedure and Investigations Act 1996*)以及《2003 年法庭法》(*Courts Act 2003*)都对新闻记者的报道行为有类似的规定:记者不可泄露证人、协同犯及强奸案受害人的姓名,必须保守有关行业机密;在案件审理之前及审理过程中,记者不能以有偏向的态度报道庭审。无论出于何种意图,媒体只要在实质上威胁、妨碍或者侵害某一特定案件的审判程序,就会被认定为"藐视法庭罪"。此外,法庭还有一系列阻止媒体对庭审过程中涉及的某些特殊群体进行报道的权利,主要是为了保护儿童、青少年以及性侵犯中的受害人。《1933 年儿童和青少年法》(*Children and Young Persons Act 1933*)和《1999 年青少年审判和犯罪证据法》(*Youth Justice and Criminal Evidence Act 1999*)都规定,在法庭审理案件和调查的过程中,任何 18 岁以下的青少年都不应该被公开报道,包括不能透露他的姓名、地址、学校和教育机构、工作环境以及照片和视频等任何可以证明他身份的资料,以免公众以为他就是犯罪嫌疑人。

第二节 英国数据法与媒体适用

随着计算机技术、网络技术的发展,数据成为人们的一项新的人身权和财产权的客体。在大数据时代,隐私和数据已成为全世界关注的焦点之一。英国早早认识到数据保护的重要性,同时鉴于没有关于隐私保护的成文立法,借助数据保护法来保护信息时代的隐私也成为英国人制定标准数据保护法的动因之一。《数据保护法》的立法宗旨、框架、原则和具体规定显示其宗旨是划定数据主体的权利范围、规范数据的搜集、处理、安全保障问题。数据对传媒的正常运转来说是必不可少的。技术的发展、传播平台的创新,使得传媒对内容的争夺更加激烈,甚至为了获得内容而"不择手段"[①]。因此,《数据保护法》的制定和实施,给传媒行为和内容的规范都带来了新的问题。具体来说,这些问题如下:

(1)媒体搜集信息的界限在哪里?讨论这一问题时涉及两个层面的问题:一个层面是哪些信息可以搜集,哪些信息不可以搜集,另一个层面则是搜集信息时可以运用的方法和技术手段有哪些。

(2)什么样的信息使用权对媒体的运作来说是有帮助的?

(3)媒体组织对自己的信息有多少控制权?它们是否会遇到被迫披露信息的情况?

本节探讨英国《数据保护法》对媒体行为和内容监管的影响,主要涉及媒体在采访和运营中获得他人数据、在报道中使用他人敏感数据(隐私)的问题。

英国作为欧盟前成员国,其关于个人数据法的制定和实施与欧盟立法紧密相关。

一、欧盟和英国数据保护立法

(一)欧盟数据保护立法

1974年,前身为欧洲经济合作组织的经济合作发展组织(Organization for Economic Cooperation and Development,OECD)成立了关于跨境个人信息传输和隐私权保护的专家组织,研究有关个人信息跨境传输中的数据保护问题。1980年9月

---

① 如英国已经关闭的《世界新闻报》曾经发生的窃听行为。英国另外一些报纸也涉嫌非法获取新闻信息。

23日,OECD理事会颁布了《保护个人数据信息跨境传送及隐私权指导纲领》(*the Guideline on the Protection of Privacy and Transborder Flows of Personal Date*),简称为《OECD隐私保护指导纲领》。这一文件对个人信息保护做了原则性规定,提出的个人数据"国内使用的八大基本原则"及"国际间自由流通和合法限制原则",建构了个人信息保护及数据跨境流动的指导框架,对世界各国的数据保护立法和实践产生了深远的影响。但是这一文件本身对于成员国并没有法律约束力。

1981年1月28日,欧洲理事会各成员国在法国斯特拉斯堡签署了欧洲系列条约第108号《有关个人数据自动化处理之个人保护条约》(简称《COE公约》)以及第181号《〈有关个人数据自动化处理之个人保护公约〉附加议定书》。该公约及其附加议定书是全球首个关于数据保护的且具有法律约束力的公约,这是欧盟层面首次制定具有法律约束力的个人数据保护方面的公约。考虑到自动化处理的个人数据跨国流动日益增多,公约旨在保护个人基本权利和自由,尊重个人隐私,促进信息的自由流动,确保各缔约国领域内每个人无论其国籍或住所,其基本权利和自由受到尊重和保护,特别是个人数据被自动化处理时,隐私权得到充分尊重。鉴于《COE公约》签订后未取得预期效果,欧洲委员会在1990年向欧洲理事会提交了一份《关于保护共同体个人信息及信息安全的指令草案》,该指令草案正式开启了欧洲信息保护法律制度一体化的进程。1995年10月24日,欧盟通过《关于个人数据处理保护与自由流动指令》(*Directive 95/46/EC of the European Parliament and of the Council*,简称《95指令》),为欧盟成员国国内立法保护个人数据设立最低标准,规定关于个人数据保护的一般性原则,数据主体的权利,数据控制者、处理者的义务,还概要性地规定了法律责任,对跨境数据传输进行制度管理。由于《95指令》有许多开放式条款,须经成员国转化为国内法,因此各成员国在立法和执法的过程中存在较大解释空间,给个人数据保护带来了分歧。为建立统一的欧盟数据市场,加强个人数据保护及促进数据流动,2012年1月25日,欧洲议会公布了《通用数据保护条例》(*General Data Protection Regulation*,GDPR)的草案。2016年4月14日由欧洲议会投票通过《通用数据保护条例》和《数据保护法实施指令》(*Data Protection Law Enforcement Directive*,DPLED)。关于数据保护的规定从"指令"上升为"条例",这意味着《通用数据保护条例》——生效即成为成员国国内法的一部分,可被直接使用。

《通用数据保护条例》于2018年5月25日生效,被认为是"史上最严"的数据保护法案,对违反该法的行为的相关处罚最高可达2000万欧元或企业年收入4%的罚款。

(二)英国数据保护立法

1981年欧洲理事会制定《有关个人数据自动化处理之个人保护公约》之后,作为欧洲理事会的成员国,英国于1984年制定了《1984年数据保护法》,以此履行公约的要求。1995年欧盟通过《95指令》,要求各成员国必须按照该指令于1998年10月前调整修改本国法律,英国政府于1998年1月出台了新的数据保护清单,制定了《1998年数据保护法》。这一法律由于很多具体规定高于《95指令》,经常被称为"黄金标准"。《1998年数据保护法》颁布之后,在2010年、2017年经历了一定修改,主要是强化了数据信息专员的权力。2018年《通用数据保护条例》正式实施,在经历了英国与欧盟的努力之后,《2018年数据保护法》(Data Protection Act 2018, DPA)也于2018年5月25日开始生效。

欧盟的《通用数据保护条例》,被称为史上最严格的保护条例。这首先体现在关于数据主体权利更全面的规定,同时还有关于数据的搜集者、控制者、处理者相关义务的更严格的规定,以及对违反数据法行为的严厉制裁措施。2018年英国正处在脱欧进程中,但是尚未完成脱欧过程,依然要受欧盟的相关法律约束。作为具体实施《通用数据保护条例》的法律,《数据保护法》的框架、主旨、原则、数据主体权利、控制者和处理者的义务,权利限制或义务主体豁免等方面的规定与《通用数据保护条例》都是一致的。当然,由于《通用数据保护条例》为成员国国内立法留有自主的空间,因此《数据保护法》在个别方面做出了不同于《通用数据保护条例》的规定。

就英国国内法而言,《2018年数据保护法》相较于实施了20年的《1998年数据保护法》来说,有两点比较突出。

首先,进一步强化了对个人的保护,新法给予公民更多的个人信息控制权。一是在"知情-同意"制度方面,个人"同意"的条件更加严格,并增加了若干新的条件,例如要求同意必须是"明确且易于撤销的",特别是当控制者处理个人敏感数据时,"同意"必须非常明确。在个人数据被获取方面,新法使个人更容易向数据控制者要求披露与其相关的数据,并且不得收费。新法规定了数据可携带权,允许用户在不同服务提供者之间转移自己的数据,例如,用户有权将自己在邮件或其他存储服务提供者中的数据转移。新法规定了被遗忘权,如个人有权要求擦除其个人数据,有权要求社交媒体平台删除其童年时期所发布的个人信息,在某些特定条件下,个人还可要求社交平台删除其曾发布的所有信息。

其次,增加信息专员办公室(Information Commissioner Office, ICO)的权力。英

国个人数据监管机构信息专员办公室因此获得更多的权力来维护用户利益,包括调查权、民事处罚权、刑事追责权。另外,新法强化了对违法行为举报人的保护,并对最严重的违规行为进行高达 1700 万英镑或全球营业额 4% 的罚款。

二、数据保护法的核心内容与相关规定

(一)数据保护法的立法宗旨

《通用数据保护条例》开宗明义:本条例规定关于处理个人数据过程中对自然人进行保护的规则,以及个人数据自由流动的规则;本条例保护自然人的基本权利与自由,特别是自然人享有的保护个人数据的权利。[1]

在此前提下,英国《数据保护法》规定,一个自然人有权利知道政府部门和其他组织掌握哪些有关自己的信息。这表现为个人的数据权利,具体有如下方面:被告知自己的信息正在被如何利用的权利和获取自己数据的权利;纠正不正确数据的权利(have incorrect data updated);擦除数据的权利,阻止或限制处理自己数据的权利;携带数据的权利,也就是允许从不同的服务商那里得到和再利用自己数据的权利;反对在特定情形下处理自己数据的权利。对于一个组织利用自己个人数据的情况,数据主体还有免受自动化决策(automated decision-making processes)、以数据画像方式处理数据的权利。[2]

《通用数据保护条例》和《2018 年数据保护法》进一步提出关于个人数据处理的原则,也就是个人数据的控制者、处理者应该承担的义务与责任。《通用数据保护条例》和《2018 年数据保护法》突出强调和规定了如下内容:数据保护原则(公平、合法、透明使用原则)目的具体明确、清楚;适当、相关与只限于必要使用;准确、必要时及时更新;不超过必要时间保存;确保以适度安全的方式处理数据,包括避免数据受到非法处理或未经授权处理,如获取、丢失、毁灭、损坏;对最敏感的信息给予最强的法律保护,这些信息包括种族、人种背景、政治观点、宗教信仰、工会成员身份、基因、用于身份认证的生物识别特征、性生活或性取向。

(二)数据保护、表达自由和信息自由流动的平衡

数据保护法承担保护数据的使命,同时,也要注意对个人数据的保护不能损害

---

[1] 欧盟《通用数据保护条例》第 1 条第 1 款、第 2 款。
[2] 英国《2018 年数据保护法》第 93—100 条。

和妨碍公民的其他基本权利和自由,不能以牺牲产业发展为代价。因此,数据保护法要注意"不能以保护处理个人数据中的相关自然人为由,对欧盟内部个人数据的自由流动进行限制或禁止"①。为了避免相关的数据处理原则和义务规定造成对表达自由和知情权的妨害和限制,数据保护法对专业媒体的采访、调查或报道活动也有专门的规定。《通用数据保护条例》第 85 条做出如下规定:"(1)成员国应当制定法律调和本条例保护的个人数据保护权、表达自由权与信息权,包括调和为了新闻目的和学术、艺术或文学表达目的而进行的(数据)处理。(2)对于为了新闻目的和学术、艺术或文学表达目的而进行的处理,如果对符合本条例制定的个人数据保护权、表达自由权与信息权来说有必要,成员国应当对第 2 章(原则)、第 3 章(数据主体的权利)、第 4 章(控制者和处理者)、第 5 章(个人数据转移到第三国或国际组织)、第 6 章(独立监管机构)、第 7 章(合作与一致性)和第 9 章(特定数据处理的情形)的规定进行豁免或减轻责任。(3)每个成员国都应当将其按照第 2 段所制定的法律条款告知欧盟委员会,而且应当将所有后续的修正性法律或影响它们的法律修订及时告知欧盟委员会。"②

数据保护法应该协调规范言论自由和信息自由的关系,包括对保护新闻的、学术的、艺术的或者文学的言论自由和保护个人数据权利的平衡。仅为新闻目的进行的个人数据处理,或者仅为学术、艺术或文学目的进行的处理应该受到相应的责任豁免;若为协调个人数据保护权利及言论和信息自由,正如《欧盟基本权利宪章》第 11 条所述,尤其是在视听、新闻、出版、图书领域进行的个人数据处理,在一般原则、个人数据权利、控制者和处理者、个人数据向第三国或国际组织传输、独立监管机构、合作和一致性以及具体数据处理等方面,成员国应采取合法措施落实必要的豁免与减损规定。豁免与减损规定在成员国之间有所不同,应适用各成员国法律。为实现民主国家的言论自由权,有必要将自由做宽泛的诠释,如新闻。③

就英国而言,英国政府主管机构在向议会提交数据保护法案时指出:为了保护人们的隐私,同时允许和鼓励数字技术的创新,人们必须平衡网络中的自由和责任。《数据保护法》做到了这一点:它不仅为人们在个人信息使用上提供了更多的控制,还将收集个人信息的目的限制在公共利益豁免的情形。在英国,人们比其他大多数地方的民众拥有更强的保护,监管安排通常也被认为是黄金标准。尽管可

---

① 欧盟《通用数据保护条例》第 1 条第 3 款。
② 欧盟《通用数据保护条例》第 85 条。
③ 欧盟《通用数据保护条例》"序言"第 153 段。

以确信数据在英国得到了很好的保护,但同时其也需要作出一些改变,(因为)技术和社会都发生了变化。①

由此我们可以看出,在欧盟制定了被誉为最为严格的数据保护法,而且这一法律要求各成员国一体执行的时候,这无疑对媒体机构如何采访、调查、报道,尤其是如何获取、使用、保存、修改、删除涉及的报道对象和相关社会成员的信息都产生了相应的影响。在对个人权利的保护被提升到前所未有的高度的时候,媒体则有可能面临着信息获取和自由表达方面的巨大法律风险。而一向极其重视表达自由和信息自由流动意义的欧洲社会也充分认识到这一问题,在《通用数据保护条例》的宗旨和具体规定方面做了相应的考虑。从根本上来说,这在各个国家既有的表达自由适度的环境下,不会带来媒体监管的寒蝉效应。

(三)具体规定和相关实践

《2018年数据保护法》第15条有对于权利主体的限制规定:数据控制者和处理者在处理个人信息的时候,出于公共利益的原因可以实施某些未经数据主体同意或其他违反《2018数据保护法》规定的义务的维护行为,这种情况下可以豁免其法律责任。该条第2款第e点规定:(本法)第5条规定了,在《通用数据保护条例》第85条第2款允许的情形下,基于表达自由的原因《通用数据保护条例》第2章、第3章、第4章、第5章规定的责任可被豁免和取消。

《2018年数据保护法》第16条第1款规定,根据本条,可以改变《通用数据保护条例》适用的权力由国务大臣负责制定的条例来实施。其中之一是为协调个人数据保护和表达自由、信息自由关系,具有豁免和减轻《通用数据保护条例》的某些章节规定的责任的权力。

《2018年数据保护法》继续设置信息专员。信息专员是独立的官员,其职责是基于公共利益来维护人们的信息权利、促进公共实体的公开性和保护个人的数据隐私。信息专员可以基于申诉进行调查,也可以主动进行调查。同时,信息专员作为执法者可以通知和教育数据控制者,以提高数据保护的标准;在媒体遵守数据保护法、收集和处理数据方面,还要负责制定、修订新闻业实务守则,负责处理新闻业不遵行守则行为。②

---

① 英国数字、文化、媒体和体育部(DCMS).英国新数据保护法案:改革计划[J].邓辉,译.中国应用法学,2017(6):167-184.
② 英国《2018年数据保护法》第124条。

《2018年数据保护法》附表2第5部分,是在《通用数据保护条例》第85条第2款基础上基于表达自由和信息自由豁免的规定。该部分首先规定了"特殊目的",包括新闻目的、学术目的、艺术目的、文学目的。这一部分规定在进一步确定一项出版物是否涉及公共利益的时候,控制者必须考虑表达自由和信息自由中的公共利益的特殊重要性,在确定相关出版物涉及公共利益是合情合理的时,控制者必须充分考虑与争议出版物有关的各种媒体实践的守则、指南等,如《2018年数据保护法》中列举的《BBC编辑指南》《广播电视守则》《报刊编辑守则》等。

应该说,加强对个人信息的保护,也对媒体行为的规范起到了强化的作用。2006年5月、12月,来自信息专员的两份报告将重点放在个人数据的非法买卖这一问题上。① 依据2006年5月的报告,个人信息的提供者几乎都是工作在具有隐私性的调查行业部门的人,购买信息的人则包括新闻记者。在信息专员调查的一起重要案件中,信息被提供给305名来自不同报社的新闻记者。新闻记者获取信息的主要方法则是行贿和欺骗。2006年5月份的报告描述了关于技术的细节内容,包括从一名私人调查员那里获取的信息手册的部分摘录内容。②

同样,英国《数据保护法》的一些制度安排,对表达自由的保护也是有成效的。在提供媒体豁免和关于信息专员行使权力的规定方面,对媒体在获取信息和处理信息方面的特别规定,都使得媒体避免承担其他数据控制者和处理者要承担的严格的法律义务和责任。

《数据保护法》的制定和实施,对于缺少保护隐私的成文法的英国来说,为公众针对媒体报道侵犯自己隐私的情形提供了成文法的保护。公众可以基于媒体不当搜集或处理个人数据提起侵权诉讼。著名的莫斯利案中,原告不仅依据违反保密原则的诉因,而且还依据《数据保护法》的相关条款对涉案媒体提起诉讼。但是,鉴于《数据保护法》中基于公共利益目的、平衡表达自由和信息自由目的豁免和减轻责任的相关规定,试图通过《数据保护法》来追究媒体报道侵犯隐私权益的法律责任,往往难度较大。莫斯利案件最后的审理结果也说明了这一点。

---

① 参见"What Price Privacy now? The first six months progress in halting the unlawful trade in confidential personal information",13 December 2006,HC36.
② GOLDBERG D,SUTTER G,WALDEN I. Media law and practice[M]. Oxford:Oxford university press,2009:256.

第三节 经典案例分析

一、坎贝尔诉镜报案(camplell v MGN Ltd.)

2001年2月1日的《每日镜报》(以下简称《镜报》)用大篇幅刊登了名模内奥米·坎贝尔(Naomi Campbell)在戒毒互助所接受戒毒治疗的事实,以及她参加戒毒集会的一些细节,并配上她离开戒毒集会的照片。《镜报》之所以用大篇幅报道此事,一个重要的原因是,坎贝尔在以前的媒体采访中否认自己是吸毒者,称自己没有接受过戒毒治疗。《镜报》以此揭露坎贝尔说谎,当然也不乏利用坎贝尔的名人效应增加销量的意图。

2月1日《镜报》的报道一出,坎贝尔的律师即向该报发出律师函,称所刊文章违反了保密责任,并侵犯了个人隐私。2月5日《镜报》进一步报道了坎贝尔戒毒的细节,并配发了另外一张她离开戒毒集会的照片。2月7日和8日,《镜报》接连刊登文章,并评论道:"如果你想像修女一样生活,请到修道院里。如果你想享受生活的光鲜,请接受这些事实和结果。"[1]

坎贝尔认为《镜报》报道她吸毒的事实没有违反保密责任或侵犯隐私,但是报道有关她在戒毒互助所接受治疗的信息违反了保密责任、侵犯了她的隐私权,于是向法院提起诉讼。

(一)隐私角度

高等法院默兰德(Morland)法官对信息是否具有秘密性的判断标准参考了法官格林森(Gleeson)在澳大利亚高等法院 Australian Broadcasting Corp. v. Lenah Game Meats Pty. Ltd[2] 一案中的判决,格林森法官认为"确定隐私的标准,应当是在大多数情况下,对信息或行为的披露或描述,对理性的人来说,具有严重侵犯性"。默兰德法官认为,坎贝尔接受戒毒治疗的信息符合上述标准,具备"秘密的性质",有关戒毒细节的信息应在负有保密义务的条件下传递,公布这些细节给坎贝尔带来了伤害。同时默兰德法官在平衡《欧洲人权公约》第8条保护隐私和第10条表达

---

[1] LAMONT. Privacy-confidentiality in England: courts don't go west in high-profile cases [J]. Defence counsel journal,2004(7):277.

[2] Australian Broadcasting Corp. v. Lenah Game Meats Pty. Ltd [2001] H. C. A. 63.

自由两项基本权利时认为,公众人物也有要求一定隐私空间的权利。公众的确需要知道坎贝尔在吸毒事件上对公众有误导,媒体应当报道她在接受戒毒治疗,但仅此而已。相关细节涉及她的私人生活,具有保密性,受到公约第8条的保护。因此,初审法院认为《镜报》违反了保密原则,判决《镜报》赔偿坎贝尔3500英镑。①

案件随后被诉至上诉法院,上诉法院认为《镜报》文章没有谈论对一个正常人来说具有高度侵犯性的个人隐私。作为公众人物,尽管她在舞台上人尽皆知,但并不意味着她的私生活可以毫无保留地由媒体报道。若公众人物对自己的私生活做了不实宣称,那么媒体有责任澄清。此案的关键在于,一个具有正常理性的读者在知道坎贝尔吸毒后,看到揭露她参加戒毒集会的报道时,是否感到是对人身权的一种"严重侵犯"。上诉法院的三位法官一致认为媒体对报道的这些信息不具有显著的保密责任。报纸上刊登的照片和内容是正当的,意在表明坎贝尔误导公众。至于《镜报》怎样写这篇文章,是媒体的事情。作为记者,必须要向公众传递合理的信息,否则公约第10条就没有存在的必要性。据此,上诉法院推翻了初审法院的裁定,认为《镜报》没有违反保密责任。②

此后,案件诉至上议院,上议院最终以3∶2的比例裁定《镜报》公布坎贝尔参加戒毒集会的照片和报道违背了保密义务。坎贝尔胜诉,获赔3500英镑。③

上议院是本案的终审法院,也是当时英国的最高法院,在上议院的辩论中,五位法官对此案在高等法院和上诉法院中所辩论的问题均有所论述。所以,下文将对上议院各位法官的意见做统一整理,并分析此案对保密责任发展所带来的影响。

上议院由尼科尔斯(Nicholls)、霍夫曼(Hoffmann)、霍普(Hope)、霍尔(Hale)和卡斯韦尔(Carswell)大法官组成。他们对本案持有两种截然不同的态度。尼科尔斯和霍夫曼认为《镜报》是出于公共利益而进行报道的,没有违反保密责任、侵犯坎贝尔的隐私权,应判决驳回上诉,而另外三名法官则对媒体的要求更加苛刻一些,判决支持坎贝尔胜诉,《镜报》给予赔偿。

霍普法官在本案中指出,《镜报》上的信息包含5个要素:第一,坎贝尔吸毒的事实;第二,她为了戒毒接受治疗的事实;第三,她是在戒毒互助所接受的治疗;第四,她接受治疗的细节;第五,她离开戒毒互助所时的照片。通常情况下,这五项内容都可以受到法律保护。因为坎贝尔曾经否认其吸毒事实,报社有权在前两个要素

---

① Campbell v MGN[2002]EWHC 499(QB).
② Campbell v MGN[2003]QB 633.
③ Campbell v MGN[2004]2 AC 457.

上澄清是非——她是一个接受治疗的瘾君子。其余四名大法官认同霍普法官的意见,他们的分歧主要在于后三个要素。

第一,报刊是否可以对戒毒细节进行报道。

在尼科尔斯法官看来,披露一个吸毒者在戒毒互助所接受治疗与透露一个癌症患者正在接受放射治疗没有什么区别。报刊被允许公开坎贝尔正在接受治疗的事实,却不允许报道地点和细节,"无疑是使用了一把太细齿的梳子"。人权是关乎实质而非细微差别的权利,但这并不是唯一的问题。尼科尔斯法官说:"一方面,本案的信息发布最多只是对坎贝尔小姐私生活在相对较低程度上的侵犯;另一方面,对这些信息的完全不公开则会毁掉一个正当合法且能够引发同情心的新闻故事,这些信息的附加细节还可以增加故事的色彩和可信度。""在这个案件中,报社出于此意图发布信息却被剥夺了一定程度的报道自由,这对媒体而言有失公允。"

霍夫曼法官认为,坎贝尔生活在美国,但是经常在世界各地演出,她除了在英国参加戒毒互助所活动之外,还在其他国家参加类似的活动,而且她也不会再回到她被拍照的那个戒毒所。审判法官应当将这个因素考虑进去。接着,霍夫曼法官提出了本案中唯一需要考虑的原则问题:"如果报道的实质性内容是正当的,那么当法官认为报社没必要刊登某些个人信息时,报社将要承担责任吗?或者报社是否在报道的方式上有选择的余地?"[1]他认为,报社不应当对上述所言的"必要内容之外"的信息负有严格责任,因为新闻行业需要法律赋予其一些自由,当编辑迅速作出决定时,其所依据的信息要比法院在事后所能看到的少。[2]

但是,霍普法官认为,从一个正在接受治疗的吸毒者的处境出发,他"本来是希望通过匿名和其他吸毒者聚会来讨论他们共有的问题,但在发现被跟踪后,会觉得很有压力,有被冒犯感"。因此,"判断是否对个人的隐私构成侵犯的标准,不是看信息的披露是否会对理性的人或一般人造成严重侵犯,而应当是看对信息被公开的当事人的影响"[3]。

霍尔认为,报社有权对坎贝尔吸毒进行报道,但是没有必要曝光其他更深入的信息,特别是那些会危及她后续治疗的信息。"试图戒毒的人需要相当大的付出和周围人连续不断的帮助。这就是像戒毒互助所这样的组织建立和发展得如此出色的原因。在事情处于'脆弱'阶段时,犯错是会造成极大损害的。"[4]

---

[1] Campbell v MGN[2004]2 AC 457.
[2] Campbell v MGN[2004]2 AC 457.
[3] Campbell v MGN[2004]2 AC 457.
[4] Campbell v MGN[2004]2 AC 457.

卡斯韦尔法官与霍尔法官和霍普法官意见一致:"同意第3、4、5项构成了对上诉人私生活的干涉,被上诉人所依据的事实不足以使该曝光行为合法化。"[1]

第二,所刊登的照片是否具有侵犯性。

尼科尔斯和霍夫曼两名大法官均认为,照片是一种更为生动的信息,应当适用与信息一样的原则,《镜报》所刊登的照片"没有透露任何不合适的东西,也没有传达文章讨论范围之外的任何隐私信息。那组照片显示出坎贝尔在大街上热情地跟站在大楼台阶上的人打招呼,完全没有损毁或歪曲她的形象"[2]。"这些照片仅是没有经过坎贝尔的同意,并不足以构成对她个人隐私的恶意侵犯。"[3]

霍夫曼法官认为:"我们不能避免被别人拍照的事实,并不意味着拍照的人或者取得这些照片的人就可以把这些照片满世界发布。"[4]"如果因为照片的大范围曝光使一个人处于被羞辱或者非常尴尬的状态,那么即使拍照的地点是公共场合,也可以构成对此人信息隐私权的侵犯。同样,公布因侵入他人的私人空间而拍到的照片(比如使用长焦镜头),即使照片自身没有羞辱之处,这项行为本身就可以构成对隐私权的侵犯。"[5]然而,那张坎贝尔离开戒毒互助所的照片本身并无羞辱之意——照片上的她"衣着整洁,在人群中微笑着"[6]——而且照片也并没有对私人空间的侵入。因此,坎贝尔的隐私权并没有遭到侵犯。

霍夫曼法官说:"毫无疑问,《镜报》当时是有可能只发表文章而不公开照片的。但是我认为这样会再次忽视新闻业的价值。我们重视出版社的自由,但是出版社是个营利性企业。从一个记者的角度来看,照片是报道必不可少的部分。照片上的信息比任何其他文字性的描述都能够证明《镜报》的报道是真实可信的。所以我认为发布这些照片是在编辑判断自由之内,而且是应被给予适当自由的。"[7]

霍普法官认为,公布照片是对她私生活的极大干涉,这远比报社的言论自由权重要得多:"如果不是发布了照片,只看文字的话,我是不会倾向于隐私保护享有与言论自由同等重要的地位的。"[8]霍尔法官和卡斯韦尔法官与霍普法官意见一致。

第三,保密原则应当如何。

---

[1] Campbell v MGN[2004]2 AC 457.
[2] Campbell v MGN[2004]2 AC 457.
[3] Campbell v MGN[2004]2 AC 457.
[4] Campbell v MGN[2004]2 AC 457.
[5] Campbell v MGN[2004]2 AC 457.
[6] Campbell v MGN[2004]2 AC 457.
[7] Campbell v MGN[2004]2 AC 457.
[8] Campbell v MGN[2004]2 AC 457.

霍夫曼法官认为，本案的关键在于：法律应当一如既往地贯彻隐私权和言论自由权之间的平衡原则。他认为双方之间已不再需要一个事先的保密关系。诉因不需要再建立在适用于保密的个人信息或类似的交易秘密中的诚信义务上，而是应建立在注重保护人的意志自由和尊严——控制他人散布有关其私生活信息的权利和受他人尊重的权利上。[1]

尼科尔斯法官认为该案只是涉及了快速发展的隐私权法的一个方面——个人信息的不当使用(misuse of private information)——这衍生了保密责任。因为保密责任最初涉及一个人在违反保密关系前提下，向另一个人披露秘密信息，但是现在，这个诉因已经不需要这样一种事先保密的关系了。一个人接受了他知道或者应当知道是秘密的信息后，法律即强加给他一种"保密责任"。然而这种模式会遭遇尴尬，因为一个人通常不会将他人私生活描述为"秘密的"，因此更准确的描述应是"对个人信息的不当使用"。[2] "从本质上讲，隐私的标准是当事人对所披露的事实是否有合理的隐私期待(reasonable expectation to privacy)。"[3]

尼科尔斯法官在此提出的判断"私生活"是否被侵犯的标准可概括为"对隐私的合理期待"，这与高等法院和上诉法院所依据的标准不同。高等法院和上诉法院依据的标准是：一个正常理性的人是否会认为文章所刊登的文字和照片具有"高度侵犯性"。该标准最早是美国法律用以认定侵扰他人独处状态的侵权人是否承担责任的要素之一。根据美国《第二次侵权法重述》652B条规定，只有当侵权行为对"一般理性人"构成"严重冒犯"时，行为人才会承担侵犯隐私空间的责任。依据《第二次侵权法重述》的观点，敲原告的房门或是偶尔用电话催还债务的行为并不构成对隐私权的侵犯。[4]

但尼科尔斯法官认为，"对隐私的合理期待"比"高度侵犯性"的标准要宽泛和偏低。他认为使用"合理期待"更适宜是基于以下两点：第一，"高度侵犯"是比"合理期待"更严格的标准；第二，当检验所披露的信息是否是隐私时，高度侵犯的标准更容易被转换为比例问题。例如，对个人私生活的侵犯程度和公开范围，可以被理解为公众关注程度问题，这样一来，"高度侵犯性"会成为一个易混乱的因素。[5]

尽管坎贝尔案发生在道格拉斯案之后，但坎贝尔案的终审判决在道格拉斯案

---

[1] Campbell v MGN[2004]2 AC 457.
[2] Campbell v MGN[2004]2 AC 457.
[3] Campbell v MGN[2004]2 AC 457.
[4] Restatement of Tort(second), 625B.
[5] Campbell v MGN[2004]2 AC 457, para 22.

前。从两案的终审判决来看,两案法官对弱化保密责任第二个要素的观点取得了共识。可以说,英国采取了更加积极的态度保护个人隐私。

(二)个人数据角度

本案中,涉及对个人数据的讨论的是上诉阶段。上诉时,上诉人《镜报》否认他们发布的材料涉及隐私,进而也否认了他们的行为触犯了《数据保护法》。① 坎贝尔坚持认为报纸的行为涉及了对个人敏感信息的处理,违反了《1998 年数据法》规定的数据保护原则,且该法第 13 条赋予了她从违法行为获得赔偿的权利。

上诉法庭认为报纸对于涉及《1998 年数据保护法》的相关问题进行了充分的考虑,认为报纸没有违反《1998 年数据保护法》,依据该法第 13 条驳回了坎贝尔的诉讼请求。双方所争论的公开发表的报道,构成了对个人数据的处理,因此属于《1998 年数据保护法》的适用范围。然而,报纸可以将《1998 年数据保护法》第 32 条作为抗辩理由。争议焦点之一是第 32 条第 1 款至第 3 款是否仅仅适用于当媒体的公开行为被拒绝的时候,②法庭认为若发表行为是基于公共利益,则第 32 条第 1 款至第 3 款的豁免内容适用于报纸处理数据的所有步骤直至发布。③ 依据案件事实,法庭认为报纸的数据处理行为满足了第 32 条第 1 款的条件。报纸有合理理由认为信息发布是出于公共利益,如果要求报纸遵守原告依据法律提出的要求,那发布行为将无法实现。上诉法院的裁决是一个对第 32 条作出权威解释的裁决。④

如上所述,该案最后依据违背使用原则提起的诉讼得到了上议院的支持,上议院并未考虑《1998 年数据保护法》,当事双方也都认同依据《1998 年数据保护法》而提起的诉讼与不守信用这一理由是同步的。然而,尽管上诉法院对于第 32 条采用一种相对宽泛的解释,也不能就此认为所有出于新闻报道、艺术或是文学目的的行为就会得到第 32 条第 1 款的豁免。第 32 条第 1 款所列举的三个条件是否适用必须分析每个具体案件的情况,需要考虑《1998 年数据保护法》其他寻求豁免的特定条款的规定。

有人认为,《1998 年数据保护法》出台时,引起了一些人不小的"恐惧",实践证

---

① Naomi Campbell v MGN Ltd. [2002]EWCA Civ 1373(14 October 2002).
② Campbeel v MGN[2002]EWCA Civ 1373,[2003]QB 633.
③ Campbeel v MGN[2002]EWCA Civ 1373,[2003]QB 633.
④ GOLDBERG D, SUTTER G, WALDEN I. Media law and practice[M]. Oxford:Oxford university press. 2009:251.

明,《1998年数据保护法》对媒体的影响相当小。① 坎贝尔案中,原告依据的是违反保密责任和数据保护法这两种诉因。当坎贝尔案被呈到上议院的时候,案件的争议焦点是违反保密原则,而非违反数据保护法。人们因此就倾向于认为,在有关媒体的案件中,依据《1998年数据保护法》提起诉讼并不会起到实质性的作用,只会增加诉讼成本,《1998数据保护法》发挥的作用非常小。

然而,认为《1998年数据保护法》无关紧要也是不对的。即便把注意力集中于个人向法庭提起的诉讼,该法也能在"违反保密原则"这一诉因之外增加一些内容。例如,《1998年数据保护法》规定的数据保护原则既包含高度广义的公平概念,也包括向数据主体通知数据处理行为的要求,这些都超出了"违反保护原则"要求的范围。除了依据《1998年数据保护法》所提起的民事诉讼以外,也存在通过信息专员发出执行通知这样一种途径。对于不太富裕的普通人来说,相比向法庭提起诉讼有可能面临高额诉讼费和风险,向信息专员投诉更具吸引力。另外,该法能够将媒体机构的一些侵入性的、不诚实的调查判定为非法行为。总之,数据保护立法是一项复杂且困难的事情,应当坚决抵制轻视它的倾向。②

二、道格拉斯案(Douglas v Hello!)③

(一)案件概述

2000年11月18日,美国好莱坞巨星迈克尔·道格拉斯与英国女星凯瑟琳·泽塔·琼斯在纽约举行了豪华婚礼,并将婚礼照片的版权以100万英镑的价格独家卖给 OK! 杂志。不料 OK! 杂志的主要竞争对手 Hello! 杂志却以12.5万英镑的价格购得了未经授权、偷拍的照片,并抢先刊登。道格拉斯夫妇的婚礼举办地在美国,而 Hello! 和 OK! 两家杂志均为英国杂志,不受美国法律的制约,道格拉斯夫妇只好到英国将 Hello! 杂志告上法庭。2000年11月20日,法官巴克利(Buckley)发布了临时禁令,禁止 Hello! 杂志发行道格拉斯夫妇的婚礼照片。2000年11月21日,法官亨特(Hunt)要求继续执行禁令,要求 Hello! 杂志撤回74万册已经上架的当期杂志。不甘蒙受损失的 Hello! 杂志提出上诉。

---

① GOLDBERG D, SUTTER G, WALDEN I. Media law and practice[M]. Oxford: Oxford university press. 2009:259.
② GOLDBERG D, SUTTER G, WALDEN I. Media law and practice[M]. Oxford: Oxford university press. 2009:259.
③ Douglas v Hello! [2003] EWHC 2692.

2000年11月23日，英国上诉法院就禁令一事进行裁定。法院认为虽然 OK！ 杂志购得了独家婚礼照片版权，但 Hello！ 杂志刊登自行拍摄的照片并不违法，认为临时禁令是对媒体表达自由的限制，于是取消了对 Hello！ 杂志的临时禁令，但是法院认为原告可以要求被告赔偿。道格拉斯夫妇和 OK！ 杂志遂对 Hello！ 杂志提起赔偿诉讼。

2003年4月11日，英国高等法院作出判决，认为 Hello！ 杂志违反保密责任，侵犯了道格拉斯夫妇婚礼照片的保密权，OK！ 杂志和道格拉斯夫妇胜诉。同年11月7日，英国高等法院就赔偿数额作出判决，Hello！ 杂志没有故意损害道格拉斯夫妇的权益，因此赔偿他们约 1.46 万英镑，但要赔偿 OK！ 杂志 103.3156 万英镑。Hello！ 杂志不服判决，上诉到英国上诉法院。

2005年5月18日，英国上诉法院裁定道格拉斯夫妇胜诉。在长达260段的判决书中，法庭认为 Hello！ 杂志发布未经道格拉斯夫妇授权的照片展示了他们的私生活，他们有权受到《异国保密法》的保护。法庭判定道格拉斯夫妇可以保有独家授权费 1.46 万英镑。但是 OK！ 杂志的独家照片版权并不受到这个法案的保护，道格拉斯夫妇所享有的照片保密权利不能分派给其他人，照片不能成为商业上的秘密信息。最后，法院判定 OK！ 杂志返还 Hello！ 杂志赔偿的 103 万英镑及利息、诉讼费用等，共近 200 万英镑，作为对 Hello！ 杂志因临时禁令而遭受的损失的赔偿。随后，该案被诉到英国上议院。

2007年5月2日，英国上议院作出终审判决，道格拉斯夫妇依然保有独家授权费 1.46 万英镑，OK！ 杂志获赔 100 万英镑。但由于 Hello！ 杂志并未对 OK！ 杂志造成实质上的损害，所以高达 800 万美元的诉讼费用由两家共同承担。

(二)案件分析

此案分为两个阶段，一个是 2000 年上诉法院对 Hello！ 杂志发布禁令的裁定，下文称为道格拉斯 1 案，另一个是 2003—2007 年，高等法院、上诉法院、上议院对此案损害赔偿所做的裁定，下文称为道格拉斯 2 案。

此案当事人主要有三方，分别是道格拉斯夫妇、OK！ 杂志及 Hello！ 杂志。道格拉斯夫妇的主张主要是 Hello！ 杂志刊登了未经授权的婚礼照片，侵犯了他们的个人隐私，泄露了商业秘密，并给他们带来了巨大的精神伤害。OK！ 杂志作为 Hello！ 杂志的竞争对手，诉求主要反映在商业利益上，认为 Hello！ 杂志侵犯了他们的独家版权，要求予以赔偿。Hello！ 杂志主要的抗辩理由是：由于道格拉斯夫妇就婚礼照片和 OK！ 杂志存在商业交易，因此不能认为他们的婚礼是个人的和秘密的。既然道格拉斯夫妇已经同意公布一部分他们在私人场合拍摄的照片,而 *OK！* 杂志公布了同一场合的照片且没有侵犯他们的隐私权,因此 *Hello！* 杂志有权刊登自己拍摄的婚礼照片。

概括起来,三方的诉求主要有两个焦点。一是关于 *Hello！* 杂志刊登未经授权的照片,是否违反保密责任,侵犯了个人隐私或商业秘密。关于这个诉求,道格拉斯夫妇和 *OK！* 杂志依据的都是保密责任诉因;二是关于损害赔偿金额的确定。本章在此主要分析第一个焦点问题,即 *Hello！* 杂志刊登未经授权的照片,是否违反了保密责任,侵犯了个人隐私或商业秘密。道格拉斯 1 案和 2 案对该问题均有所阐述,归纳如下：

第一,是否遵循传统三要素要求。

在此案中,道格拉斯夫妇对 *Hello！* 杂志刊登的关于他们婚礼的文字报道没有任何异议,他们反对的是在报道中使用未经授权的照片。由于英国在法律上不认可独立的隐私权,因此道格拉斯夫妇在诉讼中依据的是保密原则,认为发布未经授权的婚礼照片侵犯了他们的隐私。

根据美嘉瑞(Megarry)法官在 Coco v. A. N. Clark(Engineers)Ltd. 案中提出的保密责任三要素分析,构成违反保密责任的三要素为：(1)信息本身具有秘密性质；(2)信息是在具有保密关系的条件下传递的；(3)对信息的未授权使用造成了损害。

此案中,关于要素 3 无须讨论太多,这显而易见是成立的。但是关于要素 1 和 2,法官有不同的理解。

道格拉斯 1 案中,法官布鲁克(Brooke)认为,依据本案事实,道格拉斯夫妇已经明示不希望客人拍摄照片,而且制定了严格的安检程序,禁止将照相机和摄像机等拍摄器械带入婚礼现场。那么所有在场的人,依据他们的常识,应当知道他们都负有保密责任。

道格拉斯 2 案中,高等法院法官林德塞(Lindsay)认为,此案满足了"保密责任三要素"。因为婚礼照片是很难拍到的,所以它具有秘密性质；参加婚礼的客人知道或者应当知道新婚夫妇不希望他们拍照,因此客人具有保密的义务。公布未经授权的照片,会给新婚夫妇带来精神伤害。[①]

可见,审理法官对本案中存在要素 1 和要素 2 都是认可的。但是也有法官对此持不同的意见。道格拉斯 2 案中的上诉法院法官认为,此案中 *Hello！* 杂志刊登的照片是纽约摄影记者偷偷混入婚礼现场偷拍的,记者并不是道格拉斯夫妇正式邀

---

① Douglas v Hello[2003]EWHC 2629.

请的客人,他与道格拉斯夫妇之间不存在保密关系。但是法官仍然认为这些照片展示了道格拉斯夫妇私人生活的某些方面,并且 Hello！杂志和记者都知道他们未经道格拉斯夫妇授权使用这些照片是违反保密责任的。在这里,上诉法院法官判定 Hello！杂志违反保密责任,所依据的仅是要素 1,即信息本身具有秘密性质。[1]

法官在论证过程中,引用 1990 年 Attorney-General v Guardian Newspaper[2] 一案中法官戈夫(Goff)的话:"保密责任在衡平法中已经独立于合同交易或双方关系之外。保密责任应适用于更宽泛的条件……例如明显秘密的文件如日记被遗落在公共场所,之后这些文件被路人捡到。"[3]"尽管在接下来的 1991 年 Kaye v. Robertson[4] 案中,戈夫法官的观点并没有被接纳和延续下来,但是在 1995 年 Hellewell v. Chief Constable[5] 一案中,劳斯(Laws)法官对戈夫法官意见的采纳具有重要意义。"劳斯法官说:"如果某人用长焦镜头,在未经他人同意的情况下,从远处拍摄了他人私人活动的照片,并予以公开,那么在我看来,这无疑是对保密责任的违背。正如他看到或偷窃了一封信或日记,并随后公之于众。在这种情况下,法律应当保护理论上被称为隐私的权利,尽管根据诉因,这个名字是保密责任。"[6]

接着上诉法院认为:"美嘉瑞法官提出的传统的保密责任三要素中的两个要素……如果在信息显然是秘密的条件下,要素 2 就不需要再具备了。同时要素 1 中所要求的信息本身是秘密的(confidential),也可以等同为信息是具有隐私性的。什么是隐私信息？在我们看来,隐私信息必须满足这样的条件:对信息所有人来说,该信息是个人的、不想被公众知晓的,信息的本质或它存在的形式,都可以帮助我们判断信息是否具有隐私性。"[7]

剑桥大学学者默尔汉姆(Moreham)在其所著的《英国隐私法对隐私的保护——以道格拉斯案为例》一文中也持有类似的观点:"在涉及隐私的案件中,保密责任最新的发展,从保密关系的本质转向了信息具有秘密性的本质……根据 Afforney－Geneval v Guardian News-paper 一案的判决,以及在偷拍和偷录[8]等情况下的司法实践,可以清楚地看出……虽然双方没有事先的保密关系,也没有向对方交流任何

---

[1] Douglas v Hello[2005]EWCA Civ 595.
[2] Attorney-General v Guardian Newspaper[1990]1 AC 109.
[3] Attorney-General v Guardian Newspaper[1990]1 AC 109.
[4] Kaye v Robertson[1991]19 IPR 147.
[5] Hellewell v Chief Constable[1995]1 WLR 804.
[6] Douglas v Hello[2005]EWCA civ 595.
[7] Douglas v Hello[2005]EWCA civ 595.
[8] Creation Records Ltd v News Group Newspapers Ltd.[1997] EMLR 444.

事情的目的,但隐私不是秘密,已不可避免地成为被保护的真正利益。"①

从上诉法院法官的论证中我们可以看出,虽然不是第一次对保密责任中要素 2 的存在价值提出质疑,但此案再次表达了在媒体偷拍事件中,不论双方是否存在保密关系,确认信息本质是最关键的,而且这一点不仅可以从内容上判断,还可以从形式上判断。

第二,法院是否有责任发展隐私法。

由于本案是《1998 年人权法》后首例诉媒体侵犯隐私案件,因此法官也首次在判决中分析了《1998 年人权法》与普通法的关系,阐述了法院是否有责任发展隐私法的观点。

在道格拉斯 1 案中,法官对《1998 年人权法》与普通法的关系进行了比较具体的思考。法官赛德雷(Sedley)说:"从保密责任的历史发展来看,有很多判例表明,必须具备要素 1,而对具备要素 2 的要求越来越少。法院已经竭尽所能,利用现有的法律工具阻止侵犯个人隐私的可恶行为,但是无法清楚地把这些措施作为独立的法律原则表达出来。现在我们可以自信地说,法律承认并且将正当地保护个人隐私权利。② 原因有两点。第一,衡平法和普通法都在通过承认个人有隐私空间的方式,积极回应越来越易被侵扰的社会环境。第二,《1998 年人权法》要求法院对《欧洲人权公约》第 8 条所保护的个人和家庭生活权利给予正确的适用效力。《1998 年人权法》和普通法现在是在一条跑道上,法院必须要考虑欧洲人权法院的裁决——国家有积极的义务去保护隐私,而且法院自身的行为也要与公约保障权利的价值取向一致。这成为英国在法律上承认隐私权的最终动力。"③他在最后总结道:"……法律不仅要保护隐私遭到侵犯的那些人的权利,也要保护个人生活受到侵犯的那些人的权利。法律不需要在侵犯者和受害者之间建立一种人为的信任关系,而是应该出于个人自治的基本价值,承认隐私本身作为一项法律原则而存在。"④

赛德雷是唯一的直接表明法院有责任发展隐私法的法官。法官科尼(Keene)和布鲁克(Brooke)尽管也对英国是否需要发展隐私法有所考虑,但是都比较犹豫。法官布鲁克认为,照片是由某人偷拍的,拍摄者与道格拉斯不存在保密关系或信任

---

① MOREHAMN. Douglas and others v Hello! Ltd: the protection of privacy in English private law[J]. the Modern law review,2001(9).
② Douglas v *Hello*! [2001]2 QB 967 110.
③ Douglas v *Hello*! [2001]2 QB 967 111.
④ Douglas v *Hello*! [2001]2 QB 967 126.

关系,这种情况下,法庭应当发展隐私法而不是依赖保密责任。考虑到英国隐私侵权问题以及结合斯特拉斯堡裁定,他认为确定《1998年人权法》是否要求法院发展隐私法,在目前这个阶段还是一个需要解决的问题。①

在道格拉斯2案涉及的高等法院、上诉法院,以及上议院中,法官对这个问题没有予以明确的阐释,他们还是基于保密责任对此案进行分析,因为法官认为,在英国法律中,没有单独的隐私法。上诉法院法官说"法院并不打算像威廉·韦德(William Wade)和乔纳森·摩根(Jonathan Morgan)教授对《公约》和普通法之间是否存在完全的、直接的垂直效力考虑得那样长远。如霍夫曼法官在 Wainwright v Home Office 一案中所言,保密法是否会发展为隐私法是一个'有待时日'解决的问题"②,"我们认为,在涉及个人隐私信息的案件中,我们需要依据的仍然是以前被称为保密责任的诉因,履行法院保护《公约》权利的义务。对法院义务的本质,《1998年人权法》第2、3、6—12条都有相同的要求,法院目前能做的就是发展保密责任,对《公约》第8条和第10条的权利都进行保护。"③上诉法院"发展保密责任"的观点,得到了上议院支持。

第三,对表达自由与隐私保护权利冲突的考虑。

尽管《1998年人权法》第12条要求"法院须对表达自由予以特别关注",但这并不意味着表达自由的重要性高于《公约》中的其他权利,包括尊重隐私的权利。道格拉斯1、2案中,法院认为表达自由与尊重隐私是平等的权利。

法官赛德雷说:"为了考虑《公约》中有关表达自由的权利,如第12条第4款所要求的,法院必须整体考虑《公约》第10条。这意味着法院不能在不考虑第10条第2款的情况下,仅考虑第10条第1款。"他举了一个例子:如果一人有足够的理由认为报纸刊登的文章会威胁他的生命,同时报纸也有足够的理由认为他的担忧是空穴来风,那么在这种情况下,依据第12条第4款,法官将会选择《公约》第2条所保护的生命权作为诉因。"因为没有任何一个因素能够成为'王牌',考虑到所有互相制约的权利和合法权利,法院必须在合法性和比例原则的基础上得出结论。"④

法官布鲁克从另外的角度也得出了相似结论,他强调的重点在于:第12条第4款要求法院考虑"任何有关的隐私守则",这其中就包括报刊投诉委员会《执业守

---

① Douglas v *Hello!* [2001]2 QB 967 88.
② Douglas v *Hello!* [2005]EWCA Civ 595.
③ Douglas v *Hello!* [2005]EWCA Civ 595.
④ Douglas v *Hello!* [2001]2 QB 967.

则》第 3 条。① 他说:"没有必要超越这两个条款去寻找最基本的原则,我们应当权衡表达自由和隐私这两个冲突的权利。"②

上诉法官在判词中写道:法院不认为,当涉及《公约》第 8 条和《公约》第 10 条中的两个权利时,应当在优先考虑《公约》第 10 条的前提下,对两种权利进行平衡。③

因此,根据道格拉斯案,我们可以看出《1998 年人权法》第 12 条在隐私案件中的地位:没有任何一项权利有优先性,法院将根据案件事实,平衡隐私权和表达自由权。

三、莫斯利案(Mosley v UK)④

2008 年 3 月 30 日,《世界新闻报》独家揭露了时任国际汽联主席莫斯利(Max Mosley)沉迷性虐派对的消息。报道强调派对以纳粹主义为主题,并提及莫斯利的父母是臭名昭著的纳粹分子。同时《世界新闻报》付钱让其中一名参加派对的妓女偷拍活动,并将偷拍的录像剪成短片,上传至该报网站。两天内,网站点击率高达 140 多万次,而那期《世界新闻报》的销量则高达 300 万份。

莫斯利没有否认客观存在的行为,但是他认为参加性爱派对是完全合法的私人行为,《世界新闻报》的报道给他和家人带来了巨大的尴尬和痛苦,侵犯了他所享有的《公约》第 8 条规定的权利,于是他申请法院保护他的隐私。2008 年 4 月 9 日,高等法院判决莫斯利胜诉,判决理由中引用了大量的隐私案例作为依据,包括 2004 年坎贝尔案的上议院终审判决和 2004 年欧洲人权法院的汉诺威公主诉德国案的判决。根据判例,凡是成年人之间同意在私下进行的性行为,不包括未成年人或需受保护的人,不论是否涉及金钱交易,都属于私生活的一部分,不但当事人享有合理的隐私期望,其他人亦无权干涉。即便是公众人物,也应该享有私生活。因此,高等法院认为《世界新闻报》在私人地方偷拍别人的性行为违反了《公约》第 8 条,判决《世界新闻报》赔偿莫斯利 6 万英镑,并支付 46 万英镑律师费。⑤ 这是英国法院历史上就隐私官司所判赔偿的最高金额。《世界新闻报》未提出上诉。

---

① Douglas v *Hello!* [2001]2 QB 967. 当时的 PCC.《执业守则》第 3 条:每个人都有他的个人和家庭生活、家庭地址、健康和通信受到尊重的权利。未经他人同意的任何出版行为,都视为对个人私生活的侵扰。
② Douglas v *Hello!* [2001]2 QB 967.
③ Douglas v *Hello!* [2005]EWCA Civ 595.
④ Mosley v UK[2011]ECHR 48009 /08.
⑤ Mosley v *News Group Newspapers Ltd*[2008]EWHC 1777(QB).

但是莫斯利并未罢休,他之后到英国议会作证,强烈要求立法保障隐私和监管报界,并于 2008 年 9 月向欧洲人权法院提出申诉,指英国没有采取足够措施保障他的私生活受到尊重,违反了《公约》第 8 条和第 13 条。① 莫斯利认为,英国法律没有规定媒体发表隐私报道前必须知会当事人,因而他未能在报纸揭露他隐私前及时向法院申请临时禁制令,阻止报道的公开披露。

2011 年 5 月,欧洲人权法院宣布判决,认同英国法院的裁决,指出《世界新闻报》的报道侵犯了莫斯利享有的私生活受到尊重的权利。欧洲人权法院认为,英国目前的隐私保障措施已经足够,无须立法引入事前通知的新规定。欧洲人权法院强调,是否立法引入事前通知,不能只着眼于莫斯利案本身,而应关注这种法律安排带来的广泛影响。引入事前通知,将会在政治新闻和调查报道中产生寒蝉效应(Chilling Effect),这与《公约》第 10 条的内容相抵触。欧洲人权法院表示,当评估限制表达自由的措施是否符合比例原则时,任何针对新闻内容而施加的惩罚都会被列为考虑因素,如果有关措施或惩罚会阻碍新闻界参与公众事务讨论,法院将特别小心。莫斯利不满裁决,要求重审。2011 年 9 月,欧洲人权法院宣布驳回莫斯利的申请,维持原判。

欧洲人权法院在前述两次裁判,都肯定了英国法院保护当事人隐私的做法,同时也在判决意见中肯定了英国政府已经履行了积极保护个人隐私权利的义务的观点。② 可以说,英国法院在隐私权保障方面与欧洲人权法院秉持相同的理念和做法。

莫斯利案是英国隐私法发展中里程碑式的案例。该案不仅重申了合理隐私期待,而且厘清了公共利益的内涵,首次提出隐私权应独立存在,也首次在侵犯隐私案中判决了高额赔偿金。③

---

① 《欧洲人权公约》第 13 条提到,人权受到侵犯时,受害人可以在本国得到司法救济。
② Mosley v UK, Application no. 48009/08.
③ 郗伟明. 论英国隐私法的最新转向:以 Mosley 案为分析重点[J]. 比较法研究, 2013(3): 104-119.

第九章
英国亵渎法、淫秽法、仇恨言论法与传媒监管

英国素有崇尚和保障表达自由的传统,但当某些表达危及国家安全、公共秩序、社会道德及他人权利的时候,英国也有相关的法律予以限制。在英国传媒监管涉及的诸多法律中,与关于诽谤和隐私等民事法律主要用于保护私人利益免受非法侵犯不同,关于亵渎(blasphemy)、淫秽和仇恨言论的刑事法律主要是为了保护公民的宗教感情、社会的公序良俗、公共秩序、弱势群体权利等公共利益。这类法律的监管手段也与以预防和补偿为主的民事侵权行为不同,主要采用处以罚金和监禁等惩罚性更强的刑事制裁方式。

第一节 英国亵渎法、淫秽法与仇恨言论法的历史与现状

一、英国亵渎法的历史与现状

亵渎也被称作渎神或亵渎神灵,《布莱克法律大辞典》解释为"对神灵、宗教、宗教图标或其他被视为神圣的事物表达不敬或蔑视的语言、行为或作品"。那些规定亵渎为违法或犯罪行为并加以处罚的法律被统称为亵渎法。

英国的亵渎法(blasphemy law)起源于 17 世纪普通法上的亵渎和亵渎诽谤罪(blasphemy libel),前者是指口头的亵渎,后者是指以书面或其他永久方式存在的亵

渎。该法最初是为了保护英格兰教会,后逐渐发展为对基督教信徒特别是对作为国教的英格兰教会(Church of England)①信徒的宗教感情的保护。经过3个世纪的发展,亵渎法在英国逐渐式微,在漫长而激烈的争论之后,最终在《2008年刑事司法与移民法》中被废止。目前一些有关侵犯宗教感情的案件可以适用与淫秽和禁止煽动宗教仇恨有关的法律进行处理。

(一)17—18世纪:亵渎罪在普通法上的确立

英国的亵渎法源于由教会法庭处理的中世纪教会法中的亵渎罪。直到17世纪,世俗法庭才正式将亵渎确立为普通法(common law)上的一项刑事犯罪。这一变革始于1662年英格兰教会的国教地位在英国的恢复,此后不久,普通法便将亵渎确立为一项犯罪以惩罚那些挑战英格兰教会的非正统观点。

通常认为,王座法院1677年于"王国政府诉泰勒"(R v Taylor)一案首次在普通法中确立了亵渎罪。该案中,英国吉尔福德镇的一个农民因不断发表"基督是私生子,宗教是欺骗"等言论而被起诉到法院。法院判决泰勒犯亵渎罪。该案的主审法官黑尔爵士(Matthew Hale)说:"这种恶劣的亵渎不仅是针对上帝和宗教的,也是针对法律、国家和政府的,因此应当予以惩罚。因为,说宗教是欺骗就是试图消解(dissolve)公民社会得以保存的各项强制性规定……基督教是英格兰法律中至关重要的组成部分,诋毁基督教就是诋毁法律。"②

黑尔爵士于该案中所确立的判决理由,在此后的两个多世纪里,一直主导着英国普通法院对亵渎罪的裁判。简单来说,构成亵渎罪的行为要件就是通过口头或书面形式发表的任何亵渎材料,这些材料和英格兰教会的教义相冲突。③ 18世纪末期和19世纪上半叶是有关亵渎罪的起诉高峰期,其中仅在1821至1834年14年间就有73起案件被判为亵渎诽谤罪。④ 这主要是因为18世纪末美国独立战争和法国大革命前后,英国出现了很多批评和诋毁基督教的言论和出版物。

---

① 英格兰教会,也被称为英格兰圣公会,或安里甘教会(Anglican Church),特指英格兰的国教。英格兰国教源于16世纪亨利八世对英国教会的改革,自此英国教会脱离罗马天主教,英格兰国王成为教会的最高领袖。英国内战之后,1662年《统一法》再次确立了英格兰教会在英国的国教地位。现今,英格兰教会在英格兰地区和威尔士地区仍为国教,教会的最高领袖是现任女王伊丽莎白二世。
② BRYAN. Suffering offence:the place,function and future of the blasphemy laws revisited[J]. Journal criminal law,1999(4):337.
③ SANDBERG,DOE. The strange Death of blasphemy[J]. The modern law review,2008,71(6):972.
④ MORTENSEN. Blasphemy in a secular state:a pardonable sin? [J]. UNSW law journal,1994,17(2):412.

(二)19世纪中期至20世纪初:亵渎法的发展

随着欧洲启蒙运动对英国产生了更加广泛而深入的影响,言论自由的观念开始在英国变得深入人心,19世纪中期以后,有关亵渎罪的起诉逐渐减少,同时,对亵渎罪的处理已不像其初创时那样严厉和缺乏弹性。就行为要件来说,单纯的对英格兰教会教义的批评已不被认为构成普通法上的亵渎罪或亵渎诽谤罪,因为导致犯罪成立的依据主要是表达的方式(manner)而不是表达的内容,只有侮辱(insult)和嘲讽(ridicule)等针对英格兰教会或教义的高度冒犯性的表达方式才被认为构成亵渎。① 1883年富特(Foote)案被视为确立这一判决法理的关键。被告富特时为一家著名世俗主义激进杂志《自由思想者》(*Free Thinker*)的编辑,该报以反基督教为宗旨,曾发表一系列攻击基督教的文章和漫画。法官柯勒律治(John Duke Coleridge)在该案中确立了著名的区分"事物与方式(matter and manner)"的原则。他说:"只要得体(decent)的表达方式被遵循,对基督教教义的批评和否认就不应该受到追诉。"② 而《自由思想者》所发表的诸多作品被认为采用了具有高度冒犯性的表达方式对基督教进行攻击,因此,富特和他的另两位同事的行为被判定为亵渎诽谤。

就亵渎法的保护对象来说,是仅仅保护英格兰教会,还是可以延伸到基督教其他教派甚至是其他宗教,这在19世纪是一个有争议的问题。但是1797年的威廉姆斯(Williams)案和1838年的加斯科尔(Gathercole)案比较清楚地表明,其他基督教教派或其他宗教的教义在与英格兰教会的教义重合时也可以得到亵渎法的保护。③

(三)20世纪:亵渎法的适用与争议

1. 1977年《同志新闻》案(Whitehoure v *Gay News*)④

在英国,整个20世纪仅有4起关涉亵渎罪的诉讼⑤,其中,最著名的是1977年

---

① MORTENSEN. Blasphemy in a secular state: a pardonable sin? [J]. UNSW law journal, 1994, 17(2): 412.
② TOOHEY. Blasphemy in nineteenth-century England: the pooley case and its background[J]. Victorian studies, 1987, 30(3): 332.
③ House Of Lords. Select committee on religious offences in england and Wales[EB/OL]. (2002-07-18) [2016-11-21]. http://www.publications.parliament.uk/pa/ld200203/ldselect/ldrelof/95/95.pdf.
④ Whitehoure Respondent v Lemon Appllant, Whitehoure Respondent v Gay News Ltd. Appellant [1979].
⑤ 除了本文下面提到的1977年《同志新闻》案和1990年《撒旦诗篇》案,另外两起是Bowman v Secular Society[1917]和R v Gott[1922]。

的《同志新闻》(Gay News)案和1990年的《撒旦诗篇》案。1976年,英国的同性恋杂志《同志新闻》发表了柯卡普(James Kirkup)的一首题为《敢于道出它的名字的爱》(The Love that Dares to Speak its Name)的诗歌,该诗称耶稣生前是同性恋者,并附有一张插图,描绘耶稣受难后的尸体被人狎玩。一位身份为教师的女士玛丽·怀特豪斯(Mary Whitehouse)以私人身份向地方法院起诉,指控该杂志社及其编辑莱蒙(Lemon)犯有亵渎诽谤罪。地方法院判决两位被告犯亵渎诽谤罪,上诉法院和英国上议院也都维持了有罪判决。该案判决最引人注目之处是其着重强调亵渎犯罪在主观方面并不要求证明被指控者存有亵渎的故意,而只要证明其存在发表或出版其被指控亵渎的言论或材料的故意就可以。之后,被告以判决不正当地限制了自己的表达自由为由申请欧洲人权委员会进行审查,但也以失败告终。

2. 1990年《撒旦诗篇》案

王座法庭在《撒旦诗篇》案(Satanic Verses Case)中的判决是英国亵渎法在20世纪的另一个标志性案件。1988年,英国作家拉什迪(Salman Rushdie)的小说《撒旦诗篇》在英国出版,该小说被许多穆斯林认为以象征的手法影射其先知穆罕默德,污蔑和攻击了伊斯兰教的信仰。当时的伊朗宗教领袖霍梅尼于1989年发出了对拉什迪及该书编辑和知晓该书内容的所有出版人员的追杀令(fatwa)。在英国国内,一个名为乔杜里(Choudhury)的穆斯林以拉什迪涉嫌触犯亵渎罪为由申请将其传唤至法院,但是治安法院驳回了原告的诉讼请求,理由是普通法上的亵渎罪仅仅保护基督教。地区法院支持该观点,认为"如果被攻击的宗教信仰不是英格兰教会的信仰,亵渎罪就不成立……因为亵渎法并没有延伸到对基督教之外的其他宗教的保护"[1]。乔杜里后来申请欧洲人权委员会对该案进行审查,但其诉求也并未得到支持。

(四)21世纪:亵渎法的废除

1. 1981年和1985年英格兰法律委员会的报告

从20世纪末期开始,就不断有人或团体提出关于修改或废除亵渎法的建议,[2]

---

[1] Regina v Chief. Metropolition Mayistrate,exparte Choudhury[1990]3 WLR 986(Choudhury),at 998-9.
[2] KENNY C. The evolution of the law of Blasphemy[J]. Cambridge L. 1921-1923:138;NASH D. Legal definitions of religion in historical context:toleration versus freedom?:some lessons from Blasphemy [J]. Journal ciminal law,2003(8):137-146.

其中,最有影响力的是英格兰法律委员会(England's Law Commission)①在 20 世纪 80 年代先后发表的两份文件。法律委员会从《同志新闻》案"开始就着手准备了一份关于是否继续保留亵渎法意见的报告。1981 年该委员会发表了阶段报告(working paper No. 79)②,提出了废除亵渎罪和亵渎诽谤罪的建议。理由是亵渎法有三个基础性的缺点:第一,判断是否构成亵渎罪存在极大的不确定性,这种不确定性被认为达到了令人难以接受的程度,这是亵渎法最主要的缺陷之一;第二,构成亵渎罪并不需要具备"故意"这项主观要件,这使得亵渎罪无论在制定法还是在普通法层面上都与英国传统的刑事法不相符合,因为传统的刑事法要求每一项行为要件都需要有相应的犯罪意图;第三,英国的亵渎法仅在其他基督教派别和其他宗教的基本教义与英格兰教会一致时才保护它们,这是不公正的。该报告发表后得到了社会各界的大量回应,但这些回应绝大多数倾向于保留亵渎法。③

1985 年,该委员会又发表了一份题为《刑事法:针对宗教和公共崇拜的犯罪》(*Criminal Law: Offences Against Religion and Public Worship*)④的报告,这份报告的意见依然是要求废除普通法中的亵渎罪。报告重申了 1981 年报告中提出的建议废除亵渎法的三点理由。该报告还讨论了将保护范围拓展至所有宗教的替代性方案的可行性问题。其结论为替代性方案不可行,原因有二:一是宗教不易界定,二是将所有宗教包含进来的替代性方案在实践中会使保护范围变得太过宽泛,因而会不合理地加重言论自由的限制。⑤

2. 2003 年上议院宗教罪行特别委员会的报告

2002 年 5 月 15 日,上议院设立了一个名为"宗教罪行特别委员会"(The House of Lords Select Committee on Religious Offences)的专门机构来考察和报告有关宗

---

① 英格兰法律委员会是由议会设立的负责审查法律并向国会提出法律改革建议的独立机构。
② The Law Commission. Criminal law:offences against religion and public worship[EB/OL]. (1985-07-05)[2016-11-21]https://www.gov.uk/government/uploads/system/uploads/attachment_data/file/235882/0442.pdf.
③ The Law Commission. Criminal law:offences against religion and public worship[EB/OL]. (1985-07-05)[2016-11-21]https://www.gov.uk/government/uploads/system/uploads/attachment_data/file/235882/0442.pdf.
④ The Law Commission. Criminal law:offences against religion and public worship[EB/OL]. (1985-07-05)[2016-11-21]https://www.gov.uk/government/uploads/system/uploads/attachment_data/file/235882/0442.pdf.
⑤ The Law Commission. Criminal law:offences against religion and public worship[EB/OL]. (1985-07-05)[2016-11-21]https://www.gov.uk/government/uploads/system/uploads/attachment_data/file/235882/0442.pdf.

教罪行的法律改革建议。这个委员会于 2003 年公布了研究报告。报告指出,普通法上的亵渎罪存在两个明显的缺陷:一是亵渎罪适用严格责任,其成立不要求主观故意,这与刑事法通常都要求存在主观故意的理念不符;二是它是歧视性的,因为它仅仅保护英格兰教会,尽管很多人认为其实际保护范围还要更广泛一些。①

报告还特别分析了《欧洲人权公约》及英国《1998 年人权法》(the Human Rights Act 1998)通过之后给亵渎法带来的挑战,指出"自从英国的《1998 年人权法》通过后迄今并无亵渎罪的追诉,但可以预见的是基于这项新的立法,任何此类追诉都可能失败,因为其最终都可能由于亵渎罪适用严格责任、行为要件构成不清晰及包含歧视等缺陷而被上议院或欧洲人权法院推翻"②。

3. 2008 年亵渎法的废除

2008 年 3 月,英国政府向上议院提交了一项废除亵渎法的法案。在提交给上议院的立法说明中,政府表示这项法案基于两方面的理由提出:一是该法律已经很少使用,保留它会使得整个法律体系有被带入不良名誉(bad fame)的危险;二是目前已有新的法律基于宗教或者信仰的理由来对个人提供保护。③ 这项提案在上议院以 148 票支持对 87 票反对,下议院 378 票支持对 57 票反对获得通过。最终,《2008 年刑事司法与移民法》(the Criminal Justice and Immigration Act of 2008)正式取消了亵渎罪和亵渎诽谤罪,终止了这两项在普通法上适用了 300 多年的古老罪名。

从某种意义上说,亵渎法的废除有一定的必然性。亵渎法产生于英国国教(英格兰教会)和英国政权合一的时代,当时保护英格兰教会就是保护国家,但是今天英国政体的合法性主要来自其为民意的代表,而不是来自基督教的神圣授权,且今天的英国社会日益多元化和世俗化,亵渎法存在的社会和思想基础已经基本不存在了。亵渎法已被废除,目前有关侵犯宗教感情的案件如果符合一定的条件,可以运用与淫秽和禁止煽动宗教仇恨有关的法律处理。

---

① House Of Lords. Select committee on religious offences in England and Wales[EB/OL]. (2002-07-18) [2016-11-21]. http://www.publications.parliament.uk/pa/ld200203/ldselect/ldrelof/95/95.pdf.
② House Of Lords. Select committee on religious offences in England and Wales[EB/OL]. (2002-07-18) [2016-11-21]. http://www.publications.parliament.uk/pa/ld200203/ldselect/ldrelof/95/95.pdf.
③ SANDBERG R,DOE N. The strange death of Blasphemy[J]. The modern law review,2008,71(6):984.

二、英国与监管淫秽内容有关的法律的历史与现状

与亵渎法主要来自普通法不同,英国对淫秽色情等内容的监管主要来自数量众多的制定法,少数情况下也可以通过普通法进行处理。① 淫秽,英文为"obscenity",该词源自16世纪晚期的法语"obscénité"或拉丁语"obscaenitas""obscaenus"。法语中ob和scénité分别为"强迫"和"场景",拉丁语中ob和caenum分别为"向"和"污秽"之义。② 在英国法律中,淫秽被界定为"使人堕落和腐化"③。色情,英文为"pornography",该词源于19世纪中叶希腊语中的pornographos,意为"对卖淫行为的描写"。④ 在英国法律中,色情被定义为"其唯一或主要的目的是激起人的性欲"。⑤ 在某些情况下,低俗(indecent)内容也为英国法律所禁止。"indecent"意为"下流的;有伤风化的;猥亵的"⑥。从英国法律来看,有伤风化或下流主要是指不合"文明社会的公认礼节标准"⑦。

亵渎法被废除后,对那些以淫秽方式描绘宗教形象从而伤及公民宗教感情的作品,还可以通过与监管淫秽等内容有关的法律进行限制。但总体来看,与淫秽、色情、低俗有关的法律保护的重点是更广泛意义上的社会道德,或是社会风化,以及青少年的身心健康。制作和传播淫秽作品或物品可能导致读者或观众的腐化和堕落。持有极端色情照片和儿童不雅照片等行为,还意味着一方面这些行为背后可能存在对儿童的严重犯罪;另一方面这些行为容易引发针对儿童的犯罪。对于一般的色情内容,主要指色情电影和录像,英国采用的是分级处理的方法。英国对低俗或者有伤风化内容的监管包括:禁止通过海关、邮局等进口或邮寄含有此类内容的作品或物品,禁止通过电话(包括传真和电子邮件等)、公开展示等方式对此类内容进行传播。

---

① 英国普通法中有淫秽诽谤(obscene libel),但很少使用,其最终与煽动诽谤(seditious libel)、名誉诽谤(defamatory libel)一起被英国《2009年验尸官与司法法》(*Coroners and Justice Act* 2009)废除。
② 曲广娣.色情问题的根源和规范思路研究[M].北京:中国政法大学出版社.2013:10.
③ 如《1959年淫秽出版物法》第1条第1款的规定。
④ 曲广娣.色情问题的根源和规范思路研究[M].北京:中国政法大学出版社,2013:9.
⑤ 如《2008年犯罪与移民法》中第5章第63条第3款的规定。
⑥ 曲广娣.色情问题的根源和规范思路研究[M].北京:中国政法大学出版社,2013:11.
⑦ 斯皮尔伯利.媒体法[M].武汉:武汉大学出版社,2004:393.

(一)淫秽出版物法

1.《1857年淫秽出版物法》

《1857年淫秽出版物法》(Obscene Publications Act 1857)是英国监管淫秽出版物的第一部正式成文法。在此之前,主要是通过教会法及教会法庭对淫秽物品进行监管。1787年,国王乔治三世颁布了一项声明,被称作《鼓励虔诚和美德,及防止和惩罚邪恶、亵渎和不道德行为的皇家声明》。该项声明提出要禁止那些直白的描写性的材料,并惩治这些材料的出版商和售卖商。19世纪时,英国市面上出现了大量的含有性描写的文学作品,议会为处理人们日益增长的阅读文学作品的需求与社会道德控制之间的紧张关系,最终于1857年通过了淫秽出版物法。由于该法由英国时任首席法官坎贝尔勋爵提出,因此也被称为坎贝尔勋爵法(Lord Campbell's Act)。

该法禁止淫秽出版物,并赋予警察搜查售卖或者分发淫秽出版物的场所和扣押淫秽出版物的权力。该法规定,如果有理由相信任何淫秽书籍出于售卖或分发的目的被保存在某一房子里或其他场所,或者有证据证明一件或多件此类物品已经在这一场所被售卖或分发,并且法官确信这样的出版物足以触犯一项轻罪且适合起诉,就可以颁发搜查证允许警察搜查和扣留这些出版物。其他法官在命令房屋主人到庭陈述后,如果确信这些出版物的确具有逮捕证所记载的性质,且房屋主人为了售卖或分发而保有这些物品,就可以命令销毁这些物品。该法还授予邮局和海关扣留包含此类出版物的邮件及货物的权力,以及对发送邮件和货物者提出指控并销毁此类出版物的权力。

《1857年淫秽出版物法》颁布后,在1868年出现的一个著名的案件界定了何为淫秽出版物,这就是著名的Regina v Hicklin案。当时英国首席法官科伯恩(Cockburn)在该案上诉审判中提出了判断是否构成淫秽出版物的著名标准——"希克林(Hicklin)标准",即"被指淫秽的事物有没有一种倾向,使那些心灵易受不道德影响感染而这类出版物又可能使手中握有这类出版物的人腐化与堕落"。[①] 该标准又被表述为"父亲是否可以在家里大声朗读的作品"。

《1857年淫秽出版物法》及之后的"希克林标准"一直受到来自不同方面的批评。这些批评包括认为该法过于狭隘和僵化,没有考虑作品的文学价值,没有出于

---

① Regina v Hicklin, L. R. 2 Q. B. 360(1868).

公共利益的抗辩理由。① 在司法适用上,该法常因法官允许根据孤立的段落进行指控,拒绝采用有关作者的主观意图和目的、作者的文学声望,及文学批评家的意见等方面的证据而被批评。② 经过几十年的争论,该法最终被《1959年淫秽出版物法》(*Obscene Publications Act 1959*)取代。

2.《1959年淫秽出版物法》

《1959年淫秽出版物法》为英国现行有效法律。该法共5条,第1条界定何为淫秽物品,第2条规定淫秽物品罪的处罚方式,第3条规定对淫秽物品的扣押和没收,第4条为抗辩理由,第5条是适用、生效时间和地域范围。

(1)何为公开淫秽物品

该法第1条第1款对"淫秽物品"这样界定:"某件物品或由两个或多个项目组成的物品中的任何一项,如果从整体来看具有使那些在所有有关场合下可能读到、看到或听到相关作品所包含或体现的内容的人产生堕落和腐化倾向的话,该物品将被认为是淫秽的。"因此,是否有可能导致相关受众的堕落与腐化是判断一件物品或作品是否为淫秽物品的关键。但对于何为堕落与腐化,该法并未清晰定义。根据有关司法案例,陪审团可以根据这些术语在日常生活中的含义进行考虑。③ 该法还强调,是否构成淫秽物品要对该物品从"整体上"进行判断。另外,如英国传媒学者萨莉·斯皮尔伯利所发现的,该法并未将腐化和堕落限定在"性"事项上。④ 在英国的司法实践中,曾出现过其他类型的作品由于具有使人堕落或腐化的倾向也被认定为淫秽物品的情况。例如,在1963年的Calder Ltd v Powell案件中,一本描述纽约吸毒者的虚构生活的书也被认为是淫秽的,因为它有鼓励读者尝试毒品的倾向。⑤

该法第1条第2款划定了淫秽物品的范围。淫秽物品包括任何可供阅读、可供观看的材料或者两者兼有的材料,以及任何录音、胶片或图画记录材料。从这个规定来看,淫秽物品包含了几乎所有的媒介介质,如文字、图画、声音、视频,只有舞台表演由于有另外的法律规定而未被包含在内。

---

① Wikipedia. Obscene publications act 1959[EB/OL]. (2017-05-05)[2018-04-02]. https://en.wikipedia.org/wiki/Obscene_Publications_Act_1959.
② Encyclopedia Britannica. Regina v Hicklin LAW CASE[EB/OL]. (1998-07-20)[2017-12-01]. https://www.britannica.com/topic/Regina-v-Hicklin.
③ 斯皮尔伯利. 媒体法[M]. 武汉:武汉大学出版社,2004:383.
④ 斯皮尔伯利. 媒体法[M]. 武汉:武汉大学出版社,2004:384.
⑤ 斯皮尔伯利. 媒体法[M]. 武汉:武汉大学出版社,2004:384.

该法第 1 条第 3 款界定了何为公开。公开包括散发、发行、出租、给予、出借,以及其他以销售或出租为目的的行为。当相关作品包含可视资料或录音的时候,公开行为则包括展示、播放或放映等。该法规定的"公开"范围被后来的法律《1994 年刑事习法与公开秩序》扩大,包括当相关资料是以电子方式存储的时候,公开行为是指数据传输、制作可以通过网络获取的图片或文本。该法排除了自用及在家中(dwelling)小范围分享的行为。

《1959 年淫秽出版物法》不适用于在广播中使用淫秽出版物的情形,根据《1990 年广播法》第 162 节的规定,电视台不得在播出的节目中使用淫秽出版物。

(2) 处罚方式

该法第 2 条规定了对淫秽出版物的处罚方式,共包括 2 款:(1) 实施下列行为的任何人,无论其是否为了营利而公开淫秽作品;(2) 其应在简易审理程序中被处以 5000 英镑以下的罚金,或者 6 个月以下的监禁;在普通审理程序中被处以罚金,或被处以 3 年以下的监禁,或者两罚并处。《2008 年犯罪与移民法》第 71 条将普通审理程序中的处以 3 年以下监禁改为处以 4 年以下监禁。

(3) 抗辩理由

根据该法,一般情况下,被告可以"不知"为抗辩理由。公开人或持有人的动机不影响定罪,但是,如果行为人不知道自己所管理或经营的物品是淫秽的且没有理由怀疑其是淫秽的,则可以免除责任。

该法第 4 条规定公开淫秽物品罪可以"公共利益"作为抗辩理由。该条第 1 款规定,"如果对相关物品的公开行为被证明是为了科学、文学、艺术或者其他公众利益,那么此种公开行为就具有公共利益的正当理由,其不应被视为违法行为"。对于活动的场景、电影和配音(soundtrack),这里的公共利益是指"为了戏剧、歌剧、芭蕾或任何其他的艺术、文学或学习(learning)的利益"。[①]

第 4 条第 2 款规定了专家证据的使用。"在涉及证明相关物品的文学、艺术、科学或其他价值时,可以援引专家证据",这些证据既包括可以证明具有上述价值的证据,也包括证明不具有上述价值的证据。需要注意的是,这里的专家证据不是作为证明是否构成淫秽物品的证据,而是作为证明作品是否具有某种法律肯定的价值的证据。在法庭上,最终是由陪审团来对是否构成淫秽物品做出判断的。

3.《1964 年淫秽出版物法》

《1959 年淫秽出版物法》颁布之后不久,为加强防范"为营利"而公开淫秽物品

---

① 参见英国《1968 年剧院法》。

或作品的行为,及意图"生产"淫秽物品或作品的行为,议会再次立法对淫秽出版物的监管作了一些补充规定,这就是《1964年淫秽出版物法》。目前,两部法律共同监管淫秽出版物。

《1959年淫秽出版物法》并未规定"持有"淫秽物品是否犯罪,《1964年淫秽出版物法》为了强化对淫秽出版物的打击力度,增加了"为营利而持有淫秽物品罪"。该法一方面规定,为了营利而持有可供出版的淫秽作品,不管是为了自己营利还是为了他人营利,皆为犯罪;[1]另一方面,还扩大了淫秽物品的范围,规定淫秽物品还包括那些可以用于复制或制作相关淫秽作品的物件,[2]比如照片底片或书籍的底稿等。

除了上述两部法律及其后修订内容的规定之外,也可以根据普通法中的"共谋腐化公共道德罪""侵犯公序良俗罪"(或称"共谋侵犯公序良俗罪")对公开淫秽物品的行为进行定罪和处罚。在英国,有些不能被纳入淫秽出版物法定罪范围的行为却有可能在普通法中被定罪,因为"上议院的多数人认为,当议会没有对某些损害公共利益行为予以明确规定的时候,法院具有对此类犯罪进行管制的剩余权力"。[3] 共谋腐化公共道德罪首次适用于淫秽出版物是1962年 Shaw v DPP[4]一案。该案涉及的是一份公开发行的通讯录,该通讯录包含许多妓女的详细资料和照片,最终陪审团裁定出版者 Shaw 有罪。该罪中,"共谋"指的是同意或共同采取行动。侵犯公序良俗罪预设的前提是,公众不应该接触那些可能使其感到愤怒或厌恶的可视资料。[5] 但这种愤怒和厌恶需要达到非常严重的程度,在 Knuller v DPP[6]一案中法官,西蒙(Simon)强调,对公序良俗的侵犯"远远超出了对敏感感情的冒犯,甚至超出了使正常人感到震惊的程度"。[7] 是否构成该罪,最终由陪审团根据当代社会中通行的公序良俗标准进行判断。

(二)戏剧表演及展示

1. 戏剧表演

在英国,对舞台表演的审查始自1600年左右由宫廷典礼官进行的类似审查。

---

[1] 英国《1964年淫秽出版物法》第1条第1款。
[2] 英国《1964年淫秽出版物法》第2条第1款。
[3] 斯皮尔伯利. 媒体法[M]. 武汉:武汉大学出版社. 2004:388.
[4] Shaw v DPP(1962)AC 220.
[5] 斯皮尔伯利. 媒体法[M]. 武汉:武汉大学出版社. 2004:390.
[6] Knuller v DPP(1973)AC 435.
[7] 斯皮尔伯利. 媒体法[M]. 武汉:武汉大学出版社. 2004:390.

1737年议会制定《戏剧许可法》(Theatrical Licensing Act),将舞台表演的审查权赋予宫务大臣,由其根据政治和道德因素,如是否有不当的性方面的内容、亵渎的内容及污秽言语等,进行审查。宫务大臣还负责颁发戏剧许可证。《1968年剧院法》(Theatres Act 1968)实施后,这一制度被废除,该法对淫秽的范围、处罚方式及抗辩理由进行了规定。

(1)何为淫秽。《1968年剧院法》第2部分规定,戏剧表演如果从整体来看具有导致参加和观看的人产生腐化和堕落的倾向,该表演即为淫秽的。

(2)处罚方式。该法规定,无论是在公共场合还是在私人场合,(无论营利与否)任何呈现或导演淫秽表演的人应该承担如下责任:在简易程序中,处以最高400英镑的罚款,或不超过6个月的监禁;在普通程序中,处以罚金,或最长为3年的监禁,或者两罚并处。

(3)抗辩理由。该法承认"公共利益"的抗辩理由。如果一个人可以证明该表演是为了戏剧、歌剧、芭蕾或任何其他艺术、文学或学习的正当理由,就不应被判有罪。

2.有伤风化的展示

《1981年防止有伤风化的展示法》[Indecent Displays(Control)Act 1981]规定,公开展示有伤风化的物品,或者允许此类物品展示的行为都将构成犯罪。

此处的"物品"包括任何可以被展示的事物,但不包括人体或人体的任何部分。任何在公共场所,或从公共场所可以看到的展示都属于此处的"公开展示"。但在那些付费才能进入的场所,或者在已经放置或张贴足够的警示标志的商店或商店的某一部分展示的行为,不属于这里的"公开展示",不过这些场所不得允许未满18周岁的人进入。

根据该法,几乎所有的成人用品商店都不得公开展示他们的商品,橱窗需用纸板挡住或者用海报遮盖,必须在入口处清晰展示警示标志,任何此类商品不能从街上看到。

犯有此种罪行的人在普通诉讼程序中可被处以最长2年的监禁,或者罚金,或者两罚并处;在简易程序中,可被判处承担不超过法定最大数额①的罚金。

---

① 2015年5月13日前,法定最大数额是5000英镑;2015年5月13日之后,对于严重的犯罪,罚金不再有法定数额限制。

(三)电影、录像分级制度

1. 电影分级制度

1906 年英国出现了第一家纯粹的影院,至 1911 年则迅速发展到近 4000 家影院。① 1909 年英国制定了《1909 年电影法》(Cinematograph Act 1909)。该法授予地方行政部门颁发电影经营许可证的权力,地方行政部门逐渐成为电影内容审查者。1912 年,为了抵制政府的审查,电影界联合起来成立了一个行业自治机构——英国电影审查委员会(The British Board of Film Censors,简称 BBFC)。成立之后,该机构开始以分级方式控制电影的负面影响。最初该机构仅将影片粗分为两个等级:U 和 A 级,U 代表老少皆宜,A 代表更适合成年人。1932 年,由于恐怖片发行数量增加,委员会添加了 H 级,此级别限定 16 岁以上才能观看。1951 年,H 级被 X 级取代,X 级同样限定 16 岁以上才能观看,但关注点主要为性和暴力。1970 年,为更有效地保护青少年,同时保障"成人电影"无删剪地通过审查,委员会开始使采用 4 级分类。1982 年启用美国式的分级系统,分为 5 级;1985 年英国电影审查委员会更名为英国电影分级委员会(British Board of Film Classification,简称 BBFC),从 2002 年至今推行 7 个级别的分级设定。②

《1909 年电影法》之后,英国又多次制定电影法以确认地方政府具有向影院颁发执照的权力。但这些法案特别增加了一些规定以加强对儿童权益的保护,比如《1952 年电影法》(Cinematograph Act 1952)和 1982 年的《电影(修正)法案》[Cinematograph(Amendment)Act 1982]都有相关规定。1985 年英国制定了新的影院法(Cinemas Act 1985)。该法取代了之前的法律,但重申了对于儿童利益的保护。其第 1 条规定,颁发执照的机构有义务施加条件和限制禁止 16 岁以下的儿童观看不适宜的影片,也有义务在执照上注明何种条件或限制下可以允许儿童观看某些特定种类的影片。该法第 2 条规定,如果电影整体上或主要是为了让儿童观看,必须取得颁发执照的机构的同意。

2. 英国《1984 年录像制品法》(The Video Recordings Act 1984)

《1984 年录像制品法》规定了录像制品的分级制度。该法规定录像是指可储存

---

① 石同云. 英国电影审查与分级制度[J]. 电影艺术,2004(2):115.
② 石同云. 英国电影审查与分级制度[J]. 电影艺术,2004(2):114;李二仕. 英国电影从审查到分级的演变[J]. 北京电影学院学报,2013(3):2.

包含制作全部或部分录像制品所需信息的电子数据的光盘、磁带或其他设备。录像制品是指利用光盘、磁带或其他设备中所储存的信息而生成的且可以活动形式显示的系列可视画面。

该法规定,所有销售或出租的录像制品必须经过内务部授权的机构的分级审查,内务部把审查分级的职权授予BBFC。该法规定未经分级的商业性质的录像作品不可以售卖和出租。该法还规定,将录像出售给所分级别以下年龄的人是一种犯罪行为。另外,英国电影分级委员会也可能会要求删减录像以便其获得分级或达到让合适年龄的观众观看的程度。

该法规定以下几类行为违法:任何供应及意图供应未经分级的录像作品的行为;以供应为目的而持有包含未被授予分级证书的录像作品的行为;违反分级规定而供应分级作品的行为;供应某些只能由性用品商店供应的录像制品的行为;未根据分级要求供应的行为;供应包含错误分级指示的录像制品的行为。构成以上任何一种违法行为将被处以一定数额的罚款。

《1984年录像制品法》规定,教育、宗教、体育、音乐类作品和视频游戏,及没有描述暴力、性或煽动犯罪的作品不必分级。但是2014年英国政府发布的《1984年录像制品法(视频排除)条例》[*The Video Recordings Act* 1984(*Exempted Video Works*)*Regulations* 2014]要求,此类主题的录像制品如果包含不合适合儿童观看的内容也要进行分级。但是视频游戏和网络视频不在该法的监管范围之内。①

《1984年录像制品法》也列举了一系列不属于该法监管范围的情况,如BBC和英国独立广播局提供的节目,及经《1984年电信法》授权的权威机构颁发执照的有线节目等。对于电视,《1964年电视法》(*Television Act 1964*)第3条第1款规定,所播出的节目中不得含有有伤风化(indecent)的内容。

《1994年刑事司法和公共秩序法》对《1984年录像制品法》的部分条款进行了修订,要求英国电影分级委员会特别关注对社会和公众有危害的内容,包括:犯罪行为、毒品问题、暴力行为或事件、恐怖行为或事件、性行为等。如今,互联网的发展大大增加了审查的难度,因此,近年来,BBFC在某种程度上放松了审查的标准。

(四)持有极端色情图片

《1964年淫秽出版物法》为加强对淫秽物品的打击,增加了一项可构成犯罪的

---

① The video recordings act 1984 (exempted video works) regulations 2014[EB/OL]. (2014-08-19)[2018-03-02]. https://www.gov.uk/government/publications/the-video-recordings-act-1984-exempted-video-works-regulations-2014.

持有行为,即为营利持有淫秽物品罪,但其他单纯的持有行为并不是犯罪。

2005年8月,英国内政部发布了一份题为《关于持有极端色情材料》的咨询文件。发布该文件的部分动因是当时的一起著名谋杀案——Coutts案。该案的审判结果显示,行为人Coutts在实施谋杀前访问过多个有关强奸、谋杀和恋尸癖的色情暴力网站。该咨询文件提到,尽管《1959年淫秽出版物法》已有关于禁止相关物品的规定,但是要制定的新的法案将特别关注网络中那些有问题的材料。该咨询文件提议特别关注儿童色情材料,将持有相关材料的行为定为犯罪。当时该咨询文件还特别提到,鉴于《1959年淫秽出版物法》对腐化和堕落并没有清晰的界定,会以列举的方式来细化这些标准。①

该咨询文件发布后,引起了各方不同的反应和不同的意见。之后经过政府的多次努力,持有极端色情图片罪最终被写进了2008年通过的《2008年刑事司法与移民法》第5章中。

1. 极端色情作品的定义

构成持有极端色情图片罪的图片必须兼具色情和极端两个特征。所谓色情,指的是其唯一或主要目的是为了挑起性欲。所谓极端包括四类情况,指的是该图片直白地或以写实的方式描述如下行为:(1)威胁人的生命;(2)有可能导致人的生殖器官受到严重的伤害;(3)涉及人与尸体的性活动;(4)人与动物(无论是活的还是死的)性交或口交(在一个理性人看来其中的人和动物是真实的),且这些图片必须具有强的冒犯性、是极其令人厌恶或是淫秽的。图片指的是任何移动和静止的图片,也包括可以转化为图片的数据,或拼接的身体的图片。

2. 排除条款

该项罪名不适用于电影分级后的作品,但是那些从分级作品中剪辑提取出来且唯一或者主要目的是挑起性欲的图片属于该项犯罪。

3. 抗辩理由

持有人可提出如下理由进行抗辩:持有人有合法理由持有涉案图片;持有人没有看过涉案图片,不知道也没有理由怀疑其是极端色情图片;一个人收到此类图片并非出于事先要求或委托别人,且持有时间并未超过合理时间。

参与图片拍摄的人若持有该图片,可以下述理由进行抗辩:他亲自参与了图片

---

① GOLDBERG D,GAVIN G,WALDEN I. Media law and practice[M]. Oxford:Oxford University Press,2009:447.

所描述的行为(上述行为中的 1—3 项,不包括与动物的),且该行为没有给任何人造成未经同意的伤害;如果涉及的是与人的尸体的性活动,该尸体并非真的尸体。

4. 处罚方式

处罚分为两种情况。一种是对于持有涉及威胁人的生命、可能导致人的生殖器官受到严重伤害的极端色情图片的行为刑罚,当适用简易程序定罪时,处以一定期限(英格兰和威尔士地区是 12 个月,北爱尔兰地区是 6 个月)的监禁,或者处以不超过法定最高数额的罚金,或者两罚并处;当适用普通程序定罪时,处以最长 2 年的监禁或者罚金,或者两罚并处。另一种是,除上述情形之外的其他持有极端色情图片的情形,当适用简易程序定罪时,处以一定期限(英格兰和威尔士地区是 12 个月,北爱尔兰地区是 6 个月)的监禁,或者处以不超过法定最高数额的罚金,或者两罚并处;当适用普通程序时,处以最长 3 年的监禁或者罚金,或者两罚并处。

(五)披露报复性色情照片

英国《2015 年刑事司法与法院法》增加了一项关于披露报复性色情图片的犯罪。

1. 犯罪构成

该法第 33 条第 1 款规定,如果未经他人同意并意图引起他人的痛苦而将他人的私人"性"照片或胶片披露,就构成该罪。但如果是将该照片或胶片向其本人披露则不构成犯罪。

2. 抗辩理由

该法第 33 条第 3 款至第 5 款规定,被指控者可以下列理由进行抗辩:

(1)他相信该披露行为对于防止、侦查及调查犯罪行为是必须的;

(2)他可以证明,这一披露行为是发生在新闻资料的制作过程中,或出于新闻报道的目的,或在新闻报道中公开;且他有理由相信,在特定的情形下,该材料的公开对公共利益是有利的;

(3)他相信该照片之前曾为获得报酬而被披露过,且他没有理由相信这种披露是未征得相关人士同意的。

3. 处罚方式

该法第 33 条第 9 款规定,如触犯该罪,在普通程序中,可被处以不超过 2 年的监禁或罚金,或两罚并处;在简易程序中,可被处以不超过 12 个月的监禁或罚金,或两罚并处。

(六)对儿童的保护

英国《1955年儿童与青年人有害出版物法》规定：印刷、出版和销售任何描绘实施犯罪、暴力或残忍行为，令人厌恶或可怕的事件的书籍、杂志或其他作品等行为为犯罪。这类行为最高可被判4个月监禁，但是该法后来很少被使用。《1959年淫秽出版物法》禁止公开具有导致可能的受众产生腐化和堕落倾向的任何出版物，这"可能的"受众当然也包括儿童。除此以外，还有一类规定是特别用以保护儿童的，即对儿童不雅照片或色情照片的规定。

《1978年儿童保护法》(*The Protection of Children Act 1978*)将拍摄、散布和展示儿童不雅(indecent)照片①的行为规定为犯罪，为了散布和展示而持有的行为也是犯罪。如果相关广告包含这样的内容，公开或促使此种广告公开的行为亦是犯罪。此处的儿童指的是任何未满18周岁的人(该法原来规定，儿童是指未满16周岁的人，《2003年性犯罪法》将之修改为未满18周岁)。照片还包括照片的底片、电影，以及此类照片和电影的拷贝。法律并未定义"不雅"，上诉法院所采用的标准是文明社会的公认礼节标准，在法庭审判中，具体由陪审团来判断。② 该罪的处罚，在简易程序中，处以最长6个月的监禁或一定数额的罚金；在普通程序中可处以最长3年的监禁(后修改为最长10年)或者罚金，或者两罚并处。

《1988年刑事司法法》第160节规定持有儿童不雅照片为犯罪。但如果被告能够证明其为合法持有，没看见或不知道且没有理由怀疑其为儿童不雅照片，或者并未要求或委托别人寄送这类图片且并未持有超过不合理的时间，就可以免于处罚。在简易程序中，犯有该罪的人可被处以最长6个月的监禁或者5级标准以下③的罚金；在普通程序中，可处以最长5年的监禁或罚金，或两罚并处。

《2008年刑事司法与移民法》修订了《1978年儿童保护法》中的部分内容，主要是扩大了照片的含义，将临摹的图片和其他图片也包含在内(无论这种图片是通过电子形式还是其他形式呈现的)，虽然其本身不是照片或虚拟照片(pseudo-photograph)，但是如果其取自某一照片或虚拟照片的整体或部分，或是任何两者的结合，就包含在内；同时，将存储于电脑磁盘的数据或者其他的电子形式(能够转化为图

---

① Indecent，中文有多种翻译，但是用于儿童照片时，国内通常翻译为儿童不雅照片。
② 斯皮尔伯利.媒体法[M].武汉:武汉大学出版社.2004:393.
③ 1级为200英镑，2级为500英镑，3级为1000英镑，4级为2500英镑，5级为5000英镑。

片的形式)也包含在内。

《2009年验尸与司法法》(Coroners and Justice Act 2009)规定持有关于儿童禁止性照片为刑事犯罪。儿童禁止性照片指的是,照片单独或主要集中在儿童的生殖或排泄器官方面,或者照片涉及儿童参与或儿童在场的各种性活动(包括与动物的),且这样的照片必须是具有极强的冒犯性、极其令人厌恶或是淫秽的。

(七)其他成文法对有伤风化(indecent)内容的限制

1.《1876年海关巩固法》(Customs Consolidation Act 1876)

该法禁止进口有伤风化的和淫秽的物品,例如淫秽印刷品、画作、照片、书籍、卡片、版画或其他雕刻物,或者其他有伤风化或淫秽的物品。

2.《1971年主动提供物品和服务法》(Unsolicited Goods and Services Act 1971)

根据该法,递送给他人某些书籍、杂志、传单或者广告资料,或致使该类物品被递送给他人时,只要相关行为人知道或有理由知道此类物品是未经请求而提供的,且该物品对人类性技巧进行了描述或者图例说明,该行为就构成犯罪。在简易程序中,实施此种犯罪最高可被处以标准级别5级的罚金。

3.《2000年邮政服务法》(Postal Services Act 2000)

《2000年邮政服务法》第85条规定,通过邮局寄送淫秽或有伤风化的资料为犯罪。邮寄含有有伤风化的或淫秽的印刷品、绘画、照片、平版画、雕刻品、电影或其他图片的录像、书籍、卡片、书信等包裹,都构成犯罪。该条还规定,如果邮寄时,相关包裹封面上含有有伤风化或者淫秽特征的任何词语、标记或者图案,该行为也构成犯罪。若触犯该罪,在简易程序中,可被处以不超过法定最高数额的罚金;在普通程序中,可被处于罚金或最长12个月的监禁,或两者并罚。

4.《2003年通信法》

该法第127节规定,通过公共电信系统发送高度冒犯性、有伤风化、淫秽或者恐吓性的信息或其他资料,或致使该类信息或资料被发送的行为皆为犯罪。本节特别规定,该罪不适用于《1990年广播法》所规定的在提供节目服务期间所做出的任何行为。在简易程序中,根据该法被确定有罪的行为人可以被处以最长6个月的监禁或最高为标准级别5级的罚金,或两者并罚。

三、英国仇恨言论法的历史与现状

仇恨言论法通常是指规定某些基于民族、种族、宗教、性别、性取向等对个人或群体的仇恨表达为违法或犯罪行为的法律的统称。与法律关于亵渎和淫秽的规定已有几百年的历史不同,仇恨言论法是一项新的法律。从全世界范围来看,仇恨言论罪是在最近的几十年间才被纳入刑事法律的。这是因为二战之后联合国及各国强调人的尊严和人人平等这一价值。仇恨言论法最初主要致力于将煽动种族仇恨的言论入罪,之后是将煽动宗教仇恨表达和基于性取向的煽动仇恨表达入罪。也有少数国家试图进一步扩大范围,将基于性别、身体残疾等的煽动仇恨表达也纳入刑事法律的监管范围。仇恨言论法近年来越来越受重视还有另外两个原因:一是恐怖主义的威胁加剧;二是互联网媒介的兴起。① 目前世界上很多国家都存在对仇恨言论不同程度的监管。

在欧盟的层面上,欧盟理事会(the European Council)曾于2008年11月就"以刑事法律打击某些种族主义和排外主义的表达"通过了一项理事会框架决议。这个决议的目的是试图督促各国在打击种族主义和排外主义的表达方面达成相对一致的标准,并在欧盟的层面上一起行动。但英国并未对此做出承诺。另外,2003年一份题为《通过计算机进行的种族主义和排外主义行为犯罪化》的条约文件在欧盟以网络空间公约附加议定书(Additional Protocol to the Convention on Cybercrime)的形式获得通过。该议定书将提倡或煽动歧视、仇恨、暴力的各种表达和材料的行为都列为犯罪,这比英国国内法所规定的仇恨言论的内容要广泛得多,因此英国政府并未签署该文件。英国政府认为,既有的国内法已经达到了监管暴力、仇恨言论与保证表达自由之间的平衡,签署附加议定书将会破坏这一平衡。②

二战之后,与世界上很多国家一样,英国开始将煽动仇恨的表达纳入刑事法律予以监管。在过去的三十年间,煽动种族仇恨、煽动宗教仇恨、煽动基于性取向的仇恨、鼓励或煽动恐怖主义四个方面的表达行为逐渐被纳入英国刑事法律的监管范围。

《1986年公共秩序法》正式将煽动种族仇恨规定为一项犯罪。之后,2006年煽

---

① GOLDBERG D, SVTTER G, WALDEN I. Media law and practice[M]. Oxford: Oxford University Press, 2009: 447.
② GOLDBERG D, SVTTER G, WALDEN I. Media law and practice[M]. Oxford: Oxford University Press, 2009: 447.

动宗教仇恨罪被加入该法之中。2008年基于性取向的煽动仇恨行为也被加入该法之中。英国《2006年反恐法》将鼓励和美化恐怖主义的表达规定为一项犯罪。煽动恐怖主义的言论虽然不是典型的仇恨言论,但与仇恨言论有着密切的关联。实际上,这四项犯罪之间都具有紧密的联系。种族和宗教往往不可分割,因为很多宗教是民族性的。不同宗教对性取向的看法不同,有些传统宗教如伊斯兰教和基督教认为同性恋行为是不可接受的。鼓吹和美化恐怖主义也往往和宗教极端主义有关。正因为这四者之间联系紧密,所以这些犯罪都由英国检察署中的"反恐与极端犯罪部"来负责起诉。在英国,目前煽动对跨性别者(transgender)、身体残疾者的仇恨并不构成刑事犯罪,英国也并未将基于性别、年龄等的煽动仇恨的行为定为犯罪。

(一)煽动种族仇恨

1.《1965年种族关系法》(*Race Relations Act 1965*)

最早涉及煽动种族仇恨的法律是《1965年种族关系法》,该法最直接的立法背景是几个与种族关系有关的事实及事件的发生:20世纪50、60年代大量加勒比黑人移民进入英国,1958年诺丁山种族骚乱①,1963年布里斯托发生公共汽车抵制事件(Bristol bus boycott)②。该法提出,歧视会导致分裂、损害人的尊严。该法第六部分规定:一个人如果通过发布或散发威胁、辱骂、侮辱性的书面材料,或者在任何的公共场所或公共集会中口头使用威胁、辱骂或侮辱的方式,故意煽动对不同肤色、种族或民族出身群体的仇恨,且该行为可能激起对基于肤色、种族或族裔、民族出身群体的仇恨,则该行为为犯罪。

从该法来看,无论是口头的还是书面的煽动仇恨的言论,不必导致实际的骚乱就能使犯罪成立。与英国《1936年公共秩序法》中的其他煽动型犯罪相比,该法入罪门槛较低。因此,该法在立法讨论时也遭到不少人反对。有议员提出,这一规定将损害公民的言论自由,言论自由意味着容许有些人发表在大多数人看来是错误的、邪恶的和有误导性的言辞;③只有当这样的言辞导致公共秩序被实际破坏时才

---

① 诺丁山种族骚乱指的是1958年8月底和9月初发生在伦敦的一系列由种族仇恨动机激发的骚乱。
② 布里斯托公共汽车抵制事件的起因为1963年布里斯托公共汽车公司拒绝雇用黑人或亚裔雇员。该抵制事件由青年工人Paul Stephenson和西印度发展委员会(the West Indian Development Council)领导,共持续了四个月,直到公共汽车公司让步,取消了对肤色和族裔的限制之后才结束。
③ Law Commission. Hate crime for extending the existing offence[EB/OL]. (2013-06-27)[2017-12-01]. https://www.lawcom.uk/wp-colltent/uploads/2015/03/cp213_hate_ocrime_appendix—b.pdf.

应该构成犯罪。而支持该法的一方认为,《世界人权宣言》虽然规定了思想和言论自由,但是也明确规定任何人无权从事破坏他人权利的行动。纳粹德国就是一个纵容这种言论导致恶果的典型事例。① 该法最后获得通过。

2.《1976 年种族关系法》(Race Relations Act 1976)

1976 年英国又制定了新的种族关系法,影响该法的一个重要因素是斯卡曼勋爵(Lord Scarman)对"红狮广场骚乱事件"(Red Lion Square disorders)的分析咨询报告。该报告提到,1965 年的法律中的入罪规定过于严格,特别是其中对"故意"煽动这一主观要件的要求对执法的警察来说是强人所难,因此该报告呼吁和提议进行降低入罪标准的改革。

最终获得通过的《1976 年种族关系法》删除了"故意"要件的要求。新法规定,只要煽动种族仇恨的口头或书面行为,综合各方面的情形来看,可能引起种族的仇恨即构成犯罪。但是,如果被指控者没有意识到、没有怀疑或者没有理由怀疑涉事的书面材料内容是侮辱性的、辱骂性的或攻击性的,就可以免责。

该法的立法辩论过程显示,在针对监管煽动种族仇恨的言论与保护言论自由的关系的讨论中,左右两翼对该法的态度和看法针锋相对。右翼议员认为该法严重妨害了言论自由和学术自由。左翼议员则继续主张,容许种族仇恨言论的存在会导致恶劣的后果,如纳粹德国曾经出现的那样。② 对于是否移除"煽动故意"这项要件,双方存在着重大分歧。反对删除的议员认为,要求"主观故意"是刑事法律的基本原则,删除这一要件会给政府信誉带来极大的不良后果,这就如同英国历史上18 世纪煽动性诽谤和刑事诽谤带来的后果那样。同时,反对删除"故意"要件的议员还提出,移除该项要件会导致煽动种族仇恨的起诉泛滥。

主张移除"故意"要件的左翼议员的理由为,"故意"要件证明起来很困难,这将阻止该法的有效实施。这些议员重申该法无意打击任何有关种族的言论,那些可以通过公共教育和公开辩论解决的关于种族的言论不会受到起诉。在实践中,证明"故意"是很困难的,因为任何被指控者都有可能主张自己只是鲁莽(疏忽大意)。这些议员还提出,不要求"故意"的严格责任已经在英国存在了几百年,因此这一规

---

① Law Commission. Hate crime for extending the existing offence[EB/OL]. (2013-06-27)[2017-12-01]. https://www.lawcom.gov.uk//wp-colltent/uploads/2015/03/cp213_hate_ocrime_appendix-b.pdf.
② Law Commission. Hate crime for extending the existing offence[EB/OL]. (2013-06-27)[2017-12-01]. https://www.lawcom.gov.uk//wp-colltent/uploads/2015/03/cp213_hate_ocrime_appendix-b.pdf.

定并非不寻常。①

而有议员直接提出,设立该罪本身就是毫无必要的,除非煽动种族仇恨的言论有引发暴力的危险,而后者早已被现有的法律涵盖。设立该罪会使那些对政府政策的批评被治罪,因为它们会引发那些政策受益者的愤恨,比如关于移民政策的批评会引发受益的某些少数族裔的仇恨,如果这样的言论被定罪就扼杀了正常的言论自由。② 还有人主张,目前该法的规定过于严格,因此提议在威胁的前面加上"严重地"的表述,但是有议员提出,该法实际上已经排除了那些轻微行为。③

3.《1986年公共秩序法》(Public Order Act 1986)

到了20世纪80年代,有人提出当时的种族关系法中有关规范种族仇恨的条款是无效的,仍有一些煽动针对某一种族、民族仇恨的高度冒犯性的材料落在合法范围之内,因此要求进一步扩大该罪的涵盖范围,比如将某些少数族裔驱逐出英国的主张也应该被认为是犯罪。④ 于是,关于煽动种族仇恨罪的立法再次启动。最终,英国正式将煽动种族仇恨罪纳入《1986年公共秩序法》,这一规定在英国迄今有效。与前两部法律相比,该法进一步扩大了种族仇恨的范围。

(1)种族仇恨的含义。根据该法,种族仇恨是指在不列颠境内基于人们的肤色(color)、种族(race)、国籍(nationality)[含公民身份(citizenship)]、族裔(ethnic)、或民族出身(national origins)等身份特征对一群人所表达的仇恨。

(2)行为方式。种族仇恨的犯罪行为是指意图引起,或该行为可能引起种族仇恨的行为,这些行为包括:使用威胁、辱骂或侮辱性语言的行为,以及展示威胁、辱骂或侮辱性的书面材料的行为。这里并不需要证明某些人实际上感受到了威胁、辱骂或侮辱。这一犯罪既可以发生在公共场合,也可以发生在私人场合。但是发生在私人住所且除了住所里的人之外没有其他人听到或看到的则不算犯罪。

构成种族仇恨的犯罪行为还包括出版和对公众或部分公众散发那些载有威胁、辱骂或者侮辱性内容的材料。公开的戏剧表演如果包含威胁、辱骂或者侮辱性

---

① Law Commission. Hate crime for extending the existing offence[EB/OL]. (2013-06-27)[2017-12-01]. https://www.lawcom.gov.uk//wp-colltent/uploads/2015/03/cp213_hate_ocrime_appendix-b.pdf.
② Law Commission. Hate crime for extending the existing offence[EB/OL]. (2013-06-27)[2017-12-01]. https://www.lawcom.gov.uk//wp-colltent/uploads/2015/03/cp213_hate_ocrime_appendix-b.pdf.
③ Law Commission. Hate crime for extending the existing offence[EB/OL]. (2013-06-27)[2017-12-01]. https://www.lawcom.gov.uk//wp-colltent/uploads/2015/03/cp213_hate_ocrime_appendix-b.pdf.
④ Law Commission. Hate crime for extending the existing offence[EB/OL]. (2013-06-27)[2017-12-01]. https://www.lawcom.gov.uk//wp-colltent/uploads/2015/03/cp213_hate_ocrime_appendix-b.pdf.

内容,则表演者和导演都构成犯罪。但是彩排、录制表演的行为不构成犯罪,若该表演的唯一用途或主要用途是用在广播或有线节目中,也不构成犯罪。还有,若表演者仅是参与表演,且完全按导演的指示表演,也不需承担责任。

散发、展示、播放含有针对种族的威胁、辱骂或者侮辱性内容的录像或者录音,也构成该罪。

若广播或有线节目中包含针对种族的威胁、辱骂或者侮辱性内容,承担责任的人员包括提供广播或者有线服务的人、节目的出品人或导演,以及直接呈现以上内容的人。但是该项犯罪不适用于英国广播公司(BBC)和独立电视管理局(the Independent Broadcasting Authority),或者通过上述两家机构接收和即时传输的有线节目。

该法还将持有载有煽动种族仇恨内容的书面材料、录音和录像的行为视为犯罪。

(3)主观要件。故意煽动种族仇恨构成犯罪。若没有"故意",但综合考虑当时的各种情况,这种仇恨很有可能被其语言或行为激发,也构成犯罪,因此,故意并不是犯罪的必备条件。

(4)抗辩理由。"无知"可以是一项抗辩理由。一个人可以以并非故意引起种族仇恨进行抗辩,如果他并非故意,或者没有意识到他的语言或行为可能是威胁、辱骂或是侮辱性的,就可以免除责任。

(5)处罚方式。在英格兰和威尔士提起这类指控必须征得总检察长的同意。对该罪的处罚,在普通程序下可处以最长 2 年的监禁或罚金,或两罚并处。在简易程序下,可处以最长 6 个月的监禁或罚金,或两罚并处。后来在《2001 年反恐、犯罪与安全法》(the Anti-terrorism, Crime and Security ACT 2001)第 5 部分第 40 条中,将监禁时间延长至 7 年。

除了《1986 年公共秩序法》之外,英国《1991 年足球(犯罪)法》[Football (Offences) Act 1991]和《1999 年足球(犯罪与骚乱)法》[Football (Offences and Disorder) Act 1999]都将特定的足球比赛中的带有种族主义性质的反复的呼喊(吟唱)定为犯罪,其中种族主义性质是指行为是基于肤色、民族、国籍(包括公民身份)或者国家出身等身份特征的。《1998 年犯罪与骚乱法》(the Crime and Disorder Act 1998)对基于种族仇恨动机的一些犯罪行为加重处罚,这些行为包括攻击(assaults)、犯罪性的毁损(criminal damage)、公共秩序犯罪(public order offences)和骚扰(harassment)。

(二)煽动宗教仇恨

英国《2006年种族与宗教仇恨法》在国会获得通过,该法在原有的煽动种族仇恨罪的基础上增加了关于煽动宗教仇恨的规定。这一法律在某种程度上被视为亵渎法的代替品,但其保护的范围却涵盖所有的宗教和非宗教。二者的不同之处还在于,亵渎法意在保护宗教感情,但关于煽动宗教仇恨的规定主要是为了保护公共秩序,二者的构成要件也存在很大的差别。

1.煽动宗教仇恨罪的立法过程

(1)2001—2002年议案

2001年美国"911"事件之后,英国的种族平等委员会(Commission on Racial Equality)的报告说反穆斯林的仇恨言论在英国大幅度增加,穆斯林社群广泛感觉到承受了不应有的攻击且并未得到充分的保护。因此,英国政府在其2001—2002年反恐、犯罪与安全法的提案中建议创设一项煽动宗教仇恨的罪名。该提案的主要理由为英国在《1986年公共秩序法》中规定了煽动种族仇恨罪,却并未规定煽动宗教仇恨罪,这使得那些来源于同一种族或民族的族群可以获得保护,如信仰犹太教的犹太人(Jews)和信仰锡克教的锡克人(Sikhs),而一般意义上的穆斯林却得不到该法的保护,因为他们并非来自同一种族或民族,同样的,基督教徒和印度教徒也得不到该法的保护。政府的立法建议最终被认为与反恐法关联度不大而在上议院遭到否决,[1]议会认为应该在适宜的公共辩论及对各种选择仔细权衡后再对煽动宗教仇恨罪立法。最后获得通过的《2001年反恐、犯罪与安全法》规定,宗教仇恨动机是一项犯罪的加重情节。

(2)2003—2004年议案

2004年,内政大臣大卫·布朗克(David Blunkett)提议在《2004年严重的有组织犯罪和警察法》(*The Serious Organized Crime and Police Bill 2004*)的议案中增加煽动宗教仇恨罪的条款。[2] 其立法提议的主要理由为保护宗教平等,尤其是保护穆斯林群体的利益。但这一提议遭到上议院的反对。上议院反对的理由主要为这一规定将不合比例地干涉言论自由。

---

[1] House Of Lords. Select committee on religious offences in England and Wales[EB/OL]. (2002-07-18)[2018-04-05]. https://publications.parliament.uk/pa/Id/2002/ldselect/ldrelof95/95.pdf.

[2] MARE. Religious hatred:attempts to legislate 2001-2005[EB/OL]. (2008-06-10)[2018-04-05]. http://researchbriefings.files.parliament.uk/documents/SN03189/SN03189.pdf.

(3)《2006年种族与宗教仇恨法》

2005—2006种族与宗教仇恨法议案是第三次尝试将煽动宗教仇恨的行为定罪,这一次尝试获得了成功。但是在议会辩论的各个阶段中,支持方与反对方的争论都异常激烈。双方的理由与之前并无很大不同。支持者的主要理由仍是该法将为穆斯林、印度教徒等提供与犹太教徒和锡克教徒同等的保护。反对者仍认为该法是对言论自由的不当限制,会阻碍对一些不当宗教实践(如压制妇女)和某些宗教极端活动的批评,甚至这一法律还会被宗教极端分子用作压制批评意见的工具。另外,还有议员提出,禁止煽动仇恨不但不能起到制止仇恨言论的效果,还会营造一种不宽容的气氛,造成社会关系的紧张。最后,双方达成妥协:该法可以获得通过。这就是《2006年种族与宗教仇恨法》。

2. 煽动宗教仇恨罪的主要内容

(1)宗教仇恨的定义。该法规定,宗教仇恨是指针对一群人的基于其宗教信仰或因缺乏宗教信仰而产生的仇恨,既针对有宗教信仰的人群又针对无宗教信仰的人群。

(2)行为要件。该法规定,只有针对个人或群体的基于其宗教信仰或缺乏宗教信仰的"威胁性"(threatening)表达或行为才可以构成此罪。原来的政府草案中还包含谩骂(abusive)、侮辱(insulting)等表达,但经过议会的激烈辩论后,最终法案仅保留了"威胁"这一种表达方式。这也和煽动种族仇恨罪不同,因为煽动种族仇恨的行为方式还包含谩骂和侮辱。

该法案详细列举了构成煽动宗教仇恨罪的一系列表达行为,包括利用言语或行为,展示书面资料,印刷或散发书面资料,公开表演,散发、展示或放映音像制品,在广播节目中广播或插播,为了展示、印刷、散发或播放而持有书面资料或音像制品,该罪名要求以上表达行为必须具有威胁性,并意图激起宗教仇恨。煽动宗教仇恨最高可判入狱7年。

(3)主观要件。必须是主观故意。该法29B至29F所列举的诸项威胁性表达或行为都必须是"故意煽动宗教仇恨"才构成犯罪。当时,在政府提交给议会的草案中,不仅故意可以构成犯罪,"粗心大意"(recklessness)也可以构成,但经过上下两院的辩论后,最终法案只保留了"故意"这一种主观形态。

(4)抗辩理由。一项保障言论自由的要求被加在条款末尾:"该条款的任何部分都不得以这样一种方式被解读或产生效力,即禁止、限制对某种宗教信仰或其信仰者的信仰和信仰实践的讨论或批评,禁止对该信仰或信仰实践表达反感、厌恶、嘲讽、侮辱、辱骂等;该法也不可被解读为禁止劝诱他人改变宗教信仰,禁止劝告信奉其他宗教信仰的信徒停止实践他们的信仰。"

(5)处罚方式。触犯该罪,在普通程序中可判处最长 7 年的监禁或罚金,或两罚并处。在简易程序中可被判处最长 6 个月的监禁或不超过法定最高数额的罚金,或两罚并处。

(三)煽动基于性取向的仇恨

前述提到英国政府在其 2001—2002 年的反恐、犯罪与安全法提案中建议在煽动种族仇恨罪的基础上增设一项煽动宗教仇恨罪。后来有议员在此基础上提议进一步扩大煽动仇恨罪的范围,将煽动基于年龄、身体残疾、性别、种族、宗教、性取向等的仇恨的行为都定为犯罪。在议会辩论阶段,这些事项被认为不适合通过反恐法规定,应该另行立法处理,因此上述提案被撤回。

在讨论《2006 年种族与宗教仇恨法》草案时,有议员问政府是否计划将基于性取向的煽动仇恨行为包括在内。政府答复说,该问题需在其他场合另外考虑。也有议员提出,有些说唱歌曲在明确煽动谋杀同性性取向者,此类行为应该被监管。①

在《2008 年犯罪与移民法》议案讨论阶段,有人再次提出增加一项基于性取向的煽动犯罪。对于此提议,支持立法者认为,基于性取向的煽动仇恨行为严重地破坏了人的尊严和平和的社会秩序,应该予以制止。反对立法者提出,增加该项犯罪会压制言论自由,特别是基督教对同性恋有自己的观点。也有人提出,英国对"恐同"的批评已经非常激烈了,以至于社工都不再像以前一样去调查被同性恋者收养的儿童被虐待的情况,新的立法只会使现状恶化。在具体条款设置上,是否要增加一项言论保障条款也引起了激烈的争论。最终,增加基于性取向的煽动仇恨犯罪的提议获得通过,其具体条款在很大程度上比照煽动宗教仇恨罪,而不是煽动种族仇恨罪。

对该罪的规定存在于《2008 年犯罪与移民法》第 5 章第 74 节。根据该法,在行为要件上,只有运用威胁性的语言或行为,或通过展示威胁性的书面材料表达仇恨才可以构成该罪,侮辱或辱骂的语言或行为不构成该罪。在主观方面,行为人必须具备主观故意,即"故意"煽动对同性性取向者的仇恨。在行为对象上,这里的性取向既包括同性性取向,也包括异性性取向,还包括双性性取向。该法也特别增加了

---

① Law Commission. Hate crime: the case for extending the exissting offences[EB/OL]. (2015-03-27) [2017-05-06]. http://Lawcom.gov.uk/app/uploads/2015/03/cp213_hate_crime_amended.pdf.

一项言论自由保障条款，表明该法不禁止对某些性行为方式的批评："对某些性行为方式的讨论或批评，或者督促某人不要进行这样的行为实践及督促某人改正这样的行为就其本身而言不被视为一种'威胁性'的表达。"

(四)对煽动恐怖主义等极端言论的禁止

英国通过的《2006年反恐法》(Terrorism Act 2006)增设了一项"鼓励恐怖主义犯罪"。所谓鼓励恐怖主义是指发表那些容易被部分或全部公众理解为直接或间接地鼓励或诱导他们去实施、预备或教唆恐怖主义行为或相关公约规定的犯罪行为的言论(statement)。一个人自己发表或促使别人发表这样的言论，无论是主观上故意，还是疏忽大意(reckless)致使以上结果发生，都构成该罪。

这里的间接鼓励恐怖主义的表达包括美化(glorify)恐怖主义的实施或准备行为(无论是过去的、现在的还是将来的)，且这种美化可以被公众合理地推断为在当时的情景下他们应该去模仿这些行为。这种判断要综合考虑表达的整体内容、表达的方式(manner)及当时的具体情形。

触犯该罪，在普通程序中应被处以不超过7年的监禁或罚金，或者两罚并处。在简易程序中，在英格兰和威尔士地区可处以最长12月的监禁，在苏格兰和北爱尔兰地区可处以最长6个月的监禁或不超过法定最高金额的罚金，或两罚并处。

同时，该法还规定散播恐怖主义出版物的行为为犯罪，行为方式包括分发，赠予，出售，出借，提供用以出售、出租的该类出版物，提供服务使别人获得，电子传输该类出版物等。

第二节　英国对媒体有关淫秽、色情与仇恨言论的监管

亵渎、淫秽和仇恨言论等非法内容，经常且主要是通过大众传播媒介和互联网发表和传播的。因此，对于本章所谈的非法内容，除了通过一般法律进行监管，专门针对传媒的法律法规以及传媒自身的行业自律规则也是重要的监管依据。自律监管规范在监管范围上比法律法规更为宽泛，要求更为具体和细致，是对法律法规的重要补充，对媒体行为起着直接和具体的指导作用。本节主要介绍各类传播媒介关涉仇恨、亵渎、色情、淫秽等内容的标准。鉴于本书第二章中关于报刊自我监管部分已有比较详细的介绍，不再赘述。

一、对广播电视和视频点播节目中的相关内容的监管

(一)对广播电视节目的监管

1.监管依据

英国关于广播电视节目的监管规范集中体现在由通信办公室主持制定的《通信办公室广播守则》之中。该守则的法律依据是《2010年欧盟视听媒体服务指令》(以下简称《指令》)、英国《2003年通信法》,其中有些规范是根据《1998年英国人权法》的要求制定的。

《指令》对成员国视听媒体服务的内容标准提出了一系列要求:在编辑内容方面,要求成员国对媒体中的淫秽、色情内容及仇恨言论进行监管;成员国应该确保采取适当措施使辖区内的媒体服务提供者所提供的视听媒体服务不包含任何煽动种族、性别、宗教或者民族仇恨的内容。

在视听商业宣传(audiovisual commercial communications)方面,《指令》认为成员国应当采取适当措施确保辖区内的媒体服务提供者所提供的视听媒体服务满足以下要求:视听商业宣传不得损害人的尊严;不得包含或宣扬性别、种族、民族、国籍、宗教或信仰、残疾、年龄、性取向等方面的歧视;不得引发对青少年身体或精神的伤害。

在保护青少年这部分内容中,该指令规定:成员国应该采取适当措施确保辖区内的广播电视节目不包含任何可能严重伤害青少年的身心健康或道德发展的内容,特别是那些涉及色情或者严重暴力行为的节目;这些措施也应该延伸到其他可能伤害青少年的身心健康或者道德发展的节目,除非这些节目通过播出时间的安排或者技术措施保证青少年一般情况下不会听到或看到这些节目。

英国《2003年通信法》对通信办公室需要制定的广播标准也提出了要求。该法第319条规定,通信办公室有责任为所有媒体节目内容制定标准以确保达到若干规范目标(standards objectives),这些规范目标包括:保护18岁以下的未成年人;可能鼓励或煽动犯罪或导致混乱的材料不会被包含在电视或广播服务中。

2.《通信办公室广播守则》的相关具体规定

(1)对色情、低俗内容的限制

①原则性规定

对色情、低俗内容的限制规定主要放在保护未成年的条款之下。该守则的第1

章即为保护 18 岁以下的未成年人的内容。该守则第 1 条指出,播出者需要通过内容控制和节目播出时间的安排以确保对未成年人的保护。其第 1 款规定,禁止播出那些可能严重损害 18 岁以下人群的身心健康或道德发展的材料;第 2 款规定,广播服务商在提供服务时,必须采取一切合理的措施去保护 18 岁以下的未成年人;第 3 款规定,必须通过适当的节目时间安排以确保未成年不会接收到不适宜的材料。BBC 的点播服务也要提供同等的保护。第 3 款中的未成年指的是 15 岁以下的未成年人。

②分水岭(watershed)制度及其他

在播出电视节目时,分水岭制度是保护未成年人免受色情信息伤害的最重要的监管措施。为避免未成年接收到成人色情材料(即那些包含很强烈的性色彩的图片或语言,主要目的是性挑逗或性刺激的材料)及其他不适宜的涉及性的内容,该守则规定播出电视节目时必须遵循分水岭制度。分水岭制度分为四种情况。一般情况下,分水岭是晚 9:00,不适宜未成年人收看的节目通常不得在晚 9:00 之前和早 5:30 以后播出。第二种情况是付费订阅(premium subscription film services)的电影服务,分水岭是晚 10:00。付费订阅的电影服务可以在晚 10:00 之前和早 5:30 之后播出级别为 15 级以下的电影,只要在这段时间设置了可以控制未成年人进入的措施即可。这些用于保护未成年人的安全措施必须向每一位订阅者解释清楚。那些级别更高的电影只能在晚 10:00 以后及早 5:30 之前播出。第三种情况是浏览付费的电影服务(pay per view services)。浏览付费服务设有分水岭,可以在晚 9:00 之前和早 5:30 之后播出分级为 18 或同等程度的电影,但要在这段时间设置强制性的接入措施。该守则规定,必须采取措施保证付费订阅服务和付费浏览服务的订阅者是成年人。上述控制措施是指不能被用户移除的 PIN 码或同等程度的保护系统,以仅限那些被授权进入的人观看相应内容。第四种情况是,被英国电影分级委员会分级为 R18 的电影一律禁止播出。

除了上述规定之外,该守则还有如下规定:

广播者必须确保这些在分水岭之后播出的材料和那些通过 BBC 点播节目播出的材料(包含一些具有强烈或直白性内容的图片或语言,但不是《通信办公室广播守则》所定义的成人色情材料)中的色情内容从其前后背景来看是合理的。

除非有着严肃的教育目的,否则表现性活动的场面(在电视节目中)不得在分水岭之前播出,不得在未成年很有可能在无线电广播节目中听到时播出,不得在该内容很有可能被儿童接触时在 BBC 的点播节目中播出。任何对性行为的讨论或描绘如果出现在分水岭之前播出的电视节目中,或出现在未成年很有可能听到的广播节目中,或在可能被未成年人接触到的 BBC 点播节目中,必须具有编辑上的合理理由,且必须被适当地限制。

英国电影分级委员会拒绝分级的作品不得播出,除非该作品后来被分级。那些被英国电影分级委员会裁定经过删减后才能分级的作品,如果包含该删减内容则不得播出,除非英国电影分级委员会确认被删减的材料被允许分类到一个较高的等级中。

被英国电影分级委员会分级为18级或同等程度的电影,除非出现在付费浏览服务中,否则不得在晚9:00前的任何节目中播出。

广播没有分水岭制度,但是该守则规定,未成年人可能收听广播的时间段的节目必须被谨慎安排以防止他们接收到不适宜的内容。

(2)对歧视、仇恨言论内容的限制

①原则性规定

在该守则第2章"伤害与攻击"的一般性标准规定,广播者必须确保那些可能引起伤害的涉及性、暴力和歧视的语言或材料出现在该材料所使用的具体情景中是合理的,且那些有助于避免伤害或将伤害最小化的信息也应该同时播出。

第3章"犯罪、骚乱、仇恨与辱骂"中规定了对仇恨言论的限制。该章序言指出,该章内容用以规范那些通信办公室有义务禁止播出的可能导致犯罪和骚乱的材料,也规范那些可能会对公众造成伤害和攻击的材料。但该序言也特别提到,该部分意在保护媒体的表达自由和公众的知情权。譬如,媒体可能希望在新闻和时事节目的报道或访谈中播出那些怀有极端或挑战性主张的人或组织的观点,这明显是公共利益所在,应该得到保障。

②具体内容

《广播电视原则》第3条第1款规定,必须确保广播、电视或BBC的点播节目中不含鼓励或煽动犯罪或引起骚乱的材料(这些材料包含了那些意在鼓励实施恐怖主义或其他犯罪行为的内容,及那些可能鼓励犯罪行为或导致骚乱的仇恨言论,这里的仇恨言论包括那些传播、煽动仇恨的表达,如对残疾、种族、性别、国籍、宗教或性取向的仇恨等。此处的仇恨言论的涵盖范围远比英国国内法规定的内容广泛)。

第3条第2款规定,除非可以被其背景(context)合理化,否则包含仇恨言论的材料不得在广播、电视或BBC的点播节目中播出。其后的说明指出,对于该款内容,播出者应该注意参考英国《1986年公共秩序法》22及29F部分的规定,该部分列出了那些由播出的煽动种族、宗教、性取向的仇恨的媒体材料引起的犯罪行为。

第3条第3款规定,那些包含辱骂的或者贬损性的对待个人、群体、宗教或社区的内容,不得被包含在广播、电视或BBC的点播节目中,除非其背景可以证明这是合理的。

以上两款中提及的背景因素包括但不限于如下内容：

节目或系列节目的体裁和编辑内容，及受众期待。例如，某些体裁如戏剧、喜剧和讽刺剧等，只要提供足够的背景，包含挑战性的或极端的场景就容易被证明是满足观众期待的合理安排；

其中包含的挑战的程度；

材料中人物的地位或姿态（position）；

材料在何种形式的服务中播出；

潜在受众的规模和构成，及受众期待。

（二）《点播节目服务规则》（*On Demand Programme Services Rules*）的相关具体规定

通信办公室收回对视频点播的监管权之后，根据《2003 年通信法》第 4 部分的规定，制定了《点播节目服务规则》。关于淫秽色情、仇恨言论方面，该规则主要有如下规定：

第 10 条规定，节目点播服务不应该包含任何可能煽动种族、性别、宗教和民族仇恨的材料。

第 11 条"保护 18 岁以下未成年人（特别针对限制性材料）"中规定，节目点播服务不应该包含任何限制传播的视频材料，除非确保 18 岁以下的未成年人在一般情况下无法看到或听到这些材料。限制传播的材料是指：视频分级机构分级为 R18 的材料；那些就其性质而言有理由被认为如果呈送给视频分级机构进行分级的话，将会被划分为 R18 的材料；其他可能严重伤害 18 岁以下未成年人的身心健康或影响其道德发展的材料。

第 12 条第 11 款规定，节目赞助声明或者植入式广告不得损害人的尊严，不得包含性别、种族、宗教信仰、残疾、年龄及性取向等方面的歧视内容，也不得强化这方面的歧视。

第 14 条规定节目点播服务不得包含任何禁止性的材料。禁止性的材料是指：视频分级机构根据《1984 年录像法》的立法目的确定的不适宜对其颁发分级证书的材料；那些就其性质而言有理由被期待如果呈送给视频分级机构进行分级的话，该机构将认为不适宜为其颁发分级证书的材料。

二、互联网自律组织对色情内容的监管

英国对互联网的监管是综合性的。互联网上传播的编辑性内容和商业广告，

被纳入已有的报刊、广播电视、视频点播、广告监管体系中监管。而对存在于社交媒体上的大量的 UGC 内容,则以行业自律和多方配合的共治方式进行监管。其中,本章所涉及内容的监管,以行业自律组织——网络观察基金组织(Internet Watch Foundation,IWF)为监管主体。IWF 主要规范的是儿童性虐内容,其可以要求网络服务提供商删除涉及儿童性虐的照片、视频或其他内容,并通过技术手段通知其会员阻挡或过滤有关内容。2011 之前还有另一类被 IWF 严格管制的内容,即关涉非法的恐怖活动和极端暴力活动、仇恨的信息、图片、视频,但这类内容现在直接由英国的执法和司法部门来处理,IWF 不直接接受投诉。①

(一)网络观察基金组织

网络观察基金组织成立于 1996 年,是在网络服务提供商协会(ISPA)、伦敦互联网交流平台(the London Internet Exchange, LINX)和安全网络基金(the Safety Net Foundation)联合颁布的自律性的网络内容规范《R3 安全网络协议》(*Safety Net Agreement regarding Rating, Reporting and Responsibility*)的基础上建立的英国最大的互联网自治组织。目前已有 50 多个国际机构加盟,其中包括很多欧洲的互联网企业和组织。该组织在英国的互联网监管中具有举足轻重的地位,其主要工作内容是整治儿童色情信息,并为此建立了明确的儿童色情信息等级划分标准。

(二)处理标准

IWF 主要监督和处理的是儿童性虐内容及成人淫秽内容。在该内容的处理标准上,IWF 依循的仍是英国法律中的既有标准,并未另外创建自己的标准。IWF 所监管的儿童性虐内容既包括英国国内的,也包括国外的。就英国国内来看,IWF 监督和处理的信息主要有四类:《1978 年儿童保护法》和《2003 年性犯罪法》所定义的儿童色情图片;1959 年和 1964 年《淫秽出版法》所定义的犯罪性的成人淫秽内容;《2008 年刑事司法与移民法》所定义的极端色情图片;《2009 年验尸与司法法》所定义的禁止性的、极端的儿童照片。

(三)处理方式

IWF 通过接受投诉和主动检索来监管非法色情、淫秽内容。但是 IWF 只是自

---

① IWF. Incitement to racial hatred removed from IWF's remit[EB/OL]. (2016-10-11)[2017-12-09]. https://www.iwf.uk/what-we-do/why-we-exist/our-history.

律组织,不是权力机关,因此没有权力来处理犯罪问题。

1. 接受举报

接受举报是 IWF 非常重要的监管色情、淫秽内容的方式。人们可以通过官网及其分布在全球的 16 个门户网站来报告存在儿童性虐内容的网页。当收到用户有关非法网络内容的举报后,IWF 首先会对网页进行评估,如果认定其中存在非法内容,就会通知相关的网络服务提供商,要求其一方面对该内容留存证据,另一方面将该内容从服务器上删除。通常来说,这些服务商会在数小时内甚至更短的时间内将该内容删除。如果相关的服务商不配合,IWF 就会将被举报内容通报给负责处理全国刑事犯罪案件的警察服务中心。如果网络非法内容的原发地不在英国,IWF 则会通过合作渠道通知相关国家的有关机构。

2. 技术手段

除了接受投诉之外,IWF 还主动使用技术软件搜索相关网页。据 IWF 2016 年报道,IWF 每 5 分钟就要评估一个网页,每 9 分钟就会发现一个呈现儿童性虐内容的网页。2016 年他们总共移除了 57 335 个涉及儿童性虐内容的网页。IWF 所采用的主要技术手段包括如下几种。[①]

(1) 提供网址名单(IWF URL list)

IWF 提供网址名单给其会员,供其阻止或过滤这些网页。IWF 每天更新两次这个名单。这一名单主要包含那些设在国外的含有儿童性虐内容的网站。

(2) 提供照片代码名单(the image hash list)

每张照片都有一个特定的代码,这个代码被称作 hash。创建这一名单的好处在于可以发现那些复制的照片以便从源头上移除该照片,这样审查人员就不必不停地审查那些重复的照片。这一处理方式可以用于阻止分享、存储甚至上传儿童性虐照片。

(3) 提供关键词名单(keywords list)

IWF 每个月都会提供给其会员一个在线搜索儿童性虐信息的人会使用的关键词名单,其会员借此优化搜索,为网民提供更加安全和质量更高的上网体验。

(4) 管理新闻组(newsgroups)

对于新闻组,IWF 一方面可以自行检测并通知发布者删除有关儿童性虐的内

---

① IWF. Annual report 2016[EB/OL]. (2017-04-03)[2017-12-09]. https://www.iwf.uk/report/2006-annual-report.

容;另一方面提供一个"新闻组警示"给其会员,让包含这些新闻组的网站去删除相关内容。

(5)处理伪装网站(disguised websites)

伪装网站是指那些从别的网站通过数字通道(digital pathway)才可以登录的网页。如果不通过该通道或直接通过某浏览器浏览,该网页所展示的将是合法内容。IWF 成功识别了该项伪装技术,并发展出相应的技术来揭露其非法内容和移除该类网页。但由于伪装网站经常变换方式和地址,所以 IWF 也需要不断变换识别的方式。

(6)阻止商业性的儿童性虐资料(commercial child sexual abuse material)传播

商业性的儿童性虐资料主要指以比特币付费的儿童性虐网页。当发现比特币钱包关联至某些儿童性虐图像,IWF 就会发送"虚拟货币警示"给其会员,让他们采取措施阻断这种活动。

(7)辨析网站(web brands)

网站指的是那些致力于传播儿童性虐内容的商业网站。这些网站不断更换网址以逃避侦查,IWF 的分析员就会看到相同的网站具有不同的网址。自 2009 年该项目启动至 2016 年,IWF 总共辨析出 2771 个该类网站。

三、对广告中相关内容的监管

(一)对非广播电视广告中相关内容的监管

如本书第 6 章所介绍的,英国对非广播电视广告监管的依据和标准是《广播电视广告守则》(*The BCAP Code*,以下简称《守则》)。

1. 对歧视与仇恨言论的限制

《守则》第 4 章"伤害与冒犯"部分规定,"广告商应该考虑普遍的社会准则和某一广告宣传可能呈现的背景,将导致伤害的严重或危险程度降到最低"。又具体规定,"广告宣传不得包含任何可能导致严重或大范围冒犯的内容。特别需要采取措施以避免基于种族、宗教、性别、性取向、残疾或年龄方面的冒犯"。如何具体遵守这些规定则需要根据广告的背景、媒介形式、受众、产品本身及通行的标准来判断。

2. 对淫秽、色情内容的限制

该守则并未明确提到对广告中的淫秽、色情内容的限制。但该守则第 5 章儿童部分的规定中隐含着对此类内容的限制。该守则中的儿童是指 16 岁以下的未成年人。该守则规定,"那些对儿童进行宣传或者目标群体为儿童的广告宣传不得包含任何可能导致他们身体、心理或道德受到伤害的内容"。

(二)对广播电视广告相关内容的监管

英国对广播电视广告监管的依据和标准是《广播电视广告守则》。

1. 对歧视及仇恨言论的监管

该守则第4章"伤害和冒犯"部分规定,"广告必须是非伤害性和非冒犯性的,广告必须考虑公众普遍接受的标准,以使造成严重伤害或大范围冒犯公众的危险程度降到最低"。第4条第2款规定,"广告不得对普遍接受的道德、社会和文化标准造成严重和广泛的冒犯";第8款规定,"广告不得宽恕和鼓励那些有害的具有歧视性的行为和对待方式,广告不得损害人的尊严"。

2. 对淫秽、色情内容的监管

(1)对儿童的保护

对淫秽、色情内容的监管内容部分隐含在对儿童的保护内容之中。该守则第4章"伤害与冒犯"的第4条第1款规定,"广告不得包含任何能够导致18岁以下的未成年人的身体、心理、道德受到伤害的内容"。

该守则第5章中规定,"必须保护儿童的身心或道德免受广告伤害"。这里的儿童是指16岁以下的儿童。该章第5条第1款规定,"那些适于大龄儿童观看但会伤害更小的儿童的广告必须被谨慎地安排播出时间";第5款规定,"广告不得以性的方式来描述或表现儿童"。

(2)色情内容

该守则规定,《1959年淫秽出版物法》及其修订内容中定义的淫秽材料属于禁止出现在广告中的内容。

对于涉及性娱乐服务的广告,也有具体的规定。以广播电视方式提供的性娱乐服务的广告,必须经过集中清理后才可在广播中播出。如果是通过电视播出的广告,则只可以在加密或已取得经营此类服务的执照的成人频道播出,且该类广告必须被放在"成人"或电子节目指南中的类似位置并加注标签。通过电视播出的此类广告不得在晚9:00之前和早5:30之后播出,如果是在数字地面电视中播出,则不得在晚12:00之前和早5:30之后播出。在广播中,其他需要集中清理的广告种类还包括如下类型:成人商店、脱衣舞(stripograms)、陪护服务,及级别为18+的电影、DVD、视频、电脑游戏。

对于含有色情材料的广告的相关规定是：在广播中，那些明显具有色情特征的广告必须被集中清理后才能播出。R18级材料禁止在广播中播出；对于电视来说，具有明显色情特征的广告及包含R18级或同等级别内容的广告只允许在具有严格准入系统的成人娱乐频道播出；而且上述电视广告都不得在晚10:000之前或早上5:30之后播出。

在对广告播放时间安排的规定中，《守则》要求可能导致儿童恐惧或痛苦的广告或者其他不适合儿童观看或收听的节目（如直白的与性有关的内容）必须遵守次数上和播出时段方面的限制以将其被相关年龄的儿童看到或听到的风险降到最低。有些产品的广告，如包括那些被分级为R18或R15的电影或录像的预告片等，不可以在主要面向16岁以下未成年人的节目或者与这些节目相邻的节目中播出。

第三节 经典案例分析

一、亵渎诽谤案例

（一）莱蒙《同志新闻》案(Regina v Lemon, Regina v Gay News Ltd.)(1978年)①

1. 案情

1976年，英国的同性恋杂志《同志新闻》发表了柯卡普(James Kirkup)的一首题为《敢于道出它的名字的爱》(*The Love that Dares to Speak its Name*)的同性恋诗歌。该诗称耶稣生前是同性恋者，还附有一张插图，描绘了耶稣受难后的尸体被人狎弄的情景。该诗和插图引起很多人的不满。怀特豪斯夫人(Mary Whitehouse)是一位活跃的学校教师，她对此向地方法院以私人身份提起诉讼，指控该杂志社及其编辑莱蒙(Lemon)犯有亵渎诽谤罪。②

2. 判决

地方法院判决两位被告亵渎诽谤罪成立，编辑莱蒙被判监禁9个月，缓刑18个月，罚款500英镑，杂志社被判罚金1000英镑。

---

① 参见上诉法院判决 Regina v Lemon, Regina v Gay News Ltd. [1978] 3 W. L. R. 404, 及上议院判决 Regina v Lemon, Regina v Gay News Ltd. [1979] 2 W. L. R. 281, 及 Gay News Ltd v United Kingdom[1983]5 EHRR 123.
② 普通法上的亵渎罪及亵渎诽谤罪既可以由私人提出指控，也可以由政府控诉部门提出指控。

被告不服,向上诉法院提起上诉,其上诉理由为原审法官在引导陪审团时,说被告不必具有亵渎的故意就可以构成亵渎诽谤罪。上诉法院驳回上诉,指出就亵渎诽谤罪的行为要件来说,发表任何侮辱、冒犯或贬低上帝、耶稣或基督教的言论或图文都构成亵渎诽谤罪,不过,温和而理性的讨论即使是苛刻地批评基督教,也不构成亵渎诽谤罪。因此,行为方面需要重点考察的是言论或表达的方式(manner),只有那些刻意以粗野的方式表达的内容才构成该罪。从这方面来看,本案中的言论和表达方式构成了亵渎。

关于该罪的主观要件方面,上诉法院认为,构成亵渎诽谤罪并不需要被告主观上有亵渎意图,只要明知是亵渎性的文字还故意发表就构成亵渎诽谤罪,被告是否怀有亵渎的故意和罪名是否成立不相干。罗斯基尔法官指出:"如果主观的意愿是构成该罪的要件之一,那么要证明的是谁的意愿?任何与发表的那一篇有问题的文字有关的人的意愿吗?抑或是被告的意愿?如果只是被告的意愿,他能够辩称,他发表那篇语带冒犯的文字只是为了赚钱,或只为了告诉世人确有人曾经写过那一篇东西。如果只追究作者的意愿,那么出版人的命运,尤其是当作者已不在人世的时候,就系于一个只有在刊登过的文字或说过的话中才找得出来的意愿了。"①

被告不服,又上诉到英国上议院,上议院也维持了该有罪判决。上议院给出的理由与上诉法院相同,仍然认为构成亵渎犯罪在主观方面并不要求证明被指控者存有亵渎的故意,而只要证明其存在发表或出版其被指控亵渎的言论或材料的故意就可以了。②

之后,被告又以判决不正当地限制了自己的言论自由为由申请欧洲人权委员会的审查,但最终也以失败告终。欧洲人权委员会认为,虽然英国普通法上的亵渎诽谤罪的确构成了对言论自由的限制,但是为了保护公民的宗教感情,只要其遵循比例原则,这种限制在民主社会就是必需的。③

3. 案件评论

本案是20世纪英国亵渎罪和亵渎诽谤罪审判史上具有里程碑意义的案件。在法律意义上,该案一方面延续了英国19世纪中叶以来对亵渎行为的认定标准,即主要考察发表言论的方式,而不是言论的内容,只有那些采用侮辱和嘲讽等针对英格

---

① 黄金鸿. 英国人权60案[M]. 北京:中国政法大学出版社. 2011:156.
② 参见上诉法院判决 Regina v Lemon, Regina v Gay News Ltd. [1978] 3 W. L. R. 404; Whitehouse Respondent v Lemon Appellant, Whitehouse Respondent v Gay News Ltd. Appellant[1979] 2 W. L. R. 281.
③ Gay News Ltd v United Kingdom[1983]5 EHRR 123.

兰教会或教义的高度冒犯性的表达方式才被认为构成亵渎；另一方面，该案具有一定的开创性，虽然英国法院在过去审理此类案件时也并未以被告具有"亵渎故意"作为犯罪的必要构成要件，但是该案的确对亵渎诽谤罪的主观要件进行了非常明确的阐释，即该罪的成立并不需要被告主观上具有亵渎的故意，只需明知是亵渎性的文字还故意发表它即可构成亵渎诽谤罪。该案是到目前为止英国司法史上最后一个判决亵渎诽谤罪成立的案件。就实际影响而言，该案的审判让很多人意识到英国还存在亵渎法这一古老的法律，并再一次激起了关于其存在合理性的讨论，也激发了一些人去积极推动修改或废除该法。

(二)温格罗夫诉英国政府案(Wingrove v the United Kingdom)(1996年)①

1. 案情

温格罗夫是英国的一位电影导演，于1989年请英国电影分级委员会对其导演的短片《狂喜幻想》(Visions of Ecstasy)进行分级，但该委员会认为该短片涉及对圣女大德兰②的色情描写，并且这一描写涉及基督教的崇拜对象耶稣，放映该片可能触犯英国普通法上的亵渎罪，为保护基督教信徒的宗教感情，故拒绝对该片分级，从而使该片无法在英国放映。之后，温格罗夫进一步向英国政府相关机构申请复议，也同样遭到了拒绝。1990年6月，温格罗夫将英国政府诉至欧洲人权委员会，认为其拒绝颁发分级证书的行为违反了《欧洲人权公约》第10条所赋予自己的表达自由权。

2. 判决

欧洲人权委员会将案件移交至欧洲人权法院，该法院于1996年11月对该案做出裁决，支持英国电影分级委员会的决定。

欧洲人权法院认为，温格罗夫应当合理地预见他的作品会在英国受到亵渎法的限制。③ 英国政府依据法律作出了决定，而且，对该电影作品的传播的限制意在追求一个合法目的，即保护宗教主题免受那些以鄙视、谩骂、侮辱、下流、滑稽的语气、风格和态度，意在激怒那些理解、同情或支持基督教的故事和伦理的表达方式的伤害。这一目标无疑符合《欧洲人权公约》第10条所说的保护"他人的权利"，也

---

① Wingrove v the United Kingdom, European Court of Human Rights, Application No. 17419/90 2006，(25 November 1996).
② 圣女大德兰是天主教中著名的圣徒。
③ Wingrove v the United Kingdom[1996]App. no. 17419/90.

与其第 9 条所载明的保护宗教信仰自由权的目标完全一致。① 接下来,法院继续沿用奥托·普瑞明格研究的推理逻辑,认为言论自由的行使负有义务和责任,在涉及宗教表达的场合,这一义务包括在谈及宗教崇拜对象时,要尽可能避免严重冒犯别人的、亵渎的表达方式。② 最后,法院并未发现能证明英国亵渎法是不必要的且与《欧洲人权公约》不符的法律依据。

在温格罗夫诉英国政府一案中,欧洲人权法院还特别强调,各国当局对该类案件具有较大的自由裁量余地。法院指出,规范涉及冒犯私密的、个人的道德信念,尤其是宗教信仰问题上的表达自由时,各国当局应该享有更加"宽泛"的自由裁量权。在涉及攻击别人宗教、信仰时到底什么是构成"保护他人权利"在欧洲并无统一标准。到底哪些表达可能引起对某一宗教信仰人群实质性的冒犯,这将随时间、地点的不同而不同,尤其是在一个以信仰和教派一直持续增长为特征的时代里,这一点格外突出。由于各国当局与本国的各种变动和力量一直保持直接和持续的接触,因此一般来讲,各国当局比国际法官更适合判断"保护他人权利"的确切内容到底为何,也更适合保护人们内心最深处的情感和信仰免受严重冒犯,而对表达自由所采取的限制措施是否符合民主原则,社会必须发表意见。③

3. 案件评论

"作为《欧洲人权公约》的实施和监督机构,欧洲人权法院通过大量案件的审理,已经成为真正保障欧洲公民权利和政治权利的宪法法院。"④《欧洲人权公约》的第 9 条是关于保护宗教信仰自由的,第 10 条是关于保护表达自由的。在处理涉及亵渎宗教表达方面的一系列案件时,欧洲人权法院试图在保护两项基本权利之间找到一个平衡点。该案中,欧洲人权法院将该案放在《欧洲人权公约》第 10 条所规定的限制表达自由的条件下一一检验,最终肯定了英国亵渎法存在的合法性和正当性。还需特别注意的是,欧洲人权法院在处理与宗教有关的案件时,通常会给予各国更加广泛的自由裁量权。因为欧洲人权法院认为,宗教反映了民众心灵最深处的情感和最核心的价值,各国当局处于适合的位置来判断如何平衡表达自由和宗教信仰自由的关系。

---

① Wingrove v the United Kingdom[1996]App. no. 17419/90.
② Wingrove v the United Kingdom[1996]App. no. 17419/90.
③ Wingrove v the United Kingdom[1996]App. no. 17419/90.
④ 崔明伍. 欧洲人权法院表达自由判例研究[D]. 武汉:华中科技大学,2010:156.

二、淫秽、色情物品监管的经典案例

(一)希克林案(Regina v Hicklin)(1868年)①

1. 案情

该案被告希克林是住在伍尔弗汉普顿镇的一名金属经纪人,他是一名热心的新教徒,一心想揭露天主教耶稣会的一些劣迹,他为此专程去伦敦搜罗此类小册子,然后出售给任何想要的人,他共卖出了2000-3000册此类小册子。这些小册子的主题为"脱下面具的忏悔室、揭露天主教神职人员的腐败、忏悔室的邪恶、女性忏悔的问题"等,其中包含一些某些神学家关于罗马天主教教义和戒律尤其是有关私下忏悔的作品的片段。小册子中一半的内容是讨论一些很有争议的问题,另一半内容则非常淫秽,涉及一些相当污秽、猥亵的行为、语言和观点。这些小册子后来在其家中被发现,并被扣留,之后,市镇法官将之列为淫秽书籍,命令将这些小册子销毁。

2. 判决

治安法院判决希克林犯有《淫秽出版物法》中的轻罪,命令销毁其拥有的出版物。之后,被告上诉至王座法院,王座法院维持了治安法院的判决,认为治安法院的判决是正确的。法官科伯恩(Cockburn)主笔写下了判决意见。

该判决依据《1857年淫秽出版物法》的规定:如果有理由相信任何淫秽书籍出于售卖或分发的目的被保存在某一房子里或其他场所,或者有证据证明一件或多件此类物品已经在这一场所被售卖或分发,且法官确信这样的出版物足以构成一项轻罪且适合起诉,法官就可以颁发逮捕证并扣留这些出版物。之后,其他法官在命令房屋主人到庭陈述后,如果确信这些出版物的确具有逮捕证所记载的性质,且房屋主人是为了售卖或分发而保有这些物品的,就可以命令将其销毁。

在该案中,法官提出,判断一件作品是否为淫秽物品的标准是看该作品是否会导致"那些心灵易受不道德内容影响的人变得腐化和堕落"。本案涉及的小册子显然具有容易使人堕落和腐化的特点,且它们可能落入任何人的手中,可能是年轻的男孩和女孩,或者年纪更大的人,也可能是好色之徒。该涉案作品毫无疑问是淫秽物品。

---

① Regina v Hicklin[1868]L. R. 2 Q. B. 360

本案中，希克林的律师提出，希克林售卖小册子并非为获利，也并非意图损害社会道德规范，其目的是揭露天主教的错误行为尤其是那些关于忏悔的不道德行为，他提出只有故意腐化公众的心灵才构成犯罪。法院认为，缺乏腐化公众心灵的故意不是使犯罪不成立的理由。因为，从行为上的违法就可以推论出主观上的故意，被告所持有的良好目的并不影响该罪的成立。

3. 案件评论

《1857年淫秽出版物法》是英国监管淫秽出版物的第一部正式法律，该法颁布后不久，就出现了希克林案。在该案的上诉审判中，英国首席法官科伯恩提出了关于是否构成淫秽的著名判断，即"被指淫秽的事物有没有一种倾向，使那些心灵易受不道德内容影响的人变得腐化和堕落"。这一标准后被称为"希克林标准"。这一标准不但影响了英国20世纪中叶以前的司法审判，还漂洋过海成为美国司法审判中判断是否构成淫秽的标准。之后，英国社会逐渐对色情作品持更加包容的态度，于是该标准也不断受到质疑和挑战。这一标准被认为使作者不得不虚构社会现实，并将文学作品水准降低到只适宜青少年阅读的程度。经过几十年的争议后，随着英国《1959年淫秽出版物法》的出台，希克林标准最终被废除。

(二)企鹅出版公司案(Regina v Penguin books Ltd)(1961年)①

1. 案情

《查泰莱夫人的情人》为20世纪英国作家劳伦斯撰写的一部小说。该作品于1928年首次在意大利私下出版，一年之后，又在法国和澳大利亚出版。但之后不久，当该作品输入美国和英国时，被美国海关和伦敦警务处没收。1960年，英国企鹅出版公司首次在英国本土出版该书。1960年英国检察官根据《1959年淫秽出版物法》以该书是淫秽作品对企鹅出版公司提起刑事指控。

2. 判决

庭审中，检察官请陪审团根据《1959年淫秽出版物法》第2条来判断该书是否为淫秽出版物，然后根据第4条判断该书是否具有足够的文学价值可以使用"公共利益"这一抗辩理由。检察官还指出，陪审团必须整体来判断该作品是否具有导致看到作品的人产生腐化和堕落的倾向，这些人包括成年人，也包括未成年的男孩和

---

① Regina v Penguin books Ltd [1961] Crim LR 176. 本案由于涉案图书为《查泰莱夫人的情人》，所以一般也称"《查泰莱夫人的情人》案"。

女孩。检察官指出,对性活动的描述构成该书的中心内容,虽然该书具有一定的文学价值,但整体来看仍是淫秽的,该书所使用的语言、所暗示的对通奸行为的鼓励,以及该书的情节设计仅仅是为性描写做铺垫等,这些内容已超过了该书的文学价值,因此该书为淫秽出版物。

辩护方请了 35 位证人到庭作证,其中包括多位知名的文学批评家,以证明该书的文学价值。这些证人证明,劳伦斯在写作上是真诚的,陪审团应该更深入地看待该作品。辩护人主张该书并非淫秽出版物,它不会导致任何人腐化和堕落,该作品满足了 1959 年法律所规定的"公共利益"的抗辩理由。辩护方指出,劳伦斯所要传达的信息是:他身处的英国社会是病态的,这种病态是机械时代、拜金主义及以牺牲身体为代价所带来的精神压力等方面的必然结果。劳伦斯认为在这样的社会中,我们应该重建人与人之间的关系,其中最伟大的便是男人和女人的爱情关系,这种关系并非可耻和肮脏的,也不是不可讨论的。因此该书的性描写是必要和适当的。

陪审团经过 6 个小时的退庭合议,最后判决企鹅公司无罪。

3. 案件评论

英国作家劳伦斯撰写的小说《查泰莱夫人的情人》是 20 世纪最具争议的文学作品之一。当这本小说在英国被起诉时,英国法官的裁判依据为英国那时刚颁布的《1959 年淫秽出版物法》。该法废除了在英国通行一个世纪之久的关于是否构成淫秽罪的"希克林标准"。该法这样界定淫秽的标准:"某件物品或由两个及两个以上项目组成的物品中的任何一项的效果,如果从整体来看可能使(那些在有关场合下可能读到、看到或听到相关作品所包含或体现的内容的)人堕落和腐化的话,该物品将被认为是淫秽的。"因此,本案所要重点考察的就是《查泰莱夫人的情人》一书是否会导致其可能的读者堕落与腐化。不但如此,由于《1959 年淫秽出版物法》还在第 4 条引入了公共利益的抗辩理由,即"如果关于相关物品的公开行为被证明是为了科学、文学、艺术或者其他公众关注的事项的利益,那么此种公开行为就具有公共利益的正当理由,其不应被视为违法行为",因此,法庭还要判断该书是否具有足够的文学价值可以免责。最后,法庭认为,该书从整体上并非淫秽出版物,色情描写是必要的,且该书具有很高的文学价值,因此判决企鹅公司无罪。该案的判决在英国淫秽色情作品的司法判断上具有重大意义。实际上,该案被认为是英国文学自由的转折点。① 此后,起诉文学作品触犯淫秽罪变得更加困难。

---

① GOLDBERG D,GAVIN G,WALDEN I. Media law and practice[M]. Oxford:Oxford University Press,2009:443.

三、涉及仇恨言论罪的典型案例

（一）希顿和汉宁顿案[R v Michael Heaton and Trevor Hannington（2010年）]——煽动种族仇恨罪案例①

1. 案情

2009年12月，"雅利安打击力量（ASF）"组织的两名高级领导成员——希顿（Michael Heaton）和汉宁顿（Trevor Hannington）在他们各自的家中被逮捕。希顿是该组织委员会的成员，汉宁顿是网站的管理人。两人都在其网站论坛上发表了大量帖子，其中包括鼓励杀死犹太人和黑人等内容。这些帖子也表现出对犹太人、黑人、穆斯林和亚裔人士的仇恨。

希顿的家中存有大量的纳粹用品。他在ASF论坛上张贴了一些鼓励毁灭犹太人的材料，还发表了一些仇恨少数族裔和英国政府的评论。希顿被起诉多项罪名，其中包含招募谋杀及使用威胁性、辱骂性的语言和行为故意煽动种族仇恨罪。他向警察承认发布了这些帖子，但他辩解说只是在网上胡说八道而已（talking rubbish），他主张自己已经远离了这些极端观点。

汉宁顿发表了大量鼓励杀死犹太人和仇恨非白人的帖子，他的家因此被搜查，电脑被查封。他曾从网上下载了很多出版物，并购买了一本关于制造炸弹和其他爆炸性设备的书。他分发给ASF成员一部关于如何制造简易喷火器的指南性的录像，还说简易喷火器可用以烧死黑人。他被指控多项罪名，其中包括教唆指使谋杀罪（soliciting murder）及使用威胁性、辱骂性的语言和行为故意煽动种族仇恨罪。除此之外，他还被指控犯有收集可能被用以实施或准备恐怖主义行动的信息罪和散发恐怖主义出版物罪。他承认自己发布了这些帖子，但是主张他从未真正实施其中涉及的行动。另外，他说自己只是出于好奇才下载那些恐怖主义出版物。

2. 判决

法院判决希顿招募谋杀不成立，但是触犯了《1986年公共秩序法》中的煽动种族仇恨罪。他被判处30个月的监禁。

汉宁顿被判招募谋杀不成立，但是煽动种族仇恨罪成立。他还犯有收集可能

---

① 本案写作主要参考了英国皇家检察署对该案的介绍（https://www.cps.gov.uk/publications/prosecution/ctd_2010.html#a08）。

被用以实施或准备恐怖主义行动的信息罪和散发恐怖主义出版物罪。他被判处2年监禁。

3. 案件评论

《1986年公共秩序法》规定了煽动种族仇恨罪,该法将使用威胁、辱骂或侮辱性的,针对一群人肤色、种族、国籍或族裔、民族出身(national origins)等身份特征的语言或行为规定为煽动种族仇恨罪。煽动种族仇恨罪并不要求有相应的针对这些群体的仇恨行为,法律认为,仅仅是煽动仇恨的表达就已经具有足够的危害性,因为这样的表达本身就已构成犯罪。该案中,两名被告被法庭认定其表达行为符合该项犯罪的各项主观和客观要件,因而最终被判煽动种族仇恨罪成立。该案提醒我们注意几个方面:一是目前大量煽动种族仇恨的材料是通过网络来发布的,网络相对薄弱的把关机制便利了这类言论和信息的发布和传播;二是煽动种族仇恨往往和实施相关的暴力犯罪及煽动恐怖主义等各项犯罪紧密相关。这至少部分说明,从仇恨的表达到实施仇恨的行动的距离并不很遥远。

(二)艾哈迈德案(Regina v Bilal Ahmad)(2012年)①——煽动宗教仇恨罪案例

1. 案情

比拉尔·艾哈迈德,24岁,生于英国,同时持有英国和巴基斯坦护照,受过良好的教育,曾做过与计算机数据及计算机系统有关的工作。他对计算机系统、数据及网络都非常熟悉。

他在网上散布了大量关于极端主义和恐怖主义的言论和材料。他在Facebook账号中写道:"写给西方世界:你们都要去死。"2009年3月20日,Bilal Ahmad在互联网上参加在线讨论,讨论的内容为印度一所大学决定禁止穆斯林学生穿戴蒙面罩袍(burka)。这与Bilal Ahmad的信仰观点相反。他在网站上说"穆斯林在哪里?""他们应该猛攻这些肮脏的患狂犬病的猴子,踩他们的下巴,直到他们听到甜蜜的裂开的声音及其他"。这些表达对印度教徒来说是高度辱骂性的、高度敏感性的。但是,没有人被他煽动起来采取行动。

2010年5月,一名英国学生罗肖娜拉·乔杜里(Roshonara Choudhry)两次刺杀

---

① CPS. Hate crime report[R/OL]. (2017-10-17)[2017-12-03]. www. cps. gov. uk/publications/prosecution/cases_of_inciting_racial_and_religious_hatred_and_hatred_based_upon_sexual_orientation. html#bg.

当地的国会议员斯蒂芬·蒂姆斯(Stephen Timms)未遂。乔杜里说,她相信这样做是她的义务,因为蒂姆斯投票支持对伊拉克的战争。2010年11月,乔杜里因企图谋杀被判处终身监禁。同期,艾哈迈德在一家知名的极端主义网站上发表了一篇文章。他在文章中赞扬了乔杜里,并提供了她的行为正当性的解释。在文章中,他公布了一个所有投票支持伊拉克战争的国会议员名单,还提供了一个约见他们的指南,及一个售卖刀具的链接。

他的电脑中还存储有大量可能被用于进行恐怖主义活动的其他资料。比如,他的电脑中存有一本名为《服务和参与基地组织的39种方法》的书,该书中有参与暴力"圣战"的合理性论证,甚至有如何实施"圣战"的实用性指导。该书的修订版《服务和参与基地组织的44种方法》也被存储在该电脑中。再比如,他的电脑中还有另一本书,此书是关于"圣战"的,还附有如何选拔、资助、训练和服务一个人,直到将其送去参战的实际操作建议。另外,还有一本叫作《启发》的书,这本书直接来自也门的基地组织,是基地组织的宣传材料,其目标是训练穆斯林准备"圣战",其中包含大量的鼓励恐怖主义的材料和如何实施恐怖主义活动的指导材料。

2. 判决

皇家法院法官在一审审判中对艾哈迈德说:"法官认为你是高度聪明的人,你知道你将要做的是什么。你发布在网络上的大部分材料是企图与人交换极端民族主义思想,为他人提供接近恐怖分子的机会并督促他们实施行动的材料。你在一些臭名昭著的网站上发布的材料被广泛地阅读,很多读到这些材料的人分享了你的看法,这使得他们很可能按照你的建议去采取行动。你很清楚你的行为会产生什么样的潜在后果。"

最后,法官综合考虑犯罪的行为、行为人的人身危险性、行为人的认罪态度等因素对艾哈迈德作出了判决。2011年5月13日,皇家法院判决艾哈迈德犯有煽动宗教仇恨、收集用以实施或准备实施恐怖活动的资料、教唆指使谋杀等5项罪,处以其12年监禁(custodial element)和5年的延长监禁(extended imprisonment)。[①]

艾哈迈德对一审判决提出了上诉,上诉法院维持了原判。

---

① 英国法律规定,法官若在判决时通过综合衡量发现犯罪人的再犯危险性比较大,就可以在法定监禁之外再判处一段延长监禁。判处延长监禁的条件包括:(1)年满18周岁的人;(2)触犯某项具体的暴力犯罪或性犯罪;(3)法官经评估后认为该犯罪人具有较高的对社会再次犯罪的危险;(4)该犯罪人还达不到判处终身监禁的程度;(5)该犯罪人有某些法律所规定的特定犯罪的前科。Sentencing Council. Extended sentences[EB/OL]. (2013-03-06)[2017-12-03]. https://www.sentencingcouncil.org.uk/about-sentencing/types-of-sentence/extended-sentences/.

3. 案件评论

2006年英国议会通过了《2006年煽动种族与宗教仇恨法》。该法在煽动种族仇恨罪的基础上进一步将基于宗教身份发表"威胁性"言论视为一项犯罪。但该法为煽动宗教仇恨罪设置了非常严格的主观和客观行为要件,并特别附加了一条言论自由的抗辩条款,这使得成功起诉该罪非常困难,事实也证明了这一点。自该法制定以来,截至2016年,通过普通程序成功起诉定罪的案件仅有2例。[①] 本案是其中比较典型的一例。从本案的案情来看,该案被告通过网络对印度教徒发表了一些高度辱骂性的言论,这些言论不仅是辱骂性的,而且是具有高度"威胁性"的。《2006年煽动种族与宗教仇恨法》仅将"威胁性"言论定为该罪的行为要件。正因发表具有"威胁性"的煽动宗教仇恨的言论,该案被告煽动宗教仇恨罪成立。不仅如此,该案被告还被发现大量收集用以实施或准备实施恐怖活动的资料,因而还触犯了英国反恐法。这也说明,煽动宗教仇恨和实施恐怖主义等犯罪常常是有关的。

---

① 从2007年生效至2011年这5年期间,据英国司法部统计,成功定罪的案件共有6起。其中由英国皇家检察署(Crown Prosecution Service)起诉通过普通程序审理定罪的案件仅有1起,其他5起是通过治安法院以简易程序来定罪的轻微案件。从2012年至2016年这5年期间,英国皇家检察署成功起诉并通过普通程序定罪的只有1起,而通过治安法院以简易程序定罪的案件具体有多少起还没看到相关的统计数字。英国皇家检察总署的网站上有历年的起诉的案件,具体请参阅:https://www.cps.gov.uk/publications/prosecution/ctd.html.

参考文献

中文著作

北京外国语大学英国研究中心,中国欧洲学会英国研究分会.英国发展报告(2015—2016)[M].北京:社会科学文献出版社,2016.

北京外国语大学英国研究中心,中国欧洲学会英国研究分会.英国发展报告(2014—2015)[M].北京:社会科学文献出版社,2015.

北京外国语大学英国研究中心,中国欧洲学会英国研究分会.英国发展报告(2016—2017)[M].北京:社会科学文献出版社,2017.

北京外国语大学英国研究中心,中国欧洲学会英国研究分会.英国发展报告(2017—2018)[M].北京:社会科学文献出版社,2018.

陈力丹,董晨宇.英国新闻传播史[M].北京:人民日报出版社,2017.

陈志瑞,石斌.埃德蒙·伯克读本[M].北京:中央编译出版社,2006.

法学教材编辑部.外国法制史资料选编:上[M].北京:北京大学出版社,1982.

郭海英.传媒行业政府规制体制研究[M].天津:南开大学出版社,2013.

黄金鸿.英国人权60案[M].北京:中国政法大学出版社,2011.

京东法律书院.欧盟数据宪章:《一般数据保护条例》GDPR评述及实务指引[M].北京:法律出版社,2018.

敬乂嘉.合作治理:再造公共服务的逻辑[M].天津:天津人民出版社,2009.

李丹林.广播电视法中的公共利益研究[M].北京:中国传媒大学出版社,2012.

李娜.欧美公共广播电视危机与变迁研究[M].北京:中国传媒大学出版社,2009.

马庆平.中外广播电视法规比较[M].北京:经济管理出版社,2005.

钱乘旦,陈晓律.英国文化模式溯源[M].上海:上海社会科学院出版社,2003.

曲广娣.色情问题的根源和规范思路探讨[M].北京:中国政法大学出版社,2013.

沈固朝.欧洲书报检查制度的兴衰[M].南京:南京大学出版社,1999.
唐亚明.英国传媒体制[M].广州:南方日报出版社,2007.
王菊芳.BBC之道:BBC的价值观与全球化战略[M].上海:生活·读书·新知三联书店,2013.
王润珏.媒介融合的制度安排与政策选择[M].北京:社会科学文献出版社,2014.
魏建国.多维视野下英国法治秩序生成的深层解读[M].哈尔滨:黑龙江大学出版社,2009.
魏永征,李丹林.影视法导论[M].上海:复旦大学出版社,2005.
魏永征,张咏华,林琳.西方传媒的法制、管理和自律[M].北京:中国人民大学出版社,2003.
魏永征.新闻传播法教程[M].北京:中国人民大学出版社,2016.
吴小坤.自由的轨迹:近代英国表达自由思想的形成[M].桂林:广西师范大学出版社,2011.
徐爱国.英美侵权行为法学[M].北京:北京大学出版社,2004.
薛波.元照英美法词典[M].北京:北京大学出版社,2014.
阎照祥.英国政治思想史[M].北京:人民出版社,2010.
张千帆.宪法学导论:原理与应用[M].第3版.北京:法律出版社,2006.
张新宝.名誉权的法律保护[M].北京:中国政法大学出版社,1997.

中文译著

阿蒂亚.英国法中的实用主义与理论[M].刘承韪,刘毅,译.北京:清华大学出版社,2008.
埃尔曼.比较法律文化[M].贺卫方,等译.北京:清华大学出版社,2002.
奥尔特.正当法律程序简史[M].杨成明,等译.北京:商务印书馆,2006.
布莱克.现代化的动力:一个比较史的研究[M].景跃进,等译.杭州:浙江人民出版社,1989.
布洛克.西方人文主义传统[M].董乐山,译.北京:生活·读书·新知三联书店,1997.
费恩塔克.规制中的公共利益[M].戴昕,译.北京:中国人民大学出版社,2014.
福尔曼,鲍德温.英国政治通论[M].苏淑民,译.北京:社会科学文献出版社,2015.
哈耶克.自由秩序原理:上册[M].邓正来,译.北京:生活·读书·新知三联书店,1997.
汉南.自由的基因:我们现代世界的由来[M].徐爽,译.南宁:广西大学出版社,2015.
基恩.媒体与民主[M].郗继红,刘士军,译.北京:社会科学文献出版社,2003.
卡多佐.司法过程的性质[M].苏力,译.北京:商务印书馆,2002.
卡伦.媒体与权力[M].史安斌,董关鹏,译.北京:清华大学出版社,2006.
卡罗里德斯,鲍尔德,索瓦.西方历史上的100部禁书[M].张秀琴,音正权,译.北京:中信出版社,2006.
卡内冈.法官、立法者和法学教授[M].薛张敏敏,译.北京:北京大学出版社,2006.

卡瑞,辛顿.有权无责——英国的报纸、广播、电视与新媒体:第7版[M].栾轶玫,译.北京:清华大学出版社,2016.

拉吉罗.欧洲自由主义史[M].杨军,译.长春:吉林人民出版社,2001.

劳埃德,米勒.通信法[M].曾剑秋,译.北京:北京邮电大学出版社,2006.

洛克.政府论[M].赵博英,译.西安:陕西人民出版社,2004.

美浓部达吉.议会制度论[M].邹敬芳,译.北京:中国政法大学出版社,2005.

弥尔顿.论出版自由[M].吴之椿,译.北京:商务印书馆,2011.

密尔.论自由[M].顾肃,译.上海:译林出版社,2010.

佩雷菲特.信任社会——论发展之缘起[M].邱海英,译.北京:商务印书馆,2005.

丘吉尔.英语国家史略[M].薛力敏,等译.北京:新华出版社,1984.

萨瓦斯.民营化与公私部门的伙伴关系[M].周志忍,译.北京:中国人民大学出版社,2002.

塞西尔.保守主义[M].杜汝楫,译.北京:商务印书馆,1986.

赛格勒.广播电视广告教程[M].程坪,译.北京:新华出版社,2000.

斯皮尔伯利.媒体法[M].周文,译.武汉:武汉大学出版社,2004.

沃特金斯.西方政治传统[M].黄辉,等译.长春:吉林人民出版社,2001.

英国贸易工业部.英国政府通信白皮书[M].顾芳,李澎,王宇丽,等译.北京:中国法制出版社,2002.

尤斯拉纳.信任的道德基础[M].张敦敏,译.北京:中国社会科学出版社,2006.

约翰.表达自由的法律限度[M].侯健,译.贵阳:贵州人民出版社,2003.

中文论文

白净,魏永征.论英国诽谤法改革的趋势[J].国际新闻界,2011(6).

崔明伍.欧洲人权法院表达自由判例研究[D].武汉:华中科技大学,2010.

陈绚.对新闻传播限制的规则探讨[J].国际新闻界,2007(7).

邓辉.英国新数据保护法案:改革计划[J].中国应用法学,2017(6).

杜志华.欧盟广告法律规制研究[J].法学评论,2002(5).

何波.英国个人数据保护立法改革进展及分析[J].通信管理与技术,2018(2).

何波.英国新数据保护法案介绍与评析[J].中国电信业,2017(11).

何天翔.《哈格里夫斯报告》述评对英国知识产权立法改革一揽子计划的分析[J].电子知识产权,2012(9).

赫舍里静.欧盟版权法改革趋势述评[J].出版发行研究,2016(6).

胡开忠,赵加兵.英国版权例外制度的最新修订及启示[J].知识产权,2014(8).

季芳芳,于文.英国版权制度改革对我国数字出版的启示[J].编辑学刊,2013(2).

季芳芳,于文.在线版权交易平台的创新趋势及评价:以英国"版权集成中心"(Copyright Hub)为例[J].编辑之友,2013(7).

寇金玲.BBC全媒体改革给我国媒介融合带来的启示[J].齐鲁师范学院学报,2016,31(1).

冷淞.英国电视广告的播出政策与管理规定:一论中西方转型期的电视广告[J].声屏世界,2005(10).

李丹林."公共利益""新闻自由"与"独立报刊标准组织":英国报刊业监管改革核心问题述评[J].现代传播(中国传媒大学学报),2015,37(8).

李丹林."谁来监守守护者"?:论英国"窃听丑闻"发生后报刊业监管改革[J].新闻记者,2013(5).

李丹林.媒介融合时代传媒管制问题的思考:基于"公共利益"原则的分析[J].现代传播(中国传媒大学学报),2012,34(5).

李丹林.英国创意产业的发展与启示[N].中国新闻出版报,2013-08-01(6).

李丹林.英国新时期报刊业监管改革研究[J].南京社会科学,2015(2).

李二仕.英国电影从审查到分级的演变[J].北京电影学院学报,2013(3).

李洪雷.论互联网的规制体制:在政府规制与自我规制之间[J].环球法律评论,2014(1).

李继东.论英国公共广播电视理念的缘起与嬗变[J].现代传播(中国传媒大学学报),2007(3).

李梦婷.论孤儿作品的利用与保护[J].法制与社会,2014(21).

李淑芳.英国文化创意产业发展模式及启示[J].当代传播(汉文版),2010(6).

刘锦宏,王欣,刘永坚.英国媒体所有权的集中与规制演变[J].传媒,2013(3).

刘译璠.英国绅士风度的形成及其社会影响[J].内蒙古电大学刊,2008(8).

罗豪才,宋功德.行政法的治理逻辑[J].中国检察官,2011(15).

齐延平.论英国自由宪政的文明进路[J].金陵法律评论,2006(秋季卷).

石同云.英国电影审查与分级制度[J].电影艺术,2004(2).

舒小昀.英吉利民族绅士风度解析[J].贵州社会科学,2012(8).

宋慧献.出版审查与英国版权制度的诞生[J].知识产权法研究,2008(2).

宋亚辉.论公共规制中的路径选择[J].法商研究,2012(3).

苏贝妮.提升报道质量实现华丽转身:BBC新媒体业务探索及整体机构改革[J].新闻记者,2012(7).

王四新.论广播电视规制的六种理论[J].现代传播(中国传媒大学学报),2009(3).

吴晴.论版权许可使用法律制度的完善[J].法制与社会,2014(31).

晓雪.英国传媒业迎来"数字拐点"[N].中国出版传媒商报,2016-06-07(8).

肖赞军. 媒介融合时代传媒规制的国际趋势及其启示[J]. 新闻与传播研究,2009(5).

徐煌成. P2P 难题:从 BBC 的 iPlayer 说起[J]. 华为技术,2008(34).

夏倩芳. 公共利益与广播电视规制——以美国和英国为例[D]. 武汉:武汉大学,2004.

徐颖. 英国知识产权改革的"平衡术"[J]. 决策探索(上半月),2016(4).

阎照祥. 18 世纪前期英国报刊监管与党派论争[J]. 史学月刊,2014(12).

禹亚男. 谈绅士文化[J]. 时代文学,2010(8).

曾海芳. 管制、放松与整合:透视当前英国广播电视政策的改革[J]. 新闻记者,2007(10).

展江. 当代英国法中的表达自由及其限制[J]. 武汉大学学报(哲学社会科学版),2018(1).

张万宽,陈佳. 国外共同规制相关研究进展与述评[J]. 理论界,2014(12).

张文锋. 西方国家传媒治理中的替代性规制[J]. 新闻界,2015(5).

张文锋. 英国广告规制中的替代性规制及启示[J]. 青年记者,2015(8).

张文锋. 英国广告规制中的替代性规制及启示[J]. 青年记者,2015(8).

郑宁. 我国行政立法评估制度的背景与价值探析[J]. 行政法学研究,2010(4).

郑汝纯. 普通法之正义意识[J]. 陈建福,译. 比较法研究,1998(4).

钟瑛,张恒山. 论互联网的共同责任治理[J]. 华中科技大学学报(社会科学版),2014(6).

周成华,文远竹,曹苏宁. 英国报业的股权制度及治理结构[J]. 青年记者,2013(25).

周庆山,李彦篁. 欧美各国信息传播中的内容规制政策研究[J]. 出版发行研究,2014(1).

邹焕聪. 社会合作规制的运作机理与行政法治回应[J]. 行政论坛,2013,20(3).

英文著作

BRAZIER R. Constitutional reform:reshaping the British political system[M]. Oxford:Oxford University Press,2008.

Christopher T. Marsden. Internet co-regulation:european law,regulation governance and legitimacy in cyberspace[M]. Cambridge:Cambridge University Press,2011.

FEINTUCK M. The public interest in the regulation [M]. Oxford:Oxford University Press,2004.

Geoffrey Robertson Q. C. Media law:4th ed[M]. London:Sweet&Maxwell,2002.

GOLDBERG D,SUTTER G,WALDEN I. Media law and practice[M]. Oxford:Oxford University Press,2009.

HELMHOLZ R H. The Oxford history of the laws of England [M]//The Canon law and ecclesiastical jurisdiction from 1597 to the 1640s. Oxford:Oxford University Press,2004.

HOLDSWORTH W. A history of English law[M]. London:Methuen,1922.

JAY R, HAMILTON A. Date protection law and practice [M]. London: Sweet & Maxwell,2012.

JOHN R. Broadcast over Britain[M]. London:Hodder & Stoughton,1924.

MILMO P,ROGERS W V H. Gatlay on libel and slander:12th ed. [M]. London: Sweet & Maxwell,2013.

MILO D. Defamation and freedom of speech[M]. Oxford:Oxford University Press,2008.

MORRISON J. Public affairs for Journalists[M]. Oxford:Oxford University Press,2009.

POLLOCK F, MAITLAND F. The history of english law-before the time of Edward I[M]. Cambridge:Cambridge University Press,1898.

PRICE D. Defamation law,procedure and practice[M]. London:Sweet & Maxwell,2011.

SCANNELL P,CARDIFF D. A social history of British broadcasting[M]. London: Wiley-Blackweel,1991.

SIEBERT F S. Freedom of press in England 1476-1776[M]. Champaign:University of Illinois Press,1952.

SMARTT U,MANSFIELD M. Media & entertainment law[M]. NewYork:Routledge Press, 2014.

SOLOVE D J. The future of reputation:gossip,rumor,and privacy on the Internet[M]. New Haven:Yale University Press,2007.

WORMUTH F D. The origins of modern constitutionalism[M]. New York:Harper & Brother,1949.

英文论文

COLLINS V. Privacy in the United Kingdom:a right conferred by Europe? [J]. International journal of law and information technology,1993(3).

CUILENBURG J,MCQUAIL D. Media policy paradigm shifts:towards a new communications policy paradigm[J]. European journal of communication,2003,18(2).

DOE N,SANDBERG R. The changing criminal law on religion[J]. Law & just:Christian law review,2008:88-97.

FEINTUCK M. Regulating media markets in the public interest:principles beyond competition[J]. Journal of media business studies,2009,6(3):63-77.

HAMBURGER P. Seditious libel and the control of the press[J]. Law review,1985 (3).

MOREHAM N A, Douglas and others v Hello! Ltd. :the protection of privacy in English private law[J]. Modern law review,2001(9).

MORTENSEN R. Blasphemy in a secular state: a pardonable sin? [J]. UNSW law journal, 1994(2).

ORBACK B. What is regulation[J]. Yale journal on regulation online,2012(1).

PHILLIPSON G. Transforming breach of confidence? Towards a common law right of privacy under the human rights act [J]. Modern law review,2003(66).

PROSSER T. Self-regulation, co-regulation and the audio-visual media services directive[J]. Consum policy,2008(31).

PUPPIS M. Media governance: a new concept for the analysis of media policy and regulation [J]. Communication,culture & critique,2010,3(2).

SANDBERG R, DOE N. The strange death of Blasphemy[J]. Modern law review,2008(6).

SHVLER. Reform in the law of defamation: the English defamation act of 1952[J]. Harvard law review,1953(3).

TOOHEY T J. Blasphemy in nineteenth century England: the pooley case and its background [J]. Victorian studies,1987(3).

国际公约和欧盟法律

The European convention for the Protection of Human Rights and Fundamental Freedoms

Directive 2002/19/EC of the European Parliament and the Council. of 7 March 2002 on the universal service and users' rights relating to electronic communications networks and services(Universal Service Directive)

Regulation(EU)2016/679 of the European Parliament and of the Council of 27 April 2016 on General Data Protection Regulation

Directive(EU)2016/680 of the European Parliament and of the Council of 27 April 2016 on Data Protection Law Enforcement Directive

Directive 2010/13/EU of the European Parliament and of the Council of 10 March 2010 on the coordination of certain provisions laid down by law, regulation or administrative action in Member States concerning the provision of audiovisual media services(Audiovisual Media Services Directive)

Directive(EU)2015/1535 of the European Parliament and of the Council of 9 September 2015 laying down a procedure for the provision of information in the field of technical regulations and of rules on Information Society services(Text with EEA relevance)

英国法律及相关规范性文件

Magna Carta 1215

An Act Against Unlicensed and Scandalous Books and Pamphlets, and for Better Regulating Printing 1649

Licensing Act 1662

Sound Broadcasting Act 1972

The Defamation Act 1843

Defamation Act 1952

Defamation Act 1996

Defamation Act 2013

Digital Economy Act 2010

Digital Economy Act 2017

Telecommunications Act 1984

Broadcasting Act 1990

Broadcasting Act 1996

Freedom of Information Act 2000

Office of Communications Act 2002

Communications Act 2003

Criminal Justice and Immigration Act 2008

Coroners and Justice Act 2009

Youth Justice and Criminal Evidence Act 1999

Data Protection Act 1998

Data Protection Act 2018

Obscene Publications Act 1857

Obscene Publications Act 1959

Obscene Publications Act 1964

Postal Services Act 2000

Theatres Act 1968

Indecent Displays(Control)Act 1981

The Protection of Children Act 1978

The Video Recordings Act 1984

Race Relations Act 1976

Public Order Act 1986

Racial and Religious Hatred Act 2006

Human Rights Act 1998

Deregulation and Contracting Out Act 1994

Criminal Justice and Courts Act 2015

Royal Charter for the Continuance of the British Broadcasting Corporation

An Agreement Between Her Majesty's Secretary of State for Culture, Media and Sport and the British Broadcasting Corporation

The Audiovisual Media Services Regulations 2009

The Audiovisual Media Services Regulations 2010

The Audiovisual Media Services Regulations 2014

Guidance on Who Needs to Notify: Application and Scope of the Regulations for Video On Demand(VOD)services, 2014

Press Royal Charter

IPSO: Editor's Code of Practice

IPSO: Social Media Guidance

IMPRESS: Co-created Standards Code for Future of Publishing

NUJ: Code of Conduct

The Ofcom Broadcasting Code

Cross-Promotion Code

Code on the Scheduling of Television Advertising

Broadcasting Committee of Advertising Practice Code

On Demand Programme Services Rules

CAP: UK Code of Non-broadcast Advertising, Sales Promotion and Direct Marketing

BCAP: The UK code of Broadcast Advertising.

ATVOD: Rules & Guidance: Statutory Rules and Non-Binding Guidance for Providers of On-Demand

典型案例

Lingens v Austria(1986)8 EHRR 407Green v Associated Newspapers [2004] EWCA 1462

Flood v Times Newspapers [2009] EWCA 2375

Loutchansky v Times newspapers Ltd. [2004] EWCA 1805

Reynolds v Times Newspapers Ltd. (1999)4 AllER 609 HL

Tim Yeo v Times Newspaper Ltd. [2015] EWHC 3375(QB)

Sir Kevin BARRON MP(2)Rt. Hon. John HEALEY MP v Caven VINES, [2015] EWHC 1161(QB)

Prince Albert v Strange, [1849] EWHC Ch J20, (1849)2 De Gex& Sim 652

Lincoln Hunt Australia Pty Ltd. v Willesee, (1986)4 NSWLR 457

Malone v Commissioner of Police of the Metropolis(No 2)[1979] 2 All ER 620

Hickman v Maisey [1900] 1 QB 752

Khorasandjian v Bush [1993] QB 727

Kaye Robertson and Sport Newspaper Ltd. [1991] FSR 62

Funston v Pearson [1915] The Times, 12 March

Plumb v Jeyes Sanitary Compounds Co Ltd. [1937] The Times, 15 April

Coco v A. N. Clark(Engineers)Ltd. [1969] R. P. C

Terence William Smith v L Loyds TSB Bank Plc[2005]EWHC 246

Durant v Financial Services Authority [2003] EWCA Civ 1746(08 December 2003)

Johnson v Medical Defence Union [2007] EWCA Civ 262

Campbell v MGN [2002] EWHC 499(QB); Campbell v MGN [2003] QB 633; Campbell v MGN [2004] 2 AC 457

Australian Broadcasting Corp. v Lenah Game Meats Pty. Ltd. [2001] H. C. A. 63

Naomi Campbell v MGN Ltd. [2002] EWCA Civ 1373(14 October 2002)

Douglas v Hello [2001] QB 967; Douglas v Hello [2003] EWHC 2629; Douglas v. Hello [2005] EWCA Civ 595

Attorney-General v Guardian Newspaper [1990] 1 AC 109

Creation Records Ltd. V News Group Newspapers Ltd. [1997] EMLR 444

Regina v Lemon, Regina v Gay News Ltd. [1978] 3 W. L. R. 404; Whitehouse Respondent v Lemon Appellant, Whitehouse Respondent v Gay News Ltd. Appellant[1979] 2 W. L. R. 281; Gay News Ltd. v United Kingdom(1983)5 EHRR 123.

WINGROVE v THE UNITED KINGDOM, European Court of Human Rights, Application No. 17419/90 2006, (25 November 1996)

R v Hicklin, L. R. 2 Q. B. 360(1868).

R v Penguin books Ltd. [1961] Crim LR 176

R v Michael Heaton and Trevor Hannington(2010)

R v Bilal Ahmad(2012)

Castaway Television Productions Ltd. v Granada Media Group & London Weekend Television-Survivor

主要网站

英国议会网站:https://www.parliament.uk/

英国全国统计办公室:https://www.ons.gov.uk/

英国政府网站:https://www.gov.uk/government

英国通信办公室网站:https://www.ofcom.org.uk/

独立报刊标准委员会网站:https://www.ipso.co.uk/

铭刻组织网站:https://impress.press

英国广告标准管理局网站:https://www.asa.org.uk/

BBC网站:http://www.bbc.com/

英国互联网观察基金网站:https://www.iwf.org.uk/

英国莱斯特大学网站:https://www.le.ac.uk/oerresources/media

英国伦敦政经学院网站:http://www.lse.ac.uk/

英国《卫报》网站:https://www.theguardian.com/uk

英国最高法院网站:https://www.supremecourt.uk/index.html

欧盟英文网站:https://europa.eu/european-union/index_en

后　记

如果说从指导2009级的硕士生开始研究英国通信法和通信办公室算起,我对英国传媒监管的关注已经很长时间了。本书实际上还是我所主持的2013年国家社科基金项目"媒介融合背景下我国的媒体政策与法律研究"的成果之一。2013年2月我进行项目论证和填写申报材料的时候,正值在牛津大学访学时期,那段时间正是英国议会就是否采纳莱韦森法官的报告所提的意见展开激烈辩论的时候。当时我就想开启对英国传媒法律问题的全面研究,于是将申报指南所列题目"媒介融合背景下我国的媒体政策与法律研究"擅自加了一个尾巴"兼与英国比较"。但等到项目批下来时,题目又被改回了原样,不过其中的论证则被保留了下来,于是在我的项目主要成果之外,有了这样一项副成果。

本书的研究工作和具体写作情况如下。我确定了全书的结构;提出了研究要求和写作原则;对各位作者的研究提出建议;对于各章多次提出修改意见,对全书内容做了最后的修订,撰写了导言。以下人员参与了本项目的研究、本书的撰写及相关工作。第一章由李丹林完成,其中第一节由李丹林和曹然(中国传媒大学传播学专业2016级博士研究生)合作完成;第二章由李丹林完成,其中第二节由李丹林和王悦(中国传媒大学传播学专业传媒政策与法规方向2018级博士生)合作完成;第三章由魏芳(中国传媒大学传播学专业传媒政策与法规方向2009级硕士研究生)完成;第四章由秦浩轩(中国传媒大学传播学专业传媒政策与法规方向2014级硕士研究生)完成;第五章由钟馨(中国传媒大学传播学专业传媒政策与法规方向2012级硕士研究生)完成;第六章由韩雪莹(中国传媒大学传播学专业传媒政策与法规方向2013级硕士研究生)完成;第七章由王伟亮(中国传媒大学传播学专业传媒政策与法规方向2007届博士研究生)、陈娟(中国传媒大学传播学专业传媒政策与法规专业2006级硕士研究生)合作完成;第八章由周丽娜(中国传媒大学传播学专业传媒政策与法规方向2009级博士研究生、中国传媒大学法律系教师)、郭艺凡(中国传媒大学传播学专业传媒政策与法规方向2011级硕士研究生)合作完成;第九章由韩新华(中国传媒大学传播学专业传媒政策与法规方向2017级博士研究生、中国传媒大学法律系教师)完成。在本书最后修改、补充、完善的过程中,周丽娜博士、韩新华博士、曹然同学对于书稿修订也付出了很多努力。因此,在非属他们主要完成的章节,他们也是共同的作者。王悦同学参与了本书最后的完善工作。

最后,对中国传媒大学出版社的编辑认真、细致、专业的工作表示诚挚的感谢!

李丹林　于北京紫御华府
2018年小满之日拟就,小暑之日修订,完成于2020年七夕节

图书在版编目(CIP)数据

英国传媒监管研究 / 李丹林等著. -- 北京:中国传媒大学出版社,2022.6
(政治传播研究前沿书系)
ISBN 978-7-5657-2787-0

Ⅰ.①英… Ⅱ.①李… Ⅲ.①传播媒介—监管制度—研究—英国 Ⅳ.①G219.561

中国版本图书馆 CIP 数据核字(2020)第 187560 号

英国传媒监管研究
YINGGUO CHUANMEI JIANGUAN YANJIU

著　者	李丹林　周丽娜　韩新华　等
责任编辑	张　蕊　陈　默
责任印制	李志鹏
封面设计	拓美设计

出版发行　中国传媒大学出版社
社　　址　北京市朝阳区定福庄东街1号　　邮　编　100024
电　　话　86-10-65450528　65450532　　传　真　65779405
网　　址　http://cucp.cuc.edu.cn
经　　销　全国新华书店
印　　刷　唐山玺诚印务有限公司
开　　本　710mm×1000mm　1/16
印　　张　22.75
字　　数　420 千字
版　　次　2022 年 6 月第 1 版
印　　次　2022 年 6 月第 1 次印刷
书　　号　ISBN 978-7-5657-2787-0/G·2787　　定　价　99.80 元

本社法律顾问:北京李伟斌律师事务所　郭建平
版权所有　翻印必究　印装错误　负责调换